회계사 · 세무사 · 경영지도사 합격을

해커스 경영아카데미
합격 시스템

해커스 경영아카데미 인강

취약 부분 즉시 해결!
**교수님께 질문하기
게시판 운영**

무제한 수강 가능+
**PC 및 모바일
다운로드 무료**

온라인 메모장+
**필수 학습자료
제공**

* 인강 시스템 중 무제한 수강, PC 및 모바일 다운로드 무료 혜택은 일부 종합반/패스/환급반 상품에 한함

해커스 경영아카데미 학원

쾌적한 환경에서 학습 가능!
**개인 좌석 독서실
제공**

철저한 관리 시스템
**미니 퀴즈+출석체크
진행**

복습인강 무제한 수강+
**PC 및 모바일
다운로드 무료**

* 학원 시스템은 모집 시기별로 변경 가능성 있음

회계사 · 세무사 · 경영지도사 단번에 합격! **해커스 경영아카데미 cpa.Hackers.com**

해커스
세무사
眞원가관리회계
연습

█ 이 책의 저자

현진환

학력
성균관대학교 경영학과 졸업
성균관대학교 경영대학원 수료

경력
현 | 해커스 경영아카데미 교수
　　해커스공기업 교수
　　세무법인 제이앤
전 | 웅지세무대학교 회계정보학과 교수
　　유화증권 근무
　　세림세무법인
　　강남이지경영아카데미 대표 세무사
　　메가랜드 부동산세법 강사
　　KG에듀원 회계학 강사
　　합격의 법학원 회계학 강사
　　렛유인 회계학 강사

자격증
세무사

저서
해커스 세무사 眞원가관리회계
해커스 세무사 객관식 眞원가관리회계
해커스 세무사 眞원가관리회계연습
해커스공기업 쉽게 끝내는 회계학 기본서 재무회계 + 원가관리회계
해커스공무원 현진환 회계학 기본서
해커스공무원 현진환 회계학 단원별 기출문제집

머리말

본서는 세무사 2차 원가관리회계 시험을 준비하는 수험생들을 위한 2차 연습서입니다.

세무사 2차 시험에서 원가관리회계 과목에 어려움을 겪고 있는 수험생들을 위하여 최단 기간에 2차 시험에서 출제되는 원가관리회계 문제를 정확하게 이해하여 직관적으로 문제를 해결할 수 있는 능력을 키우는 것을 목표로 이 책을 서술하는 데 노력하였습니다.

본서의 주요 특징은 다음과 같습니다.

첫째, 문제를 기본문제와 실전문제로, 난이도에 따라 구분하여 본인 실력에 맞게 단계적으로 공부할 수 있게 만들었습니다. 동차생의 경우에는 기본문제와 실전문제를 병행해서 공부하고 유예생인 경우에는 실전문제 위주로 공부해서 효율적으로 공부할 수 있도록 정리하였습니다.

둘째, 세무사 시험과 공인회계사 시험의 기출문제와 출제예상문제들로 엄선해서 문제를 선택하였고 유형별로 문제를 정리하여서 교재를 통해서 문제의 내용이 머리에 잘 기억될 수 있습니다.

셋째, 세무사 2차 시험 수준에 맞는 엄선된 문제를 시험 대비에 필요한 만큼만 수록하여, 질적으로 뿐만 아니라 양적으로도 가장 효율적인 교재를 만들었습니다. 특히 강의와 함께 학습하면 시너지효과를 극대화 할 수 있습니다.

이 책을 통해 많은 세무사 2차 수험생들이 자신감을 갖고, 회계학 1부에서 고득점하여 세무사 시험에 합격하는 것이 저의 바람입니다. 마지막으로 수험생 여러분들 항상 건강하고 반드시 목표를 이루시기를 간절히 소망합니다.

현진환

목차

제3장 활동기준원가계산

제4장 종합원가계산

제5장 결합원가계산

제2부 원가계산의 관리적 응용

제6장 표준원가계산

제7장   변동원가계산

목차

제9장 관련원가와 의사결정

제10장 책임회계와 성과평가

제13장   최신관리회계

회계사 · 세무사 · 경영지도사 단번에 합격!
해커스 경영아카데미 cpa.Hackers.com

제1부

원가의 흐름과 배분

제1장 │ 제조원가의 흐름

기본문제 01 제조원가의 흐름

다음은 (주)한국의 20×2년 비교표시 재무상태표와 원가 및 기타자료이다.

	재무상태표	
	20×1. 12. 31.	20×2. 12. 31.
재고자산		
(1) 원재료	40,000	20,000
(2) 재공품	85,000	25,000
(3) 제품	60,000	20,000

[추가자료]

원재료매입액	₩100,000	기본원가	₩360,000
영업사원급여	20,000	공장감독자급여	20,000
공장수도광열비	65,000	공장냉난방비	30,000
공장보험료	20,000	본사건물감가상각비	65,000
공장건물감가상각비	80,000	공장기계감가상각비	75,000

20×2년의 당기총제조원가, 당기제품제조원가, 매출원가를 구하시오.

정답 및 해설

(1) 당기총제조원가

  ₩360,000 + ₩290,000* = ₩650,000

  * ₩20,000 + ₩65,000 + ₩30,000 + ₩20,000 + ₩80,000 + ₩75,000 = ₩290,000

(2) 당기제품제조원가

  ₩85,000 + ₩650,000 - ₩25,000 = ₩710,000

(3) 매출원가

  ₩60,000 + ₩710,000 - ₩20,000 = ₩750,000

(주)파주는 20×1년 6월 1일 공장에 큰 화재가 발생하였다. 불행 중 다행으로 회계자료 중 일부는 본사 건물에 보존되어 있었다. 20×1년 1월 1일부터 화재발생일인 20×1년 6월 1일까지의 회계자료는 다음과 같다.

		재고자산	
	20×1. 1. 1.		20×1. 6. 1.
원재료	₩15,000		?
재공품	20,000		?
제품	130,000		?

[추가자료]

원재료매입액	₩150,000	매출액	₩600,000
직접노무원가	150,000	매출총이익률	35%
기본원가	290,000	총판매가능제품	500,000
제조간접원가	가공원가의 40%		

20×1년 6월 1일에 소실된 재고자산의 원가를 추정하시오.

| 정답 및 해설 |

(1) 원가의 흐름

원재료

1/1	15,000	직접재료원가	140,000[*1]
매입	150,000	6/1	25,000
	165,000		165,000

재공품

1/1	20,000	당기제품제조원가	370,000[*4]
직접재료원가	140,000[*1]	6/1	40,000
직접노무원가	150,000		
제조간접원가	100,000[*2]		
	410,000		410,000

제품

1/1	130,000	매출원가	390,000[*3]
당기제품제조원가	370,000[*4]	6/1	110,000
	500,000		500,000

[*1] $\underset{\text{기본원가}}{₩290,000} = \underset{\text{직접재료원가}}{a} + \underset{\text{직접노무원가}}{₩150,000}$ ∴ a = ₩140,000

[*2] $\underset{\text{가공원가}}{b} = \underset{\text{직접노무원가}}{₩150,000} + \underset{\text{제조간접원가}}{0.4b}$ ∴ b = ₩250,000
따라서 제조간접원가는 ₩100,000이다.

[*3] $₩600,000 - \underset{\text{매출원가}}{c} = \underset{\text{매출총이익}}{₩600,000 \times 35\%}$ ∴ c = ₩390,000
　　매출액

[*4] $\underset{\text{기초제품재고액}}{₩130,000} + \underset{\text{당기제품제조원가}}{d} = \underset{\text{총판매가능제품}}{₩500,000}$ ∴ d = ₩370,000

(2) 20×1년 6월 1일 소실된 재고자산의 추정원가

원재료	₩25,000
재공품	40,000
제품	110,000
계	₩175,000

원재료·재공품·제품

1/1 원재료	15,000	매출원가	390,000 (600,000 × 65%)
재공품	20,000		
제품	130,000		
원재료매입액	⎰ 150,000		
직접노무원가	⎱ 150,000 6/1		175,000
제조간접원가	⎱ 100,000		
	565,000		565,000

실전문제 01 재고자산감모손실과 평가손실

다음은 (주)한국의 20×1년 재고자산과 제조원가에 대한 자료이다. (주)한국의 결산일은 매년 12월 31일이다.

(1) 재고자산자료

① 원재료

	수량	단위당 원가
기초재고	400개	₩1,000
당기매입	1,000	1,000
당기투입	1,100	1,000
기말재고(실제)	200	1,000

② 재공품

	수량	단위당 원가
기초재고	500개	₩3,000
당기착수	1,100	-
당기완성	1,000	-
기말재고(실제)	500	3,000

③ 제품

	수량	단위당 원가
기초재고	600개	₩5,000
당기완성	1,000	-
당기판매	1,200	-
기말재고(실제)	300	5,000

④ 결산일 현재 재고자산 단위당 공정가치

	현행대체원가	판매가격	추가완성원가	판매비용
원재료	₩900	₩1,000	-	₩200
재공품	2,900	5,500	₩2,000	1,200
제품	4,900	5,500	-	1,000

(2) 제조원가자료

직접노무원가	₩2,100,000
제조간접원가	2,100,000

(물음 1) 감모손실이 전부 정상적으로 발생된 것일 때 회사의 20×1년의 매출원가를 구하시오.

(물음 2) 감모손실이 전부 비정상적으로 발생된 것일 때 회사의 20×1년의 매출원가를 구하시오.

(물음 3) 제품의 판매가격이 ₩6,000이며 감모손실이 전부 정상적으로 발생된 것일 때 회사의 20×1년의 매출원가를 구하시오.

(물음 4) 제품의 판매가격이 ₩6,000이며 감모손실이 전부 비정상적으로 발생된 것일 때 회사의 20×1년의 매출원가를 구하시오.

| 정답 및 해설 |

(물음 1) 감모손실이 전부 정상적일 때 20×1년의 매출원가

(1) 감모손실

	장부수량(A)	실제수량(B)	차이(C = A - B)	단위당 원가(D)	감모손실(C × D)
원재료	300개	200개	100개	₩1,000	₩100,000
재공품	600	500	100	3,000	300,000
제품	400	300	100	5,000	500,000
					₩900,000

(2) 평가손실

	단위당 원가(A)	단위당 순실현가능가치(B)	단위당 평가손실(C = A - B)	실제수량(D)	평가손실(C × D)
원재료	₩1,000	₩900	₩100	200개	₩20,000
재공품	3,000	2,300	700	500	350,000
제품	5,000	4,500	500	300	150,000
					₩520,000

(3) 매출원가

원재료				재공품			
기초	400,000	투입	1,100,000	기초	1,500,000	완성	5,000,000
매입	1,000,000	감모손실	100,000	직접재료원가	1,100,000	감모손실	300,000
		평가손실	20,000	직접노무원가	2,100,000	평가손실	350,000
		기말	180,000	제조간접원가	2,100,000	기말	1,150,000
	1,400,000		1,400,000		6,800,000		6,800,000

제품			
기초	3,000,000	판매	6,000,000
완성	5,000,000	감모손실	500,000
		평가손실	150,000
		기말	1,350,000
	8,000,000		8,000,000

(4) 매출원가명세서

판매된 제품의 원가	₩6,000,000
원재료 감모손실	100,000
원재료 평가손실	20,000
재공품 감모손실	300,000
재공품 평가손실	350,000
제품 감모손실	500,000
제품 평가손실	150,000
매출원가	₩7,420,000

(물음 2) 감모손실이 전부 비정상적일 때 20×1년의 매출원가

(1) 감모손실: (물음 1)과 동일

(2) 평가손실: (물음 1)과 동일

(3) 매출원가: (물음 1)과 동일

(4) 매출원가명세서

판매된 제품의 원가	₩6,000,000
원재료 감모손실*	-
원재료 평가손실	20,000
재공품 감모손실*	-
재공품 평가손실	350,000
제품 감모손실*	-
제품 평가손실	150,000
매출원가	₩6,520,000

* 감모손실이 비정상적으로 발생하였으므로 매출원가가 아니라 기타비용으로 인식

(물음 3) 제품의 판매가격이 ₩6,000이며 감모손실이 전부 정상적일 때 20×1년의 매출원가

(1) 감모손실: (물음 1)과 동일

(2) 평가손실

	단위당 원가(A)	단위당 순실현가능가치(B)	단위당 평가손실(C = A - B)	실제수량(D)	평가손실(C × D)
원재료*	₩1,000	₩900	-	200개	-
재공품	3,000	2,800	₩200	500	₩100,000
제품	5,000	5,000	-	300	-
					₩100,000

* 제품의 평가손실이 발생하지 않았으므로 원재료의 평가손실은 인식하지 않음

(3) 매출원가

원재료				재공품			
기초	400,000	투입	1,100,000	기초	1,500,000	완성	5,000,000
매입	1,000,000	감모손실	100,000	직접재료원가	1,100,000	감모손실	300,000
		평가손실	-	직접노무원가	2,100,000	평가손실	100,000
		기말	200,000	제조간접원가	2,100,000	기말	1,400,000
	1,400,000		1,400,000		6,800,000		6,800,000

제품			
기초	3,000,000	판매	6,000,000
완성	5,000,000	감모손실	500,000
		평가손실	-
		기말	1,500,000
매출원가	8,000,000		8,000,000

(4) 매출원가명세서

판매된 제품의 원가	₩6,000,000
원재료 감모손실	100,000
재공품 감모손실	300,000
재공품 평가손실	100,000
제품 감모손실	500,000
매출원가	₩7,000,000

(물음 4) 제품의 판매가격이 ₩6,000이며 감모손실이 전부 비정상적일 때 20×1년의 매출원가

(1) 감모손실: (물음 1)과 동일

(2) 평가손실: (물음 3)과 동일

(3) 매출원가: (물음 3)과 동일

(4) 매출원가명세서

판매된 제품의 원가	₩6,000,000
원재료 감모손실*	-
재공품 감모손실*	-
제품 감모손실*	-
원재료 평가손실*	100,000
매출원가	₩6,100,000

* 감모손실이 비정상적으로 발생하였으므로 매출원가가 아니라 기타비용으로 인식

실전문제 02 재무제표 작성 및 표시

(주)한국제조의 20×1년 생산 및 영업과 관련한 비용과 재고자산 관련 자료는 다음과 같다. (주)한국제조의 결산일은 매년 12월 31일이다.

(1)
<재고자산 관련 비용 등>

당기 직접재료매입	₩1,200,000
직접재료 인수운임 및 보험료	100,000
직접재료 매입에누리 및 할인	50,000
직접재료 하역료	20,000
직접재료 비정상감모손실	30,000
직접재료 평가손실	20,000
제품정상감모손실	40,000
제품비정상감모손실	20,000
제품평가손실	50,000

(2)
<발생비용>

종업원급여		₩4,300,000
직접노무원가	₩2,500,000	
변동제조간접원가	300,000	
고정제조간접원가	200,000	
판매비	800,000	
관리비	300,000	
물류비	200,000	
감가상각비		800,000
고정제조간접원가	₩400,000	
판매비	150,000	
관리비	200,000	
물류비	50,000	
지급임차료		300,000
고정제조간접원가	₩100,000	
관리비	200,000	
기타비용(비제조원가)		400,000
계		₩5,800,000

(3)

<재고자산>

	기초	기말*
재공품재고	₩800,000	₩600,000
직접재료재고	400,000	200,000
제품재고	800,000	500,000

* 저가기준평가 및 감모손실 조정 후 금액

당기의 매출액은 ₩8,500,000, 생산량은 5,000단위, 정상조업도는 7,000단위이다. 당기의 생산량과 정상조업도는 유의적 차이가 있다고 가정한다.

(물음 1) K-IFRS에 따라 비용의 기능별 분류 및 성격별 분류에 의한 20×1년의 포괄손익계산서를 각각 작성하시오. (단, 비용의 기능별 분류법에서 재고자산의 정상적인 감모손실과 평가손실은 매출원가로, 비정상적인 감모손실은 기타비용으로 처리하시오)

(물음 2) K-IFRS에서는 당기에 비용으로 인식한 재고자산의 금액을 재무제표 공시사항으로 요구하고 있다. 여기서 당기에 비용으로 인식한 재고자산금액의 구성을 설명하고, 상기 자료에 따라 그 금액을 계산하시오.

(물음 3) 다음 (물음)에 답하시오.

(1) K-IFRS에 따라 비용을 기능별로 분류하는 경우 비용이 성격에 대한 추가 정부의 공시를 요구하고 있는데, 그 내용과 이유에 대해 설명하고 상기 자료에 따라 그 금액을 보이시오.

(2) K-IFRS에 따라 비용을 성격별로 분류하는 경우 재고자산 순변동액과 함께 공시하여야 하는 원가를 구하시오.

| 정답 및 해설 |

(물음 1)

(1) 기능별 분류에 의한 포괄손익계산서

① 직접재료원가 = ₩400,000 + ₩1,270,000* - ₩30,000 - ₩20,000 - ₩200,000 = ₩1,420,000
　　　　　　　기초직접재료　　매입원가　비정상감모손실　평가손실　기말직접재료

* ₩1,200,000 + ₩100,000 - ₩50,000 + ₩20,000 = ₩1,270,000
　　매입　　　운임보험료　　에누리할인　　하역료

② 직접노무원가 = ₩2,500,000

③ 변동제조간접원가 = ₩300,000(종업원급여)

고정제조간접원가 총액 = ₩200,000 + ₩400,000 + ₩100,000 = ₩700,000
　　　　　　　　　　　종업원급여　감가상각비　지급임차료

고정제조간접원가 배부액 = ₩700,000 × $\frac{5,000단위}{7,000단위}$ = ₩500,000

→ 제조간접원가 = ₩300,000 + ₩500,000 = ₩800,000

④ 당기총제조원가 = ₩1,420,000 + ₩2,500,000 + ₩800,000 = ₩4,720,000

⑤ 당기제품제조원가 = ₩800,000 + ₩4,720,000 - ₩600,000 = ₩4,920,000
　　　　　　　　　기초재공품　당기총제조원가　기말재공품

⑥ 매출원가 = ₩800,000 + ₩4,920,000 + ₩20,000 - ₩20,000 - ₩500,000
　　　　　　기초제품　당기제품제조원가　직접재료 평가손실　제품비정상감모손실　기말제품

= ₩5,220,000

⑦ 판매비 = ₩800,000 + ₩150,000 = ₩950,000
　　　　　종업원급여　감가상각비

⑧ 관리비 = ₩300,000 + ₩200,000 + ₩200,000 = ₩700,000
　　　　　종업원급여　감가상각비　지급임차료

⑨ 물류비 = ₩200,000 + ₩50,000 = ₩250,000
　　　　　종업원급여　감가상각비

⑩ 기타비용 = ₩30,000 + ₩20,000 + ₩200,000* + ₩400,000 = ₩650,000
　　　비정상감모손실(직접재료, 제품)　　기타비용(비제조원가)

* 배부되지 않은 고정제조간접원가 = ₩700,000 - ₩500,000 = ₩200,000
　　　　　　　　　　고정제조간접원가총액　고정제조간접원가배부액

∴
포괄손익계산서(기능별)

매출액	₩8,500,000
매출원가	(5,220,000)
매출총이익	₩3,280,000
판매비	(950,000)
관리비	(700,000)
물류비	(250,000)
기타비용	(650,000)
세전이익	₩730,000

(2) 성격별 분류에 의한 포괄손익계산서

① 직접재료사용액 = ₩400,000 + ₩1,270,000* - ₩200,000 = ₩1,470,000
<u>기초직접재료</u>　　　<u>매입원가</u>　　　<u>기말직접재료</u>

* ₩1,200,000 + ₩100,000 - ₩50,000 + ₩20,000 = ₩1,270,000
　　<u>매입</u>　　<u>운임보험료</u>　<u>에누리할인</u>　<u>하역료</u>

② 제품과 재공품의 변동 = (₩600,000 + ₩500,000) - (₩800,000 + ₩800,000) = ₩(500,000)
　　　　　　　　　　　　　　<u>기말금액</u>　　　　　　　　<u>기초금액</u>

∴

포괄손익계산서(성격별)

매출액	₩8,500,000
제품과 재공품의 변동	(500,000)
직접재료사용액	(1,470,000)
종업원급여	(4,300,000)
감가상각비	(800,000)
지급임차료	(300,000)
기타비용	(400,000)
세전이익	₩730,000

(물음 2)

당기에 비용으로 인식한 재고자산의 금액은 판매된 재고자산의 원가와 배부되지 않은 제조간접원가 및 제조원가 중 비정상적인 부분의 금액으로 구성된다.

판매된 재고자산의 원가		₩5,220,000
매출원가	₩5,110,000	
제품평가손실(매출원가)	50,000	
제품정상감모손실(매출원가)	40,000	
직접재료평가손실(매출원가)	20,000	
배부되지 않은 제조간접원가*		200,000
제조원가 중 비정상적인 부분의 금액		50,000
직접재료원가정상감모손실	₩20,000	
제품비정상감모손실	30,000	
비용으로 인식한 재고자산의 금액		₩5,470,000

* (물음 1)에서 배부되지 않은 고정제조간접원가

(물음 3)

(1) 비용의 성격에 대한 추가 정보 공시의 필요성

비용을 기능별로 분류하는 기업은 감가상각비, 기타 상각비와 종업원급여비용을 포함하여 비용의 성격에 대한 추가 정보를 공시한다. 왜냐하면 비용의 성격에 대한 정보가 미래현금흐름을 예측하는 데 유용하기 때문이다.

추가공시사항(주석기재)

종업원급여	₩4,300,000
감가상각비	800,000
지급임차료	300,000

(2) 비용으로 인식한 원재료 및 소모품, 노무원가와 기타원가

> **참고**
> 당기의 재고자산 순변동액과 함께 비용으로 인식한 원재료 및 소모품, 노무원가와 기타원가를 공시한다. 즉, 당기에 비용으로 인식한 재고자산의 금액을 주석 공시한다.

제2장 | 개별원가계산

기본문제 01 공장 전체 및 부문별 제조간접원가배부율

(주)한국은 기계를 주문제작하는 회사로서 개별원가계산제도를 사용하고 있으며 당사의 20×1년 3월과 4월의 원가자료는 다음과 같다.

(1) 3월 31일 미완성된 작업은 제조지시서 No. 101이며, 이 작업과 관련하여 집계된 원가는 직접재료원가 ₩20,000, 직접노무원가 ₩14,000, 제조간접원가 ₩30,000이다.

(2) 4월 중에 3개의 작업(제조지시서 No. 102, 103, 104)이 새로 착수되었으며, 당월 중에 제조지시서 No. 101, 102, 103이 완성되었다.

(3) (주)한국은 매월 제조간접원가를 확정하여 배부하는 정책을 취하고 있다.

(4) 4월 중에 발생한 직접재료원가와 직접노무원가 및 기타 자료는 다음과 같다.

구분	No. 101	No. 102	No. 103	No. 104	합계
직접재료원가	-	₩50,000	₩80,000	₩20,000	₩150,000
직접노무원가	₩40,000	70,000	50,000	30,000	190,000
기계시간	100시간	70시간	30시간	100시간	300시간
직접노무시간	100	150	80	120	450

(5) 20×1년 4월 중 다음과 같은 거래가 발생하였다.

① 당기 중 ₩200,000의 원재료를 외상으로 구입하였다.

② 4월 중 생산직 종업원에게 지급한 임금은 총 ₩200,000이며 그 중 ₩50,000은 3월의 미지급임금이다. 4월말 현재 미지급임금은 총 ₩80,000이다.

③ 4월의 감가상각비는 기계장치에서 ₩90,000, 공장건물에서 ₩30,000, 영업부의 차량운반구에서 ₩100,000이 발생하였다.

④ 4월 중 기계장치에 대한 수선유지로 지급한 현금은 ₩10,000이다. 3월 31일 선급비용(수선유지비)이 ₩10,000이며 4월말 현재 미지급된 수선유지비는 ₩25,000이다.

(6) 기초 원재료 및 제품재고는 없었으며 4월 30일 현재 원재료재고는 ₩30,000이다.

(물음 1) 당기제품제조원가를 계산하시오. (단, 제조간접원가의 배부 시 공장 전체 제조간접원가배부율과 직접노무시간을 사용한다)

(물음 2) (주)한국은 제품 생산을 위하여 두 개의 제조부문(조립부문, 도색부문)과 두 개의 보조부문(식당부문, 동력부문)을 운영하고 있으며 해당 부문의 제조간접원가 및 관련 자료가 다음과 같을 때 부문별 제조간접원가배부율을 사용하여 당기제품제조원가를 계산하시오. (단, (주)한국은 보조부문원가의 배분 시 직접배분법을 사용하고 있으며, 조립부문의 제조간접원가는 직접노무시간, 도색부문의 제조간접원가는 기계시간을 기준으로 개별 작업에 배부한다)

<부문에 대한 자료>

구분	식당부문	동력부문	조립부문	도색부문	합계
발생원가	₩45,000	₩40,000	₩85,000	₩55,000	₩225,000
식당부문	-	25%	50%	25%	100%
동력부문	50%	-	20	30	100
기계시간			175시간	125시간	300시간
직접노무시간			250	200	450

<작업에 대한 자료>

구분	No. 101	No. 102	No. 103	No. 104	합계
기계시간					
조립부문	50시간	50시간	0시간	75시간	175시간
도색부문	50	20	30	25	125
직접노무시간					
조립부문	70시간	60시간	40시간	80시간	250시간
도색부문	30	90	40	40	200

(물음 3) 단계배분법을 사용하여 보조부문원가를 제조부문에 배분하시오. (단, 배분순서는 식당부문부터 배분한다)

(물음 4) 상호배분법을 사용하여 보조부문원가를 제조부문에 배분하시오. (단, 소수점은 반올림하여 정수로 사용하며 배분 시 발생하는 단수차이는 무시하시오)

| 정답 및 해설 |

(물음 1)

(1) 당기총제조원가의 집계

재공품

기초재공품(101)	64,000	당기제품제조원가	?
직접재료원가	150,000		
직접노무원가	190,000		
제조간접원가*	225,000	기말재공품	?
	629,000		629,000

* 제조간접원가 발생액

간접재료원가[*1]	₩20,000
간접노무원가[*2]	40,000
기계감가상각비	90,000
공장감가상각비	30,000
수선유지비[*3]	45,000
계	₩225,000

[*1] ① 원재료 사용액

원재료

기초	-	사용	170,000
매입	200,000	기말	30,000
	200,000		200,000

② 간접재료원가 = 원재료 사용액 - 직접재료원가
₩20,000 = ₩170,000 - ₩150,000

[*2] ① 노무원가 발생액

미지급급여

지급	200,000	기초	50,000
기말	80,000	발생	230,000
	280,000		280,000

② 간접노무원가 = 노무원가 발생액 - 직접노무원가
₩40,000 = ₩230,000 - ₩190,000

[*3] 수선유지비

선급비용·미지급비용(수선유지비)

기초(선급)	10,000	기초(미지급)	-
지급	10,000	발생	45,000
기말(미지급)	25,000	기말(선급)	-
	45,000		45,000

(2) 공장 전체 제조간접원가배부율

₩225,000 ÷ 450시간 = ₩500/직접노무시간

(3) 당기제품제조원가(No. 101, 102, 103)

구분	No. 101	No. 102	No. 103	No. 104	합계
기초재공품	₩64,000	-	-	-	₩64,000
직접재료원가	-	₩50,000	₩80,000	₩20,000	150,000
직접노무원가	40,000	70,000	50,000	30,000	190,000
제조간접원가	50,000	75,000	40,000	60,000	225,000
계	₩154,000	₩195,000	₩170,000	₩110,000	₩629,000

당기제품제조원가
₩519,000

기말재공품원가
₩110,000

(물음 2)

(1) 보조부문원가의 배분(직접배분법)

구분	식당부문	동력부문	조립부문	도색부문	합계
배분전원가	₩45,000	₩40,000	₩85,000	₩55,000	₩225,000
식당부문	(45,000)	N/A	30,000	15,000	0
동력부문	N/A	(40,000)	16,000	24,000	0
배분후원가	₩0	₩0	₩131,000	₩94,000	₩225,000

(2) 부문별 제조간접원가배부율

① 조립부문 제조간접원가배부율 = ₩131,000 ÷ 250시간 = ₩524/직접노무시간

② 도색부문 제조간접원가배부율 = ₩94,000 ÷ 125시간 = ₩752/기계시간

(3) 당기제품제조원가(No. 101, 102, 103)

구분	No. 101	No. 102	No. 103	No. 104	합계
기초재공품	₩64,000	-	-	-	₩64,000
직접재료원가	-	₩50,000	₩80,000	₩20,000	150,000
직접노무원가	40,000	70,000	50,000	30,000	190,000
제조간접원가					
조립부문	36,680	31,440	20,960	41,920	131,000
도색부문	37,600	15,040	22,560	18,800	94,000
계	₩178,280	₩166,480	₩173,520	₩110,720	₩629,000

당기제품제조원가
₩518,280

기말재공품원가
₩110,720

(물음 3) 보조부문원가의 배분(단계배분법)

구분	식당부문	동력부문	조립부문	도색부문	합계
배분전원가	₩45,000	₩40,000	₩85,000	₩55,000	₩225,000
식당부문[*1]	(45,000)	11,250	22,500	11,250	0
동력부문[*2]	N/A	(51,250)	20,500	30,750	0
배분후원가	₩0	₩0	₩128,000	₩97,000	₩225,000

[*1] 동력 : 조립 : 도색 = 25% : 50% : 25%
[*2] 조립 : 도색 = 20% : 30%

(물음 4) 보조부문원가의 배분(상호배분법)

구분	식당부문	동력부문	조립부문	도색부문	합계
배분전원가	₩45,000	₩40,000	₩85,000	₩55,000	₩225,000
식당부문[*2]	(74,286)[*1]	18,571	37,143	18,572	0
동력부문[*3]	29,286	(58,571)[*1]	11,714	17,571	0
배분후원가	₩0	₩0	₩133,857	₩91,143	₩225,000

[*1] 식당부문과 동력부문의 배분될 총원가를 각각 S_1, S_2라 하면,

$$\begin{cases} S_1 = ₩45,000 + 0.5S_2 \\ S_2 = ₩40,000 + 0.25S_1 \end{cases}$$

　이 연립방정식을 풀면, $S_1 = ₩74,286$, $S_2 = ₩58,571$
[*2] 동력 : 조립 : 노색 = 25% . 50% : 25%
[*3] 식당 : 조립 : 도색 = 50% : 20% : 30%

기본문제 02 원가함수추정과 정상원가계산

(주)한국의 원가담당자인 심화반 씨는 회사의 제조간접원가가 직접노무시간과 관련이 있음을 알고 과거의 실제 직접노무시간과 제조간접원가발생액을 수집하였다. 관련 자료는 다음과 같다.

연도별	직접노무시간	제조간접원가
20×1년	1,050시간	₩21,000
20×2년	850	18,000
20×3년	1,100	20,000
20×4년	600	15,000

(물음 1) 고저점법을 이용하여 제조간접원가에 대한 원가함수를 추정하시오.

(물음 2) 20×5년에 회사는 900시간의 노무시간이 사용될 것으로 예정하고 있다. 20×5년의 생산활동이 수행되기 전에 결정되는 제조간접원가 예정배부율을 구하시오. 또한, 이를 변동제조간접원가 예정배부율과 고정제조간접원가 예정배부율로 구분하시오.

(물음 3) 회사는 정상개별원가계산제도를 채택하고 있다. 20×5년에 회사는 제조지시서 No. 101, 102를 착수해서 완성하였고 No. 101은 판매하였다. 제조지시서별로 투입된 직접노무시간은 500시간과 300시간이며 20×5년의 실제 발생한 제조간접원가는 ₩20,000이다. 또한 제조지시서 No. 101, 102에 투입된 직접재료원가는 각각 ₩3,000, ₩5,000이며 회사의 노무시간 단위당 임률은 ₩10일 때, 차이조정 전 당기제품제조원가와 제조간접원가 배부차이를 계산하시오. (단, 기초재공품은 없었다)

(물음 4) 제조간접원가 배부차이를 매출원가조정법, 총원가비례배분법 그리고 원가요소비례배분법으로 조정하시오.

| 정답 및 해설 |

(물음 1)

① 직접노무시간당 변동제조간접원가: (₩20,000 - ₩15,000)/(1,100시간 - 600시간) = ₩10/시간
② 고정제조간접원가: ₩20,000 - ₩10 × 1,100시간 = ₩9,000
③ 제조간접원가예산: $y' = ₩9,000 + ₩10x$(단, x: 직접노무시간 y': 제조간접원가 추정치)

(물음 2)

① 제조간접원가예산액(20×5년): ₩9,000 + ₩10 × 900시간 = ₩18,000
② 제조간접원가 예정배부율: ₩18,000 ÷ 900시간 = ₩20/시간
③ 변동제조간접원가 예정배부율: 900시간 × ₩10 ÷ 900시간 = ₩10/시간
④ 고정제조간접원가 예정배부율: ₩9,000 ÷ 900시간 = ₩10/시간

(물음 3)

(1) 차이조정 전 당기제품제조원가

	No. 101	No. 102	합계	실제원가
직접재료원가	₩3,000	₩5,000	₩8,000	₩8,000
직접노무원가	5,000	3,000	8,000	8,000
제조간접원가	10,000	6,000	16,000	20,000
계	₩18,000	₩14,000	₩32,000	₩36,000

(2) 제조간접원가 배부차이

실제제조간접원가 - 제조간접원가 예정배부액
= ₩20,000 - ₩16,000
= ₩4,000 과소배부

(물음 4)

(1) 배부차이 조정 전 금액

구분	기말재공품	기말제품	매출원가	합계
직접재료원가	₩0	₩5,000	₩3,000	₩8,000
직접노무원가	0	3,000	5,000	8,000
제조간접원가	0	6,000	10,000	16,000
계	₩0	₩14,000	₩18,000	₩32,000

(2) 매출원가조정법

	총원가	비율	배분액	조정 후 잔액
기말재공품	₩0	0%	₩0	₩0
제품(No. 102)	14,000	0	0	14,000
매출원가(No. 101)	18,000	100	4,000	22,000
계	₩32,000	100%	₩4,000	₩36,000

(3) 총원가비례배분법

	총원가	비율	배분액	조정 후 잔액
기말재공품	₩0	0%	₩0	₩0
제품(No. 102)	14,000	43.75	1,750	15,750
매출원가(No. 101)	18,000	56.25	2,250	20,250
계	₩32,000	100%	₩4,000	₩36,000

(4) 원가요소비례배분법

	총원가	제조간접원가 예정배부액	비율	배분액	조정 후 잔액
기말재공품	₩0	₩0	0%	₩0	₩0
제품(No. 102)	14,000	6,000	37.50	1,500	15,500
매출원가(No. 101)	18,000	10,000	62.50	2,500	20,500
계	₩32,000	₩16,000	100%	₩4,000	₩36,000

20×1년 초에 설립된 (주)현정은 고객의 주문에 의해 기계를 제작하는 회사이다. (주)현정의 결산일은 매년 12월 31일이다.

(1) 원가는 개별 작업별로 집계하되 제조간접원가는 직접노무원가에 비례하여 예정배부한다. 연초에 예측한 제조간접원가와 직접노무원가는 다음과 같다.

제조간접원가예산액	₩144,000
직접노무원가예산액	240,000

(2) 20×1년 말 현재 두 개의 작업(#103, #104)이 미완성으로 남아 있으며 #103 작업원가표에 집계된 직접재료원가, 직접노무원가는 각각 ₩25,000, ₩12,000이고, #104 작업원가표에 집계된 직접재료원가, 직접노무원가는 각각 ₩40,000, ₩24,000이다. (주)현정의 20×1년 실제발생직접노무원가는 ₩200,000이며 20×1년 기말 제조간접원가 차이배분 전 각 계정의 잔액은 다음과 같다.

제조간접원가 대변잔액	₩6,400
매출원가	308,400
기말제품	96,000(직접노무원가는 ₩40,000이 포함되어 있다)

(물음 1) 다음 (물음)에 답하시오.

(1) 기말재공품, 기말제품, 매출원가에 포함된 직접재료원가, 직접노무원가, 제조간접원가

(2) 실제발생제조간접원가

(물음 2) 제조간접원가 배부차이를 원가요소별 비례배분법에 의해 조정하여 외부공표용 재무제표에 공시될 기말재공품, 기말제품, 매출원가를 계산하시오.

(물음 3) 제조간접원가 배부차이를 전액 매출원가에 가감한다면 위 (물음 2)의 원가요소별 비례배분법에 비해 당기 영업이익은 얼마나 증가하는지 계산하시오.

정답 및 해설

(물음 1)

(1) 기말재공품, 기말제품, 매출원가에 포함된 직접재료원가, 직접노무원가, 제조간접원가

① 제조간접원가 예정배부율: ₩144,000 ÷ ₩240,000 = 직접노무원가의 60%

② 기말재공품

	#103	#104	합계
직접재료원가	₩25,000	₩40,000	₩65,000
직접노무원가	12,000	24,000	36,000
제조간접원가	7,200*	14,400*	21,600
계	₩44,200	₩78,400	₩122,600

* 직접노무원가 × 0.6

③ 기말제품, 매출원가

	기말제품	매출원가
직접재료원가	₩32,000	₩110,000
직접노무원가	40,000	124,000*1
제조간접원가	24,000*2	74,400*3
계	₩96,000	₩308,400

*1 ₩200,000 - ₩36,000 - ₩40,000 = ₩124,000

*2 ₩40,000 × 0.6 = ₩24,000

*3 ₩124,000 × 0.6 = ₩74,400

(2) 실제발생제조간접원가

	제조간접원가 예정배부액	₩120,000*
(-)	제조간접원가 과대배부액	(6,400)
	제조간접원가 실제발생액	₩113,600

* ₩21,600 + ₩24,000 + ₩74,400 = ₩120,000

(물음 2)

(1) 차이배분

	제조간접원가배부액	배분비율	배분액
재공품	₩21,600	18%	₩(1,152)
제품	24,000	20	(1,280)
매출원가	74,400	62	(3,968)
계	₩120,000	100%	₩(6,400)

(2) 차이배분 후 계정잔액

	차이배분 전 잔액	배분액	차이배분 후 잔액
재공품	₩122,600	₩(1,152)	₩121,448
제품	96,000	(1,280)	94,720
매출원가	308,400	(3,968)	304,432
계	₩527,000	₩(6,400)	₩520,600

(물음 3)

(1) 원가요소별 비례배분법

(차) 제조간접원가	6,400	(대) 재공품	1,152
		제품	1,280
		매출원가	3,968

(2) 매출원가가감법

(차) 제조간접원가	6,400	(대) 매출원가	6,400

(3) 영업이익의 차이

매출원가가감법으로 배부차이를 조정할 경우 원가요소별 비례배분법에 비해 ₩2,432만큼 영업이익이 증가한다.

기본문제 04 정상원가계산(공장 전체 및 부문별 제조간접원가배부율)

한국회사의 사당공장에서는 하나의 보조부문 A와 두 개의 제조부문 X, Y가 있다. 다음은 회사가 20×1년 초에 설정한 1년 동안의 예산자료이다.

(1) 보조부문 A는 두 개의 제조부문 X, Y에 전력을 제공하고 있는데, 20×1년에 예상되는 보조부문 A의 원가는 다음과 같다.

연간 고정원가	₩600,000
kwh당 변동원가	40

(2) 20×1년에 제조부문 X와 Y에서 발생하리라 예상되는 제조간접원가는 다음과 같다.

	X	Y
연간 고정원가	₩300,000	₩900,000
기계시간당 변동원가	200	100

(3) 회사는 A, B의 두 제품을 생산하고 있는데, 20×1년의 예정생산량을 각각 200개, 100개로 예상하고 있다. 제품 1개를 생산하는 데에 소요되리라 예상되는 기계시간은 다음과 같다.

	X	Y	합계
제품 A	4시간	1시간	5시간
제품 B	2	3	5

(4) X부문은 기계시간당 7kwh의 전력을 소비하고, Y부문은 기계시간당 2kwh의 전력을 소비하리라 예상된다. 각 부문이 소비할 수 있는 연간 전력량(최대사용가능량)은 X부문 12,000kwh, Y부문 8,000kwh이다.

한편, 20×1년 말에 집계한 1년 동안의 실적자료는 다음과 같다.

(1) 당기 중 A제품 150개, B제품 150개를 생산하였으며, 실제기계시간은 X부문 900시간, Y부문 600시간이었다.

(2) 당기 중 보조부문 A는 X부문에 8,100kwh, Y부문에 9,000kwh의 용역을 제공하였다.

(3) 1년 동안 각 부문에서 발생한 제조간접원가는 다음과 같다.

	보조부문	제조부문		합계
	A	X	Y	
변동원가	₩400,000	₩250,000	₩100,000	₩750,000
고정원가	650,000	350,000	850,000	1,850,000
계	₩1,050,000	₩600,000	₩950,000	₩2,600,000

회사는 기계시간을 기준으로 하여 제조간접원가를 예정배부하고 있다.

(물음 1) 회사가 공장 전체 제조간접원가배부율을 사용할 경우 다음을 구하시오.

    (1) 제조간접원가 예정배부율

    (2) 20×1년의 제조간접원가 배부차이

(물음 2) 회사가 부문별 제조간접원가배부율을 사용할 경우 다음을 구하시오. (단, 보조부문의 원가는 이중배분율법에 의하여 제조부문에 배분한다)

    (1) 제조간접원가 예정배부율

    (2) 20×1년의 제조간접원가 배부차이

정답 및 해설

(물음 1) 공장 전체 제조간접원가배부율을 사용할 경우

(1) 제조간접원가 예정배부율

$$\frac{\text{공장 전체 제조간접원가예산}}{\text{공장 전체 예정조업도}} = \frac{\text{₩}2,370,000^{*2}}{1,500\text{시간}^{*1}} = \text{기계시간당 ₩}1,580$$

*1 연간 예정생산량은 A제품 200개, B제품 100개이므로 공장 전체 예정조업도는 다음과 같다.

X부문: 200개 × 4시간 + 100개 × 2시간 =   1,000시간
Y부문: 200개 × 1시간 + 100개 × 3시간 =   500
계   1,500시간

*2 전력의 연간 예상소비량은 1,000시간 × 7kwh + 500시간 × 2kwh = 8,000kwh이므로 공장 전체 제조간접원가예산은 다음과 같다.

A부문: ₩600,000 + @40 × 8,000kwh =   ₩920,000
X부문: ₩300,000 + @200 × 1,000시간 =   500,000
Y부문: ₩900,000 + @100 × 500시간 =   950,000
계   ₩2,370,000

(2) 20×1년의 제조간접원가 배부차이

실제제조간접원가	₩2,600,000
제조간접원가배부액: (900시간 + 600시간) × @1,580 =	2,370,000
과소배부액	₩230,000

(물음 2) 부문별 제조간접원가배부율을 사용할 경우

(1) 제조간접원가 예정배부율

① 보조부문예산원가의 배분

구분	보조부문	제조부문		합계
	A	X	Y	
배분전원가	₩920,000	₩500,000	₩950,000	₩2,370,000
A변동원가[*1]	(320,000)[*3]	280,000	40,000	0
A고정원가[*2]	(600,000)	360,000	240,000	0
배분후원가	₩0	₩1,140,000	₩1,230,000	₩2,370,000

[*1] X : Y = 7,000 : 1,000

[*2] X : Y = 12,000 : 8,000

[*3] 8,000kwh × @40 = ₩320,000

② 제조간접원가 예정배부율

$$X부문: \frac{X부문 \ 제조간접원가예산}{X부문 \ 예정조업도} = \frac{₩1,140,000}{1,000시간} = X부문 \ 기계시간당 \ ₩1,140$$

$$Y부문: \frac{Y부문 \ 제조간접원가예산}{Y부문 \ 예정조업도} = \frac{₩1,230,000}{500시간} = Y부문 \ 기계시간당 \ ₩2,460$$

(2) 20×1년의 제조간접원가 배부차이

실제제조간접원가	₩2,600,000
제조간접원가배부액: 900시간 × @1,140 + 600시간 × @2,460 =	2,502,000
과소배부액	₩98,000

맞춤가구를 주문생산하여 아파트 신축공사 현장에 납품하는 (주)세무는 하나의 보조부문(동력부문)과 두 개의 제조부문(절단부문, 조립부문)을 운영하며, 정상개별원가계산(normal job costing)을 채택하고 있다. 동력부문의 원가는 전력사용량(kWh)을 기준으로 제조부문에 배부하며 단일배부율을 사용한다. 제조부문은 부문별 단일배부율을 이용하여 제조간접원가를 배부하며 절단부문의 경우 기계가동시간을 기준으로, 조립부문의 경우 직접노무시간을 기준으로 제조간접원가를 각 작업에 배부한다. (주)세무는 개별법을 이용하여 재고자산을 평가하며, 당기 회계연도는 20×2년 1월 1일부터 20×2년 12월 31일이다.

(1) 동력부문의 20×2년도 연간 원가예산은 다음과 같다.

동력부문의 원가 = ₩216,000 + ₩2 × 전력사용량(kWh)

(2) 제조부문의 20×2년도 연간 예산자료는 다음과 같다.

구분	절단부문	조립부문
보조부문원가 배부 전 제조간접원가	₩600,000	₩311,000
직접노무시간	800시간	2,600시간
기계가동시간	5,000시간	800시간
기계가동시간당 전력사용량	2kWh	2.5kWh

(3) 20×2년도 각 작업과 관련된 실제자료는 다음과 같다.

구분	#107	#201	#202
직접재료원가	₩300,000	₩100,000	₩200,000
직접노무원가	230,000	150,000	320,000
직접노무시간			
절단부문	200시간	200시간	400시간
조립부문	900	300	1,200
기계가동시간			
절단부문	1,500시간	1,000시간	1,500시간
조립부문	400	120	200

(4) 전기로부터 이월된 작업 #107은 당기에 완성되어 판매되었으며, #201과 #202는 당기에 착수하여 당기 말 현재 #201은 미완성, #202는 완성되었다. (주)세무의 기초제품재고는 존재하지 않으며 기초재공품에 대한 원가자료는 다음과 같다.

구분	기초재공품
직접재료원가	₩160,000
직접노무원가	200,000
제조간접원가	60,000

(물음 1) 절단부문과 조립부문의 부문별 배부율은 각각 얼마인지 계산하고, 작업 #107, #201, #202에 배부되는 제조간접원가를 각각 계산하시오.

(물음 2) 당기 말 제조간접원가 배부차이 조정 전, 기말재공품, 기말제품 및 매출원가는 얼마인지 계산하시오.

(물음 3) 보조부문원가를 제조부문에 배부한 후, 절단부문과 조립부문의 실제제조간접원가가 각각 ₩720,000과 ₩356,400으로 집계되었을 경우, 당기 말 제조간접원가 배부차이를 부문별로 계산하고, 그 차이가 과소배부(부족배부) 또는 과대배부(초과배부)인지 표시하시오.

(물음 4) (주)세무가 제조간접원가 배부차이를 원가요소기준 비례배부법에 따라 배부하는 경우, 당기 말 배부차이 조정 후 기말재공품, 기말제품 및 매출원가는 얼마인지 계산하시오.

| 정답 및 해설 |

(물음 1)

(1) 제조부문 예산 전력사용량

    ① 절단부문: 5,000시간 × 2kWh = 10,000kWh

    ② 조립부문: 800시간 × 2.5kWh = 2,000kWh

(2) 동력부문 예정배부율

    ① 동력부문 예산원가: ₩216,000 + ₩2 × 12,000kWh = ₩240,000

    ② 예정배부율: ₩240,000 ÷ 12,000kWh = ₩20/kWh

(3) 제조부문 부문별 배부율

	절단부문	조립부문
배분 전 원가	₩600,000	₩311,000
동력부문	₩20 × 10,000kWh = 200,000	₩20 × 2,000kWh = 40,000
배분 후 원가	₩800,000	₩351,000
배부기준	÷ 5,000기계가동시간	÷ 2,600직접노무시간
배부율	₩160	₩135

(4) 작업별 제조간접원가

	#107 (매출원가)	#201 (기말재공품)	#202 (기말제품)
절단부문*1	₩240,000	₩160,000	₩240,000
조립부문*2	121,500	40,500	162,000
	₩361,500	₩200,500	₩402,000

*1 ₩160 × 1,500h, ₩160 × 1,000h, ₩160 × 1,500h

*2 ₩135 × 900h, ₩135 × 300h, ₩135 × 1,200h

(물음 2) 배부차이 조정 전 각 작업별 원가

	#107 (매출원가)	#201 (기말재공품)	#202 (기말제품)	예정배부금액
기초재공품	₩420,000	-	-	
직접재료원가	300,000	₩100,000	₩200,000	
직접노무원가	230,000	150,000	320,000	
제조간접원가				
절단부문	240,000	160,000	240,000	₩640,000
조립부문	121,500	40,500	162,000	324,000
배부차이 조정 전 금액	₩1,311,500	₩450,500	₩922,000	₩964,000

(물음 3)

(1) 절단부문 배부차이

₩720,000 - ₩640,000 = ₩80,000(과소배부)

(2) 조립부문 배부차이

₩356,400 - ₩324,000 = ₩(32,400)(과대배부)

(물음 4)

(1) 배부차이 조정

	#107 (매출원가)	#201 (기말재공품)	#202 (기말제품)	배부차이
절단부문	₩420,000	₩420,000	₩420,000	
배분비율	0.375	0.25	0.375	
배부차이 조정	₩30,000	₩20,000	₩30,000	₩80,000(과소)
조립부문	₩420,000	₩420,000	₩420,000	
배분비율	0.375	0.125	0.5	
배부차이 조정	₩12,150	₩4,050	₩16,200	₩32,400(과소)
합계	₩42,150	₩24,050	₩46,200	

(2) 조정 후 금액

	#107 (매출원가)	#201 (기말재공품)	#202 (기말제품)
배부차이 조정 전 금액	₩1,311,500	₩450,500	₩922,000
배부차이 조정	42,150	24,050	46,200
배부차이 조정 후 금액	₩1,353,650	₩474,550	₩968,200

공통원가의 배분

케이블TV사업부, 인터넷사업부, 홈쇼핑사업부로 구성된 (주)청룡은 2008년 사업연도 종료 후 사업부별 성과평가 보고서를 작성 중이다.

(1) 사업부의 성과평가에 있어서 본사공통원가의 배부는 매년 논란의 대상이 되어 왔다. 2008년도 각 사업부별 성과 및 기타 자료는 다음과 같다.

	케이블TV	인터넷	홈쇼핑	합계
매출액	₩8,000,000	₩16,000,000	₩8,000,000	₩32,000,000
영업비용	3,000,000	15,000,000	7,000,000	25,000,000
영업이익(본사공통원가 차감 전)	₩5,000,000	₩1,000,000	₩1,000,000	₩7,000,000
자산비율	56%	24%	20%	100%
종업원 수(명)	1,500	2,000	1,500	5,000

(2) 현재 회사는 본사공통원가를 하나의 원가집합(cost pool)에 집계하여 각 사업부의 실제매출액을 기준으로 배부하고 있다. 각 사업부의 부서장은 사업부의 이익에 의해 성과를 평가받는데 각 사업부의 이익은 본사공통원가 차감 전 영업이익에서 본사공통원가 배부액을 차감하여 결정한다. 회사는 매년 논란의 대상이 되어 왔던 본사공통원가 배부에 새로운 방법을 도입하고자 현재 두 가지의 대안을 고려하고 있다. 두 가지 대안 중 첫 번째 대안은 본사공통원가를 비용항목의 성격에 따라 복수의 원가집합에 집계하여 각 사업부에 배부하는 것이고, 두 번째 대안은 개별 비용항목을 원가동인에 기초하여 각 사업부에 배부하는 것이다.

(3) 2008년도 본사공통원가 비용항목, 실제발생금액, 새로운 대안 중 첫 번째 대안에 의한 원가집합, 그리고 각 원가집합의 배부기준은 다음과 같다.

비용항목	실제발생금액	원가집합	배부기준
이자비용	₩925,000	#1원가집합	자산비율
본사임원급여	350,000		
회계비용	310,000		
콜센터비용	200,000	#2원가집합	사업부매출액
법률자문비	340,000		
연구개발비	400,000		
홍보비	175,000	#3원가집합	본사공통원가 차감 전 영업이익
인사부문비	500,000	#4원가집합	종업원 수
계	₩3,200,000		

(물음 1) 사업부의 실제매출액에 기초하여 본사공통원가를 배부하는 경우 각 사업부의 본사공통원가 배부액 차감 후 이익을 구하시오.

(물음 2) 회사가 고려하고 있는 새로운 대안 중 첫 번째 대안에 의해서 본사공통원가를 복수의 원가집합을 사용하여 배부하는 경우 각 사업부의 본사공통원가 배부액 차감 후 이익을 구하시오.

(물음 3) 본사공통원가 비용항목 중 콜센터비용은 5명의 상담원에 대한 급여이다. 각 상담원은 하루에 8시간, 연간 250일 근무하며 각 상담원은 연간 ₩40,000의 고정급여를 지급받는다. 한 건의 상담에는 평균 12분이 소요된다. 2008년도 회사의 전체 고객 수는 총 800,000명이었으며 콜센터는 모두 40,000건의 상담을 수행하였다. 2008년에 발생한 유휴 콜센터시간(상담가능시간)과 유휴 콜센터비용은 얼마인가?

(물음 4) 기존의 본사공통원가 배부방법에 대한 대안으로 회사가 고려하고 있는 대안 중에서 두 번째 대안은 본사공통원가 항목을 각각의 배부기준에 의해서 사업부에 배부하는 것이다. 이 경우 콜센터비용은 사업부의 실제 상담 건수에 의해서 배부한다. 따라서 이 대안을 채택한다면 회사는 콜센터비용으로 2008년의 상담에 대해서 건당 ₩5씩 배부하게 된다. (₩200,000 ÷ 40,000건 = ₩5/건) 현재 회사는 콜센터를 본사에 두고 운영하고 있어서 콜센터의 서비스에 대한 고객들의 불만이 발생하고 있다. 이에 회사는 콜센터를 사업부별로 운영하고자 한다. 고객은 본사 콜센터의 상담 건수는 25,000건으로 감소할 것으로 예상된다. 2009년에 콜센터 상담원의 수와 급여를 기존과 같이 유지하는 경우, 앞에서 구한 2008년 상담 건당 ₩5의 배부율을 정한 방식과 동일한 방법으로 2009년도 배부율을 결정하면 얼마가 되겠는가? 또한 사업부 부서장은 이 배부율에 대해서 어떠한 반응을 보이겠는가?

(물음 5) 앞에 소개된 대안 이외에 사업부 부서장의 수용가능성을 높일 수 있는 본사 콜센터비용 배부 대안에는 어떠한 것이 있겠는가?

| 정답 및 해설 |

(물음 1) 단일의 배부기준에 의한 본사공통원가 배부

	케이블TV	인터넷	홈쇼핑	합계
본사공통원가 차감 전 이익	₩5,000,000	₩1,000,000	₩1,000,000	₩7,000,000
본사공통원가 배부액	800,000*	1,600,000*	800,000*	3,200,000
본사공통원가 차감 후 이익	₩4,200,000	₩(600,000)	₩200,000	₩3,800,000

* 본사공통원가 배부율: ₩3,200,000 ÷ ₩32,000,000(매출액) = 사업부별 매출액의 10%

(물음 2) 복수의 원가집합에 의한 본사공통원가 배부

	케이블TV	인터넷	홈쇼핑	합계
본사공통원가 차감 전 이익	₩5,000,000	₩1,000,000	₩1,000,000	₩7,000,000
본사공통원가 배부액				
#1원가집합*1	(518,000)	(222,000)	(185,000)	(925,000)
#2원가집합*2	(400,000)	(800,000)	(400,000)	(1,600,000)
#3원가집합*3	(125,000)	(25,000)	(25,000)	(175,000)
#4원가집합*4	(150,000)	(200,000)	(150,000)	(500,000)
계	(1,193,000)	(1,247,000)	(760,000)	(3,200,000)
본사공통원가 차감 후 이익	₩3,807,000	₩(247,000)	₩240,000	₩3,800,000

*1 사업부별 자산비율
*2 ₩1,600,000 ÷ ₩32,000,000 = 사업부별 매출액 × 5%
*3 ₩175,000 ÷ ₩7,000,000 = 사업부별 본사공통원가 차감 전 영업이익 × 2.5%
*4 ₩500,000 ÷ 5,000명 = 사업부별 종업원 수 × @100

(물음 3) 미사용자원과 미사용자원원가

(1) 유휴 콜센터시간

(5명 × 250일 × 8시간) - (40,000건 × 0.2시간) = 2,000시간

(2) 유휴 콜센터비용

2,000시간 × ₩20* = ₩40,000

* 고정원가의 원가동인 단위당 원가 = (₩40,000 × 5명) ÷ (250일 × 8시간 × 5명) = ₩20/시간

(물음 4) 콜센터비용 배부기준의 타당성

(1) 2009년 콜센터비용 배부율

　　₩200,000(상담원 5명의 급여) ÷ 25,000건 = 상담 건당 ₩8

(2) 사업부 부서장의 실제배부율에 대한 반응

　　사업부 부서장 입장에서 실제 상담 건수를 기준으로 콜센터비용을 배부받는 것은 사업부에서 용역을 사용하는 정도와 관련이 없는 미사용자원과 관련된 원가까지도 사업부가 부담하게 되어 사업부의 성과평가에 바람직하지 않다고 판단할 것이다.

(물음 5) 타당한 콜센터비용 배부기준

콜센터비용은 고착자원과 관련된 원가로 자원의 확보(확보한 생산능력) 정도에 따라 원가발생액이 결정된다. 따라서 자원확보량인 50,000건(= 5명 × 250일 × 8시간 ÷ 0.2시간)을 기준으로 배부율 ₩4(= 5명 × ₩40,000 ÷ 50,000건)을 이용해서 사업부별로 실제사용한 상담 건수에 해당하는 콜센터비용을 배분받고 미사용자원원가는 사업부에 배분하지 않는 것이 보다 타당할 것이다.

실전문제 03 원가배부(고정원가의 배분)

(주)청룡은 동일한 공장에서 민간용 일반 차량과 군사용 특수 차량을 생산한다. (주)청룡의 결산일은 매년 12월 31일이다.

(1) 민간용 일반 차량은 회사의 판매 대리점을 통하여 전국에 판매되고 있으며, 군사용 특수 차량은 전량이 국방부에 납품되고 있다. 동일한 공장에서 민간용 및 군사용 두 종류의 차량을 생산하는 관계로 회사의 원가계산 부서는 고정제조간접원가의 민간용 및 군사용 차량에의 적정 배부에 많은 노력을 쏟고 있다. 그러나 회사와 국방부와의 계약이 경쟁입찰방식의 계약이 아닌 원가보상계약인 관계로 원가의 적정성에 관한 의혹이 국방부로부터 매년 끊임없이 제기되어 오고 있다.

(2) 회사는 민간용 일반 차량과 군사용 특수 차량의 생산에서 발생하는 고정제조간접원가를 각각의 차량 생산에서 발생하는 직접원가(직접재료원가와 직접노무원가)의 합에 비례하여 배부하고 있다. 2003년도에 회사는 민간용 일반 차량과 군사용 특수 차량을 각각 100대와 25대를 생산하였고 회사는 민간용 일반 차량과 군사용 특수 차량 한대당 각각 ₩3,000,000과 ₩4,000,000 발생하였다. 2003년도에 발생한 제조간접원가는 민간용 일반 차량과 군사용 특수 차량을 불문하고 차량 한 대당 변동원가 ₩500,000, 총 고정원가가 ₩37,500,000 발생하였다.

(3) 군사용 특수차량을 구입하는 국방부는 원가계산의 적정성을 확인하기 위하여 매년 정기적으로 감사를 수행하여 오고 있다. 2004년도에 실시된 2003년도에 구입한 군사용 특수 차량에 대한 감사에 따르면 회사는 2003년도에 군사용 특수 차량의 원가를 부당하게 과대 계상하였으며, 이 과대 계상 금액만큼을 국방부에 반환하여야 한다고 감사보고서는 지적하고 있다.

(4) 국방부 감사보고서의 지적에 의하면 회사는 2003년도에 군사용 특수 차량의 제작에만 필요한 특수 부품을 단위당 ₩1,000,000을 지급하고 25단위를 구입하여 이의 원가를 군사용 특수 차량의 제작에서 발생한 직접재료원가로 구분하였고, 이 부분에 대하여 고정제조간접원가를 배부하였다. 그러나 국방부의 감사보고서는 이 특수 부품의 원가는 회사의 추가적인 가공이 전혀 요구되지 않는 원가이므로 어떠한 고정제조간접원가도 배부되어서는 안 된다고 지적하고 있다. 즉, 특수 부품의 원가는 원가계산에서 비록 직접재료원가로 구분되기는 하나 고정제조간접원가의 배부 시에 배부기준에는 포함되어서는 안 된다는 것이다.

(물음 1) 국방부의 감사가 수행되기 전에 2003년도 (주)청룡이 결정한 민간용 일반 차량과 군사용 특수 차량의 한 대당 원가가 각각 얼마인지 계산하시오.

(물음 2) 국방부 감사보고서의 지적이 옳다는 가정에서 (주)청룡의 민간용 일반 차량과 군사용 특수 차량의 한 대당 원가를 구하고 이 경우 국방부가 (주)청룡에 요구할 전체 반환 금액을 계산하시오.

(물음 3) 위의 군사용 특수 차량 제작에 필요한 특수 부품에 대한 원가 지적 이외에 추가로 국방부 감사보고서는 ₩3,750,000의 고정제조간접원가가 민간용 일반 차량의 제작에만 발생하는 변동제조간접원가라고 밝히고 있다고 하자. 이 경우 감사보고서의 지적 사항이 모두 반영된 (주)청룡의 민간용 일반 차량과 군사용 특수 차량의 한 대당 원가를 구하고 국방부의 (주)청룡에 대한 전체 반환 요구금액을 계산하시오. (반환 요구금액 계산 시 회사가 결정한 한 대당 원가와 ₩3,750,000의 고정제조간접원가와 단위당 ₩1,000,000의 특수 부품의 원가 등 두 가지의 감사 지적 사항을 모두 반영한 원가와의 차이를 구하시오)

| 정답 및 해설 |

(물음 1) (주)청룡의 기존 원가

	민간용 차량			군사용 차량	
직접원가	100대 × ₩3,000,000 =	₩300,000,000		25대 × ₩4,000,000 =	₩100,000,000
제조간접원가					
변동원가	100대 × ₩500,000 =	50,000,000		25대 × ₩500,000 =	12,500,000
고정원가	₩37,500,000 × 75%* =	28,125,000		₩37,500,000 × 25%* =	9,375,000
총제조원가		₩378,125,000			₩121,875,000
생산수량		÷ 100대			÷ 25대
단위당 원가		₩3,781,250			₩4,875,000

* 구분	배부대상 직접원가	배분비율
민간용 차량	₩300,000,000	75%
군사용 차량	100,000,000	25
계	₩400,000,000	100%

(물음 2) 국방부의 지적을 고려한 원가

(1) 새로운 원가

	민간용 차량			군사용 차량	
직접원가	100대 × ₩3,000,000 =	₩300,000,000		25대 × ₩4,000,000 =	₩100,000,000
제조간접원가					
변동원가	100대 × ₩500,000 =	50,000,000		25대 × ₩500,000 =	12,500,000
고정원가	₩37,500,000 × 80%* =	30,000,000		₩37,500,000 × 20%* =	7,500,000
총제조원가		₩380,000,000			₩120,000,000
생산수량		÷ 100대			÷ 25대
단위당 원가		₩3,800,000			₩4,800,000

* 구분		배부대상 직접원가	배분비율
민간용 차량		₩300,000,000	80%
군사용 차량	25대 × (₩4,000,000 - ₩1,000,000) =	75,000,000	20
계		₩375,000,000	100%

(2) 국방부의 반환 요구금액

(₩4,875,000 - ₩4,800,000) × 25대 = ₩1,875,000

(물음 3) 반환 요구금액

(1) 정확한 원가

		민간용 차량		군사용 차량
직접원가	100대 × ₩3,000,000 =	₩300,000,000	25대 × ₩4,000,000 =	₩100,000,000
제조간접원가				
변동원가	100대 × ₩500,000 =	50,000,000	25대 × ₩500,000 =	12,500,000
		3,750,000		
고정원가	₩33,750,000* × 80% =	27,000,000	₩33,750,000* × 20% =	6,750,000
총제조원가		₩380,750,000		₩119,250,000
생산수량		÷ 100대		÷ 25대
단위당 원가		₩3,807,500		₩4,770,000

* 고정원가총액 = ₩37,500,000 - ₩3,750,000 = ₩33,750,000

(2) 국방부의 반환 요구금액

(₩4,875,000 - ₩4,770,000) × 25대 = ₩2,625,000

(주)파주는 두 개의 제조부문인 조립부문과 완성부문, 두 개의 보조부문인 수선부문과 동력부문을 가지고 있다. 당 회사는 제조간접원가를 예정배부하고 있으며 조립부문은 기계시간, 완성부문은 노무시간을 기준으로 배분하는 정책을 취하고 있다. 보조부문원가는 각 부문에 제공한 용역량에 따라 배분하되 보조부문 상호 간 용역수수를 모두 고려하는 방법을 사용하고 있다.

(1) (주)파주의 기초재고자산 관련 자료는 다음과 같다.

원재료	재공품(#104)	제품(#103)	합계
₩400,000	₩600,000	₩820,000	₩1,820,000

(2) 제조부문과 보조부문의 연간 예산자료 및 실제자료는 다음과 같다.

① 보조부문의 예상용역제공량

	수선부문	동력부문	조립부문	완성부문	합계
수선부문(시간)	-	150	250	100	500
동력부문(kwh)	500	-	500	1,000	2,000

② 부문별 제조간접원가예산액과 실제발생액 및 예정조업도

	수선부문	동력부문	조립부문	완성부문	합계
제조간접원가예산액	₩300,000	₩465,000	₩785,000	₩400,000	₩1,950,000
제조간접원가실제액	250,000	600,000	900,000	450,000	2,200,000
직접노무시간			200시간	200시간	400시간
기계작업시간			400	200	600

(3) 당기 중 발생한 각 작업별 원가자료는 다음과 같다.

	#104	#201	#202	합계
직접재료원가	-	₩250,000	₩300,000	₩550,000
직접노무원가	₩120,000	200,000	100,000	420,000
직접노무시간				
조립부문	50시간	100시간	50시간	200시간
완성부문	60	100	80	240
기계작업시간				
조립부문	150시간	200시간	100시간	450시간
완성부문	30	120	50	200

(4) (주)파주는 당기에 #104, #201을 완성하였으며 #103, #104는 판매되었다.

(물음 1) 조립부문과 완성부문의 제조간접원가 예정배부율을 계산하시오.

(물음 2) 정상원가계산에 의한 작업별 제조원가를 계산하시오.

(물음 3) 제조간접원가 배부차이를 계산하시오.

(물음 4) 제조간접원가 배부차이를 원가요소별 비례배분법에 의해 배분할 경우 기말재공품, 기말제품, 매출원가는 얼마인가? (단, 배부율 계산 시 백분율 소수점 둘째 자리에서 반올림하시오)

정답 및 해설

(물음 1) 부문별 제조간접원가 예정배부율

(1) 각 보조부문에 배분될 원가예산액

수선부문에 배분될 원가예산액을 A, 동력부문에 배분될 원가예산액을 B라 하면,

$$A = ₩300,000 + \frac{500kwh}{2,000kwh} \times B$$

$$B = ₩465,000 + \frac{150시간}{500시간} \times A$$

$$\therefore \ A = ₩450,000, \ B = ₩600,000$$

(2) 보조부문원가의 배분

배분원가	보조부문		제조부문		합계
	수선	동력	조립	완성	
배분전원가	₩300,000	₩465,000	₩785,000	₩400,000	₩1,950,000
수선부문원가*1	(450,000)	135,000	225,000	90,000	-
동력부문원가*2	150,000	(600,000)	150,000	300,000	-
배분후원가	-	-	₩1,160,000	₩790,000	₩1,950,000

*1 동력부문 : 조립부문 : 완성부문 = 150시간 : 250시간 : 100시간
*2 수선부문 : 조립부문 : 완성부문 = 500kwh : 500kwh : 1,000kwh

(3) 부문별 제조간접원가 예정배부율

① 조립부문: ₩1,160,000 ÷ 400기계시간 = 기계시간당 ₩2,900
② 완성부문: ₩790,000 ÷ 200노무시간 = 노무시간당 ₩3,950

(물음 2) 작업별 제조원가

	#104	#201	#202	합계
기초재공품	₩600,000	-	-	₩600,000
직접재료원가	-	₩250,000	₩300,000	550,000
직접노무원가	120,000	200,000	100,000	420,000
제조간접원가				
조립부문*1	435,000	580,000	290,000	1,305,000
완성부문*2	237,000	395,000	316,000	948,000
계	₩1,392,000	₩1,425,000	₩1,006,000	₩3,823,000

*1 작업별 기계시간 × @2,900
*2 작업별 노무시간 × @3,950

(물음 3) 제조간접원가 배부차이

제조간접원가 실제발생액	₩2,200,000
제조간접원가 배부액	2,253,000
제조간접원가 과대배부액	₩(53,000)

(물음 4) 차이배분 후 계정잔액

(1) 차이배분 전 각 계정의 기말잔액

재공품(#202)	₩1,006,000[*1]
제품(#201)	1,425,000[*2]
매출원가(#103, 104)	2,212,000[*3]
	₩4,643,000

*1 기말재공품은 #202뿐이므로 #202의 개별작업원가가 기말재공품원가이다.
*2 기말제품은 #201뿐이므로 #201의 개별작업원가가 기말제품원가이다.
*3 ₩820,000(#103) + ₩1,392,000(#104) = ₩2,212,000

(2) 차이배분 후 기말재공품, 기말제품, 매출원가

① 차이배분(원가요소별 비례배분법)

	제조간접원가 배부액	배분비율	배분액
재공품(#202)	₩606,000	26.9%	₩(14,257)
제품(#201)	975,000	43.3	(22,949)
매출원가(#104)	672,000	29.8	(15,794)
계	₩2,253,000	100%	₩(53,000)

② 차이배분 후 잔액

	차이배분 전 잔액	배분액	차이배분 후 잔액
재공품(#202)	₩1,006,000	₩(14,257)	₩991,743
제품(#201)	1,425,000	(22,949)	1,402,051
매출원가(#103, 104)	2,212,000	(15,794)	2,196,206
계	₩4,643,000	₩(53,000)	₩4,590,000

실전문제 05 정상원가계산(단계배분법, 이중배부율법)

(주)한국은 조립과 포장의 두 제조부문과 동력과 수선의 두 보조부문으로 구성되어 있다. (주)한국의 결산일은 매년 12월 31일이다.

(1) 내년도 각 부문의 예상원가와 운영자료는 다음과 같으며 이는 제조부문의 제조간접원가 예정 배부율을 산정하기 위해 마련된 것이다.

구분	동력부문	수선부문	조립부문	포장부문
직접노무원가	-	-	₩30,000	₩40,000
수선관련노무원가	-	₩5,000(변동원가)	-	-
직접재료원가	-	-	50,000	80,000
수선관련재료원가	-	7,536(변동원가)	-	-
동력관련재료원가	₩3,630(변동원가)	-	-	-
기타간접원가	7,500(고정원가)	6,000(고정원가)	104,000	155,000
계	₩11,130	₩18,536	₩184,000	₩275,000
직접노무시간	-	-	6,000시간	10,000시간
전력공급량-kwh				
현재 전력공급량	300	800	3,800	6,400
장기 전력공급량	300	1,000	6,000	8,000
점유면적 m²	800	1,500	8,000	12,000

(2) (주)한국은 제품의 원가를 산정하기 위해 변동원가와 고정원가를 구분하여 단계배분법(동력부문, 수선부문의 순서로 배분)을 사용하여 보조부문의 원가를 제조부문에 배분하고 있다. 보조부문원가의 배분기준은 다음과 같다.

	비용형태	배부기준
동력부문	변동원가	현재 전력공급량
	고정원가	장기 전력공급량
수선부문	변동원가	직접노무시간
	고정원가	점유면적 m²

(물음 1) 보조부문의 원가를 생산부문에 배부하시오.

(물음 2) 각 제조부문(조립, 포장)의 제조간접원가 예정배부율을 산정하시오. 제조간접원가 예정배부율 산정 시 각 부문의 배부기준으로는 직접노무시간을 사용하시오. (단, 소수점 셋째 자리에서 반올림하여 둘째 자리까지 계산하시오)

(물음 3) 내년도 포장부문에서의 제품의 생산량이 20,000단위일 경우 포장부문에서 생산되는 제품 한 단위의 원가를 산정하시오. (단, 제조간접원가는 예정원가를 사용하시오. 소수점 셋째 자리에서 반올림하여 둘째 자리까지 계산하시오)

| 정답 및 해설 |

(물음 1) 보조부문원가의 배분: 단계배분법 + 이중배분율법

구분	보조부문		제조부문		합계
	동력	수선	조립	포장	
배분전원가	₩11,130	₩18,536	₩104,000	₩155,000	₩288,666
동력부문원가(변동원가)[*1]	(3,630)	264	1,254	2,112	0
동력부문원가(고정원가)[*2]	(7,500)	500	3,000	4,000	0
수선부문원가(변동원가)[*3]	-	(12,800)[*5]	4,800	8,000	0
수선부문원가(고정원가)[*4]	-	(6,500)[*6]	2,600	3,900	0
배분후원가	₩0	₩0	₩115,654	₩173,012	₩288,666

*1 수선 : 조립 : 포장 = 800kwh : 3,800kwh : 6,400kwh
*2 수선 : 조립 : 포장 = 1,000kwh : 6,000kwh : 8,000kwh
*3 조립 : 포장 = 6,000시간 : 10,000시간
*4 조립 : 포장 = 8,000m² : 12,000m²
*5 ₩5,000 + ₩7,536 + ₩264 = ₩12,800
*6 ₩6,000 + ₩500 = ₩6,500

(물음 2) 제조간접원가 예정배부율

① 조립부문: ₩115,654 ÷ 6,000시간 = ₩19.28/직접노무시간
② 포장부문: ₩173,012 ÷ 10,000시간 = ₩17.30/직접노무시간

(물음 3) 포장부문에서 생산된 제품의 단위당 원가

① 총제조원가: ₩80,000 + ₩40,000 + ₩173,012(포장부문제조간접원가) = ₩293,012
② 단위당 원가: ₩293,012 ÷ 20,000단위 = ₩14.65

> 📋 **참고**
> 1. 단계배분법은 보조부문원가를 제조부문에 배분할 때 사용하는 방법으로 배분순서를 정하여 순차적으로 배분하는 방법이다. 이때 주의할 사항은 자기부문과 일단 배부가 끝난 보조부문에는 원가를 배분하지 않는다는 점이다. 또한 이중배분율법을 사용하고 있으므로 보조부문원가를 변동원가와 고정원가로 구분하여 배분해야 한다.
> 2. 배분순서는 제시된 대로 동력부문원가를 1순위로 배분하고 수선부문원가를 2순위로 배분한다. 따라서 동력부문의 변동원가 ₩3,630을 배부할 때는 제조부문은 물론이고 보조부문인 수선부문에도 배분(₩264)한다. 그리고 수선부문원가를 배분할 때는 수선부문의 변동원가 ₩12,536에 동력부문으로부터 배분받은 금액 ₩264을 가산한 ₩12,800을 동력부문은 제외하고 조립부문과 포장부문에만 배부한다. 고정원가를 배부할 때도 같은 논리로 접근한다.

실전문제 06 부문별 원가계산 및 판매가격의사결정

20×1년에 설립된 (주)한국은 두 가지 제품, 싱크대와 식기건조기를 생산한다. 싱크대는 다른 주방기기 제조업체인 (주)파주에서도 생산하고 있지만 식기건조기는 신제품으로 오로지 당 회사만 생산하고 있다.

(1) 회사는 싱크대와 식기건조기의 판매가격을 20×1년 총제조원가의 110%로 설정하고 있으며, 지금까지 원가 또는 가격의 변화는 없었다. 다음은 회사의 가격결정표이다.

	싱크대	식기건조기
직접재료원가	₩2,000	₩1,000
직접노무원가	1,250	1,250
제조간접원가	1,375	1,375
계	₩4,625	₩3,625
이익가산(10%)	462.5	362.5
판매가격	₩5,087.5	₩3,987.5

수년간 회사의 두 제품 매출이 모두 증가하여 사업이 호조를 보이고 있다. 식기건조기의 급속한 매출증가는 기대한 바와 같지만, 싱크대의 매출증가는 (주)파주가 판매가격을 단위당 ₩5,450으로 유지해 준 덕분이었다.

(2) 20×4년 6월 (주)파주가 싱크대의 생산을 중단하고 식기건조기를 생산하여 단위당 ₩3,600에 판매하겠다고 전격적으로 발표했다. 회사는 싱크대 시장을 독점하게 된 데는 만족해했지만 (주)파주가 식기건조기의 가격을 회사의 총제조원가 이하로 책정한 데는 매우 당황했다. 그러나 (주)파주의 생산설비와 원가구조가 당 회사와 비슷하므로 그 가격을 계속 유지할 수는 없을 것으로 생각했다. 7월에 (주)파주가 ₩3,600의 가격으로도 크게 이익을 낸 것으로 밝혀지자 사장은 회계담당이사를 불러 이유를 알아보도록 지시했다. 회계담당이사는 (주)한국의 제조와 관련된 다음과 같은 정보를 파악하였다.

① 회사에는 P₁, P₂ 두 개의 제조부문이 있으며, 각각의 원가구조는 다음과 같다.

	P₁	P₂
연간 고정제조간접원가	₩2,500,000	₩1,000,000
직접노무시간당 변동제조간접원가	150	50

② 각 제품 1단위를 생산하는 데 소요되는 직접노무시간은 다음과 같다.

	싱크대	식기건조기
P₁	4	1
P₂	1	4

③ 연간 직접노무시간은 각 부문에서 10,000시간이 발생한다.

(물음 1) 제품 판매가격을 통해 회사의 제조간접원가 배부방식을 파악하고, 파악된 제조간접원가 배부방식과 다른 방식으로 제조간접원가를 배부하였을 경우와 비교하여 제품 판매가격을 평가하시오.

(물음 2) (물음 1)의 평가를 근거로 (주)파주가 회사와 다른 방법으로 제조간접원가를 배부하였다면, 왜 싱크대의 생산을 중단하고 식기건조기의 생산을 시작하였는지 설명하시오.

(물음 3) 싱크대와 식기건조기에 대한 판매가격을 변경하지 않는다면 회사의 매출과 이익은 어떻게 되겠는가?

(물음 4) 회사가 증분비용보다 증분수익이 크도록 유지하면서 식기건조기에 대해 책정할 수 있는 단위당 최저 가격은 얼마인가?

| 정답 및 해설 |

(물음 1)

싱크대와 식기건조기 한 단위당 생산에 소요되는 직접노무시간이 5시간으로 동일하고, 단위당 제조간접원가 배부액도 ₩1,375로 동일하므로 공장 전체 단일의 배부율(₩1,375 ÷ 5시간 = 시간당 ₩275)을 사용하여 제조간접원가를 배부하고 있는 것으로 파악된다. 이와 달리 제조부문별 제조간접원가 배부율을 사용한다면 다음과 같다.

(1) 부문별 제조간접원가 배부율

		P₁		P₂
고정제조간접원가		₩2,500,000		₩1,000,000
변동제조간접원가	10,000시간 × @150 =	1,500,000	10,000시간 × @50 =	500,000
계		₩4,000,000		₩1,500,000
직접노무시간		÷ 10,000시간		÷ 10,000시간
배부율		시간당 ₩400		시간당 ₩150

(2) 부문별 제조간접원가 배부율 사용 시 제품단위당 판매가격

		싱크대		식기건조기
직접재료원가		₩2,000		₩1,000
직접노무원가		1,250		1,250
제조간접원가				
P₁	4시간 × @400 =	1,600	1시간 × @400 =	400
P₂	1시간 × @150 =	150	4시간 × @150 =	600
계		₩5,000		₩3,250
이익가산(10%)		500		325
판매가격		₩5,500		₩3,575

공장 전체 단일의 배부율을 사용하면 제조부문 P₁의 많은 제조간접원가가 제조부문 P₂에 전가되므로 상대적으로 P₂의 직접노무시간을 많이 소비하는 식기건조기의 원가가 제조부문별 제조간접원가 배부율을 사용하는 경우에 비해 과대평가되는 결과를 가져온다.

(물음 2)

(주)파주가 생산설비와 원가구조가 당 회사와 비슷하므로 (주)파주가 만약 제조부문별 제조간접원가 배부율을 사용하여 판매가격을 설정하고 있다면 (주)한국이 싱크대에 대해 단위당 총제조원가 ₩5,000에 가까운 ₩5,087.5에 판매하고 있으므로 싱크대에 대해서는 가격 경쟁력을 갖출 수 없다고 판단하였을 것이며, 식기건조기에 대해서는 (주)한국이 높은 이익(₩3,987.5 - ₩3,250 = ₩737.5)을 얻고 있다고 보았을 것이다. 따라서 (주)파주는 가격 경쟁력 없는 싱크대 생산을 중단하고 수익성 높은 식기건조기 생산을 시작하였을 것이다.

(물음 3)

(주)파주가 싱크대 생산을 중단함에 따라 (주)한국의 판매량이 증가하여 싱크대 매출은 증가하고, 식기건조기 매출은 (주)파주와의 가격 경쟁력에 밀려 감소할 것이다. 실질적으로 수익성이 높은 식기건조기의 매출이 감소하므로 회사의 전체 이익은 감소할 가능성이 높다.

(물음 4)

식기건조기 단위당 최저 판매가격 = 단위당 증분비용
= 단위당 변동제조원가
= ₩1,000 + ₩1,250 + ₩350* = ₩2,600
　　　　　직접재료원가　직접노무원가

* 단위당 변동제조간접원가: 1시간 × @150 + 4시간 × @50 = ₩350
　　　　　　　　　　　　　　P₁　　　　　　　P₂

실전문제 07 공장 전체/부문별 배부율, 단일/이중배부율, 특별주문의 수락

한국중공업의 전력부문은 두 개의 제조부문인 P_1, P_2에 동력을 공급하고 있다. 한국중공업의 결산일은 매년 12월 31일이다.

(1) 과거 경험에 비추어 전력부문의 총 운영비는 연간 ₩225,000의 고정원가와 전력 1,000kwh 당 ₩15의 변동원가로 구성된다.

(2) P_1, P_2에서 직접 발생하는 고정제조간접원가는 각각 연간 ₩150,000과 ₩75,000이다. P_1, P_2에서 직접 발생하는 변동제조간접원가는 각각 기계시간당 ₩7.5과 ₩3.75이다.

(3) P_1에서는 각 기계시간당 1,000kwh의 전력이 필요하며 P_2에서는 각 기계시간당 250kwh의 전력이 필요하다. 연간 최대 기계시간은 P_1, P_2 각각 40,000시간과 60,000시간이다.

(4) 현재의 경제여건으로 보아 회사는 20×0년의 P_1, P_2의 기계시간을 20,000시간과 60,000시 간으로 예상하고 있다. 제조간접원가의 제품별 배부는 기계시간을 기준으로 하고 있다.

(물음 1) 전력부문의 20×0년 운영비예산을 구하라.

(물음 2) 전력부문비의 제조부문별 배분에 이중배분율(dual rate)을 사용하여 부문별 제조간접원가 예정배부율을 구하라(배부율 계산 시 소수점 셋째 자리에서 반올림할 것, 이하 같다).

(물음 3) (물음 2)에서 단일배분율(single rate)을 사용하여 다시 계산하라.

(물음 4) 공장 전체의 단일 제조간접원가 배부율을 계산하라.

(물음 5) 다음 작업의 제조간접원가 배부액이 (물음 2, 3, 4)의 배부율에 따라 어떻게 달라지는지를 보여라.

	기계시간		
	P_1	P_2	합계
#101	100	40	140
#201	40	100	140

(물음 6) 회사는 최근에 100개의 제품(총 판매가격 ₩46,500)에 대한 주문을 받았는데, 제품 개당 직접재료원가는 ₩150, 직접노무원가는 ₩187.5이며, P_1에서 개당 2기계시간을, P_2에서 개 당 8기계시간을 사용할 것이다. 회사가 유휴생산능력을 갖고 있다면 이 주문을 수락하는 것이 바람직한가?

| 정답 및 해설 |

(물음 1)

	P₁	P₂	합계
예정기계시간	20,000	60,000	80,000
최대기계시간	40,000	60,000	100,000
기계시간당 전력소요량	1,000kwh	250kwh	
20×0년 전력소요량(단위: 1,000kwh)			
예정 = 예정기계시간 × 시간당 전력소요량	20,000	15,000	35,000
최대 = 최대기계시간 × 시간당 전력소요량	40,000	15,000	55,000
제조간접원가 예산			
고정원가	₩150,000	₩75,000	₩225,000
기계시간당 변동원가	7.5	3.75	
총변동원가 = 시간당 변동원가 × 예정기계시간	150,000	225,000	375,000
계	₩300,000	₩300,000	₩600,000

전력부문의 운영비예산 $Y = a + bX$에서 $a = ₩225,000$, $b = ₩15$이고, 전력소요량(단위: 1,000kwh) $X = 35,000$이다.

$\therefore Y = ₩225,000 + ₩15 × 35,000 = ₩750,000$

(물음 2) 부문별 제조간접원가 예정배부율

(1) (전력부문비 → 제조부문별 배분)이중배분율

	전력	P₁	P₂	합계
변동원가(배분전원가)	₩525,000[*1]	₩150,000[*2]	₩225,000[*3]	₩900,000
전력[*4]	(525,000)	300,000	225,000	0
변동원가(배분후원가)	₩0	₩450,000	₩450,000	₩900,000
고정원가(배분전원가)	₩225,000	₩150,000	₩75,000	₩450,000
전력[*5]	(225,000)	163,636	61,364	0
고정원가(배분후원가)	₩0	₩313,636	₩136,364	₩450,000
계		₩763,636	₩586,364	₩1,350,000

*1 ₩15 × 35,000 = ₩525,000
*2 ₩7.5 × 20,000 = ₩150,000
*3 ₩3.75 × 60,000 = ₩225,000
*4 P₁ : P₂ = 20,000 : 15,000
*5 P₁ : P₂ = 40,000 : 15,000

(2) 제조간접원가 예정배부율

① P₁: ₩763,636 ÷ 20,000기계시간 = ₩38.18/기계시간
② P₂: ₩586,364 ÷ 60,000기계시간 = ₩9.77/기계시간

(물음 3) 부문별 제조간접원가 예정배부율

(1) (전력부문비 → 제조부문별 배분)단일배분율

	전력	P₁	P₂	합계
변동원가	₩525,000	₩150,000	₩225,000	₩900,000
고정원가	225,000	150,000	75,000	450,000
계(배분전원가)	₩750,000	₩300,000	₩300,000	₩1,350,000
전력*	(750,000)	428,571	321,429	0
계(배분후원가)	₩0	₩728,571	₩621,429	₩1,350,000

* P₁ : P₂ = 20,000 : 15,000

(2) 제조간접원가 예정배부율

① P₁: ₩728,571 ÷ 20,000기계시간 = ₩36.43/기계시간

② P₂: ₩621,429 ÷ 60,000기계시간 = ₩10.36/기계시간

(물음 4)

공장 전체 단일 제조간접원가 배부율 = ₩1,350,000 ÷ 80,000기계시간 = ₩16.88/기계시간

(물음 5) 제품별 배부액

(1) 이중배분율

	배부율	#101 기계시간	#101 배부액	#201 기계시간	#201 배부액
P₁	₩38.18	100	₩3,818	40	₩1,527
P₂	9.77	40	391	100	977
계		140	₩4,209	140	₩2,504

(2) 단일배분율

	배부율	#101 기계시간	#101 배부액	#201 기계시간	#201 배부액
P₁	₩36.43	100	₩3,643	40	₩1,457
P₂	10.36	40	414	100	1,036
계		140	₩4,057	140	₩2,493

(3) 공장 전체 배부율

배부율	#101 기계시간	#101 배부액	#201 기계시간	#201 배부액
₩16.88	140	₩2,363	140	₩2,363

(물음 6)

<특별주문 수락 시>

증분수익: 매출 증가 100개		₩46,500
증분원가: 직접재료원가 증가	₩150 × 100개 =	(15,000)
직접노무원가 증가	₩187.5 × 100개 =	(18,750)
P₁ 제조간접원가 증가	(2시간 × 100개) × @7.5 =	(1,500)
P₂ 제조간접원가 증가	(8시간 × 100개) × @3.75 =	(3,000)
전력부문 제조간접원가 증가	₩400* × @15 =	(6,000)
증분이익		₩2,250

* (2 × 100 × 1,000 + 8 × 100 × 250) ÷ 1,000 = ₩400

※ 유휴생산능력을 갖고 있으므로 고정원가는 변화하지 않는다.

∴ 이익이 증가하므로 수락하는 것이 바람직하다.

태백회사는 컴퓨터, 프린터, 전산의 세 개의 부문으로 구성되어 있다. 컴퓨터와 프린터는 제조부문이고 전산은 보조부문이다. 다음은 20×9년도 관련 자료이다.

전산부문의 고정원가 예산액	₩900,000
전산부문의 고정원가 실제발생액	1,105,000
전산부문 시간당 예산변동원가	₩20/시간
전산부문의 공급가능조업수준	15,000시간
전산부문 서비스 예산수요량(당기)*	
컴퓨터부문	8,000시간
프린터부문	4,000
계	12,000시간
전산부문 서비스 실제사용시간	
컴퓨터부문	9,000시간
프린터부문	4,000
계	13,000시간

* 전산부문 서비스에 대한 각 제조부문의 장기예산수요량은 당기와 동일하다.

(물음 1) 회사가 예산배부율과 단일배부율법을 사용하여 전산부문의 비용을 배부하는 경우 각 제조부문에 배부될 전산부문의 비용은 얼마인가?

(물음 2) (물음 1)에서 컴퓨터부문이 외부의 업체로부터 전산부문이 제공하는 서비스와 동일한 서비스를 시간당 ₩40에 제공하겠다는 제안을 받았을 경우 컴퓨터부문은 어떠한 결정을 내렸을 것으로 예상되는가? 또한 이 결정은 20×9년도 태백회사의 수익성에 어떠한 영향을 미쳤겠는가?

(물음 3) 태백회사가 예산배부율과 이중배부율법을 사용하여 전산부문의 비용을 제조부문에 배부하는 경우 각 제조부문에의 배부금액은 얼마인가? 또한 컴퓨터부문이 외부의 업체로부터 전산부문이 제공하는 서비스와 동일한 서비스를 시간당 ₩40에 제공하겠다는 제안을 받았을 경우 컴퓨터부문은 어떠한 결정을 내렸을 것으로 예상되는가? (단, 계산근거를 보이시오)

| 정답 및 해설 |

(물음 1) 단일배부율법에 의한 전산부문비용의 배부금액

컴퓨터부문: 9,000시간 × @95[*] =   ₩855,000
프린터부문: 4,000시간 × @95[*] =   380,000
계   ₩1,235,000

[*] 전산부문 시간당 예산원가 = $\dfrac{₩900,000}{12,000시간}$ + ₩20/시간 = ₩95/시간

(물음 2) 서비스의 외부구입 의사결정

(1) 컴퓨터부문: 수락함

전산부문 서비스의 외부구입 시 ₩495,000[= 9,000시간 × (@95 - @40)]만큼 컴퓨터부문의 배부금액이 감소함

(2) 수락 시 태백회사의 수익성에 미친 영향

증분수익	₩0
증분비용	180,000
증가: 서비스 외부구입비용 9,000시간 × @40 = ₩(360,000)	
감소: 변동원가 9,000시간 × @20 = (180,000)	
증분이익(손실)	₩(180,000)

∴ 이익이 ₩180,000 감소한다.

(물음 3) 이중배부율법에 의한 전산부문비용의 배부금액 및 서비스 외부구입 의사결정

(1) 전산부문비용의 배부금액

컴퓨터부문	₩780,000
변동원가: 9,000시간 × @20 = ₩180,000	
고정원가: 8,000시간 × @75[*] = 600,000	
프린터부문	380,000
변동원가: 4,000시간 × @20 = ₩80,000	
고정원가: 4,000시간 × @75[*] = 300,000	
계	₩1,160,000

[*] 전산부문 시간당 예산원가: $\dfrac{₩900,000}{12,000시간}$ = ₩75/시간

(2) 컴퓨터부문의 전산부문 서비스 외부구입 의사결정

전산부문비용 중 고정원가는 제조부문의 장기예산수요량에 따라 배부되므로 전산부문 서비스를 외부구입한다고 하더라도 회피불가능한 비관련원가이다. 따라서 외부구입 시 원가가 ₩180,000[= 9,000시간 × (@40 - @20)]만큼 증가하므로 거절한다.

실전문제 09 병원(간접원가의 배분)

파주아동정신병원은 행동장애아, 학습장애아, 정신지체아, 자폐성장애아를 치료하는 네 가지 프로그램을 운영하고 있으며 정부에서 보조금을 받아 환자들을 치료하고 있다.

(1) 20×1년도의 예산은 다음과 같다.

인건비
  의사급여: 12명 × ₩100,000 =　　₩1,200,000
  심리상담사: 38명 × ₩50,000 =　　1,900,000
  간호사: 46명 × ₩25,000 =　　<u>1,150,000</u>　　₩4,250,000
의료소모품　　　　　　　　　　　　　　　600,000
일반간접원가(임차료, 운영비용 등)　　　<u>2,550,000</u>
　　　　　　　　　　　　　　　　　　　₩7,400,000

(2) 파주아동정신병원의 원무과에서는 보조금을 포함해서 사용할 수 있는 예산이 제한되어 있기 때문에 각 과에서 발생하는 원가를 정확하게 집계하여 이를 기초로 사용예산을 배분하려고 한다. 또한 행동장애아와 학습장애아가 치료된 뒤에 사회에 적응할 수 있는 프로그램을 각 치료프로그램에 추가하려고 검토하고 있으며 이를 위해 추가적인 자금지원도 고려하고 있다. 그런데 예산이 제한되어 있으므로 두 프로그램의 현재 원가를 정확하게 계산해서 발생원가만큼 예산을 배부하고 두 프로그램의 환자 1인당 원가가 다른 경우에는 그 차이만큼을 원가가 적은 프로그램에 추가적으로 배분하여 사회적응프로그램도 운영할 수 있도록 보조할 예정이다.

(3) 이를 위해 각 프로그램에 소속된 전문인력에 대한 자료와 원가 관련 자료를 집계한 결과 다음과 같이 파악되었다.

① 각 프로그램에 소속된 전문인력

전문인력	행동장애	학습장애	정신지체	자폐성장애	전체인원
의사	-	4명	8명	-	12명
심리상담사	12명	8	-	18명	38
간호사	8	12	8	18	46

② 의료소모품비는 각 프로그램을 이용하는 환자의 입원일수에 따라 달라지게 된다.

③ 일반간접원가의 내용은 다음과 같다.

임차료 및 병원청소비용　　　　₩400,000
환자 식료품비 및 세탁비　　　　1,600,000
실험실 운영비용　　　　　　　　<u>550,000</u>
　계　　　　　　　　　　　　　₩2,550,000

④ 각 프로그램에 대한 관련 정보는 다음과 같다.

구분	행동장애	학습장애	정신지체	자폐성장애	합계
사용면적	1,125m²	1,125m²	1,250m²	1,500m²	5,000m²
환자총입원일수	500일	625일	625일	750일	2,500일
환자수	100명	125명	250명	150명	625명
실험실 검사횟수	20회	160회	300회	70회	550회

(물음 1) 의료소모품비는 의사수를 기준으로 배분하고 일반간접원가는 전문인력의 인건비를 기준으로 배분하는 경우에 다음을 계산하시오.

(1) 각 프로그램별 원가와 각 프로그램별 환자 1인당 원가

(2) 행동장애프로그램과 학습장애프로그램 중에서 추가적으로 예산이 배분되는 프로그램과 그 추가배분액

(물음 2) 일반간접원가와 의료소모품비를 가장 적절하다고 판단되는 원가배분기준으로 배부하는 경우에 다음을 계산하시오.

(1) 각 프로그램별 원가와 각 프로그램별 환자 1인당 원가

(2) 행동장애프로그램과 학습장애프로그램 중에서 추가석으로 예산이 배분되는 프로그램과 그 추가배분액

| 정답 및 해설 |

(물음 1) 단순한 원가배분기준을 이용한 원가배분

(1) 각 프로그램별 원가와 환자 1인당 원가

전문인력	행동장애	학습장애	정신지체	자폐성장애	합계
의사		₩400,000	₩800,000		₩1,200,000
심리상담사	₩600,000	400,000		₩900,000	1,900,000
간호사	200,000	300,000	200,000	450,000	1,150,000
인건비합계	₩800,000	₩1,100,000	₩1,000,000	₩1,350,000	₩4,250,000
의료소모품비[*1]		200,000	400,000		600,000
일반간접원가[*2]	480,000	660,000	600,000	810,000	2,550,000
프로그램원가	₩1,280,000	₩1,960,000	₩2,000,000	₩2,160,000	₩7,400,000
÷ 총환자수	÷100명	÷125명	÷250명	÷150명	÷625명
환자 1인당 원가	₩12,800	₩15,680	₩8,000	₩14,400	₩11,840

*1 의사 1인당 소모품비 배부액 = ₩600,000 ÷ 12명 = ₩50,000
*2 일반간접원가 배부율 = ₩2,550,000 ÷ ₩4,250,000 = 인건비의 60%

(2) 추가예산배분액

행동장애아를 위한 프로그램에 환자 1인당 원가가 ₩2,880(= ₩15,680 - ₩12,800)만큼 작기 때문에 행동장애아 프로그램에 ₩288,000(= 100명 × ₩2,880)을 추가배분한다.

(물음 2) 정확한 원가배분기준을 이용한 원가배분

(1) 각 프로그램별 원가와 환자 1인당 원가

① 각 원가항목의 배부율

원가구성 항목	배부기준	발생원가		배부기준의 총수		배부율
의료소모품비	환자입원일수	₩600,000	÷	2,500일	=	₩240/일
임차료 및 청소비용	m²	400,000	÷	5,000m²	=	80/m²
식료품비 및 세탁비	환자입원일수	1,600,000	÷	2,500일	=	640/일
실험실 운영비	검사횟수	550,000	÷	550회	=	1,000/회

② 각 프로그램별 원가와 환자 1인당 원가

전문인력	행동장애	학습장애	정신지체	자폐성장애	합계
인건비	₩800,000	₩1,100,000	₩1,000,000	₩1,350,000	₩4,250,000
의료소모품비	120,000	150,000	150,000	180,000	600,000
일반간접원가					
임차료 등	90,000	90,000	100,000	120,000	400,000
식료품비 등	320,000	400,000	400,000	480,000	1,600,000
실험실 운영비	20,000	160,000	300,000	70,000	550,000
프로그램원가	₩1,350,000	₩1,900,000	₩1,950,000	₩2,200,000	₩7,400,000
÷ 총환자수	÷ 100명	÷ 125명	÷ 250명	÷ 150명	÷ 625명
환자 1인당 원가	₩13,500	₩15,200	₩7,800	₩14,666.7	₩11,840

(2) 추가예산배분액

행동장애아를 위한 프로그램에 환자 1인당 원가가 ₩1,700(= ₩15,200 - ₩13,500)만큼 작기 때문에 행동장애아 프로그램에 ₩170,000(= 100명 × ₩1,700)을 추가배분한다.

실전문제 10 서비스업의 간접원가배분과 CVP분석

한국카센터는 자동차 수리서비스를 제공하고 있는 업체이다. 한국카센터의 결산일은 매년 12월 31일이다.

(1) 한국카센터는 4명의 숙련기능공과 6명의 단순기능공이 근무하고 있다. 숙련기능공의 급여와 복리후생비는 1인당 연간 ₩10,000,000이고 단순기능공의 급여와 복리후생비는 1인당 연간 ₩6,000,000이다. 각 기능공은 하루 평균 최대 5시간, 일년에 평균 300일을 수리서비스하는 데 투입될 수 있다. 사무직 여직원의 급여와 복리후생비는 연간 ₩4,000,000이고 이러한 인건비를 제외한 한국카센터의 연간고정원가는 다음과 같다.

건물임차료	₩6,000,000
수도광열비	8,000,000
사무실소모품비	5,000,000
수리설비유지비	6,000,000
설비감가상각비	15,000,000
계	₩40,000,000

(2) 수리서비스와 관련된 재료원가는 해당 고객에게 마진 없이 직접 청구하기 때문에 수리서비스의 수익성은 작업량과 수리시간당 요금 청구율에 따라 달려있다. 현재 한국카센터는 모든 수리서비스에 대해서 수리시간당 ₩15,000을 청구하고 있으며 경쟁업체인 파주카센터는 수리내용에 따라 청구율이 다르다는 것을 알게 되었다.

(3) 한국카센터는 모든 서비스건에 대해서 단일의 서비스원가 배부율을 적용하는 개별원가계산제도를 적용하고 있는데 전체 가공원가에 대한 단일의 배분율을 사용하고 있다. 현재 가공원가 배부율은 인건비와 기타고정원가를 합쳐서 예정작업시간으로 나누어 책정하고 있다. 10명의 기능공이 총작업가능시간의 80% 동안 수리서비스를 제공할 것으로 예상하고 있으며, 서비스료 청구율인 시간당 ₩15,000은 이러한 서비스원가 배부율에 m%의 이익률을 가산하여 책정된 것이다.

(물음 1) 기존 원가계산제도에서 적용시키는 이익가산율 m%를 구하시오. (계산상 금액은 소수점 첫째 자리에서, 이익가산율은 소수점 셋째 자리에서 반올림하시오)

(물음 2) 한국카센터의 경영자는 수리내용에 따라 원가 배부율 및 서비스료 청구율이 다르게 책정되는 경쟁사의 원가계산제도를 도입할 것을 고려하고 있다. 자동차 수리는 A급 수리와 B급 수리로 구분할 수 있는데, A급 수리는 엔진장치 수리, 휠 얼라이먼트 등과 같이 숙련기능공만이 서비스를 제공할 수 있는 고급기술을 필요로 하고, B급 수리는 오일교환, 부품교체, 배기관 교체 등 단순기능공도 서비스를 제공할 수 있는 단순기술을 필요로 하는 수리이다. A급 수리는 수리건수는 적으나 시간이 많이 소요되고 B급 수리는 수리건수는 많으나 시간이 적게 소요되어 전체 서비스시간의 50%씩 발생할 것으로 예상하고 있다. 숙련기능공의 작업시간 대부분과 수리설비의 많은 부분이 A급 수리에 소비되므로 총예정원가의 70%는 A급 수리에 배부되고, 나머지는 B급 수리에 배부된다. 수리유형별로 원가계산을 구분하는 새로운 제도를 택하였을 때 기존 이익가산율을 적용한다면 A급 수리와 B급 수리의 서비스료 청구율은 어떻게 되는가?

(물음 3) 다음의 두 가지 서비스요청이 있을 때 기존 방식과 새로운 방식에서의 서비스료 청구액을 각각 구하시오.

직입번호	서비스내역	A급 수리	B급 수리
#101	엔진장치 이상점검	5시간	3시간
#201	노후부품 교체		6

(물음 4) 새로운 원가계산 및 서비스료 청구 방식이 서비스배합(service mix)에 어떤 변화를 가져올 수 있는지 설명하시오.

※ 다음은 (물음 5 ~ 7)과 관련된 추가적인 내용이며 (물음 1 ~ 4)와 독립적이다.

최근에는 인근에 생긴 유사업체와의 경쟁으로 작업량과 이익이 감소되는 어려움을 겪고 있다. 이에 경영자는 기능공 중에서 단순기능공의 수를 줄이는 방안과 회사의 원가구조를 분석하는 문제에 대해 고민하고 있다. 4명의 숙련기능공은 충분히 일을 잘 해주고 있고 고객들도 그들의 기술에 대해 만족하므로 전혀 해고할 생각은 없지만, 단순기능공 중에서는 한두 명을 해고할 것을 신중히 고려하고 있다.

(물음 5) 다음 세 가지 기능공 고용대안에 대하여 인건비를 포함한 한국카센터의 총고정원가를 계산하시오.

   (1) <대안 1> 숙련기능공 4명, 단순기능공 6명

   (2) <대안 2> 숙련기능공 4명, 단순기능공 5명

   (3) <대안 3> 숙련기능공 4명, 단순기능공 4명

(물음 6) 한국카센터가 연간 ₩70,000,000의 이익을 달성하기 위한 최소한의 수리서비스시간은 얼마인가? (단, 기능공의 고용수준은 (물음 5)와 같이 조정 가능하며 원가는 최소한으로 발생하기를 원한다. 시간의 소수점 이하는 반올림하시오)

(물음 7) 파주카센터의 인기 있는 숙련기능공을 한국카센터에 스카우트하면 영업이익이 증가할 것으로 기대된다. 스카우트된 숙련공으로부터 추가적으로 창출되는 수리서비스시간이 최소한 몇 시간 이상 되어야 스카우트를 하겠는가? (단, 기존 숙련기능공과 동등한 대우를 할 계획이고 각 기능공은 최소한 해당 인건비의 80%에 해당하는 이익을 창출할 수 있어야 한다고 생각한다)

| 정답 및 해설 |

(물음 1) 이익가산율 계산

(1) 서비스원가 배부율

① 총예정원가

숙련기능공 인건비: 4명 × ₩10,000,000 =		₩40,000,000
단순기능공 인건비: 6명 × ₩6,000,000 =		36,000,000
사무직직원 인건비		4,000,000
기타고정원가		40,000,000
총예정원가		₩120,000,000

② 예정서비스시간: 5시간 × 300일 × 10명 × 80% = 12,000시간

③ 서비스원가 배부율: ₩120,000,000 ÷ 12,000시간 = 시간당 ₩10,000

(2) 이익가산율

₩15,000 = ₩10,000 × (1 + m)　　∴　m = 50%

(물음 2) 복수의 서비스원가 배부율과 서비스료 청구율

	A급 수리		B급 수리	
예정원가	₩120,000,000 × 70% =	₩84,000,000	₩120,000,000 × 30% =	₩36,000,000
예정수리시간	12,000시간 × 50% =	6,000시간	12,000시간 × 50% =	6,000시간
원가 배부율	₩84,000,000 ÷ 6,000시간 =	₩14,000	₩36,000,000 ÷ 6,000시간 =	₩6,000
서비스료 청구율	₩14,000 × 1.5 =	21,000	₩6,000 × 1.5 =	9,000

(물음 3) 각 원가계산방법하에서의 서비스료 청구액

(1) 기존 방식

① #101: 8시간 × ₩15,000 = ₩120,000

② #201: 6시간 × ₩15,000 = ₩90,000

(2) 새로운 방식

① #101: 5시간 × ₩21,000 + 3시간 × ₩9,000 = ₩132,000

② #201: 6시간 × ₩9,000 = ₩54,000

(물음 4) 새로운 시스템하에서의 서비스배합 변화

기존의 단일배부율 적용방식으로는 B급 수리에 원가가 과대배부되고 서비스료가 과대청구되었으며, A급 수리에는 원가가 과소배부되고 서비스료가 과소청구되었다. 따라서 왜곡된 원가배분으로 인하여 서비스료가 과소청구되는 A급 수리가 서비스료를 차등 청구하는 경쟁업체에 비해 많이 서비스되었을 것이다. 새로운 시스템하에서 서비스료를 차등 청구하게 되면 B급 수리가 증가하고 A급 수리가 감소하게 된다.

(물음 5) 기능공 고용대안별 총고정원가

	<대안 1>	<대안 2>	<대안 3>
숙련기능공 인건비	₩40,000,000	₩40,000,000	₩40,000,000
단순기능공 인건비	36,000,000	30,000,000	24,000,000
사무직직원 인건비	4,000,000	4,000,000	4,000,000
기타고정원가	40,000,000	40,000,000	40,000,000
계	₩120,000,000	₩114,000,000	₩108,000,000

(물음 6) 목표이익분석

(1) 고용대안별 수리서비스 최대가능시간

<대안 1> 300일 × 5시간 × 10명 = 15,000시간
<대안 2> 300일 × 5시간 × 9명 = 13,500시간
<대안 3> 300일 × 5시간 × 8명 = 12,000시간

(2) 고용대안별 최소 수리서비스시간

① <대안 1>

13,500 < Q ≤ 15,000시간일 때

15,000 × Q = ₩120,000,000 + ₩70,000,000   ∴ Q = 12,667시간(해당되지 않음)

② <대안 2>

12,000 < Q ≤ 13,500시간일 때

15,000 × Q = ₩114,000,000 + ₩70,000,000   ∴ Q = 12,667시간(해당됨)

③ <대안 3>

0 < Q ≤ 12,000시간일 때

15,000 × Q = ₩108,000,000 + ₩70,000,000   ∴ Q = 11,867시간(해당되지 않음)

(물음 7) 신규채용을 위한 최소한의 증분 수리서비스시간

새로운 숙련기능공이 추가적으로 창출하는 수리서비스시간을 Q라고 하면,

₩15,000 × Q = ₩10,000,000 + ₩10,000,000 × 80%이므로 Q = 1,200시간이다.

∴ 신규 숙련기능공으로 인하여 최소한 1,200시간 이상 수리서비스시간이 증가될 것이 예상될 때 스카우트할 것이다.

제3장 | 활동기준원가계산

기본문제 01 활동기준원가계산

회계사 00

(주)한국은 제품 A와 제품 B를 생산하여 판매하고 있다. (주)한국의 결산일은 매년 12월 31일이다.

(1) (주)한국의 생산 및 판매자료는 다음과 같다.

	A제품	B제품
생산량(= 판매량)	5,000개	2,500개
판매가격	₩1,000	₩1,400
직접재료원가	1,250,000	1,200,000
직접노무원가	1,000,000	675,000
직접기계작동원가	160,000	215,000

(2) 과거 전통적 원가계산에서 제조간접원가는 직접노무원가를 기준으로 A제품에 직접노무원가의 180%, B제품에 직접노무원가의 120%로 배부하였다. 당시는 ABC를 노입하여 원가계산을 하는네 각 활동내역과 활동별 배부율은 다음과 같다.

셋업활동	셋업시간당	₩500
시험활동	시험시간당	₩40
엔지니어링활동	별도의 계산절차를 통해 계산	
포장활동	제품단위당	₩120

① A는 500개가 1뱃치, B는 250개가 1뱃치이며 A는 뱃치당 16시간, B는 뱃치당 10시간의 셋업시간이 소요된다.

② 시험시간은 A가 단위당 3시간, B가 단위당 4시간이다.

③ 엔지니어링 원가는 A에 ₩180,000 B에 ₩134,000이 소요된다.

(3) 당사는 A제품을 대체할 S제품을 고려하고 있으며 시장경쟁이 심화됨에 따라 제품의 판매가를 ₩80만큼 내리려고 한다. 제품가격을 인하한다고 해서 더 많이 팔리는 것은 아니지만 내리지 않으면 판매량이 감소할 것이다. S제품으로 대체할 경우 직접재료원가가 단위당 ₩35이 감소하고 직접노무원가는 단위당 ₩10이 감소한다. 또한 셋업시간이 뱃치당 4시간, 시험시간이 단위당 1시간이 감소되며 뱃치단위에는 변화가 없다. 직접기계작동원가는 고정원가이며 직접기계시간이 감소된다. 포장활동은 변화가 없다.

(물음 1) 활동기준원가계산으로 제조간접원가를 제품별로 계산하시오.

(물음 2) ABC를 이용하여 제품별 단위당 전부원가를 계산하시오.

(물음 3) ABC를 이용하여 제품별 매출총이익을 계산하시오.

(물음 4) 회사는 S제품으로 대체하여 단위당 ₩80의 원가절감을 달성할 수 있겠는가? 계산근거를 나타내시오.

| 정답 및 해설 |

(물음 1) 제품별 제조간접원가

	A제품		B제품	
셋업활동	5,000개/500개 × 16시간 × ₩500 =	₩80,000	2,500개/250개 × 10시간 × ₩500 =	₩50,000
시험활동	5,000개 × 3시간 × ₩40 =	600,000	2,500개 × 4시간 × ₩40 =	400,000
엔지니어링활동		180,000		134,000
포장활동	5,000개 × ₩120 =	600,000	2,500개 × ₩120 =	300,000
계		₩1,460,000		₩884,000

(물음 2) 제품별 단위당 전부원가

	A제품	B제품
직접재료원가	₩1,250,000	₩1,200,000
직접노무원가	1,000,000	675,000
직접기계작동원가	160,000	215,000
제조간접원가	1,460,000	884,000
계	₩3,870,000	₩2,974,000
생산량	5,000개	2,500개
단위당 원가	₩774	₩1,189.6

(물음 3) 제품별 매출총이익

	A제품		B제품	
단위당 매출총이익	₩1,000 - ₩774 =	₩226	₩1,400 - ₩1,189.6 =	₩210.4
매출총이익	₩226 × 5,000개 =	1,130,000	₩210.4 × 2,500개 =	526,000

(물음 4) 단위당 원가절감 목표 달성 여부

	단위당 원가절감액
직접재료원가	₩35
직접노무원가	10
제조간접원가*	44
계	₩89

∴ 단위당 원가절감 목표액 ₩80을 달성한다.

* 제조간접원가 절감액

셋업활동: 5,000개/500개 × 4시간 × ₩500 =	₩20,000
시험활동: 5,000개 × 1시간 × ₩40 =	200,000
계	₩220,000

단위당 제조간접원가 절감액: ₩220,000/5,000개 = ₩44/개

📖 참고

[전통적 원가계산]

		A제품		B제품
직접재료원가		₩1,250,000		₩1,200,000
직접노무원가		1,000,000		675,000
직접기계작동원가		160,000		215,000
제조간접원가	₩1,000,000 × 180% =	1,800,000	₩675,000 × 120% =	810,000
계		₩4,210,000		₩2,900,000
생산량		5,000개		2,500개
단위당 원가		₩842		₩1,160

(주)한국슈즈는 구두와 운동화를 생산하여 판매하고 있다. (주)한국슈즈의 결산일은 매년 12월 31일이다.

(1) 회사의 마케팅 담당자인 김 부장은 최근 구두의 시장점유율이 꾸준히 높아지고 있지만 운동화의 시장점유율은 반대로 계속 낮아지고 있다는 사실을 발견하였다. 김 부장은 그 원인을 분석한 결과 구두의 판매가격은 경쟁사보다 낮으나 운동화의 판매가격은 경쟁사에 비하여 오히려 높은 것을 파악하고 이상하다는 생각이 들었다. 동종 업계의 모든 회사가 동일한 제조기술과 생산효율 그리고 가격정책을 가지고 있기 때문에 판매가격의 차이가 발생하는 이유를 도무지 이해할 수 없었기 때문이다. 김 부장은 판매가격을 변경해야 하는지를 알아보기 위하여 회계담당자인 이 부장에게 원가분석을 요구하였다.

(2) 이 부장이 파악한 분석자료는 다음과 같다. 회사의 제조부문은 절단부문과 조립부문으로 이루어졌으며, 구두는 작은 뱃치(batch) 규모(각 배치당 1,000켤레)로 생산되고 운동화는 큰 뱃치 규모(각 뱃치당 3,000켤레)로 생산된다. 회사는 현재 직접노무시간을 배부기준으로 하는 공장전체 제조간접원가배부율을 사용하고 있다. 연간 예산자료는 다음과 같다.

총제조간접원가	₩1,200,000
총직접노무시간	40,000시간
총기계시간	50,000
총작업준비시간	500

(3) 각 제품별 예산자료는 다음과 같다.

	구두의 1뱃치(1,000켤레)			운동화의 1뱃치(3,000켤레)		
	절단부문	조립부문	합계	절단부문	조립부문	합계
직접노무시간	80시간	100시간	180시간	150시간	200시간	350시간
기계시간	200	120	320	150	120	270
작업준비시간	3	1	4	1	1	2
기본원가	₩7,500	₩6,000	₩13,500	₩9,000	₩7,200	₩16,200

(4) 두 개의 보조부문(수선유지부문과 작업준비부문)과 두 개의 제조부문(절단부문과 조립부문)의 예산자료는 다음과 같다.

	수선유지부문	작업준비부문	절단부문	조립부문	합계
제조간접원가	₩160,000	₩400,000	₩440,000	₩200,000	₩1,200,000
직접노무시간	-	-	15,000시간	25,000시간	40,000시간
기계시간	-	-	40,000	10,000	50,000
작업준비시간	-	-	320	180	500

(5) 활동별 원가 및 원가동인에 관한 예산자료는 다음과 같다.

활동분야	예산원가	활동유형	원가동인
수선유지	₩160,000	제품수준	기계시간
작업준비	400,000	뱃치수준	작업준비시간
절단부문 감독	280,000	뱃치수준	작업준비시간
절단부문 감가상각	160,000	설비수준	기계시간
조립부문 감독	160,000	단위수준	직접노무시간
조립부문 감가상각	40,000	설비수준	기계시간
	₩1,200,000		

(물음 1) 직접노무시간을 배부기준으로 하는 공장 전체 제조간접원가배부율을 이용하여 구두와 운동화의 켤레당 예산원가를 구하시오.

(물음 2) 절단부문에서는 기계시간을, 조립부문에서는 직접노무시간을 배부기준으로 하는 부문별 제조간접원가배부율을 이용하여 구두와 운동화의 켤레당 예산원가를 구하시오. (단, 보조부문원가의 배분은 직접배분법을 사용하되, 수선유지부문은 기계시간, 작업준비부문은 작업준비시간을 기준으로 배분하시오)

(물음 3) 활동기준원가계산을 이용하여 구두와 운동화의 켤레당 예산원가를 구하시오.

(물음 4) 부문별 제조간접원가배부율을 사용할 경우가 공장 전체 제조간접원가배부율을 사용할 경우보다 구두의 켤레당 원가가 더 높은 이유를 설명하시오.

(물음 5) 활동기준원가계산을 사용할 경우가 공장 전체 제조간접원가배부율을 사용할 경우보다 운동화의 켤레당 원가가 더 낮은 이유를 설명하시오.

| 정답 및 해설 |

(물음 1) 공장 전체 제조간접원가배부율을 이용할 경우

(1) 공장 전체 제조간접원가배부율

$$\frac{₩1,200,000}{40,000시간} = 직접노무시간당 ₩30$$

(2) 켤레당 예산원가

	구두		운동화	
기본원가		₩13,500		₩16,200
제조간접원가	180시간 × @30 =	5,400	350시간 × @30 =	10,500
총원가		₩18,900		₩26,700
생산량		÷ 1,000켤레		÷ 3,000켤레
단위당 원가		₩18.9		₩8.9

(물음 2) 부문별 제조간접원가배부율을 이용할 경우

(1) 부문별 제조간접원가배부율

① 보조부문원가의 배분

	보조부문		제조부문		합계
	수선유지부문	작업준비부문	절단부문	조립부문	
배분 전 원가	₩160,000	₩400,000	₩440,000	₩200,000	₩1,200,000
수선유지부문[*1]	(160,000)		128,000	32,000	0
작업준비부문[*2]		(400,000)	256,000	144,000	0
배분 후 원가	₩0	₩0	₩824,000	₩376,000	₩1,200,000

[*1] 기계시간 기준으로 배분(40,000시간 : 10,000시간)

[*2] 작업준비시간 기준으로 배분(320시간 : 180시간)

② 부문별 제조간접원가배부율

$$절단부문: \frac{₩824,000}{40,000시간} = 기계시간당 ₩20.6$$

$$조립부문: \frac{₩376,000}{25,000시간} = 직접노무시간당 ₩15.04$$

(2) 켤레당 예산원가

	구두		운동화	
기본원가		₩13,500		₩16,200
제조간접원가				
절단부문	200시간 × @20.6 =	4,120	150시간 × @20.6 =	3,090
조립부문	100시간 × @15.04 =	1,504	200시간 × @15.04 =	3,008
총원가		₩19,124		₩22,298
생산량		÷ 1,000켤레		÷ 3,000켤레
단위당 원가		₩19.124		₩7.433

(물음 3) 활동기준원가계산을 이용할 경우

(1) 활동별 제조간접원가배부율

```
┌ 수선유지: ₩160,000/50,000시간 =           기계시간당      ₩3.2
│ 작업준비: ₩400,000/500시간 =             작업준비시간당     800
│ 절단부문 감독: ₩280,000/320시간 =          작업준비시간당     875
│ 절단부문 감가상각: ₩160,000/40,000시간 =     기계시간당       4
│ 조립부문 감독: ₩160,000/25,000시간 =        직접노무시간당     6.4
└ 조립부문 감가상각: ₩40,000/10,000시간 =      기계시간당       4
```

(2) 켤레당 예산원가

	구두		운동화	
기본원가		₩13,500		₩16,200
제조간접원가				
수선유지	320시간 × @3.2 =	1,024	270시간 × @3.2 =	864
작업준비	4시간 × @800 =	3,200	2시간 × @800 =	1,600
절단부문 감독	3시간 × @875 =	2,625	1시간 × @875 =	875
절단부문 감가상각	200시간 × @4 =	800	150시간 × @4 =	600
조립부문 감독	100시간 × @6.4 =	640	200시간 × @6.4 =	1,280
조립부문 감가상각	120시간 × @4 =	480	120시간 × @4 =	480
총원가		₩22,269		₩21,899
생산량		÷1,000켤레		÷3,000켤레
단위당 원가		₩22.269		₩7.300

(물음 4) 제조간접원가 배부기준에 따른 차이점(구두)

공장 전체 제조간접원가배부율을 이용할 경우에는 총제조간접원가가 운동화에 더 많이 배부되나(구두 : 운동화 = 180 : 350), 부문별 제조간접원가배부율을 이용할 경우에는 비중이 큰 절단부문 제조간접원가가 구두에 더 많이 배부되기 때문이다(구두 : 운동화 = 200 : 150). 이는 궁극적으로 구두의 절단부문 기계시간이 운동화에 비하여 상대적으로 더 많이 소요되는 데에 기인한 것이다.

(물음 5) 제조간접원가 배부기준에 따른 차이점(운동화)

공장 전체 제조간접원가배부율을 이용할 경우에는 총제조간접원가가 운동화에 더 많이 배부되나, 활동기준원가계산을 이용할 경우에는 비중이 큰 작업준비 및 절단부문 감독 원가가 구두에 더 많이 배부되기 때문이다. 이는 궁극적으로 운동화가 구두보다 큰 뱃치 규모로 생산되므로 상대적으로 작업준비시간이 더 적게 소요되는 데에 기인한 것이다.

(주)서울은 20×1년 1월 초에 창업한 회사로 제품 A와 제품 B를 생산·판매한다. 20×1년 12월 말까지 발생된 제조간접원가는 ₩4,000,000이었다. (주)서울은 활동기준원가계산을 적용하기 위하여 제조활동을 4가지로 구분하고 활동별로 제조간접원가를 집계하였다. (주)서울은 무재고 정책을 시행하고 있으며, 전수조사를 통해 품질검사를 실시한다. 제품 A는 1회 생산에 1,000단위씩 생산하며, 제품 B는 1회 생산에 500단위씩 생산한다. 또한, 각 제품은 1회 생산을 위하여 1회의 작업준비를 실시한다.

(1) 생산량, 판매가격 및 직접원가 내역

구분	제품 A	제품 B
생산량	10,000단위	5,000단위
판매가격	₩1,000/단위	₩1,500/단위
직접재료원가	₩3,000,000	₩4,000,000
직접노무원가	₩1,000,000	₩1,000,000

(2) 활동원가 및 원가동인 내역

활동	활동원가	원가동인	원가동인 소비량	
			제품 A	제품 B
작업준비	₩1,500,000	작업준비시간	15분/작업준비 1회	10분/작업준비 1회
품질검사	1,200,000	검사시간	2분/제품 1단위	4분/제품 1단위
공정수리	700,000	수리횟수	5회	2회
포장	?	생산량	?	?

(3) 제품 A 시장의 경쟁이 심화되어, 20×2년도에 (주)서울은 제품 A의 대체품인 제품 C를 10,000단위 생산하고자 한다. (주)서울은 가격 경쟁력을 확보하기 위하여 제품 C의 판매가격을 제품 A보다 낮출 것을 고려하고 있다. 제품 C는 1회 생산에 1,000단위씩 생산하며, 제품 C를 생산할 경우 제품 A보다 절감되는 원가 및 원가동인은 다음과 같다. 각 활동별 원가동인 당 활동원가는 20×2년에도 20×1년과 동일할 것으로 예상된다.

항목	절감되는 원가 및 원가동인
직접재료원가	제품 1단위당 ₩20 감소
직접노무원가	제품 1단위당 ₩10 감소
작업준비시간	작업준비 1회당 5분 감소
품질검사시간	제품 1단위당 1분 감소
공정수리횟수	1회 감소

(물음 1) 20×1년도에 활동기준원가계산을 적용하여 각 제품의 단위당 제조원가와 매출총이익률을 구하시오.

(물음 2) 20×2년도에 제품 C를 생산하면서 달성할 수 있는 단위당 최대 원가절감액을 구하시오.

(물음 3) 제품 C의 목표매출총이익률을 제품 A의 20×1년도 매출총이익률의 1.2배가 되도록 설정한 경우, 제품 C의 단위당 제조원가를 구하시오. 단, 제품 C의 판매가격은 제품 A 판매가격의 80%로 책정된다.

│ 정답 및 해설 │

(물음 1) 제품별 단위당 제조원가와 매출총이익률

(1) 활동원가동인당 배부율

활동	총활동원가	원가동인수	배부율
작업준비	₩1,500,000	250분[*1]	₩6,000
품질검사	1,200,000	40,000분[*2]	30
공정수리	700,000	7회	100,000
포장	600,000[*3]	15,000단위	40

*1 (10,000단위/1,000단위) × 15분 + (5,000단위/500단위) × 10분 = 250분
*2 10,000단위 × 2분 + 5,000단위 × 4분 = 40,000분
*3 ₩4,000,000 - (₩1,500,000 + ₩1,200,000 + ₩700,000) = ₩600,000

(2) 각 제품별 단위당 제조원가

	제품 A	제품 B
직접재료원가	₩3,000,000	₩4,000,000
직접노무원가	1,000,000	1,000,000
제조간접원가		
작업준비	150분 × @6,000 = 900,000	100분 × @6,000 = 600,000
품질검사	20,000분 × @30 = 600,000	20,000분 × @30 = 600,000
공정수리	5회 × @100,000 = 500,000	2회 × @100,000 = 200,000
포장	10,000단위 × @40 = 400,000	5,000단위 × @40 = 200,000
총원가	₩6,400,000	₩6,600,000
생산량	10,000단위	5,000단위
단위당 제조원가	₩640	₩1,320

(3) 각 제품별 매출총이익률

	제품 A	제품 B
매출액	₩10,000,000	₩7,500,000
매출원가	6,400,000	6,600,000
매출총이익	₩3,600,000	₩900,000
매출총이익률	36%	12%

(물음 2) 단위당 최대 원가절감액

₩20 + ₩10 + (10회[*] × 5분 × @6,000 + 10,000단위 × 1분 × @30 + 1회 × @100,000)/10,000단위 = ₩100

* 작업준비횟수 : 10,000단위/1,000단위 = 10회

(물음 3) 제품 C의 단위당 제조원가

제품 C의 단위당 제조원가를 X라고 하면,
매출총이익률 = (₩1,000 × 0.8 - X)/(₩1,000 × 0.8) = 0.36 × 1.2
∴ 제품 C의 단위당 제조원가(X) = ₩454.4

(주)가나는 표준형과 고급형을 비롯한 다양한 지갑을 생산하고 있다. (주)가나의 결산일은 매년 12월 31일이다.

(1) 표준형의 경우 가격경쟁력이 없고 시장점유율도 감소하고 있다. 반면, 고급형의 경우 표준형에 비해 복잡한 생산공정을 거쳐야 하므로 작업준비에 많은 시간이 소요되지만, 아직 진출기업이 많지 않고 가격경쟁력도 탁월하여 당사는 이 제품시장에서 거의 독점적 지위를 누리고 있다. 대표이사인 김 사장은 당사가 경쟁업체와 비교하여 기술력이나 생산의 효율성 면에서 결코 뒤지지 않고 가격정책 또한 동일함에도 불구하고, 표준형 지갑의 가격이 경쟁사에 비해 왜 높은지 의아해하고 있다. 이에 김 사장은 회계담당자에게 제품원가를 분석하도록 지시하였다.

(2) 당사는 표준형 지갑 1,500개와 고급형 지갑 500개를 생산하였으며 이와 관련된 원가자료는 다음과 같다.

표준형 지갑

구분	재단부문	조립부문	총계
직접노무시간	75시간	90시간	165시간
기계시간	75시간	60시간	135시간
작업준비시간	0.5시간	0.5시간	1시간
직접원가	₩4,500	₩3,600	₩8,100

고급형 지갑

구분	재단부문	조립부문	총계
직접노무시간	40시간	60시간	100시간
기계시간	80시간	60시간	140시간
작업준비시간	1.5시간	0.5시간	2시간
직접원가	₩3,750	₩3,000	₩6,750

(3) 당사는 부문별 원가계산제도를 채택하고 있는데, 제조부문인 재단부문과 조립부문 이외에 수선유지부문과 작업준비부문을 보조부문으로 두고 있다. 보조부문에서 발생한 원가를 배분하기 위한 회사 전체의 부문별 원가자료는 다음과 같다.

구분	수선유지부문	작업준비부문	재단부문	조립부문	합계
제조간접원가	₩74,100	₩199,940	₩223,310	₩102,720	₩600,070
직접노무시간	-	-	11,000시간	14,000시간	25,000시간
기계시간	-	-	13,900시간	10,800시간	24,700시간
작업준비시간	-	-	170시간	90시간	260시간

(4) 당사는 향후 활동기준원가계산 시스템을 구축할 예정인데, 관련 자료는 다음과 같다.

활동	제조간접원가	원가동인
수선유지	₩74,100	기계시간
작업준비	₩199,940	작업준비시간
재단감독	₩139,910	작업준비시간
재단작업	₩83,400	기계시간
조립감독	₩86,520	직접노무시간
조립작업	₩16,200	기계시간

※ 다음의 (물음)에서 계산 결과 소수점 이하 자리수 발생 시에는 세 자리수에서 반올림할 것

(물음 1) 당사는 직접배부법에 의해 보조부문원가를 제조부문에 배부하고 있다. (수선유지부문은 기계시간, 작업준비부문은 작업준비시간, 재단부문은 기계시간, 조립부문은 직접노무시간을 기준으로 배부)

 (1) 보조부문 발생원가를 배분하기 위한 원가자료를 이용하여 부문별 제조간접원가 배부율을 구하시오.

 (2) 각 제품의 단위당 원가를 (1)의 결과를 토대로 구하시오.

(물음 2) 부문별 원가자료와 활동기준 원가자료를 이용하여 활동별 배부율을 계산하고, 각 제품의 단위당 원가를 구하시오.

(물음 3) 김 사장은 활동기준원가계산에 의한 표준형 지갑의 단위당 제조원가가 부문별 원가계산방법을 적용했을 때와는 달리 나온 것에 대해 수긍을 하면서도 왜 그런 결과가 나왔는지에 대해서는 여전히 의아해하고 있다. 김 사장이 납득할 수 있도록 그 이유를 ABC이론의 관점에서 설명하시오. (3줄 이내로 답할 것)

(물음 4) (물음 2)와는 독립적임

(1) 만일 보조부문 간의 상호배부를 고려하여 다음의 부문 간 배부비율에 따라 보조부문 원가를 제조부문에 배부한다고 가정하면 재단부문과 조립부문에 얼마씩 배부되겠는가?

공급 \ 사용	수선유지	작업준비	재단부문	조립부문	합계
수선유지		5시간	45시간	50시간	100시간
작업준비	10시간		30	60	100

(2) 당신이 이 회사의 경영자라면 위의 (1)에서 구한 보조부문의 전부원가(완전상호배부된 원가)와 활동량 정보를 가지고 보조부문의 효율성 판단을 위한 의사결정에 어떻게 활용하겠는가?

(물음 5) 전통적인 원가계산방법을 사용하고 있는 A기업은 활동기준원가계산의 도입을 고려 중이다. A기업이 활동기준원가계산 시스템을 구축함으로써 얻게 되는 이점과 활동기준원가계산 시스템의 도입에 앞서 고려해야 할 사항은 무엇인지 답하시오. (5줄 이내로 답할 것)

| 정답 및 해설 |

(물음 1) 직접배부법

(1) 부문별 제조간접원가 배부율

	보조부문		제조부문	
	수선유지	작업준비	재단	조립
배분 전 원가	₩74,100	₩199,940	₩223,310	₩102,720
수선유지[*1]	(74,100)	-	41,700	32,400
작업준비[*2]	-	(199,940)	130,730	69,210
배분 후 원가	-	-	₩395,740	₩204,330
			÷ 13,900시간	÷ 14,000시간
			@28.47	@14.60

[*1] 재단 : 조립 = 13,900시간 : 10,800시간
[*2] 재단 : 조립 = 170시간 : 90시간

(2) 각 제품별 단위당 원가

		표준형		고급형	
직접원가			₩8,100.00		₩6,750.00
제조간접원가	재단	75시간 × @28.47 =	2,135.25	80시간 × @28.47 =	2,277.60
	조립	90시간 × @14.60 =	1,314.00	60시간 × @14.60 =	876.00
계			₩11,549.25		₩9,903.60
생산량			÷ 1,500개		÷ 500개
단위당 원가			@7.70		@19.81

(물음 2) 활동기준원가계산

(1) 활동별 배부율

활동	활동원가	원가동인총수	동인당 배부율
수선유지	₩74,101	24,700기계시간	@3
작업준비	199,940	260작업준비시간	769
재단감독	139,910	170작업준비시간(재단)	823
재단작업	83,400	13,900기계시간(재단)	6
조립감독	86,520	14,000직접노무시간(조립)	6.18
조립작업	16,200	10,800기계시간(조립)	1.5

(2) 각 제품별 단위당 원가

		표준형		고급형	
직접원가			₩8,100.0		₩6,750.0
제조간접원가	수선유지	₩3 × 135시간 =	405.0	₩3 × 140시간 =	420.0
	작업준비	₩769 × 1시간 =	769.0	₩769 × 2시간 =	1,538.0
	재단감독	₩823 × 0.5시간 =	411.5	₩823 × 1.5시간 =	1,234.5
	재단작업	₩6 × 75시간 =	450.0	₩6 × 80시간 =	480.0
	조립감독	₩6.18 × 90시간 =	556.2	₩6.18 × 60시간 =	370.8
	조립작업	₩1.5 × 60시간 =	90.0	₩1.5 × 60시간 =	90.0
계			₩10,781.7		₩10,883.3
생산량			÷1,500개		÷500개
단위당 원가			@7.19		@21.77

(물음 3) ABC이론

기존의 전통적 원가계산방법은 제조간접원가를 제품생산량(단위수준활동)과 관계있는 기계시간이나 노무시간 같은 조업도기준으로 배부하므로 조업도와 비례해서 발생하지 않는 비단위수준활동과 관련된 원가의 왜곡배부가 발생한다. 이 문제의 경우 작업준비활동, 재단감독활동 등의 원가동인은 작업준비시간이 원가동인이므로 활동기준원가계산하에서처럼 오히려 생산량이 적은 고급형 지갑에 제조간접원가가 더 많이 배부되어야 한다.

(물음 4) 상호배부법

(1) 보조부문의 원가배분

상호용역제공량을 비율로 환산하면 다음과 같다.

| | 보조부문 | | 제조부문 | |
	수선유지(A)	작업준비(B)	재단	조립
배분 전 원가	₩74,100	₩199,940		
수선유지*2	(94,567)*1	4,728	₩42,555	₩47,284
작업준비*3	20,467	(204,668)*1	61,400	122,801
배분 후 원가	-	-	₩103,955	₩170,085

*1 보조부문의 배분될 총원가

A = ₩74,100 + 0.1B

B = ₩199,940 + 0.05A

위 연립방정식을 통해서 A와 B를 구하면 다음과 같다.

A = ₩94,567, B = ₩204,668

*2 작업준비 : 재단 : 조립 = 5 : 45 : 50

*3 수선유지 : 재단 : 조립 = 10 : 30 : 60

(2) 보조부문의 효율성 판단

상호배부법에 의한 보조부문 전부원가와 활동량 정보를 이용하면 결국 보조부문이 그러한 용역을 제공하는 데 소요되는 원가를 정확히 계산할 수 있고, 이는 각 보조부문이 용역을 효율적으로 생산하고 있는지 여부에 대해 외부에서 용역을 제공받는 것과 비교해서 적절히 평가할 수 있는 기회를 제공할 것이다.

(물음 5) 활동기준원가계산의 장점

우선 활동기준원가계산을 적용할 경우 원가측정비용과 원가왜곡에 따른 손실의 상반관계를 고려하여 도입 여부 등을 신중하게 결정하여야 할 것이며 활동기준원가계산으로 인한 효익은 다음과 같다.

① 전통적 원가계산방식에 비하여 정확한 원가계산이 가능

② 제품구성이 변하더라도 신축적인 원가계산이 가능

③ 공정가치분석을 통해서 부가가치활동과 비부가가치활동을 구분함으로써 원가통제 가능

④ 비재무적 측정치를 활용하여 성과평가를 수행함으로써 각 부분의 의사소통 가능

(주)OK금융은 펀드상품을 개발하고 판매하며 펀드 판매에 대한 수수료가 주요 수입원이다. (주)OK금융은 실버펀드, 골드펀드 두 종류의 펀드상품을 판매하다가 3년 전부터 백금펀드를 신규 개발하여 판매하고 있다. 신규 상품인 백금펀드는 판매개시 이후 꾸준한 판매 증가세를 보이는 등 성공적인 판매실적을 기록하고 있다. 그러나 (주)OK금융은 지난 3년 동안 수익이 감소하고 있어 이에 대한 원인을 파악 중이다. 회사 경영진은 수익 감소의 원인을 분석하기 위해 활동기준원가계산을 도입하여 펀드판매 수수료의 적정성을 검토하고 있다. 활동분석 결과, (주)OK금융의 활동은 다음의 5가지이다. 먼저 펀드 상품개발부서와 관련해서는 ① 주식부 노무활동, ② 채권부 노무활동, ③ 파생상품부 노무활동이 있다. 다음 지원부서와 관련해서는 ④ 회의보고활동이 있다. 마지막으로 상품개발부서와 지원부서 각각의 ⑤ 작업준비활동이 있다.
활동별 원가동인은 다음과 같다.
① 주식부, ② 채권부, ③ 파생상품부 3개 부서 노무활동의 원가동인은 직접노무시간이다. ④ 회의보고활동의 원가동인은 회의보고횟수이다. ⑤ 작업준비활동의 원가동인은 각 부서별 작업준비횟수이다.
원가분석을 위한 다음 자료를 이용하여 (물음)에 답하시오.
※ 소수 셋째 자리에서 반올림하여 소수 둘째 자리까지 표기하시오.

<자료 1> 부서별 간접원가

부서	상품개발부서			지원부서		
	주식부	채권부	파생상품부	전산부	기획부	검사부
간접원가	₩40,000	₩50,000	₩20,000	₩50,000	₩100,000	₩100,000

<자료 2> 부서별 간접원가의 원가활동별 배분비율

활동 \ 부서	상품개발부서			지원부서		
	주식부	채권부	파생상품부	전산부	기획부	검사부
상품개발부 노무활동	25%	50%	50%			
부서별 작업준비활동	75	50	50	40%	70%	60%
지원부서 회의보고활동				60	30	40

<자료 3> 펀드상품별 직접노무시간

펀드 \ 부서	상품개발부서			지원부서		
	주식부	채권부	파생상품부	전산부	기획부	검사부
실버펀드	5,000시간	2,000시간	2,000시간	2,000시간	2,000시간	2,000시간
골드펀드	2,500시간	1,500시간	1,500시간	2,000시간	2,000시간	2,000시간
백금펀드	2,500시간	1,500시간	1,500시간	2,000시간	1,000시간	1,000시간
계	10,000시간	5,000시간	5,000시간	6,000시간	5,000시간	5,000시간

<자료 4> 펀드상품별 작업준비 및 회의보고횟수

구분 펀드	작업준비횟수	회의보고횟수
실버펀드	30회	25회
골드펀드	10	15
백금펀드	60	60
계	100회	100회

<자료 5> 펀드상품별 계좌당 전산투자원가, 펀드수수료, 판매계좌수

구분 펀드	계좌당 전산투자원가			계좌당 펀드수수료	판매계좌수
	주식부	채권부	파생상품부		
실버펀드	₩20	₩10	₩10	₩100	5,000개
골드펀드	15	10	10	122	2,000
백금펀드	20	10	10	150	2,000

<자료 6>
직접노무시간당 임률은 ₩10이다. 펀드원가는 전산투자원가, 직접노무원가, 간접원가로 구성되어 있다.

(물음 1) 새로 도입한 활동기준원가계산을 이용하여 펀드상품별 계좌당 원가를 계산하시오.

(물음 2) 기존 원가계산에서는 전체 간접원가를 직접노무시간 기준의 단일배부율에 따라 펀드상품별로 배분하였다.

(1) 기존 원가계산하에서 백금펀드의 계좌당 원가를 계산하시오.

(2) 기존 원가계산과 새로 도입한 활동기준원가계산을 각각 적용한 백금펀드의 계좌당 수

익성 영업이익률 $= \dfrac{\text{계좌당 영업이익}}{\text{계좌당 펀드수수료}}$ 을 비교하시오.

(물음 3) 새로 도입한 활동기준원가계산과 기존 원가계산의 수익성 결과에 차이가 있다면 그러한 차이가 발생하는 이유를 간략히 기술하시오. (4줄 이내로 기술할 것)

(물음 4) 골드펀드Ⅱ 계좌 1,000개에 대한 판매 요청이 신규로 발생하였다. 골드펀드Ⅱ를 신규로 개발하여 판매하면 ₩10,000의 비용이 추가로 발생한다. 그리고 골드펀드Ⅱ에 대한 판매 요청을 수락할 경우 1,000개 모두를 판매하여야 하며, 이 경우 기존 골드펀드 판매량은 300계좌 감소한다.
활동기준원가계산에 의한 골드펀드와 골드펀드Ⅱ의 계좌당 변동원가는 ₩102으로 동일하다고 가정할 때, 활동기준원가계산하에서 골드펀드Ⅱ 추가 판매에 대해 계좌당 최소한 받아야 할 수수료는 얼마인가?

| 정답 및 해설 |

(물음 1) 펀드상품별 계좌당 원가

(1) 펀드상품별 계좌당 직접노무원가
- 실버펀드: 15,000시간 × ₩10 ÷ 5,000개 = ₩30
- 골드펀드: 11,500시간 × ₩10 ÷ 2,000개 = ₩57.5
- 백금펀드: 9,500시간 × ₩10 ÷ 2,000개 = ₩47.5

(2) 펀드상품별 계좌당 간접원가
 ① 활동중심점별 간접원가 집계
- 주식부 노무활동: ₩40,000 × 25% = ₩10,000
- 채권부 노무활동: ₩50,000 × 50% = ₩25,000
- 파생상품부 노무활동: ₩20,000 × 50% = ₩10,000
- 회의보고활동: ₩50,000 × 60% + ₩100,000 × 30% + ₩100,000 × 40% = ₩100,000
- 작업준비활동: ₩40,000 × 75% + ₩50,000 × 50% + ₩20,000 × 50% + ₩50,000 × 40%
   + ₩100,000 × 70% + ₩100,000 × 60% = ₩215,000

 ② 활동중심점별 원가배부율

활동중심점	활동원가	원가동인의 총수	원가배부율
주식부 노무활동	₩10,000	10,000시간	@1
채권부 노무활동	25,000	5,000	5
파생상품부 노무활동	10,000	5,000	2
회의보고활동	100,000	100회	1,000
작업준비활동	215,000	100	2,150

 ③ 펀드별 활동원가의 배부

	원가동인	실버펀드	골드펀드	백금펀드
간접원가 배부				
주식부 노무활동	주식부 직접노무시간	₩5,000	₩2,500	₩2,500
채권부 노무활동	채권부 직접노무시간	10,000	7,500	7,500
파생상품부 노무활동	파생상품부 직접노무시간	4,000	3,000	3,000
회의보고활동	회의보고횟수	25,000	15,000	60,000
작업준비활동	작업준비횟수	64,500	21,500	129,000
총간접원가 배부액		₩108,500	₩49,500	₩202,000
펀드수		5,000개	2,000개	2,000개
계좌별 간접원가 배부액		₩21.7	₩24.75	₩101

(3) 펀드상품별 계좌당 원가

구분	전산투자원가	직접노무원가	간접원가	계좌당 원가
실버펀드	₩40	₩30	₩21.7	₩91.7
골드펀드	35	57.5	24.75	117.25
백금펀드	40	47.5	101	188.5

해커스 세무사 眞원가관리회계연습

제3장 활동기준원가계산

실전문제 03 활동기준원가계산과 의사결정 I **101**

(물음 2) 단일배부율을 이용할 경우

(1) 기존 원가계산하에서 백금펀드의 계좌당 원가
- 전산투자원가: ₩40
- 직접노무원가: ₩47.5
- 간접원가: ₩47.5[*]
- 백금펀드의 계좌당 원가: ₩40 + ₩47.5 + ₩47.5 = ₩135

[*] 간접원가 배부율: $\dfrac{₩360,000}{36,000시간}$ = @10

계좌당 간접원가: 9,500시간 × @10 ÷ 2,000개 = ₩47.5

(2) 영업이익률 비교

	활동기준원가계산방법	기존 원가계산
펀드수수료	₩150	₩150
계좌당 영업이익	(38.5)	15
영업이익률	-25.67%	10%

(물음 3)

전체 간접원가 발생액 ₩360,000 중 작업준비횟수 및 회의보고횟수에 따라 발생하는 작업준비활동원가 및 회의보고활동원가의 비중이 높음에도 불구하고 기존의 원가계산방법에 따르면 직접노무시간만을 배부기준으로하여 간접원가를 배분함에 따라 원가계산이 왜곡되었기 때문에 수익성 결과에 차이가 발생한다.

(물음 4)

계좌당 최소한 받아야 할 수수료를 p라고 하여 증분수익과 증분비용을 비교하면 다음과 같다.

(1) 증분수익: 1,000p
매출 증가: 1,000개 × p

(2) 증분비용: ₩118,000
① 변동원가 증가: ₩102 × 1,000개 = ₩102,000
② 기회비용: 300개 × (₩122 - ₩102) = ₩6,000
③ 추가발생비용: ₩10,000

∴ 증분수익이 증분비용 이상이어야 하므로 계좌당 최소한 받아야 할 수수료는 ₩118이다.

한국산업은 A, B, C 세 가지 제품을 생산하여 판매하고 있다. 한국산업의 2005 회계연도의 각 제품별 관련 자료는 다음과 같다. 기초 및 기말 재고는 없다.

제품명	A	B	C
생산 및 판매수량	5,000단위	3,000단위	800단위
단위당 판매가격	₩500	₩400	₩600
단위당 직접재료원가	180	130	200
단위당 직접노무원가	100	100	100

이 회사의 총제조간접원가는 ₩1,320,000이며, 총판매관리비는 ₩125,400이다.

(물음 1) 제조간접원가는 직접노무원가를 기준으로, 판매관리비는 매출액을 기준으로 배부할 때 각 제품별 영업이익률을 계산하라.

(물음 2) 제조간접원가와 판매관리비를 분석한 결과 다음과 같은 4개의 활동원가로 구분할 수 있다.

활동	활동원가
생산준비활동	₩560,000
검사활동	400,000
제품유지활동	360,000
고객관리활동	125,400

또한 각 제품별로 활동원가를 계산하기 위하여 필요한 활동 관련 자료는 다음과 같으며 생산준비활동원가는 생산준비시간에 연동된다.

제품명	A	B	C
생산횟수	10회	2회	8회
1회 생산당 준비시간	2시간	2시간	4시간
고객수	6명	4명	10명

검사는 매회 생산된 제품에서 첫 5단위에 대해서만 실시한다. 검사에 소요되는 시간은 제품종류에 관계없이 일정하다. 제품유지활동은 각 제품의 설계, 제품사양, 소요재료 등의 자료를 관리하는 활동으로 각 제품별로 유사하다. 고객관리활동은 제품종류에 관계없이 한 고객에게 투입되는 자원이 유사하다. 활동기준원가계산을 사용하여 각 제품별 영업이익률을 계산하시오.

(물음 3) (물음 1)과 (물음 2)에서 영업이익률을 기준으로 한 가지 제품을 폐지한다고 한다면 각각의 경우 어떤 제품을 폐지하여야 하는가? 만약 각각의 경우 폐지하여야 할 제품이 상이하다면, 그 이유에 대하여 답하시오.

| 정답 및 해설 |

(물음 1) 제품별 영업이익률

① 제조간접원가 배부율: $\dfrac{₩1,320,000}{(5,000단위 + 3,000단위 + 800단위) \times ₩100}$ = 직접노무원가의 150%

② 판매관리비 배부율: $\dfrac{₩125,400}{5,000단위 + ₩500 + 3,000단위 \times ₩400 + 800단위 \times ₩600}$ = 매출액의 3%

③ 제품별 영업이익률

	A	B	C
매출액	₩2,500,000	₩1,200,000	₩480,000
직접재료원가	900,000	390,000	160,000
직접노무원가	500,000	300,000	80,000
제조간접원가	750,000[*1]	450,000	120,000
매출총이익	₩350,000	₩60,000	₩120,000
판매관리비	75,000[*2]	36,000	14,400
영업이익	₩275,000	₩24,000	₩105,600
영업이익률	0.11	0.02	0.22

*1 ₩500,000 × 150% = ₩750,000
*2 ₩2,500,000 × 3% = ₩75,000

(물음 2) 활동기준원가계산 시 제품별 영업이익률

① 활동별 배부율

활동	활동별 배부율
생산준비활동	₩560,000/(10회 × 2시간 + 2회 × 2시간 + 8회 × 4시간) = ₩10,000/시간
검사활동	₩400,000/(10회 + 2회 + 8회) = ₩20,000/회
제품유지활동	₩360,000/3종류 = ₩120,000/종류
고객관리활동	₩125,400/(6명 + 4명 + 10명) = ₩6,270/명

② 제품별 영업이익률

	A	B	C
매출액	₩2,500,000	₩1,200,000	₩480,000
직접재료원가	900,000	390,000	160,000
직접노무원가	500,000	300,000	80,000
생산준비활동원가	200,000[*1]	40,000	320,000
검사활동원가	200,000[*2]	40,000	160,000
제품유지활동원가	120,000	120,000	120,000
고객관리활동원가	37,620[*3]	25,080	62,700
영업이익	₩542,380	₩284,920	₩(422,700)
영업이익률	0.217	0.237	-0.88

*1 ₩10,000/시간 × 10회 × 2시간 = ₩200,000

*2 ₩20,000/회 × 10회 = ₩200,000

*3 ₩6,270/명 × 6명 = ₩37,620

(물음 3) 제품별 폐지 의사결정

영업이익률에 따라 제품의 폐지 여부를 결정한다면, (물음 1)의 경우 제품 B, (물음 2)의 경우 제품 C를 폐지하여야 한다. (물음 1)의 경우 제조간접원가를 단위수준활동과 관련된 노무시간(노무원가) 기준으로 제품에 배부하므로 묶음수준활동이나 제품수준활동과 같은 비단위수준활동이 제품원가에 미치는 영향을 제대로 고려하지 못하게 된다. 제품 C의 경우 생산량은 적으나, 생산준비활동, 검사활동, 고객관리활동 등 묶음수준활동을 많이 수행하였으므로, 이에 따른 원가가 더 많이 배부되어야 한다.

(주)한국은 단일제품을 생산하고 있는 회사이다. (주)한국의 결산일은 매년 12월 31일이다.

(1) 지난해에 회사는 25,000단위를 생산·판매하였는데 그 영업활동의 결과는 다음과 같다.

매출액	₩625,000
변동원가	375,000
공헌이익	₩250,000
고정원가	150,000
영업이익	₩100,000

(2) 회사는 활동기준원가계산제도를 도입하기 위하여 지난해의 고정원가를 다음과 같이 추가로 분석하였다.

작업준비비(40회, 작업준비횟수당 ₩400)	₩16,000
재료처리비(500시간, 재료처리시간당 ₩25)	12,500
품질검사비(1,000회, 품질검사횟수당 ₩30)	30,000
공장관리비	61,500
고정판매관리비	30,000
총고정원가	₩150,000

(3) 회사의 경영자는 고도로 자동화된 최신 생산설비를 도입할 것을 고려하고 있다. 이를 도입할 경우 제조공정에 중대한 변화를 가져올 것으로 예상된다. 뿐만 아니라, 경영자는 적시재고시스템 (JIT system)의 도입을 계획하고 있다. 새로운 설비가 도입되면 작업준비가 더욱 빨라지고 비용은 줄어들 것이다. 새로운 시스템하에서는 작업준비횟수당 ₩50의 원가로 연간 300회의 작업준비가 이루어질 것으로 보인다. 적시재고시스템에 수반되는 전사적 품질관리(TQC)로 인하여 품질검사횟수당 ₩45의 원가로 연간 100회의 품질검사가 행해질 것이다. 또한, 재료처리시간당 ₩28의 원가로 연간 800시간의 재료처리작업이 예상된다. 자동화된 최신설비를 도입한 후에는 공장관리비가 연간 ₩166,100으로 증가하지만 단위당 변동원가는 20% 감소될 것이다. 경영자는 철저한 품질관리를 바탕으로 하여 제품의 판매가격을 단위당 ₩26으로 인상하려고 한다.

(물음 1) 지난해의 손익분기점 판매량과 ₩140,000의 이익을 얻기 위한 판매량을 구하시오.

(물음 2) 활동기준원가계산제도의 도입을 위한 지난해의 분석자료를 본 회사의 부사장은 회계담당자에게 다음과 같이 질문하였다. "당신이 나에게 ₩150,000을 고정원가라고 말했지만, 내가 보기에는 전혀 고정원가로 보이지 않소. 품질검사를 한 번 할 때마다 ₩30의 품질검사비가 발생되는데, 왜 이것이 고정원가란 말이오?" 이러한 부사장의 질문에 대하여 회계담당자 입장에서 설명하시오.

(물음 3) 자동화된 생산설비와 새로운 생산시스템이 도입된다면 손익분기점 판매량과 ₩140,000의 이익을 얻기 위한 판매량을 계산하시오.

| 정답 및 해설 |

(물음 1) 목표 달성 판매량

> **Q 자료분석**
>
> | | |
> |---|---:|
> | 단위당 판매가격 | ₩25 |
> | 단위당 변동원가 | 15 |
> | 단위당 공헌이익 | ₩10 |
> | 고정원가 | ₩150,000 |

(1) 지난해의 손익분기점 판매량(Q_1)

$$Q_1 = \frac{₩150,000}{@10} = 15,000개$$

(2) ₩140,000의 이익을 얻기 위한 판매량(Q_2)

$$Q_2 = \frac{₩150,000 + ₩140,000}{@10} = 29,000개$$

(물음 2) 전통적인 원가계산방식과 활동기준원가계산방식의 차이

전통적인 CVP분석에서는 원가에 영향을 미치는 유일한 원가동인은 조업도, 즉 생산 및 판매량뿐이라고 가정한다. 따라서, 이 경우 품질검사비는 생산 및 판매량의 변동에 관계없이 일정하게 발생하므로 고정원가로 간주된다. 그러나 활동기준원가계산에 의한 CVP분석에서는 생산 및 판매량 이외에 여러 가지의 다양한 원가동인을 인식하게 되는데, 그 결과 전통적인 분석에서는 생산 및 판매량에 대해서 고정원가로 간주되던 품질검사비가 활동기준원가계산에 의한 분석에서는 그 원가동인인 검사횟수에 따라 변동하게 되므로 고정원가로 보이지 않은 것이다.

(물음 3) 목표 달성 판매량

🔍 자료분석

단위당 판매가격	₩26
단위당 변동원가[*1]	12
단위당 공헌이익	₩14
고정원가[*2]	₩238,000

*1 단위당 변동원가: ₩15 × (1 - 0.2) = ₩12
*2 연간 고정원가

작업준비비 300회 × ₩50 =	₩15,000
재료처리비 800시간 × ₩28 =	22,400
품질검사비 100회 × ₩45 =	4,500
공장관리비	166,100
고정판매관리비	30,000
계	₩238,000

(1) 자동화된 생산설비와 새로운 시스템이 도입될 경우의 손익분기점 판매량(Q_1)

$$Q_1 = \frac{₩238,000}{@14} = 17,000개$$

(2) ₩140,000의 이익을 얻기 위한 목표판매량(Q_2)

$$Q_2 = \frac{₩238,000 + ₩140,000}{@14} = 27,000개$$

실전문제 06 활동기준원가계산(부품 아웃소싱) Melumad

(주)한국은 완제품 생산에 필요한 부품을 자가제조하고 있는 회사이다. (주)한국의 결산일은 매년 12월 31일이다.

(1) 부품의 연간 소비량 10,000개의 자가제조에 관한 원가자료는 다음과 같다.

	단위당 원가	총원가
직접재료원가	₩4	₩40,000
직접노무원가	2	20,000
변동제조간접원가(전력비, 수도광열비)	1.5	15,000
검사비, 작업준비비, 재료처리비		2,000
기계임차료		3,000
기타의 고정제조간접원가배부액(공장관리비)		30,000
계		₩110,000

(2) 회사는 올해 초 외부공급업자로부터 개당 ₩8.2에 필요한 만큼의 부품을 공급하겠다는 제의를 받았으며 추가자료는 다음과 같다.

① 검사비, 작업준비비, 재료처리비는 생산되는 부품의 묶음(batch)의 수에 따라 변동한다. 회사는 한 묶음(batch)당 부품 1,000개를 일괄생산한다(10묶음 × 묶음당 1,000개 = 10,000개).

② 회사는 현재 부품 생산에 사용되는 기계를 임차하고 있으나, 이 기계의 임차계약은 필요하면 해지할 수 있다.

(물음 1) 회사가 연간 10,000개의 완제품을 생산하여 판매한다고 가정하자.

(1) 만약 부품을 외부에서 구입할 경우 현재 부품 생산에 사용되는 기계의 임차계약을 해지한다. 부품의 자가제조 또는 외부구입 의사결정을 하시오.

(2) 만약 부품을 외부에서 구입할 경우 현재 부품 생산에 사용되는 기계로 추가작업을 실시하여 완제품의 품질을 향상시킨다고 한다. 이 경우 완제품의 판매가격이 개당 ₩20만큼 증가할 것이다. 이러한 추가작업에 소요되는 변동원가는 개당 ₩18이고 그 외에 추가로 공구비가 ₩16,000만큼 발생할 것이다. 부품의 자가제조 또는 외부구입 의사결정을 하시오.

(물음 2) (물음 1)과 별도로 회사의 판매담당자는 연간 10,000개의 완제품이 판매될 것이라는 추정은 지나치게 낙관적이며 단지 6,200개만 판매될 것으로 예상하고 있다. 이에 따라 생산량이 감소하면 현재 부품 생산에 사용되는 기계로 추가작업을 실시하여 완제품의 품질을 향상시킨다고 한다. 이러한 추가작업은 부품의 자가제조 또는 외부구입의 여부에 관계없이 이루어진다. 이와 같이 낮은 생산수준하에서 회사는 한 묶음당 부품 775개를 일괄생산한다(8묶음 × 묶음당 775개 = 6,200개). 부품의 자가제조 또는 외부구입 의사결정을 하시오.

| 정답 및 해설 |

(물음 1) 외부구입 의사결정

(1) 부품을 외부구입할 경우

증분수익			₩0
증분비용			2,000
증가 구입비용	10,000개 × @8.2 =	₩82,000	
감소 변동제조원가	10,000개 × @7.5 =	(75,000)	
검사비 등		(2,000)	
기계 임차료		(3,000)	
증분이익(손실)			₩(2,000) < 0

∴ 부품을 자가제조하여야 한다.

(2) 부품을 외부구입할 경우

증분수익(증분매출액)	10,000개 × @20 =		₩200,000
증분비용			201,000
증가 구입비용	10,000개 × @8.2 =	₩82,000	
추가작업 변동원가	10,000개 × @18 =	180,000	
공구비		16,000	
감소 변동제조원가	10,000개 × @7.5 =	(75,000)	
검사비 등		(2,000)	
증분이익(손실)			₩(1,000) < 0

※ 기계 임차료는 자가제조 또는 외부구입의 여부에 관계없이 계속 발생하므로 비관련원가이다.

∴ 부품을 자가제조하여야 한다.

(물음 2) 외부구입 의사결정

증분수익			₩0
증분비용			2,740
증가 구입비용	6,200개 × @8.2 =	₩50,840	
감소 변동제조원가	6,200개 × @7.5 =	(46,500)	
검사비 등	8묶음 × @200* =	(1,600)	
증분이익(손실)			₩(2,740) < 0

※ 완제품의 품질향상을 위한 추가작업은 자가제조 또는 외부구입의 여부에 관계없이 이루어지므로 이와 관련된 사항은 고려할 필요가 없다.

* 단위당 검사비 등: ₩2,000 ÷ 10묶음 = @200

∴ 부품을 자가제조하여야 한다.

활동기준원가계산(제한된 자원의 사용)   Atkinson

(주)한국은 세 가지 제품 A, B, C를 생산하고 있는 회사이다. (주)한국의 결산일은 매년 12월 31일이다.

(1) 활동분야별 20×1년 변동제조간접원가 예산자료는 다음과 같다.

활동분야	20×1년 예산원가	원가동인(배부기준)	배부기준당 배부율
기계가동 및 유지	₩48,000	기계시간	₩4
조립	58,200	직접노무원가	0.2
재료처리	74,000	원재료무게	0.4
품질검사	35,050	검사횟수	10
생산준비	54,750	생산준비횟수	150
	₩270,000		

(2) 각 제품의 판매가격과 생산 및 원가자료(단위당)는 다음과 같다.

	A	B	C
직접재료원가	₩8	₩21	₩33
직접노무원가	14	12	18
기계시간	0.4시간	0.75시간	0.6시간
원재료무게	4kg	10kg	15kg
검사횟수	0.25회	0.11회	0.15회
생산준비횟수	0.01회	0.03회	0.01회
판매가격	₩40	₩60	₩75
최대수요량(연간)	12,000단위	12,000단위	6,000단위

(물음 1) 활동기준원가계산에 의한 각 제품의 단위당 원가를 구하시오.

(물음 2) 현재 회사의 생산능력이 연간 12,000기계시간으로 제한되어 있으며 당분간 확장할 수 없다고 한다. 이익을 극대화하기 위한 최적생산계획을 수립하시오. (단, 판매관리비와 고정제조간접원가는 존재하지 않는다고 가정한다)

(물음 3) 정규생산능력 이외에 연간 4,500기계시간의 초과작업이 가능하다고 한다. 초과작업에 대해서는 직접노무원가의 50%와 변동제조간접원가의 20%가 추가될 것이다. 이익을 극대화하기 위한 최적생산계획을 수립하고, 몇 시간의 초과작업을 해야 하는지 계산하시오.

| 정답 및 해설 |

(물음 1) 제품별 단위당 원가

	A		B		C
직접재료원가		₩8		₩21		₩33
직접노무원가		14		12		18
변동제조간접원가		10		15		15
기계가동 및 유지[*1]	₩1.6		₩3		₩2.4	
조립[*2]	2.8		2.4		3.6	
재료처리[*3]	1.6		4		6	
품질검사[*4]	2.5		1.1		1.5	
생산준비[*5]	1.5		4.5		1.5	
단위당 원가		₩32		₩48		₩66

[*1] 제품별 기계시간 × @4
[*2] 제품별 직접노무원가 × @0.2
[*3] 제품별 원재료무게 × @0.4
[*4] 제품별 검사횟수 × @10
[*5] 제품별 생산준비횟수 × @150

(물음 2) 최적생산계획

(1) 제한된 자원의 파악

수요량을 모두 충족시키기 위해 필요한 기계시간이 12,000개 × 0.4시간 + 12,000개 × 0.75시간 + 6,000개 × 0.6시간 = 17,400시간인 데 반하여 이용가능한 기계시간은 12,000시간이므로 연간 5,400시간이 부족하다.

(2) 최적생산계획의 수립

이용가능한 기계시간이 수요량을 모두 충족시키기 위해서 필요한 시간에 비하여 제한되어 있으므로, 제시된 자원인 기계시간당 공헌이익이 큰 제품부터 생산하여야 한다.

	A	B	C
단위당 판매가격	₩40	₩60	₩75
단위당 변동원가	32	48	66
단위당 공헌이익	₩8	₩12	₩9
단위당 기계시간	÷ 0.4시간	÷ 0.75시간	÷ 0.6시간
기계시간당 공헌이익	₩20	₩16	₩15

이용가능한 기계시간이 12,000시간이므로 연간 12,000시간 이내에서 기계시간당 공헌이익이 큰 A, B, C의 순으로 생산하여야 한다.

제품	생산량	소요시간	소요시간누계
A	12,000개	12,000개 × 0.4시간 = 4,800시간	4,800시간
B	9,600개	9,600개 × 0.75시간 = 7,200시간	12,000시간

∴ 연간 A 12,000개, B 9,600개를 생산하는 것이 최적이다.

(물음 3) 초과작업 시 최적생산계획

(1) 초과작업에 대한 기계시간당 공헌이익

	A	B	C
단위당 판매가격	₩40	₩60	₩75
단위당 변동원가	41[*]	57	78
단위당 공헌이익	₩(1)	₩3	₩(3)
단위당 기계시간		÷ 0.75시간	
기계시간당 공헌이익		₩4	

* ₩8 + ₩14 × 150% + ₩10 × 120% = ₩41

(2) 최적생산계획의 수립

제품 A와 C는 초과작업을 하지 않는 것이 유리하므로 제품 B만 초과작업을 하여야 한다. 제품 B 2,400개를 초과작업에 의하여 생산할 경우(2,400개 × 0.75시간 = 1,800초과작업시간 소요) 시간당 ₩4씩 증분이익이 발생하므로 초과작업하는 것이 유리하다. 한편, 추가적으로 제품 B 3,600개의 정규작업생산을 초과작업생산으로 대체시킬 경우(3,600개 × 0.75시간 = 2,700초과작업시간 소요) 남는 정규시간으로 제품 C를 생산할 수 있게 되어 시간당 ₩4 - ₩16 + ₩15 = ₩3씩의 증분이익이 발생하므로 이 또한 초과작업하는 것이 유리하다(초과작업하지 않는 경우에 비하여 연간 1,800시간 × @4 + 2,700시간 × @3 = ₩15,300의 증분이익 발생).

제품	생산량	소요시간	소요시간누계
B	6,000개	6,000개 × 0.75시간 = 4,500시간	4,500시간(초과작업)
A	12,000개	12,000개 × 0.4시간 = 4,800시간	4,800시간(정규작업)
B	6,000개	6,000개 × 0.75시간 = 4,500시간	9,300시간
C	4,500개	4,500개 × 0.6시간 = 2,700시간	12,000시간

∴ 연간 B 6,000개는 초과작업에 의하여, A 12,000개, B 6,000개, C 4,500개는 정규작업에 의하여 생산하는 것이 최적이며, 총 4,500시간의 초과작업을 해야 한다.

🔖 참고

이해를 돕기 위하여 초과작업하지 않는 경우, B 2,400개를 초과작업하는 경우 및 B 6,000개를 초과작업하는 경우의 공헌이익을 비교하여 보면 다음과 같다.

[초과작업하지 않는 경우]
4,800시간 × @20 + 7,200시간 × @16 = ₩211,200

[B 2,400개를 초과작업하는 경우]
1,800시간 × @4 + 4,800시간 × @20 + 7,200시간 × @16 = ₩218,400

[B 6,000개를 초과작업하는 경우]
4,500시간 × @4 + 4,800시간 × @20 + 4,500시간 × @16 + 2,700시간 × @15 = ₩226,500

₩15,300 증분이익

(1) (주)레드는 책상과 의자를 제조, 판매하는 회사로서 원가계산을 위해 활동기준원가산제도(ABC)를 채택하고 있다. 연초에 추정한 20×4년도 제품별 예상 손익은 다음과 같다(본 문제 전체적으로 기초와 기말에 재공품과 제품의 재고는 없다고 가정한다).

	책상(3,000개)	의자(3,400개)
수익		
책상(개당 ₩3,000)	₩9,000,000	-
의자(개당 ₩2,000)	-	₩6,800,000
직접재료원가 및 직접노무원가		
책상(개당 ₩1,500)	4,500,000	-
의자(개당 ₩1,000)	-	3,400,000
고정제조간접원가		
작업준비(set up)원가	1,406,250	1,593,750
재료취급(material handing)원가	937,500	1,062,500
본사 관리비용 배부액	156,250	443,750
총비용	7,000,000	6,500,000
영업이익(손실)	₩2,000,000	₩300,000

(2) 고정제조간접원가를 발생시키는 작업준비활동과 재료취급활동은 뱃치수준활동으로서, 각 활동의 원가동인은 작업준비횟수와 재료이동횟수이며, 각 활동의 뱃치규모(batch size)는 각각 제품 20개와 40개이다. 위에서 고정제조간접원가는 다음의 각 제품별 활동소비량에 기초하여 배분되었으며, 동일한 수량의 책상과 의자는 동일한 수준의 활동을 소비한다(즉, 책상과 의자는 활동소비에 있어서 무차별하다).

	작업준비활동	재료취급활동
활동별 총원가 예산	₩3,000,000	₩2,000,000
제품별 활동소비량		
책상	150회	75회
의자	170	85
계	320회	160회
원가배부율	₩9,375/회	₩12,500/회

(3) (주)레드는 원가관리와 가격결정 등을 위해 기준조업도를 이용한 평준화(정상)원가계산(normal costing)을 함께 활용하고 있으며, 기준조업도로는 연간 실제최대조업도(practical capacity)를 사용한다. 각 활동별 연간 실제최대조업도는 다음과 같다.

활동별 실제최대조업도	작업준비활동	재료취급활동
작업준비횟수	600회	–
재료이동횟수		200회

20×4년도 말 제품별 손익이 연초에 추정된 대로 실현되는 경우에 다음의 물음에 답하시오.

(물음 1) 만약 ABC 대신 전통적인 원가계산을 사용하는 경우 평준화(정상)원가계산하에서 고정제조간접원가 조업도차이(production-volume variance)를 계산하시오. 이때 조업도는 제품 생산량이며 기준조업도로 사용되는 실제최대조업도는 책상과 의자를 합쳐 8,000개이다.

(물음 2) ABC를 이용한 평준화(정상)원가계산하에서 고정제조간접원가 조업도차이를 각 활동별로 계산하시오.

(물음 3) ABC를 이용한 평준화(정상)원가계산하에서의 고정제조간접원가 조업도차이 분석이 전통적인 평준화(정상)원가계산하에서의 조업도차이 분석보다 우수한 점이 무엇인가? 그리고 ABC를 통한 조업도차이 분석의 결과를 원가관리 목적상 어떻게 활용할 수 있는가?

(물음 4) (주)레드는 책임회계제도를 택하고 있는데, 이 회사 생산부서의 책임자는 조업도차이에 해당하는 원가는 생산부서의 성과평가 시에 제외되어야 한다고 주장한다. 당신은 책임회계 담당 이사로서 통제가능성(controllability)과 책임(responsibility)의 관점에서 이 주장에 대해 토론하시오.

※ (주)레드는 (주)그린으로부터 기존에 생산하고 있는 것과 동일한 책상 2,200개를 연말까지 생산해 달라는 1회성 특별주문을 받았다. 이 주문은 정상적으로 생산, 판매되고 있는 제품의 수요와 공급에는 아무런 영향을 주지 않는다. (주)레드의 원가/비용 항목은 다음과 같은 특성을 지닌다.

- 직접재료원가와 직접노무원가는 회피가능한 변동원가이다.
- 작업준비활동의 원가는 회피불가능원가이다. (단, 200단위의 작업준비활동을 수행할 수 있는 관련 장비 1대를 ₩500,000에 (주)블루에 연말까지 임대할 수 있다)
- 재료취급활동의 원가는 회피불가능하며, 이 활동과 관련하여 발생하는 잉여자원은 모두 유휴자원(idle resources)이 된다.
- 작업준비활동과 재료취급활동에 투입되는 자원은 해당 활동을 위해서만 사용된다. (주)블루에 대한 임대를 제외하고는 모든 잉여자원의 외부 처분가치는 없다.
- 본사 관리비용은 고정비용으로서 직접노무원가 기준으로 배부하고 있다.

위 자료를 근거로 다음의 물음에 답하시오.

(물음 5) (주)그린으로부터의 주문을 처리하는 데 소요되는 작업준비활동의 관련원가(relevant cost)를 계산하시오. 작업준비활동의 수행을 위한 자원의 추가 구입은 다음 연도에 잉여자원이 과도하게 발생할 우려가 있어 고려하지 않는다.

(물음 6) 위의 주문을 처리하는 데 소요되는 재료취급활동의 관련원가를 계산하시오. 재료취급활동 수행을 위해 자원을 추가 구입할 경우 관련 장비의 특성으로 인해 재료취급활동 10단위의 배수로 자원 구입이 가능하다. 자원 추가 구입가격은 활동 10단위당 ₩150,000이다. 새로 구입한 장비는 연말에 모두 ₩100,000에 외부에 매각할 수 있다.

(물음 7) 회계적으로 우수한 것으로 알려져 있는 ABC를 통해 산출되는 원가정보가 경제적 의사결정에 필요한 원가정보를 올바로 제공하지 못할 수 있는 이유는 무엇인가? 그럼에도 불구하고 ABC가 전통적인 원가계산보다 경제적 의사결정에 더 나은 정보를 제공할 수 있는 이유는 무엇인가?

| 정답 및 해설 |

(물음 1) 전통적 방식의 조업도차이

① 총고정원가: ₩3,000,000 + ₩2,000,000 = ₩5,000,000

② 단위당 고정원가 배부액: ₩5,000,000 ÷ 8,000개 = @625

③ 고정제조간접원가 조업도차이: @625 × (8,000개 - 6,400개) = ₩1,000,000(불리)

(물음 2) ABC 조업도차이

(1) 정상원가계산하에서 활동별 배부율

　　① 작업준비활동: ₩3,000,000 ÷ 600회 = @5,000

　　② 재료취급활동: ₩2,000,000 ÷ 200회 = @10,000

(2) 조업도차이

　　① 작업준비활동

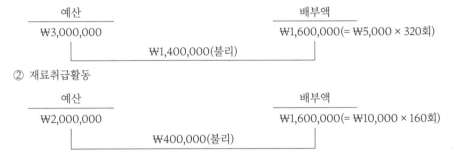

```
        예산                              배부액
     ₩3,000,000                  ₩1,600,000(= ₩5,000 × 320회)
                 ₩1,400,000(불리)
```

　　② 재료취급활동

```
        예산                              배부액
     ₩2,000,000                  ₩1,600,000(= ₩10,000 × 160회)
                 ₩400,000(불리)
```

(물음 3) ABC 조업도차이의 우수성

전통적 접근에서의 조업도차이는 기준조업도와 실제조업도의 차이를 나타낼 뿐 큰 의미를 부여하기 힘들다. 그러나 ABC에서의 조업도차이 분석은 각 활동과 각 활동에 대한 투자가 얼마나 효율적으로 이루어졌는지를 나타내준다. 따라서 ABC 조업도차이를 통해 배치수준활동, 제품수준활동 등에 대한 생산능력을 관리할 수 있다.

(물음 4) 통제가능성 관점에서 조업도차이의 의미

고정제조간접원가는 최초 설비투자 시 생산능력에 따라 결정되며, 생산부서의 담당자가 단기적으로 공정의 효율성을 올린다 하여도 절감하기 어렵다. 생산량 또한 생산부서의 담당자가 아닌 판매량에 근거하여 결정되므로 이는 생산담당자의 통제가능성에서 벗어나 있다. 따라서 고정제조간접원가는 단기적으로 생산부서의 성과평가 시 제외하는 것이 타당하다. 장기적으로는 생산능력의 확보를 조정함으로써 조업도차이를 줄일 수 있으므로 장기적으로 생산부서의 성과평가 시에는 포함해야 한다.

(물음 5) 관련원가

(1) 유휴설비 검토

① 현재 유휴생산능력: 280회

② 2,200개의 주문을 위해 소요되는 작업준비활동: 2,200개 ÷ 20개 = 110회

(2) 관련원가

현재 유휴생산능력으로도 생산이 가능하다. 따라서 기회비용인 ₩500,000만 관련원가가 된다.

(물음 6) 고착자원의 관련원가

(1) 필요한 자원

추가적으로 소요되는 자원량: 2,200개 ÷ 40개 =	55회
현재 유휴생산능력	40
추가필요생산능력	15회

(2) 관련원가

15회 추가가 필요하므로 20단위를 추가적으로 구입한다.

(₩150,000 - ₩100,000) × 2 = ₩100,000

(물음 7) ABC의 한계와 장점

ABC가 경제적 의사결정정보를 올바로 제공하지 못하는 이유는 설비수준원가 등 원가동인이 명확하지 않은 경우에는 자의적인 배분을 피할 수 없고, 원가절감을 위해 원가동인의 수를 줄여 묶음크기가 증가되는 경우 재고과잉의 우려가 있기 때문이다. 반면, 전통적 원가계산보다는 인과관계에 근거한 원가배분을 가능하도록 하여 더 나은 원가정보를 제공할 수 있다.

(1) 한국회사는 세 가지 제품 X, Y, Z를 생산·판매한다. 이 회사의 2012년 원가계산제도에서 제조간접원가는 직접노무원가를 배부기준으로, 판매관리비는 매출액을 배부기준으로 각 제품에 배부하였다. 한국회사의 2012년 제품별 생산·판매량과 손익계산서는 다음 표와 같다. 기초와 기말 재고는 없다고 가정한다.

	제품 X	제품 Y	제품 Z	합계
생산·판매량	5,000단위	3,000단위	800단위	8,800단위
매출액	₩600,000	₩390,000	₩160,000	₩1,150,000
매출원가				
직접재료원가	180,000	78,000	32,000	290,000
직접노무원가	100,000	60,000	16,000	176,000
제조간접원가	150,000	90,000	24,000	264,000
계	₩430,000	₩228,000	₩72,000	₩730,000
매출총이익	₩170,000	₩162,000	₩88,000	₩420,000
판매관리비	120,000	78,000	32,000	230,000
영업이익	₩50,000	₩84,000	₩56,000	₩190,000

(2) 2013년 초 한국회사는 2012년의 실제원가 및 운영자료를 이용하여 활동기준원가계산을 적용함으로써 보다 정확한 제품원가계산을 통해 제품별 수익성 분석을 하고자 한다. 이를 위해 2012년 중 한국회사에서 발생한 제조간접원가 ₩264,000과 판매관리비 ₩230,000에 대한 활동분석을 수행함으로써, 다음 5개의 활동원가를 식별하였다.

	생산작업준비활동원가	₩120,000
제조간접원가	품질검사활동원가	90,000
	제품유지활동원가	54,000
판매관리비	고객주문처리활동원가	180,000
	고객관리활동원가	50,000

(3) 각 제품에 대한 고객의 1회 주문수량은 제품 X는 100단위, 제품 Y는 50단위, 제품 Z는 20단위였다. 생산작업준비활동은 고객주문이 있을 경우 생산작업을 준비하는 활동으로, 생산작업준비활동원가는 생산작업준비시간에 비례하여 발생한다. 각 고객주문마다 한 번의 뱃치생산이 필요하며, 각 제품별 뱃치생산에 소요되는 생산작업준비시간은 제품 X는 2시간, 제품 Y는 3시간, 제품 Z는 5시간이었다.

(4) 품질검사활동원가는 품질검사에 소요되는 시간에 비례하여 발생한다. 품질검사는 매회 뱃치생산된 제품들 중 첫 5단위에 대해서만 실시되며, 품질검사에 소요되는 시간은 제품종류에 관계없이 동일하다.

(5) 제품유지활동은 각 제품의 설계, 제품사양, 소요재료 등에 관한 자료를 관리하는 활동으로, 제품유지활동에 소요되는 원가는 각 제품별로 동일하다. 고객주문처리활동원가는 각 제품에 대한 고객주문횟수에 비례하여 발생한다.

(6) 고객관리활동은 제품종류에 관계없이 각 고객에게 투입되는 자원은 동일하다. 2012년 제품별 관리대상 고객수는 제품 X는 10명, 제품 Y는 15명, 제품 Z는 25명으로 파악되었다.

(물음 1) 활동기준원가계산을 적용하여 2012년 각 제품별 단위당 제조원가를 계산하시오.

(물음 2) 활동기준원가계산을 적용하여 2012년 각 제품별 단위당 영업이익을 계산하시오.

(물음 3) 한국회사는 특정 제품의 생산을 중단할 것인지를 결정하기 위해, 각 제품에 추적 또는 배부된 원가 및 비용에 대한 분석을 다음과 같이 하였다.

> ① 직접노무원가는 각 제품의 생산라인에 속한 근로자들에게 지급되는 임금으로, 특정 제품의 생산라인이 폐지될 경우 해당 생산라인에 종사한 근로자들은 추가비용 없이 해고시킬 수 있다.
>
> ② 위에서 분류한 5개의 활동원가 각각은 매몰원가, 배분된 공통고정원가, 변동원가(해당 원가동인의 소비와 비례하여 발생하는 원가)로 다음과 같이 파악되었다. 배분된 공통고정원가는 본사관리부서의 일반관리비로 제품 Z의 생산을 중단할 경우에도 계속해서 발생하는 비용이며, 매출배합에 관계없이 일정하다고 가정한다.
>
> | 활동 | 활동원가 | 매몰원가 | 배분된
공통고정원가 | 변동원가 |
> | --- | --- | --- | --- | --- |
> | 생산작업준비 | ₩120,000 | ₩14,000 | ₩10,000 | ₩96,000 |
> | 품질검사 | 90,000 | 20,000 | 10,000 | 60,000 |
> | 제품유지 | 54,000 | 30,000 | 15,000 | 9,000 |
> | 고객주문처리 | 180,000 | 20,000 | 10,000 | 150,000 |
> | 고객관리 | 50,000 | 20,000 | 10,000 | 20,000 |
> | 계 | ₩494,000 | ₩104,000 | ₩55,000 | ₩335,000 |

2013년에도 제품별 수익 및 원가구조는 전년도와 동일하게 유지될 것으로 가정하고, 다음 각 물음에 답하시오.

(1) 위에 주어진 자료를 이용하여 한국회사가 제품 Z의 생산을 중단하여야 하는지를 결정하고, 그 이유를 설명하시오.

(2) 만약 제품 Z의 생산라인을 폐지하면, 제품 X의 연간 판매량은 10% 증가할 것으로 기대된다. 제품 X의 판매가격은 불변이라고 가정한다. 한국회사가 2013년 초에 제품 Z의 생산라인을 폐지할 경우 연간 증분이익은 얼마인가?

(3) 제품 Z의 생산을 중단하고 대신 외부 납품업체로부터 제품 Z를 구입할 것인지를 고려 중이다. 제품 Z의 생산을 중단할 경우에 제품 Z의 생산에 사용한 설비는 제품 X를 추가 생산하는 것 이외에는 별다른 용도가 없는 유휴설비가 된다. 제품 Z의 생산라인을 폐지하면, 제품 X의 연간 판매량은 10% 증가할 것으로 기대된다. 제품 X의 판매가격은 불변이라고 가정한다. 한국회사가 제품 Z의 자체생산을 중단하고 외부업체로부터 구입하기로 결정한 경우, 제품 Z 1단위에 대해 수용가능한 최대 구입가격은 얼마인가?

정답 및 해설

(물음 1) 활동기준원가계산에 따른 제품 단위당 제조원가

(1) 제품별 원가동인

구분	원가동인	제품 X	제품 Y	제품 Z	원가동인 총계
생산작업준비활동	생산작업준비시간	100시간	180시간	200시간	480시간
품질검사활동	고객주문횟수	50회	60회	40회	150회
제품유지활동	제품종류	1종류	1종류	1종류	3종류
고객주문처리활동	고객주문횟수	50회	60회	40회	150회
고객관리활동	고객수	10명	15명	25명	50명

※ 품질검사활동의 원가동인은 품질검사시간이지만 품질검사는 뱃치단위로 이루어지며 소요시간은 제품종류와 관계없이 일정하므로 고객주문횟수(품질검사횟수)를 원가동인으로 설정하였다.

(2) 활동원가배부율

구분	활동원가	원가동인 총계	활동원가배부율
생산작업준비활동	₩120,000	480시간	@250
품질검사활동	90,000	150회	@600
제품유지활동	54,000	3종류	@18,000
고객주문처리활동	180,000	150회	@1,200
고객관리활동	50,000	50명	@1,000

(3) 제품 단위당 제조원가

구분	제품 X	제품 Y	제품 Z
직접재료원가	₩180,000	₩78,000	₩32,000
직접노무원가	100,000	60,000	16,000
제조간접원가			
생산작업준비활동원가	100시간 × @250 = ₩25,000	180시간 × @250 = ₩45,000	200시간 × @250 = ₩50,000
품질검사활동원가	50회 × @600 = ₩30,000	60회 × @600 = ₩36,000	40회 × @600 = ₩24,000
제품유지활동원가	1종류 × @18,000 = ₩18,000	1종류 × @18,000 = ₩18,000	1종류 × @18,000 = ₩18,000
총제조원가	₩353,000	₩237,000	₩140,000
생산/판매량	5,000단위	3,000단위	800단위
단위당 제조원가	₩70.6	₩79	₩175

(물음 2) 활동기준원가계산에 따른 제품 단위당 영업이익

구분	제품 X	제품 Y	제품 Z
매출액	₩600,000	₩390,000	₩160,000
매출원가	353,000	237,000	140,000
매출총이익	₩247,000	₩153,000	₩20,000
판매관리비			
고객주문처리활동원가	50회 × @1,200 = ₩60,000	60회 × @1,200 = ₩72,000	40회 × @1,200 = ₩48,000
고객관리활동원가	10명 × @1,000 = ₩10,000	15명 × @1,000 = ₩15,000	25명 × @1,000 = ₩25,000
영업이익	₩177,000	₩66,000	₩(53,000)
생산/판매량	5,000단위	3,000단위	800단위
단위당 영업이익	₩35.4	₩22	₩(66.25)

(물음 3) 의사결정

(1) 제품 Z 라인을 폐지하는 경우 증분이익

증분수익		₩157,000
직접재료원가 감소	₩32,000	
직접노무원가 감소	16,000	
제조간접원가 및 판매관리비 감소*	109,000	
증분비용		160,000
매출액 감소	160,000	
증분이익		₩(3,000)

*　구분	변동원가	원가동인 총계	원가동인당 변동원가	제품 Z 원가동인	활동원가 감소액
생산작업준비활동	₩96,000	480시간	@200	200시간	₩40,000
품질검사활동	60,000	150회	@400	40회	16,000
제품유지활동	9,000	3종류	@3,000	1종류	3,000
고객주문처리활동	150,000	150회	@1,000	40회	40,000
고객관리활동	20,000	50명	@400	25명	10,000
계	₩335,000				₩109,000

∴ 제품 Z의 생산을 중단하는 경우 이익이 ₩3,000 감소하므로 생산을 중단하지 않는다.

(2) 제품 Z의 생산을 중단하는 경우(제품 X의 판매량이 10% 증가하는 경우)

증분수익		₩180,000
직접재료원가 감소	₩32,000	
직접노무원가 감소	16,000	
제조간접원가 및 판매관리비 감소	109,000	
제품 X의 이익 증가[*1]	23,000	
증분비용		160,000
매출액 감소	160,000	
증분이익		₩20,000

[*1] 제품 X의 이익 증가분

매출액 증가분		₩60,000
변동원가 및 활동원가 증가분		37,000
직접재료원가	₩18,000	
직접노무원가	10,000	
제조간접원가 및 판매관리비[*2]	9,000	
이익 증가분		₩23,000

[*2] 제조간접원가 및 판매관리비 증가분

구분	변동원가	원가동인 총계	원가동인당 변동원가	증분 원가동인	증분 활동원가
생산작업준비활동	₩96,000	480시간	@200	10시간	₩2,000
품질검사활동	60,000	150회	@400	5회	2,000
제품유지활동	9,000	3종류	@3,000	-	-
고객주문처리활동	150,000	150회	@1,000	5회	5,000
고객관리활동	20,000	50명	@400	-	-
계					₩9,000

(3) 제품 Z을 외부에서 구입하는 경우 단위당 최대 구입가격(x)

증분수익		₩130,000
직접재료원가 감소	₩32,000	
직접노무원가 감소	16,000	
제조간접원가 감소	59,000	
제품 X의 공헌이익 증가	23,000	
증분비용		$800 \times x$
외부구입비용 증가	800단위 $\times x$	
증분이익		₩130,000 - $800 \times x$

증분이익이 0 이상이어야 외부에서 구입할 수 있으므로 단위당 최대 외부구입가격(x)은 ₩162.5이다.

제4장 | 종합원가계산

다음은 (주)안국의 제1공정에 관한 자료이다. 원재료는 공정 초에 모두 투입되며, 가공원가는 전공정에 걸쳐 균등하게 발생한다. 제1공정에서는 선입선출법을 적용하여 제품원가를 계산하고 있다.

(1) 생산자료

	물량단위	가공원가 완성도
기초재공품	10,000단위	80%
기말재공품	20,000	40
당기투입	100,000	
완성품	90,000	

(2) 원가자료

	직접재료원가	가공원가	합계
기초재공품	₩240,000	₩170,000	₩410,000
당기투입	1,500,000	900,000	2,400,000

(물음 1) 제1공정의 완성품환산량과 환산량 단위당 원가를 계산하시오.

(물음 2) 제1공정의 완성품원가와 기말재공품원가를 계산하시오.

(물음 3) 다음은 제2공정에 관한 자료이다.

> 완성품환산량 단위당 원가(전공정원가 ?, 직접재료원가 ₩30, 가공원가 ₩15)
> 기말재공품 수량 30,000단위(가공원가 완성도 60%)

제2공정의 원재료는 공정 말에 모두 투입되며, 가공원가는 전공정에 걸쳐 균등하게 발생한다. 제2공정의 기말재공품원가는 얼마인가? (제2공정의 기초재공품은 없었으며 제1공정 완성수량이 제2공정으로 전량대체되었다)

| 정답 및 해설 |

(물음 1) 제1공정의 완성품환산량과 환산량 단위당 원가 - 선입선출법

[1단계] 제1공정 - 물량의 흐름				[2단계] 완성품환산량	
				재료원가	가공원가
기초재공품	10,000	완성-기초	10,000(80%)	0	2,000
		당기	80,000	80,000	80,000
당기착수	100,000	기말재공품	20,000(40%)	20,000	8,000
	110,000		110,000	100,000단위	90,000단위

[3단계] 총원가의 요약			합계
기초재공품원가			₩410,000
당기발생원가	₩1,500,000	₩900,000	2,400,000
계			₩2,810,000
[4단계] 환산량 단위당 원가			
완성품환산량	÷100,000단위	÷90,000단위	
환산량 단위당 원가	@15	@10	

(물음 2) 제1공정의 완성품원가와 기말재공품원가

(1) 완성품원가

기초재공품원가	₩410,000
직접재료원가: 80,000단위 × @15 =	1,200,000
가공원가: 82,000단위 × @10 =	820,000
완성품원가	₩2,430,000

(2) 기말재공품원가

(20,000단위 × @15) + (8,000단위 × @10) = ₩380,000

(물음 3) 제2공정의 기말재공품원가

전공정원가: 30,000단위 × @27[*1] =	₩810,000
직접재료원가[*2]	-
가공원가: 30,000단위 × 0.6 × @15 =	270,000
기말재공품원가	₩1,080,000

*1 ₩2,430,000 ÷ 90,000단위 = @27

*2 제2공정의 원재료는 공정 말에 투입되므로 기말재공품에는 직접재료원가가 배부되지 않는다.

[1단계] 제2공정-물량의 흐름			[2단계] 완성품환산량		
			전공정원가	재료원가	가공원가
기초재공품	0	완성-기초 60,000	60,000	60,000	60,000
당기착수	90,000	기말재공품 30,000(60%)	30,000	0	18,000
	90,000	90,000	90,000단위	60,000단위	78,000단위

[3단계] 총원가의 요약				합계
기초재공품원가				₩0
당기발생원가	₩2,430,000	₩1,800,000	₩1,170,000	5,400,000
계				₩5,400,000
[4단계] 환산량 단위당 원가				
완성품환산량	÷ 90,000단위	÷ 60,000단위	÷ 78,000단위	
환산량 단위당 원가	@27	@30	@15	

[5단계] 원가의 배분

완성품원가	60,000단위 × @27 + 60,000단위 × @30 + 60,000단위 × @15 =	₩4,320,000
기말재공품원가	30,000단위 × @27 +18,000단위 × @15 =	1,080,000
계		₩5,400,000

재공품 – 제1공정			
기초재공품	410,000	완성품원가	2,430,000
재료원가	1,500,000		
가공원가	900,000	기말재공품	380,000
	2,810,000		2,810,000

재공품 – 제2공정			
기초재공품	0	완성품원가	4,320,000
전공정원가	2,430,000		
재료원가	1,800,000		
가공원가	1,170,000	기말재공품	1,080,000
	5,400,000		5,400,000

재공품			
기초재공품	410,000	당기제품제조원가	4,320,000
재료원가	3,300,000		
가공원가	2,070,000	기말재공품	1,460,000
	5,780,000		5,780,000

기본문제 02 공손

(주)한국은 단일제품을 대량으로 생산하고 있다. 원재료는 공정 초기에 모두 투입되고 가공원가는 공정 전반에 걸쳐 균등하게 발생한다. 2월의 원가계산에 대한 자료는 다음과 같다.

기초재공품:	수량	400개	당기발생원가:	착수량	1,600개
(완성도 25%)	재료원가	₩100,000		재료원가	₩320,000
	가공원가	57,000		가공원가	368,000

2월의 제품생산량은 1,000개이고 기말재공품의 생산량은 800개(완성도 75%)이다. 회사는 공정의 50%시점에서 품질검사를 실시하고 있으며 동 품질검사에서 합격한 수량의 10%에 해당하는 공손수량은 정상공손으로 간주하고 있다. 회사는 기말재공품의 원가계산 시 가중평균법을 적용하고 있다.

다음 (물음)에 답하시오.

(물음 1) 2월의 품질검사에서 불합격한 공손품의 수량을 구하시오.

(물음 2) 공손품을 정상공손과 비정상공손으로 구분하시오.

(물음 3) 만약 회사가 선입선출법에 따라 기말재공품의 원가를 계산하는 경우 정상공손과 비정상공손으로 구분하시오.

(물음 4) 완성품과 기말재공품의 원가를 구하시오.

(물음 5) 공손품이 단위당 ₩100의 처분가치를 가질 때, 완성품과 기말재공품의 원가를 구하시오.

(물음 6) 선입선출법을 가정하고 완성품과 기말재공품을 구하시오. 공손품의 처분가치는 없다고 가정한다.

(물음 7) 정상공손원가를 완성품과 기말재공품으로 배분할 때, 완성품과 기말재공품의 완성품환산량을 기준으로 배분하지 않고 물량을 기준으로 배분하는 이유를 답하시오.

(물음 8) 당기의 기말재공품은 차기의 기초재공품으로 이월된다. 따라서 기초재공품원가에는 전기의 검사시점을 통과함에 따라 배분받은 정상공손원가가 포함되어 있다. 이 정상공손원가에 대하여 차기의 제품원가계산 시 어떻게 처리해야 하는지 답하시오.

| 정답 및 해설 |

(물음 1)

기초재공품수량 + 당기착수량 = 완성품수량 + 공손품수량 + 기말재공품수량

400개 + 1,600개 = 1,000개 + X + 800개

∴ 공손품의 수량은(X) 200개이다.

(물음 2)

(1) 합격수량

전체산출량 - 공손품수량 - 기합격수량 - 검사미도래수량 = 2,000개 - 200개 - 0개 - 0개 = 1,800개

(2) 정상공손수량

1,800개 × 10% = 180개

(3) 비정상공손수량

200개 - 180개 = 20개

(물음 3)

공손수량을 파악하는 것이므로 집계된 제조원가를 완성품과 기말재공품에 배분할 때 필요한 원가흐름에 대한 가정과는 전혀 무관하다. 따라서 (물음 2)와 동일하다.

(물음 4)

제조원가보고서(평균법)

	[1단계] 물량의 흐름	[2단계] 완성품환산량 재료원가	가공원가	
완성품	1,000	1,000	1,000	
정상공손	180(50%)	180	90	
비정상공손	20(50%)	20	10	
기말재공품	800(75%)	800	600	
	2,000개	2,000개	1,700개	

[3단계] 총원가의 요약				합계
기초재공품원가		₩100,000	₩57,000	₩157,000
당기발생원가		320,000	368,000	688,000
계		₩420,000	₩425,000	₩845,000
[4단계] 환산량 단위당 원가		@210	@250	

[5단계] 원가의 배분
(1차 배분)

			계
완성품원가	1,000개 × @210 +1,000개 × @250 =		₩460,000
정상공손원가	180개 × @210 + 90개 × @250 =		60,300
비정상공손원가	20개 × @210 + 10개 × @250 =		6,700
기말재공품원가	800개 × @210 + 600개 × @250 =		318,000
계			₩845,000

(2차 배분)

	배분전원가	정상공손원가배분	배분후원가
완성품원가	₩460,000	₩33,500	₩493,500
정상공손원가	60,300	(60,300)*	0
비정상공손원가	6,700		6,700
기말재공품원가	318,000	26,800	344,800
계	₩845,000	₩0	₩845,000

* 완성품: ₩60,300 × 1,000개/(1,000개 + 800개) =	₩33,500	
기말재공품: ₩60,300 × 800개/(1,000개 + 800개) =	26,800	
계	₩60,300	

(물음 5)

(2차 배분)

	배분전원가	공손품NRV	정상공손원가배분	배분후원가
완성품원가	₩460,000		₩23,500	₩483,500
정상공손원가	60,300	₩(18,000)	(42,300)*	0
비정상공손원가	6,700	(2,000)		4,700*
기말재공품원가	318,000		18,800	336,800
공손품NRV	0	20,000		20,000
계	₩845,000	₩0	₩0	₩845,000

* 공손품이 처분가치를 가지는 경우 순정상공손원가만 합격품에 배분한다.
　공손품이 처분가치를 가지는 경우 순비정상공손원가만 당기비용으로 처리한다.

(물음 6)

제조원가보고서(선입선출법)

	[1단계] 물량의 흐름	[2단계] 완성품환산량 재료원가	가공원가
완성품			
┌ 기초완성	400(25%)	0	300
└ 당기착수완성	600	600	600
정상공손	180(50%)	180	90
비정상공손	20(50%)	20	10
기말재공품	800(75%)	800	600
계	2,000개	1,600개	1,600개

[3단계] 총원가의 요약			합계
기초재공품원가			₩157,000
당기발생원가	₩320,000	₩368,000	688,000
계			₩845,000
[4단계] 환산량 단위당 원가	@200	@230	

[5단계] 원가의 배분
(1차 배분)

		합계
완성품원가	₩157,000 + 600개 × @200 + 900개 × @230 =	₩484,000
정상공손원가	180개 × @200 + 90개 × @230 =	56,700
비정상공손원가	20개 × @200 + 10개 × @230 =	6,300
기말재공품원가	800개 × @200 + 600개 × @230 =	298,000
계		₩845,000

(2차 배분)

	배분전원가	정상공손원가배분	배분후원가
완성품원가	₩484,000	₩31,500	₩515,500
정상공손원가	56,700	(56,700)*	0
비정상공손원가	6,300		6,300
기말재공품원가	298,000	25,200	323,200
계	₩845,000	₩0	₩845,000

* 완성품: ₩56,700 × 1,000개/(1,000개 + 800개) = ₩31,500
  기말재공품: ₩56,700 × 800개/(1,000개 + 800개) = 25,200
  계 ₩56,700

(물음 7)

검사시점을 통과한 수량은 공손의 발생시점에서 볼 때 완성품이나 기말재공품이나 동등한 입장이다. 따라서 환산량에 의하여 계산된 금액보다는 물량을 기준으로 해서 나누는 것이 더욱 합리적이다.

(물음 8)

기초재공품원가에 정상공손원가가 포함된 경우 원가흐름에 대한 가정대로 처리하면 된다. 평균법의 경우 기초재공품의 정상공손원가도 당기에 발생한 것으로 가정하므로 당기착수물량에서 발생한 정상공손원가와 합하여 합격품에 배분한다. 선입선출법의 경우 기초재공품이 먼저 완성되므로 기초재공품의 정상공손원가도 완성품의 원가에 전액 가산하면 되고 당기착수물량에서 발생한 정상공손원가만 당기합격품에 배분한다.

(주)한국은 종합원가계산시스템을 사용하고 있으며 당기의 제조활동자료는 다음과 같다. 재료는 공정의 초기에 투입되며 가공원가는 공정의 진행에 따라 균등하게 발생한다.

기초재공품:	수량	1,000개(완성도 30%)	당기완성품	8,000개
	재료원가	₩40,000	공손품	1,400개
	가공원가	₩11,640	기말재공품	1,600개(완성도 60%)
당기착수량:	수량	10,000개		
	재료원가	₩400,000		
	가공원가	₩664,560		

(주)한국은 공정의 50%시점에서 검사를 실시하며 검사에 합격한 수량의 10%를 정상공손으로 간주한다.

(물음 1) 정상공손수량과 비정상공손수량을 계산하시오.

(물음 2) 정상공손원가와 비정상공손원가의 회계처리에 대해 설명하시오.

(물음 3) 평균법, 선입선출법 각각의 방법에 따른 제조원가보고서를 작성하시오.

(물음 4) 정상공손원가의 배분 시 기말환산량을 기준으로 하지 않고 물량을 기준으로 하는 이유에 대하여 설명하시오.

| 정답 및 해설 |

(물음 1) 정상공손수량과 비정상공손수량

(1) 당기검사합격물량

8,000개 + 1,600개 - 0개 = 9,600개
<u>완성품   기말재공품 전기검사합격물량</u>
<u>전체검사합격물량</u>

(2) 정상공손수량

9,600개 × 10% = 960개

(3) 비정상공손수량

1,400개 - 960개 = 440개

(물음 2) 정상공손원가와 비정상공손원가의 회계처리

(1) 정상공손원가

① 발생시점: 당기검사합격품에 가산
② 제품판매시점: 매출원가에 포함되어 비용화

(2) 비정상공손원가

발생시점의 당기비용으로 처리

(물음 3) 제조원가보고서

(1) 평균법

	[1단계] 물량의 흐름	[2단계] 완성품환산량	
		재료원가	가공원가
기초재공품	1,000(30%)		
당기착수	10,000		
	11,000개		
완성품	8,000	8,000	8,000
정상공손	960(50%)	960	480
비정상공손	440(50%)	440	220
기말재공품	1,600(60%)	1,600	960
	11,000개	11,000개	9,660개

[3단계] 총원가의 요약			합계
기초재공품원가	₩40,000	₩11,640	₩51,640
당기발생원가	400,000	664,560	1,064,560
계	₩440,000	₩676,200	₩1,116,200

[4단계] 환산량 단위당 원가

완성품환산량	÷ 11,000개	÷ 9,660개	
환산량 단위당 원가	@40	@70	

[5단계] 원가의 배분

(1차 배분)

완성품원가	8,000개 × @40 + 8,000개 × @70 =		₩880,000
정상공손원가	960개 × @40 + 480개 × @70 =		72,000
비정상공손원가	440개 × @40 + 220개 × @70 =		33,000
기말재공품원가	1,600개 × @40 + 960개 × @70 =		131,200
계			₩1,116,200

(2차 배분)

	배분전원가	정상공손원가배분	배분후원가
완성품원가	₩880,000	₩60,000	₩940,000
정상공손원가	72,000	(72,000)*	0
비정상공손원가	33,000		33,000
기말재공품원가	131,200	12,000	143,200
계	₩1,116,200	₩0	₩1,116,200

* 정상공손원가배분: 기말재공품이 검사시점을 통과하였으므로 정상공손원가는 완성품과 기말재공품에 물량을 기준으로 배분한다.

완성품: ₩72,000 × 8,000개/(8,000개 + 1,600개) =	₩60,000	
기말재공품: ₩72,000 × 1,600개/(8,000개 + 1,600개) =	12,000	
계	₩72,000	

(2) 선입선출법

| | [1단계]
물량의 흐름 | [2단계] 완성품환산량 | |
		재료원가	가공원가
기초재공품	1,000(30%)		
당기착수	10,000		
	11,000개		
당기완성			
┌ 기초재공품	1,000	0	700
└ 당기착수	7,000	7,000	7,000
정상공손	960(50%)	960	480
비정상공손	440(50%)	440	220
기말재공품	1,600(60%)	1,600	960
	11,000개	10,000개	9,360개

[3단계] 총원가의 요약			합계
기초재공품원가			₩51,640
당기발생원가	₩400,000	₩664,560	1,064,560
계			₩1,116,200
[4단계] 환산량 단위당 원가			
완성품환산량	÷10,000개	÷9,360개	
환산량 단위당 원가	@40	@71	

[5단계] 원가의 배분

(1차 배분)

		합계
완성품원가	₩51,640 + 7,000개 × @40 + 7,700개 × @71 =	₩878,340
정상공손원가	960개 × @40 + 480개 × @71 =	72,480
비정상공손원가	440개 × @40 + 220개 × @71 =	33,220
기말재공품원가	1,600개 × @40 + 960개 × @71 =	132,160
계		₩1,116,200

(2차 배분)

	배분전원가	정상공손원가배분	배분후원가
완성품원가	₩878,340	₩60,400	₩938,740
정상공손원가	72,480	(72,480)*	0
비정상공손원가	33,220		33,220
기말재공품원가	132,160	12,080	144,240
계	₩1,116,200	₩0	₩1,116,200

* 정상공손원가배분: 기말재공품이 검사시점을 통과하였으므로 정상공손원가는 완성품과 기말재공품에 물량을 기준으로 배분한다.

완성품: ₩72,480 × 8,000개/(8,000개 + 1,600개) =	₩60,400
기말재공품: ₩72,480 × 1,600개/(8,000개 + 1,600개) =	12,080
계	₩72,480

(물음 4) 정상공손원가의 배분 시 물량을 기준으로 하는 이유

검사시점을 통과한 수량은 공손의 발생시점에서 볼 때 완성품이나 기말재공품이나 동등한 입장이다. 그러므로 검사시점 이후의 가공 여부에 관계된 기말환산량을 기준으로 배분하는 것보다는 동등한 관계를 표시하는 물량을 기준으로 배분하는 것이 합리적이다.

(주)한국은 종합원가계산시스템을 사용하고 있으며 당기의 제조활동자료는 다음과 같다. 재료는 공정의 초기에 투입되며 가공원가는 공정의 진행에 따라 균등하게 발생한다.

기초재공품:	수량	1,000개(완성도 40%)	당기완성품	7,500개
	재료원가	₩20,000	공손품	?
	가공원가	19,250	기말재공품	2,500 (완성도 30%)
	정상공손원가	8,000		
당기착수량:	수량	10,000개		
	재료원가	₩200,000		
	가공원가	217,350		

(주)한국은 공정의 20%인 시점에서 검사를 실시하며 검사에 합격한 수량의 4%를 정상공손으로 간주한다.

(물음 1) 정상공손수량과 비정상공손수량을 계산하시오.

(물음 2) 선입선출법, 평균법 각각의 방법에 따른 제조원가보고서를 작성하시오.

(물음 3) 공손품의 판매가격이 단위당 ₩20이며 부대비용이 ₩4인 경우 다음에 답하시오. (단, 원가흐름의 가정은 평균법을 적용하시오)

    (1) 완성품과 기말재공품, 공손품의 원가

    (2) 완성품과 관련된 회계처리

| 정답 및 해설 |

(물음 1) 정상공손수량 및 비정상공손수량

(1) 당기검사합격물량

$$\underline{\underset{완성품}{7,500개} + \underset{기말재공품}{2,500개}} - \underline{\underset{기초재공품}{1,000개}} = 9,000개$$

전체검사합격물량   전기검사합격물량

(2) 정상공손수량

9,000개 × 4% = 360개

(3) 비정상공손수량

1,000개 - 360개 = 640개

(물음 2) 제조원가보고서

(1) 선입선출법

	[1단계] 물량의 흐름	[2단계] 완성품환산량	
		재료원가	가공원가
기초재공품	1,000(40%)		
당기착수	10,000		
	11,000개		
당기완성			
┌ 기초재공품	1,000	0	600
└ 당기착수	6,500	6,500	6,500
정상공손	360(20%)	360	72
비정상공손	640(20%)	640	128
기말재공품	2,500(30%)	2,500	750
	11,000개	10,000개	8,050개

[3단계] 총원가의 요약			합계
기초재공품원가			₩47,250
당기발생원가	₩200,000	₩217,350	417,350
계			₩464,600

[4단계] 환산량 단위당 원가

완성품환산량	÷10,000개	÷8,050개
환산량 단위당 원가	@20	@27

[5단계] 원가의 배분

(1차 배분)

완성품원가	₩47,250 + 6,500개 × @20 + 7,100개 × @27 =	₩368,950
정상공손원가	360개 × @20 + 72개 × @27 =	9,144
비정상공손원가	640개 × @20 + 128개 × @27 =	16,256
기말재공품원가	2,500개 × @20 + 750개 × @27 =	70,250
계		₩464,600

(2차 배분)

	배분전원가	정상공손원가배분	배분후원가
완성품원가	₩368,950	₩6,604	₩375,554
정상공손원가	9,144	(9,144)*	0
비정상공손원가	16,256		16,256
기말재공품원가	70,250	2,540	72,790
계	₩464,600	₩0	₩464,600

* 정상공손원가의 배분: 기말재공품이 검사시점을 통과하였으므로 정상공손원가는 완성품과 기말재공품에 물량을 기준으로 배분한다. 다만 주의할 점은 완성품 중 기초재공품완성품은 전기에 이미 검사시점을 통과하였으므로 이를 제외하여야 한다는 것이다.

완성품: ₩9,144 × 6,500개/(6,500개 + 2,500개) =	₩6,604
기말재공품: ₩9,144 × 2,500개/(6,500개 + 2,500개) =	2,540
계	₩9,144

(2) 평균법

	[1단계] 물량의 흐름	[2단계] 완성품환산량	
		재료원가	가공원가
기초재공품	1,000(40%)		
당기착수	10,000		
	11,000개		
당기완성	7,500	7,500	7,500
정상공손	360(20%)	360	72
비정상공손	640(20%)	640	128
기말재공품	2,500(30%)	2,500	750
	11,000개	11,000개	8,450개

[3단계] 총원가의 요약			정상공손원가	합계
기초재공품원가	₩20,000	₩19,250	₩8,000	₩47,250
당기발생원가	200,000	217,350		417,350
계	₩220,000	₩236,600	₩8,000	₩464,600

[4단계] 환산량 단위당 원가

완성품환산량	÷ 11,000개	÷ 8,450개
환산량 단위당 원가	@20	@28

[5단계] 원가의 배분
(1차 배분)

완성품원가	7,500개 × @20 + 7,500개 × @28 =	₩360,000
정상공손원가	₩8,000 + 360개 × @20 + 72개 × @28 =	17,216
비정상공손원가	640개 × @20 + 128개 × @28 =	16,384
기말재공품원가	2,500개 × @20 + 750개 × @28 =	71,000
계		₩464,600

(2차 배분)

	배분전원가	정상공손원가배분	배분후원가
완성품원가	₩360,000	₩12,912	₩372,912
정상공손원가	17,216	(17,216)*	0
비정상공손원가	16,384		16,384
기말재공품원가	71,000	4,304	75,304
계	₩464,600	₩0	₩464,600

* 정상공손원가배분: 기말재공품이 검사시점을 통과하였으므로 정상공손원가는 완성품과 기말재공품에 물량을 기준으로 배분한다.

완성품: ₩17,216 × 7,500개/(7,500개 + 2,500개) =	₩12,912
기말재공품: ₩17,216 × 2,500개/(7,500개 + 2,500개) =	4,304
계	₩17,216

(물음 3) 공손품의 처분가치가 있는 경우

(1) 완성품과 기말재공품, 공손품의 원가

공손품이 처분가치가 존재하는 경우 5단계 2차 배분 시 공손품의 순실현가치를 공손품계정에 계상한 다음 순정상공손원가를 완성품과 기말재공품에 배분하게 된다.

① 공손품의 처분가치

정상공손: 360개 × (₩20 - ₩4) =	₩5,760
비정상공손: 640개 × (₩20 - ₩4) =	10,240
계	₩16,000

② 정상공손원가의 2차 배분(평균법)

	배분전원가	공손품처분가치계상	정상공손원가배분	배분후원가
완성품원가	₩360,000	₩0	₩8,592	₩368,592
정상공손원가	17,216	(5,760)	(11,456)*	0
비정상공손원가	16,384	(10,240)		6,144
기말재공품원가	71,000	0	2,864	73,864
공손품		16,000	0	16,000
계	₩464,600	₩0	₩0	₩464,600

* 정상공손원가배분

완성품: ₩11,456 × 7,500개/(7,500개 + 2,500개) =	₩8,592
기말재공품: ₩11,456 × 2,500개/(7,500개 + 2,500개) =	2,864
계	₩11,456

(2) 완성품과 관련된 회계처리

(차) 제품	368,592	(대) 재공품	390,736
비정상공손손실	6,144		
공손품	16,000		

(주)대한은 하나의 제조공정을 거쳐서 동일 종류의 제품을 생산하고 있다. 제조과정의 전공정을 통하여 20%의 감손이 발생하며, 재료는 공정의 초기에 전량 투입되며 가공원가는 공정전반에 걸쳐 균등하게 발생한다. 관련 자료는 다음과 같다.

(1) 물량흐름과 완성도

	수량	완성도
기초재공품	1,840kg	40%
당기착수	6,000	
당기완성	4,000	
기말재공품	2,640	60

(2) 당기 원가발생액

	재료원가	가공원가	합계
기초재공품	₩24,000	₩60,000	₩84,000
당기발생액	192,000	429,600	621,600
계	₩216,000	₩489,600	₩705,600

(물음 1) 측정시점의 물량을 투입량기순으로 환산하시오.

(물음 2) 선입선출법에 의한 제조원가보고서를 작성하시오.

(물음 3) 평균법에 의한 제조원가보고서를 작성하시오.

| 정답 및 해설 |

(물음 1) 측정시점의 물량을 투입량기준으로 환산

	측정시점 물량	완성도	감손율 (총감손율 × 완성도)	수율 (1 - 감손율)	투입량
기초재공품	1,840kg	40%	8%	92%	2,000kg
당기착수	6,000	0	0	100	6,000
계	7,840kg				8,000kg
완성품	4,000kg	100	20	80	5,000kg
기말재공품	2,640	60	12	88	3,000
계	6,640kg				8,000kg

(물음 2) 제조원가보고서(선입선출법)

제조원가보고서(선입선출법)

	[1단계] 물량의 흐름	[2단계] 완성품환산량	
		재료원가	가공원가
기초재공품	2,000(40%)		
당기착수량	6,000		
	8,000kg		
당기완성			
┌기초재공품	2,000	-	1,200
└당기착수	3,000	3,000	3,000
기말재공품	3,000(60%)	3,000	1,800
	8,000kg	6,000kg	6,000kg

[3단계] 총원가의 요약			합계
기초재공품원가			₩84,000
당기발생원가	₩192,000	₩429,600	621,600
계			₩705,600
[4단계] 환산량 단위당 원가			
완성품환산량	÷6,000kg	÷6,000kg	
환산량 단위당 원가	@32	@71.6	

[5단계] 원가의 배분

[5단계] 원가의 배분		
완성품원가	₩84,000 + 3,000kg × @32 + 4,200kg × @71.6 =	₩480,720
기말재공품원가	3,000kg × @32 + 1,800kg × @71.6 =	224,880
계		₩705,600

(물음 3) 제조원가보고서(평균법)

제조원가보고서(평균법)

	[1단계]	[2단계] 완성품환산량	
	물량의 흐름	재료원가	가공원가
기초재공품	2,000(40%)		
당기착수량	6,000		
	8,000kg		
당기완성	5,000	5,000	5,000
기말재공품	3,000(60%)	3,000	1,800
	8,000kg	8,000kg	6,800kg

[3단계] 총원가의 요약			합계
기초재공품원가	₩24,000	₩60,000	₩84,000
당기발생원가	192,000	429,600	621,600
계	₩216,000	₩489,600	₩705,600
[4단계] 환산량 단위당 원가			
완성품환산량	÷ 8,000kg	÷ 6,800kg	
환산량 단위당 원가	@27	@72	
[5단계] 원가의 배분			
완성품원가	5,000kg × @27 + 5,000kg × @72 =		₩495,000
기말재공품원가	3,000kg × @27 + 1,800kg × @72 =		210,600
계			₩705,600

작업공정별 원가계산   CMA 수정

그레그 인터스트리즈는 플라스틱 의자 제품을 생산한다. 한 가지 디자인을 조금씩 변형한 제품인 의자는 표준형, 고급형, 최고급형의 세 가지 제품이 있다. 이 회사는 공정별 원가계산시스템을 사용하고 있다.

(1) 그레그는 압축, 성형, 다듬기, 마무리공정이 있다. 플라스틱판은 압축공정에서 생산된다. 성형공정에서는 앉는 부분에 플라스틱판을 붙이고 의자 다리를 만든다. 표준형 의자는 이 작업공정이 끝난 직후 판매된다. 다듬기공정에서는 팔걸이를 덧붙여 고급형과 최고급형을 만들며, 의자의 모서리 부분이 다듬어진다. 최고급형만 마무리공정을 거치는데, 이 작업에서 쿠션이 더해진다. 생산된 모든 제품은 각 공정 내에서 동일한 단계를 거친다.

(2) 5월 중 생산량과 발생된 직접재료원가는 다음과 같다.

	생산량	직접재료 압축	직접재료 성형	직접재료 다듬기	직접재료 마무리
표준형	6,000개	₩72,000	₩24,000	₩0	₩0
고급형	3,000	36,000	12,000	9,000	0
최고급형	2,000	24,000	8,000	6,000	12,000
	11,000개	₩132,000	₩44,000	₩15,000	₩12,000

(3) 5월달의 총가공원가는 다음과 같다.

	압축공정	성형공정	다듬기공정	마무리공정
총가공원가	₩269,500	₩132,000	₩69,000	₩42,000

(물음 1) 5월 중에 그레그가 생산한 각 제품에 대하여, (a) 단위당 원가와 (b) 총원가를 계산하라. 답에 대한 계산 근거를 제시하시오.

(물음 2) 이제 다음의 6월 자료를 고려하자. 6월의 모든 단위당 원가는 (물음 1) (a)에서 계산된 5월의 단위당 원가와 동일하다. 6월말 재공품으로 1,000단위의 고급형 의자가 남아 있다. 이 재공품의 직접재료 완성도는 100%, 다듬기공정 완성도는 60%이다. 6월말의 재공품 1,000단위 고급형 의자의 원가를 결정하시오.

| 정답 및 해설 |

(물음 1)

		표준형		고급형		최고급형
(1) 직접재료원가		₩96,000		₩57,000		₩50,000
(2) 가공원가						
압축공정*1	6,000개 × @24.5 =	₩147,000	3,000개 × @24.5 =	₩73,500	2,000개 × @24.5 =	₩49,000
성형공정*2	6,000개 × @12 =	72,000	3,000개 × @12 =	36,000	2,000개 × @12 =	24,000
다듬기공정*3		-	3,000개 × @13.8 =	41,400	2,000개 × @13.8 =	27,600
마무리공정*4		-		-	2,000개 × @21 =	42,000
총원가		₩315,000		₩207,900		₩192,600
생산량		÷ 6,000개		÷ 3,000개		÷ 2,000개
단위당 원가		@52.5		@69.3		@96.3

*1 ₩269,500/11,000개 = @24.5
*2 ₩132,000/11,000개 = @12
*3 ₩69,000/5,000개 = @13.8
*4 ₩42,000/2,000개 = @21

(물음 2)

고급형 직접재료원가	₩57,000
생산량	÷ 3,000개
직접재료단가	@19

	고급형	
직접재료원가	1,000개 × @19 =	₩19,000
가공원가		
압축공정	1,000개 × @24.5 =	24,500
성형공정	1,000개 × @12 =	12,000
다듬기공정	1,000개 × 0.6 × @13.8 =	8,280
계		₩63,780

다음은 6월과 7월에 걸친 공정자료이다. 재료 X는 공정초기에 투입되고 재료 Y는 공정 50%시점에 투입되며, 가공원가는 공정전반에 걸쳐서 투입된다. 선입선출법을 가정한다.

(1) 6월의 단위당 원가는 다음과 같다.

　　재료 X: ₩130, 재료 Y: ₩80, 가공원가: ₩250

(2) 7월의 단위당 원가는 다음과 같다.

　　재료 X: ₩135, 재료 Y: ₩85, 가공원가: ₩260

(3) 6월초 재공품원가는 ₩620,000이다.

(4) 6월과 7월의 생산자료는 다음과 같다.

	6월	7월
당기착수	4,500개	5,000개
당기완성	5,000	6,000

(5) 6월말 재공품 2,000개의 완성도는 다음과 같다.

　　1,000개: 90%, 500개: 40%, 500개: 20%

(물음 1) 6월의 가공원가 완성품 환산량이 5,200개이다. 월초재공품의 완성도를 구하시오.

(물음 2) 6월의 월말재공품과 완성품원가를 구하시오.

(물음 3) 7월의 가공원가 완성품 환산량은 5,600개이다. 월말재공품의 완성도를 구하시오.

(물음 4) 7월의 월말재공품과 완성품원가를 구하시오.

| 정답 및 해설 |

(물음 1)

월초재공품	?	당월완성	5,000
당월착수	4,500	월말재공품	2,000

→ 월초재공품 수량: 5,000개 + 2,000개 - 4,500개 = 2,500개

월초재공품 당기진행	2,500개 × (1 - x)
당기착수 완성: 5,000개 - 2,500개 =	2,500
월말재공품 당기투입: 1,000개 × 0.9 + 500개 × 0.4 + 500개 × 0.2 =	1,200
가공원가 완성품환산량	5,200개

2,500개 × (1 - x) = 1,500개

∴ x(월초재공품 완성도) = 40%

(물음 2)

(1) 6월말 재공품원가

재료원가 X: 2,000개 × @130 =	₩260,000
재료원가 Y: 1,000개 × @80 =	80,000
가공원가: 1,200개 × @250 =	300,000
6월말 재공품원가	₩640,000

(2) 6월 완성품원가

6월초 재공품원가	₩620,000
재료원가 X: 2,500개 × @130 =	325,000
재료원가 Y: 5,000개 × @80 =	400,000
가공원가: 4,000개 × @250 =	1,000,000
총원가	₩2,345,000

(물음 3)

월초재공품	2,000	당월완성	6,000
당월착수	5,000	월말재공품	?

→ 월말재공품 수량: 2,000개 + 5,000개 - 6,000개 = 1,000개

월초재공품 당기진행: 2,000개 - 1,200개 =   800개

당기착수 완성: 6,000개 - 2,000개 =   4,000

월말재공품 당기투입 $1,000 \times x$

가공원가 완성품환산량   5,600개

$1,000$개 $\times x = 800$개

∴ x(월말재공품 완성도) = 80%

(물음 4)

(1) 7월말 재공품원가

재료원가 X: 1,000개 × @135 =   ₩135,000

재료원가 Y: 1,000개 × @85 =   85,000

가공원가: 800개 × @260 =   208,000

7월말 재공품원가   ₩428,000

(2) 7월 완성품원가

7월초 재공품원가   ₩640,000

재료원가 X: 4,000개 × @135 =   540,000

재료원가 Y: 5,000개 × @85 =   425,000

가공원가: 4,800개 × @260 =   1,248,000

총원가   ₩2,853,000

(주)한국제약은 신종인플루엔자 치료제를 대량 생산하는 회사이다. (주)한국제약의 결산일은 매년 12월 31일이다.

(1) 여러 원료가 제1공정에서 혼합되어 제3공정으로 전량 대체된다. 특수용기는 제2공정에서 조립되어 임시창고에 보관되었다가 제3공정에 투입된다. 제3공정에서는 제1공정에서 혼합된 원료를 특수용기에 주입한다.

(2) 제1공정의 산출량은 리터로 측정되며, 제2공정과 제3공정의 산출량은 특수용기통으로 측정된다. 1통은 100개의 특수용기로 구성되고 1리터의 원료로 200개의 특수용기를 채울 수 있다. 공정흐름 중에 감손 등은 발생하지 않는다.

(3) 제1공정의 재공품은 선입선출법(FIFO)으로, 제2, 3공정의 재공품은 가중평균법(WAM)으로, 임시창고의 재고자산은 총평균법으로 평가된다.

(4) 20×1년 한 해 동안의 생산 및 원가 자료는 다음과 같다.

제1공정:	
기초재공품(500리터)	₩4,000
기초재공품의 추가가공원가	2,000
당기 착수·완성품(4,000리터)	39,000
당기 완성품원가 계	₩45,000
제2공정: 완성품 8,700통	₩8,900
임시창고: 기초재고 1,300통	₩1,100
제3공정:	
기초재공품: 제1공정 대체 50리터	₩500
기초재공품: 임시창고 대체 100통	100
기초재공품: 가공원가	250
계	₩850
완성품 7,000통	?
당기 발생 가공원가	₩11,000
기말재공품 가공원가 완성품환산량 500통	

제3공정의 완성품과 기말재공품의 원가를 계산하시오.

정답 및 해설

제조원가보고서(제3공정, 가중평균법)

	[1단계] 물량의 흐름	[2단계] 완성품환산량		
		전공정(제1공정)원가	특수용기	가공원가
기초재공품	100통			
당기착수	9,000*1			
계	9,100통			
완성품	7,000통	7,000통	7,000통	7,000통
기말재공품	2,100*3	2,100	2,100	500
계	9,100통	9,100통	9,100통	7,500통

[3단계] 총원가의 요약				합계
기초재공품원가	₩500	₩100	₩250	₩850
당기발생원가	45,000	9,000*4	11,000	65,000
계	₩45,500	₩9,100	₩11,250	₩65,850

[4단계] 환산량 단위당 원가			
완성품환산량	÷9,100통	÷9,100통	÷7,500통
환산량 단위당 원가	@5	@1	@1.5

[5단계] 원가의 배분
(1차 배분)

		합계
완성품원가	7,000통 × (@5 + @1 + @1.5) =	₩52,500
기말재공품원가	2,100통 × @5 + 2,100통 × @1 + 500통 × @1.5 =	13,350
계		₩65,850

*1 제1공정 대체수량 = 제1공정 완성수량(500ℓ + 4,000ℓ) × 2통/ℓ*2 = 9,000통
*2 1통은 100개의 특수용기로 구성, 1ℓ로 200개의 특수용기 채움. 따라서 1ℓ로 2통(2통/1ℓ)을 채움
*3 총투입량 - 당기완성량: 9,100통 - 7,000통 = 2,100통
*4 임시창고 원가흐름

재고자산(물량, 금액(총평균법))

기초	1,300통	₩1,100	출고	9,000통	₩9,000
입고	8,700	8,900	기말	1,000	1,000
계	10,000통	₩10,000	계	10,000통	₩10,000

- 입고: 제2공정 완성품
- 단위당 원가(총평균법): ₩10,000 ÷ 10,000통 = @1
- 출고물량: 제3공정 총투입량 9,100통(제3공정 총산출량) - 100통(제3공정 기초물량) = 9,000통
- 출고금액(제3공정 당기투입 특수용기원가): 9,000통 × @1 = ₩9,000

∴ 완성품원가는 ₩52,500, 기말재공품원가는 ₩13,350이다.

다이어트 음료를 생산, 판매하고 있는 (주)한국은 종합원가계산에 따라서 재무보고 자료를 산출하고 있다. 제품의 제조과정에서 두 가지의 원재료 A, B가 투입되며 원재료 A는 공정의 50%까지 공정의 진행정도에 따라서 균등하게 투입되고 원재료 B는 50%시점에서 실시하는 품질검사에 합격한 수량에 대하여 전량투입한다. 또한 가공원가는 공정 전반에 걸쳐 균등하게 발생한다. 회사는 품질검사에서 적발된 공손품 중 당기의 검사시점에서 합격한 수량의 10%까지 정상공손으로 간주하며 공손품은 단위당 ₩20에 처분가치를 가지고 판매할 수 있다. 당기착수완성품이 60,000단위, 기말재공품이 10,000단위(완성도: 60%)이며, 원가계산을 위한 자료가 다음과 같을 때, (물음)에 답하시오. (단, 소수점은 첫째 자리에서 반올림한다)

기초재공품:	수량	20,000단위	당기발생원가:	착수량	80,000단위
	완성도	40%		원재료 A	₩8,400,000
	원가	₩2,350,000		원재료 B	13,500,000
				가공원가	13,280,000

(물음 1) 정상공손수량과 비정상공손수량을 계산하시오.

(물음 2) 정상공손원가와 비정상공손원가에 대한 회계처리에 대하여 2줄 이내로 쓰시오.

(물음 3) 선입선출법을 가정하고 완성품, 기말재공품, 비정상공손원가를 계산하시오.

정답 및 해설

(물음 1)

(1) 합격수량

전체물량 - 공손수량 - 기합격수량 - 검사미도래수량 = 100,000단위 - 10,000단위 - 0단위 - 0단위 = 90,000단위

(2) 정상공손수량

90,000단위 × 10% = 9,000단위

(3) 비정상공손수량

10,000단위 - 9,000단위 = 1,000단위

(물음 2)

정상공손원가는 양품을 생산하기 위한 제조원가이므로 양품의 원가에 가산하고 비정상공손원가는 발생한 기간의 비용으로 처리한다.

(물음 3)

제조원가보고서(선입선출법)

	[1단계] 물량의 흐름	[2단계] 완성품환산량		
		재료원가 A	재료원가 B	가공원가
완성품				
기초완성	20,000(40%)	4,000*1	20,000	12,000
당기착수완성	60,000	60,000	60,000	60,000
정상공손	9,000(50%)	9,000	0	4,500
비정상공손	1,000(50%)	1,000	0	500
기말재공품	10,000(60%)	10,000	10,000	6,000
	100,000개	84,000개	90,000개	83,000개

[3단계] 총원가의 요약				합계
기초재공품원가				₩2,350,000
당기발생원가	₩8,400,000	₩13,500,000	₩13,280,000	35,180,000
계				₩37,530,000
[4단계] 환산량 단위당 원가	@100	@150	@160	

[5단계] 원가의 배분
(1차 배분)

완성품원가	₩2,350,000 + 64,000개 × @100 + 80,000개 × @150 + 72,000개 × @160 =	₩32,270,000
정상공손원가	9,000개 × @100 + 　　　　　　　4,500개 × @160 =	1,620,000
비정상공손원가	1,000개 × @100 + 　　　　　　　500개 × @160 =	180,000
기말재공품원가	10,000개 × @100 + 10,000개 × @150 + 6,000개 × @160 =	3,460,000
계		₩37,530,000

(2차 배분)

	배분전원가	공손품처분가치	정상공손배분	배분후원가
완성품원가	₩32,270,000		₩1,280,000	₩33,550,000
정상공손원가	1,620,000	₩(180,000)	(1,440,000)*2	0
비정상공손원가	180,000	(20,000)		160,000
기말재공품원가	3,460,000		160,000	3,620,000
공손품	0	200,000		200,000
계	₩37,530,000	₩0	₩0	₩37,530,000

*1 원재료 A는 50%까지 진행정도에 따라 균등하게 투입되므로 기초재공품에 대한 완성도(X%)는 다음과 같이 구할 수 있다.
　　50% : 100% = 40% : X% ∴ X% = 80%
　　따라서 당기에는 20%의 재료가 더 투입될 것이다.
*2 정상공손의 2차 배분 시 처분가치에 해당하는 금액을 차감한 순정상공손원가를 완성품과 기말재공품의 합격수량을 비율로 안분한다.

완성품: ₩1,440,000 × 80,000개/(80,000개 + 10,000개) =	₩1,280,000
기말재공품: ₩1,440,000 × 10,000개/(80,000개 + 10,000개) =	160,000
계	₩1,440,000

(주)신라는 단일공정을 통해 제품 A를 대량생산하고 있다.

직접재료는 X재료와 Y재료로 구성되며, X재료는 공정초기에 모두 투입되고 Y재료는 공정의 60%시점에서 모두 투입된다. 가공원가는 공정전체를 통해 평균적으로 발생한다. 공정의 80%시점에서 품질검사가 이루어지며, 정상공손 허용수준은 합격품 수량의 10%이다. 공손품의 순실현가치는 없다. (주)신라는 가중평균법에 의한 종합원가계산을 적용하여 제품원가를 계산하고 있다. 당기의 생산 및 원가자료는 다음과 같다. 비정상공손원가는 기간비용으로 처리하고 정상공손원가는 물량단위를 기준으로 합격품에 배부한다. 단, 괄호 안의 수치는 가공원가 완성도를 의미한다.

항목	물량단위	X재료원가	Y재료원가	가공원가
기초재공품	1,000(30%)	₩82,000	-	₩50,000
당기투입	8,000	746,000	₩846,000	1,310,000
당기완성품	5,000			
기말재공품	3,000(90%)			

(물음 1) 정상공손원가를 합격품에 배부한 후의 완성품원가와 기말재공품원가를 구하시오.

(물음 2) 공정의 50%시점에서 품질검사를 실시하여도 공정의 80%시점에서 품질검사를 한 경우와 동일한 수량의 공손품을 발견할 수 있다고 한다. 품질검사 시점을 50%로 변경할 경우에 최대 원가절감액을 구하시오. 단, 가공원가는 모두 변동원가로 간주한다.

(물음 3) (물음 1)에서 정상공손원가를 배부한 후의 완성품원가는 ₩2,000,000이고, 비정상공손원가는 ₩100,000으로 산출되었으며, 다음과 같이 회계처리하였다고 가정한다.

(차) 제품	2,000,000	(대) 재공품	2,100,000
비정상공손원가(기간비용)	100,000		

만일 공손품의 순실현가치가 다음과 같이 추정되었을 경우, 상기의 자료를 이용하여 올바른 회계처리를 하시오. 다른 조건은 문제에 주어진 것과 동일하다.

항목	단위당 금액		물량단위	순실현가치
	판매가격	판매비		
정상공손	₩250	₩75	800	₩140,000
비정상공손	250	50	200	40,000

| 정답 및 해설 |

(물음 1) 평균법에 의한 제조원가보고서

	[1단계] 물량흐름	[2단계] 완성품환산량 재료원가 X	재료원가 Y	가공원가
기초재공품	1,000개(30%)			
당기착수	8,000			
계	9,000개			
완성품	5,000개	5,000개	5,000개	5,000개
정상공손	800[*1](80%)	800	800	640
비정상공손	200[*1](80%)	200	200	160
기말재공품	3,000(90%)	3,000	3,000	2,700
계	9,000개	9,000개	9,000개	8,500개

[3단계] 총원가의 요약

기초재공품원가		₩82,000	₩0	₩50,000
당기발생원가		746,000	846,000	1,310,000
계		₩828,000	₩846,000	₩1,360,000

[4단계] 환산량 단위당 원가

완성품환산량		÷ 9,000개	÷ 9,000개	÷ 8,500개
환산량 단위당 원가		@92	@94	@160

[5단계] 원가의 배분

(1차 배분)

완성품원가	5,000개 × @92 + 5,000개 × @94 + 5,000개 × @160 =	₩1,730,000
정상공손원가	800개 × @92 + 800개 × @94 + 640개 × @160 =	251,200
비정상공손원가	200개 × @92 + 200개 × @94 + 160개 × @160 =	62,800
기말재공품원가	3,000개 × @92 + 3,000개 × @94 + 2,700개 × @160 =	990,000
계		₩3,034,000

(2차 배분)

	배분 전	순정상공손원가의 배분[*2]	배분 후
완성품원가	₩1,730,000	₩157,000	₩1,887,000
정상공손원가	251,200	(251,200)	-
비정상공손원가	62,800	-	62,800
기말재공품원가	990,000	94,200	1,084,200
계	₩3,034,000	₩0	₩3,034,000

[*1] 정상공손수량: (1,000개 + 8,000개 - 1,000개) × 10% = 800개
   비정상공손수량: 1,000개 - 800개 = 200개

[*2] 정상공손원가 배분
   (1) 완성품: ₩251,200 × 5,000개/(5,000개 + 3,000개) = ₩157,000
   (2) 기말재공품: ₩251,200 × 3,000개/(5,000개 + 3,000개) = ₩94,200

(물음 2)

① 검사시점(80%)에서의 공손원가: 1,000개 × @92 + 1,000개 × @94 + 800개 × @160 = ₩314,000

② 검사시점(50%)에서의 공손원가: 1,000개 × @92 + 0개 × @94 + 500개 × @160 = ₩172,000

③ 검사시점 반영 후 원가절감액: ① - ② = ₩142,000

(물음 3)

① 공손품 순실현가능가치 차감 후 완성품원가: ₩2,000,000 - ₩140,000 × 5,000개/8,000개 = ₩1,912,500

② 공손품 순실현가능가치 차감 후 비정상공손원가: ₩100,000 - ₩40,000 = ₩60,000

③ 공손품 순실현가능가치: ₩140,000 + ₩40,000 = ₩180,000

④ 회계처리

(차) 제품	1,912,500	(대) 재공품	2,152,500
비정상공손원가	60,000		
공손품	180,000		

(주)한국은 단일제품을 대량으로 생산하고 있다. 이 제품의 제조과정에서 두 가지의 재료가 투입되는데 재료 A는 공정의 25%시점에 투입되고 재료 B는 75%시점에서 투입된다. 품질검사는 재료 B를 투입하기 직전에 실시하며 검사를 통과한 합격품에만 재료 B를 투입한다. 가공원가는 공정전반에 걸쳐 균등하게 발생한다. 이 기업의 정상공손허용한도는 검사를 통과한 수량의 2%이다. 기초재공품의 완성도는 40%이고 기말재공품 중 1,000개의 완성도는 80%, 900개의 완성도는 10%일 때, 다음의 원가계산자료를 보고 (물음)에 답하시오.

기초재공품:	수량	2,500개	완성품:	수량	4,000개
	원가	₩677,000	기말재공품:	수량	1,900
당기발생원가:	수량	3,520개			
	재료원가(A)	₩524,000			
	재료원가(B)	415,000			
	가공원가	1,194,000			

(물음 1) 정상공손수량, 비정상공손수량을 계산하시오.

(물음 2) 선입선출법을 가정하고 완성품, 기말재공품, 비정상공손원가를 계산하시오.

| 정답 및 해설 |

(물음 1)

(1) 공손품

6,020개 - 4,000개 - 1,900개 = 120개

(2) 합격수량

6,020개 - 120개 - 900개[*] = 5,000개

* 기말재공품 1,900개 중 900개의 완성도가 10%이므로 검사미도래수량임

(3) 정상공손수량

5,000개 × 2% = 100개

(4) 비정상공손수량

120개 - 100개 = 20개

(물음 2)

제조원가보고서(선입선출법)

	[1단계]	[2단계] 완성품환산량		
	물량의 흐름	재료원가 A	재료원가 B	가공원가
당기완성				
┌기초재공품	2,500(40%)	0	2,500	1,500
└당기착수	1,500	1,500	1,500	1,500
정상공손	100(75%)	100	0	75
비정상공손	20(75%)	20	0	15
기말재공품	900(10%)	0	0	90
	1,000(80%)	1,000	1,000	800
	6,020개	2,620개	5,000개	3,980개

[3단계] 총원가의 요약					합계
기초재공품원가					₩677,000
당기발생원가		₩524,000	₩415,000	₩1,194,000	2,133,000
계					₩2,810,000

[4단계] 환산량 단위당 원가			
완성품환산량	÷ 2,620개	÷ 5,000개	÷ 3,980개
환산량 단위당 원가	@200	@83	@300

[5단계] 원가의 배분

(1차 배분)

		합계
완성품원가	₩677,000 + 1,500개 × @200 + 4,000개 × @83 + 3,000개 × @300 =	₩2,209,000
정상공손원가	100개 × @200 + 75개 × @300 =	42,500
비정상공손원가	20개 × @200 + 15개 × @300 =	8,500
기말재공품원가	1,000개 × @200 + 1,000개 × @83 + 890개 × @300 =	550,000
계		₩2,810,000

(2차 배분)

	배분전원가	정상공손원가배분	배분후원가
완성품원가	₩2,209,000	₩34,000	₩2,243,000
정상공손원가	42,500	(42,500)*	0
비정상공손원가	8,500		8,500
기말재공품원가	550,000	8,500	558,500
계	₩2,810,000	₩0	₩2,810,000

* 완성품: ₩42,500 × 4,000개/(4,000개 + 1,000개) =   ₩34,000
   기말재공품: ₩42,500 × 1,000개/(4,000개 + 1,000개) =   8,500
   계   ₩42,500

(주)한국은 X, Y 두 개의 연속된 제조공정을 통하여 단일제품을 생산하고 있는 회사이다. (주)한국의 결산일은 매년 12월 31일이다.

(1) Y공정의 원재료는 Y공정의 60% 완성시점에서 전량 투입되며, 가공원가는 Y공정 전반에 걸쳐 균등하게 발생한다. Y공정에서는 40% 완성시점(1차 검사), 80% 완성시점(2차 검사)에서 품질검사가 두 번 이루어지며, 각 검사시점에서 품질검사를 합격한 수량의 5%에 해당하는 공손수량은 정상공손으로 간주한다.

(2) 11월 Y공정의 원가계산에 대한 자료는 다음과 같다.

	수량	완성도
기초재공품	2,000개	50%
당기착수	18,000	
당기완성	14,000	
공손품	1,000	40%
	1,000	80
기말재공품	4,000	90

(3) 11월 중 Y공정의 제조원가에 관한 자료는 다음과 같다.

	전공정원가	재료원가	가공원가	정상공손원가	합계
기초재공품원가	₩40,000	₩0	₩10,600	₩3,400	₩54,000
당기발생원가	540,000	190,000	356,000		1,086,000

1차 검사시점에서 발견된 공손품의 처분가치는 단위당 ₩8이고, 2차 검사시점에서 발견된 공손품의 처분가치는 단위당 ₩10이다.

(물음 1) 각각의 검사시점에서 발견된 공손을 정상공손과 비정상공손으로 구분하시오.

(물음 2) 선입선출법을 이용하여 Y공정의 제조원가보고서를 작성하시오.

(물음 3) 평균법을 이용하여 Y공정의 제조원가보고서를 작성하시오.

| 정답 및 해설 |

(물음 1)

(1) 1차 검사시점에서의 정상공손과 비정상공손

   ① 합격수량: 20,000개 - 2,000개 - 1,000개 = 17,000개

   ② 정상공손: 17,000개 × 5% = 850개

   ③ 비정상공손: 1,000개 - 850개 = 150개

(2) 2차 검사시점에서의 정상공손과 비정상공손

   ① 합격수량: 20,000개 - 1,000개 - 1,000개 = 18,000개

   ② 정상공손: 18,000개 × 5% = 900개

   ③ 비정상공손: 1,000개 - 900개 = 100개

(물음 2)

제조원가보고서(선입선출법)

Y공정

	[1단계] 물량의 흐름	[2단계] 완성품환산량		
		전공정원가	재료원가	가공원가
기초재공품	2,000(50%)			
당기착수	18,000			
	20,000개			
당기완성				
┌ 기초재공품	2,000	0	2,000	1,000
└ 당기착수	12,000	12,000	12,000	12,000
정상공손(1차)	850*1(40%)	850	0	340
비정상공손(1차)	150*1(40%)	150	0	60
정상공손(2차)	900*2(80%)	900	900	720
비정상공손(2차)	100*2(80%)	100	100	80
기말재공품	4,000(90%)	4,000	4,000	3,600
	20,000개	18,000개	19,000개	17,800개

[3단계] 총원가의 요약				합계
기초재공품원가				₩54,000
당기발생원가	₩540,000	₩190,000	₩356,000	1,086,000
계				₩1,140,000
[4단계] 환산량 단위당 원가				
완성품환산량	÷18,000개	÷19,000개	÷17,800개	
환산량 단위당 원가	@30	@10	@20	

[5단계] 원가의 배분

(1차 배분)

완성품원가	₩54,000 + 12,000개 × @30 + 14,000개 × @10 + 13,000개 × @20 =	₩814,000
정상공손원가(1차)	850개 × @30 + 340개 × @20 =	32,300
비정상공손원가(1차)	150개 × @30 + 60개 × @20 =	5,700
정상공손원가(2차)	900개 × @30 + 900개 × @10 + 720개 × @20 =	50,400
비정상공손원가(2차)	100개 × @30 + 100개 × @10 + 80개 × @20 =	5,600
기말재공품원가	4,000개 × @30 + 4,000개 × @10 + 3,600개 × @20 =	232,000
계		₩1,140,000

(2차 배분)

	배분전원가	공손품처분가치계상[*3]	1차 정상공손원가배분[*4]	2차 정상공손원가배분[*5]	배분후원가
완성품원가	₩814,000		₩18,000	₩33,250	₩865,250
정상공손원가(1차)	32,300	₩(6,800)	(25,500)		0
비정상공손원가(1차)	5,700	(1,200)			4,500
정상공손원가(2차)	50,400	(9,000)	1,350	(42,750)	0
비정상공손원가(2차)	5,600	(1,000)	150		4,750
기말재공품원가	232,000		6,000	9,500	247,500
공손품	0	18,000			18,000
계	₩1,140,000	₩0	₩0	₩0	₩1,140,000

*1 1차 정상공손수량 = 당기에 1차 검사를 합격한 수량 × 5%

  = (12,000개 + 1,000개 + 4,000개) × 5% = 850개

    당기착수완성량 2차 공손량 기말재공품

  1차 비정상공손수량 = 1차 공손수량 - 1차 정상공손수량 = 1,000개 - 850개 = 150개

*2 2차 정상공손수량 = 당기에 2차 검사를 합격한 수량 × 5%

  = (2,000개 + 12,000개 + 4,000개) × 5% = 900개

    기초재공품완성량 당기착수완성량 기말재공품

  2차 비정상공손수량 = 2차 공손수량 - 2차 정상공손수량 = 1,000개 - 900개 = 100개

*3 공손품처분가치계상

1차 정상공손: 850개 × @8 =	₩6,800
1차 비정상공손: 150개 × @8 =	1,200
2차 정상공손: 900개 × @10 =	9,000
2차 비정상공손: 100개 × @10 =	1,000
계	₩18,000

*4 1차 정상공손원가배분

완성품: ₩25,500 × 12,000개/(12,000개 + 900개 + 100개 + 4,000개) =	₩18,000
2차 정상공손: ₩25,500 × 900개/(12,000개 + 900개 + 100개 + 4,000개) =	1,350
2차 비정상공손: ₩25,500 × 100개/(12,000개 + 900개 + 100개 + 4,000개) =	150
기말재공품: ₩25,500 × 4,000개/(12,000개 + 900개 + 100개 + 4,000개) =	6,000
계	₩25,500

*5 2차 정상공손원가배분

완성품: ₩42,750 × 14,000개/(14,000개 + 4,000개) =	₩33,250
기말재공품: ₩42,750 × 4,000개/(14,000개 + 4,000개) =	9,500
계	₩42,750

(물음 3)

제조원가보고서(평균법)

Y공정

	[1단계] 물량의 흐름	[2단계] 완성품환산량 전공정원가	재료원가	가공원가		
기초재공품	2,000(50%)					
당기착수	18,000					
	20,000개					
당기완성	14,000	14,000	14,000	14,000		
정상공손(1차)	850(40%)	850	0	340		
비정상공손(1차)	150(40%)	150	0	60		
정상공손(2차)	900(80%)	900	900	720		
비정상공손(2차)	100(80%)	100	100	80		
기말재공품	4,000(90%)	4,000	4,000	3,600		
	20,000개	20,000개	19,000개	18,800개		

[3단계] 총원가의 요약 / 정상공손원가 / 합계

		전공정원가	재료원가	가공원가	정상공손원가	합계
기초재공품원가		₩40,000	₩0	₩10,600	₩3,400	₩54,000
당기발생원가		540,000	190,000	356,000	–	1,086,000
계		₩580,000	₩190,000	₩366,600	₩3,400	₩1,140,000

[4단계] 환산량 단위당 원가

		전공정원가	재료원가	가공원가		
완성품환산량		÷20,000개	÷19,000개	÷18,800개		
환산량 단위당 원가		@29	@10	@19.5		

[5단계] 원가의 배분

(1차 배분)

					합계
완성품원가		14,000개 × @29 + 14,000개 × @10 + 14,000개 × @19.5 =			₩819,000
정상공손원가(1차)	₩3,400[*1] +	850개 × @29 +		340개 × @19.5 =	34,680
비정상공손원가(1차)		150개 × @29 +		60개 × @19.5 =	5,520
정상공손원가(2차)		900개 × @29 +	900개 × @10 +	720개 × @19.5 =	49,140
비정상공손원가(2차)		100개 × @29 +	100개 × @10 +	80개 × @19.5 =	5,460
기말재공품원가		4,000개 × @29 +	4,000개 × @10 +	3,600개 × @19.5 =	226,200
계					₩1,140,000

(2차 배분)

	배분전원가	공손품처분가치계상	1차 정상공손원가배분[*2]	2차 정상공손원가배분[*3]	배분후원가
완성품원가	₩819,000		₩20,543	₩32,247	₩871,790
정상공손원가(1차)	34,680	₩(6,800)	(27,880)		0
비정상공손원가(1차)	5,520	(1,200)			4,320
정상공손원가(2차)	49,140	(9,000)	1,321	(41,461)	0
비정상공손원가(2차)	5,460	(1,000)	147		4,607
기말재공품원가	226,200		5,869	9,214	241,283
공손품	0	18,000			18,000
계	₩1,140,000	₩0	₩0	₩0	₩1,140,000

*1 기초재공품의 완성도가 50%이므로 기초재공품의 정상공손원가 ₩3,400은 전기의 기말재공품에 배분된 1차 정상공손원가이다.

*2 1차 정상공손원가배분

완성품: ₩27,880 × 14,000개/(14,000개 + 900개 + 100개 + 4,000개) =	₩20,543
2차 정상공손: ₩27,880 × 900개/(14,000개 + 900개 + 100개 + 4,000개) =	1,321
2차 비정상공손: ₩27,880 × 100개/(14,000개 + 900개 + 100개 + 4,000개) =	147
기말재공품: ₩27,880 × 4,000개/(14,000개 + 900개 + 100개 + 4,000개) =	5,869
계	₩27,880

*3 2차 정상공손원가배분

완성품: ₩41,461 × 14,000개/(14,000개 + 4,000개) =	₩32,247
기말재공품: ₩41,461 × 4,000개/(14,000개 + 4,000개) =	9,214
계	₩41,461

한국회사는 제1공정을 거쳐 제2공정에서 단일의 완제품을 생산하고 있다.

(1) 한국회사의 제2공정에서는 공정초에 직접재료를 전량 투입하며, 가공원가는 제2공정 전반에 걸쳐 균등하게 발생한다.

한국회사의 제2공정은 월초재공품 3,000단위(가공원가 완성도: 30%)로 2013년 6월을 시작했다. 제2공정에서의 6월 중 생산착수량은 17,000단위이고, 6월말 재공품은 4,000단위(가공원가 완성도: 50%)이고, 6월 중 완성품수량은 14,000단위이다.

(2) 2013년 6월 한국회사 제2공정의 월초재공품원가와 가중평균법에 의하여 계산한 원가요소별 완성품환산량 단위당 원가자료는 다음과 같다.

	전공정원가	직접재료원가	가공원가
월초 재공품원가	₩40,000	₩48,000	₩20,700
완성품환산량 단위당 원가	19	17.7	23

(3) 한국회사의 제2공정에서는 공손품 검사를 공정의 40%시점에서 실시하며, 당월에 검사를 통과한 합격품의 10%를 정상공손으로 간주한다. 6월 중 제2공정에서 발견된 공손품은 추가가공 없이 처분하며, 판매부대비용은 발생하지 않을 것으로 예상되고 예상 판매가격은 단위당 ₩4이다.

한국회사는 정상공손의 원가를 당월완성품과 월말재공품에 배부하는 회계처리를 적용한다.

※ 위에 주어진 자료를 이용하여 다음 각 (물음)에 답하시오.

(물음 1) 선입선출법을 이용하여 6월 한국회사 제2공정의 원가요소별 완성품환산량을 계산하시오.

(물음 2) 선입선출법을 이용하여 6월 한국회사 제2공정의 원가요소별 완성품환산량 단위당 원가를 계산하시오.

(물음 3) 선입선출법을 이용하여 6월 한국회사 제2공정에서의 당월완성품원가와 월말재공품원가를 계산하시오.

(물음 4) 한국회사의 6월 제2공정에서 발생한 원가요소별로 원가가 전월인 5월과 비교하여 어떻게 변화하였는지 설명하시오.

(물음 5) 공손이 있는 경우의 원가계산에 있어 일반적으로 검사시점에서 발견된 공손에 대해 어떠한 가정을 하는지에 대해 3줄 이내로 간단히 기술하시오.

| 정답 및 해설 |

(물음 1)

공손수량 = 월초재공품수량 + 당월착수수량 - 당월완성품수량 - 월말재공품수량

= 3,000단위 + 17,000단위 - 14,000단위 - 4,000단위 = 2,000단위

	물량흐름	완성품환산량		
		전공정원가	직접재료원가	가공원가
당월완성				
┌ 월초재공품	3,000단위(30%)	-	-	2,100단위
└ 당월착수	11,000	11,000단위	11,000단위	11,000
공손품	2,000(40%)	2,000	2,000	800
월말재공품	4,000(50%)	4,000	4,000	2,000
계	20,000단위	17,000단위	17,000단위	15,900단위

(물음 2)

(1) 가중평균법에 의한 원가요소별 완성품환산량

	물량흐름	완성품환산량		
		전공정원가	직접재료원가	가공원가
당월완성	14,000단위	14,000단위	14,000단위	14,000단위
공손품	2,000(40%)	2,000	2,000	800
월말재공품	4,000(50%)	4,000	4,000	2,000
계	20,000단위	20,000단위	20,000단위	16,800단위

(2) 원가요소별 당월발생원가

구분	전공정원가	직접재료원가	가공원가
① 완성품환산량(가중평균법)	20,000단위	20,000단위	16,800단위
② 환산량 단위당 원가(가중평균법)	₩19	₩17.7	₩23
③ 총배분대상원가(① × ②)	380,000	354,000	386,400
④ 월초재공품원가	40,000	48,000	20,700
⑤ 당월발생원가(③ - ④)	340,000	306,000	365,700

(3) 선입선출법에 의한 완성환산량 단위당 원가

구분	전공정원가	직접재료원가	가공원가
① 당월발생원가	₩340,000	₩306,000	₩365,700
② 완성품환산량(선입선출법)	17,000단위	17,000단위	15,900단위
③ 환산량 단위당 원가(선입선출법)(① ÷ ②)	₩20	₩18	₩23

제4장

종합원가계산

(물음 3)

(1) 정상공손과 비정상공손수량

정상공손수량 = (3,000단위 + 11,000단위 + 4,000단위) × 10% = 1,800단위

비정상공손수량 = 2,000단위 - 1,800단위 = 200단위

(2) 1차 배분

완성품: ₩108,700 + 11,000단위 × @20 + 11,000단위 × @18 + 13,100단위 × @23 = ₩828,000

정상공손: 1,800단위 × @20 + 1,800단위 × @18 + 720단위 × @23 = 84,960

비정상공손: 200단위 × @20 + 200단위 × @18 + 80단위 × @23 = 9,440

월말재공품: 4,000단위 × @20 + 4,000단위 × @18 + 2,000단위 × @23 = 198,000

(3) 2차 배분

	배분전원가	공손품의 NRV	정상공손원가배분[*]	배분후원가
완성품	₩828,000	-	₩60,480	₩888,480
정상공손	84,960	₩(7,200)	(77,760)	-
비정상공손	9,440	(800)	-	8,640
월말재공품	198,000	-	17,280	215,280
공손품	-	8,000	-	8,000

[*] 정상공손원가배분
완성품 배분액 = ₩77,760 × (14,000단위 ÷ 18,000단위) - ₩60,480
월말재공품 배분액 = ₩77,760 × (4,000단위 ÷ 18,000단위) = ₩17,280

(물음 4)

5월의 완성품환산량 단위당 원가는 원가요소별 월초재공품원가를 월초재공품에 대한 완성품환산량으로 나누어 계산할 수 있다.

	전공정원가	직접재료원가	가공원가
5월	₩40,000 ÷ 3,000단위= @13.33	₩48,000 ÷ 3,000단위 = @16	₩20,700 ÷ 900단위= @23
6월	@20	@18	@23
비교	증가	증가	변화 없음

(물음 5)

검사시점에서 발견된 공손품은 월초재공품에서도 발생할 수 있지만 원가계산의 편의를 위하여 모든 공손품은 당월착수물량에서만 발생하는 것으로 가정한다.

실전문제 08 연속공정(보조부문이 존재하는 경우)

(주)한국화학은 20×1년 1월초 영업을 개시하였다. (주)한국화학의 결산일은 매년 12월 31일이다.

(1) 회사는 두 개의 보조부문 A, B와 두 개의 제조공정 X, Y가 있다. X공정에서는 P제품을 생산하고 있는데, 이 중 20%는 완제품으로 판매되고 80%는 Y공정에서 추가가공을 거쳐 판매된다. Y공정에서는 X공정에서 생산된 P제품을 추가가공하여 Q제품을 생산하고 있다. X, Y공정의 원재료는 각각 공정의 초기 및 50%시점에서 모두 투입되고 두 공정의 가공원가는 모두 공정전반에 걸쳐 균등하게 발생된다.

(2) 20×1년의 원가계산에 대한 자료는 다음과 같다.

	X공정		Y공정	
	수량	완성도	수량	완성도
기초재공품	0개	-	0개	-
당기착수	9,000		6,400	
당기완성	8,000		4,000	
공손품	0		?	
기말재공품	1,000	80%	1,500	60%

(3) 1년 동안 발생한 제조원가에 관한 자료는 다음과 같다.

	직접재료원가	직접노무원가	제조간접원가
X공정	₩270,000	₩85,000	?
Y공정	55,000	105,000	?

(4) Y공정에서는 50% 완성시점 즉, 원재료를 투입하기 직전에 품질검사를 실시한다. 품질검사를 합격한 수량의 10%에 해당하는 공손수량은 정상공손으로 간주한다. 공손품은 추가적으로 단위당 ₩20을 투입하여 가공하면 단위당 ₩30에 판매할 수 있다고 한다.

20×1년 중의 거래 및 기타자료는 다음과 같다.

① ₩400,000의 원재료를 외상으로 구입하였다.

② 당기 중 노무원가발생액은 ₩250,000이다.

③ 당기 중 제조간접원가발생액은 다음과 같다.

간접노무원가	₩60,000
감가상각비	80,000
수선유지비	20,000
동력비	40,000
계	₩200,000

④ 각 부문 용역수수관계와 발생원가(제조간접원가)는 다음과 같다.

사용 제공	보조부문		제조공정		합계
	A	B	X	Y	
A	-	20%	50%	30%	100%
B	50%	-	10%	40%	100%
발생원가	₩20,000	₩40,000	₩62,000	₩78,000	₩200,000

(물음 1) 단계배분법(B부문부터 배분)에 의하여 보조부문원가를 제조공정에 배분하시오.

(물음 2) X공정과 Y공정의 완성품원가를 구하시오.

| 정답 및 해설 |

(물음 1)

	보조부문		제조공정		합계
	A	B	X	Y	
배분전원가	₩20,000	₩40,000	₩62,000	₩78,000	₩200,000
B*1	20,000	(40,000)	4,000	16,000	0
A*2	(40,000)		25,000	15,000	0
배분후원가	₩0	₩0	₩91,000	₩109,000	₩200,000

*1 A : X : Y = 50 : 10 : 40
*2 X : Y = 50 : 30

(물음 2)

제조원가보고서(X공정)

	[1단계] 물량의 흐름	[2단계] 완성품환산량	
		재료원가	가공원가
기초재공품	0		
당기착수	9,000		
	9,000개		
당기완성	8,000	8,000	8,000
기말재공품	1,000(80%)	1,000	800
	9,000개	9,000개	8,800개

				합계
[3단계] 총원가의 요약				
기초재공품원가				₩0
당기발생원가		₩270,000	₩176,000*	446,000
계				₩446,000
[4단계] 환산량 단위당 원가				
완성품환산량		÷9,000개	÷8,800개	
환산량 단위당 원가		@30	@20	
[5단계] 원가의 배분				
완성품원가		8,000개 × @30 + 8,000개 × @20 =		₩400,000
기말재공품원가		1,000개 × @30 + 800개 × @20 =		46,000
계				₩446,000

* 직접노무원가 ₩85,000 + 제조간접원가 ₩91,000 = ₩176,000

제조원가보고서(Y공정)

	[1단계] 물량의 흐름	[2단계] 완성품환산량 전공정원가	재료원가	가공원가
기초재공품	0			
당기착수	6,400			
	6,400개			
당기완성	4,000	4,000	4,000	4,000
정상공손	550*1(50%)	550	0	275
비정상공손	350(50%)	350	0	175
기말재공품	1,500(60%)	1,500	1,500	900
	6,400개	6,400개	5,500개	5,350개

[3단계] 총원가의 요약					합계
기초재공품원가					₩0
당기발생원가		₩320,000*2	₩55,000	₩214,000*3	589,000
계					₩589,000

[4단계] 환산량 단위당 원가				
완성품환산량		÷6,400개	÷5,500개	÷5,350개
환산량 단위당 원가		@50	@10	@40

[5단계] 원가의 배분
(1차 배분)

완성품원가	4,000개 × @50 + 4,000개 × @10 + 4,000개 × @40 =	₩400,000
정상공손원가	550개 × @50 + 275개 × @40 –	38,500
비정상공손원가	350개 × @50 + 175개 × @40 =	24,500
기말재공품원가	1,500개 × @50 + 1,500개 × @10 + 900개 × @40 =	126,000
계		₩589,000

(2차 배분)

	배분전원가	공손품처분가치계상*4	정상공손원가배분*5	배분후원가
완성품원가	₩400,000		₩24,000	₩424,000
정상공손원가	38,500	₩(5,500)	(33,000)	0
비정상공손원가	24,500	(3,500)		21,000
기말재공품원가	126,000		9,000	135,000
공손품	0	9,000		9,000
계	₩589,000	₩0	₩0	₩589,000

*1 정상공손수량 = 당기에 검사를 합격한 수량 × 10%
         = (4,000개 + 1,500개) × 10% = 550개
                당기착수완성량   기말재공품

*2 X공정 완성품 8,000개 중 Y공정에 대체된 6,400개의 원가임

*3 직접노무원가 ₩105,000 + 제조간접원가 ₩109,000 = ₩214,000

*4 공손품처분가치계상: 공손품의 처분가치에서 추가가공원가 등을 차감한 순실현가치를 공손품계정(재고자산)에 계상한다.

정상공손: 550개 × (@30 – @20) =	₩5,500
비정상공손: 350개 × (@30 – @20) =	3,500
계	₩9,000

*5 정상공손원가배분: 기말재공품이 검사시점을 통과하였으므로 순정상공손원가 ₩33,000을 완성품과 기말재공품에 배분한다.

완성품: ₩33,000 × 4,000개/(4,000개 + 1,500개) =	₩24,000
기말재공품: ₩33,000 × 1,500개/(4,000개 + 1,500개) =	9,000
계	₩33,000

(주)에코벽지는 옥수수 전분을 이용한 친환경 벽지를 생산하는 회사이다. (주)에코벽지의 결산일은 매년 12월 31일이다.

(1) 이 회사의 제1공정에서는 옥수수 전분을 투입하여 중간제품인 코팅재를 생산하며, 이를 모두 제2공정으로 대체한다. 제2공정은 중간제품에 종이와 염료를 추가하여 최종제품으로 가공한다.

(2) 최근 친환경 제품에 대한 소비자들의 관심이 크게 증가하고 있어서 당사 제품의 수요는 무한하다. 회사의 친환경 벽지는 단위당 ₩800에 판매되고 있다.

(3) 각 공정의 직접재료(옥수수 전분, 종이, 염료)는 공정 초기에 모두 투입된다. 제조원가 중 직접재료원가만이 유일한 변동원가이다. 회사는 각 공정의 완료시점에 품질검사를 실시하며, 발견된 공손품은 모두 비정상공손으로 간주한다.

(4) 당기와 전기의 완성품환산량 단위당 원가는 동일하다고 가정한다. 회사의 재고자산 평가방법은 선입선출법이고, 비정상공손원가는 기간비용으로 처리한다.

(5) 2008년의 공정별 생산 및 원가자료는 다음과 같다. (단, 괄호 안의 수치는 가공원가 완성도를 의미한다)

① 제1공정(연간 최대생산능력: 5,000단위)

구분	물량단위	직접재료원가	가공원가
기초재공품	100(10%)	?	?
당기착수	?	₩1,470,000	₩992,000
제2공정 대체	4,800		
기말재공품	150(80%)		

제1공정에는 기초재공품을 포함하여 총 5,000단위가 투입되었다.

② 제2공정(연간 최대생산능력: 8,000단위)

구분	물량단위	전공정원가	직접재료원가	가공원가
기초재공품	200(40%)	?	?	?
당기착수	?	?	₩384,000	₩194,400
완성품	4,500			
기말재공품	300(80%)			

(물음 1) 전부원가계산에 의하여 다음을 구하시오.

    (1) 당기제품제조원가

    (2) 기말재공품원가

    (3) 당기순이익

(물음 2) 초변동원가계산에 의하여 다음을 구하시오.

    (1) 재료처리량 공헌이익(throughput contribution)

    (2) 당기순이익

(물음 3) (물음 1)과 (물음 2)의 당기순이익이 차이가 나는 원인을 계산과정을 통해 설명하시오.

(물음 4) 제2공정의 관리자는 유휴 생산능력을 활용하기 위하여 외부 납품업체로부터 단위당 ₩700의 가격으로 중간제품 2,000단위를 구입하는 방안을 검토하고 있다. 외부로부터 구입한 중간제품 투입량 중 1%가 공손품이 될 것으로 예상된다. 제2공정의 관리자는 중간제품을 외부로부터 구입하여야 하는가? 계산근거를 제시하시오.

(물음 5) 문제에 주어진 자료와 관계없이 제2공정의 투입량기준 공손비율은 4%이고, 제1공정에는 기초재공품을 포함하여 매년 5,000단위의 물량이 투입된다고 가정한다. 기술팀은 제1공정의 투입량기준 공손비율을 0.5%로 낮추는 품질개선 프로그램을 제안하였다. 이 제안을 도입한다면 매년 ₩9,200의 원가가 추가로 소요되어야 한다. 제1공정의 관리자는 기술팀이 제안한 품질개선 프로그램을 도입하여야 하는가? 계산근거를 제시하시오.

> 참고로, 투입량기준 공손비율이란 공손품 수량을 총투입량(기초재공품수량과 당기착수량의 합계)으로 나눈 비율을 의미한다.
>
> $$\text{투입량기준 공손비율} = \frac{\text{공손품수량}}{\text{기초재공품수량} + \text{당기착수량}}$$

(물음 6) 회사 전체적인 관점에서 공손품 발생으로 인한 손실이 더 큰 공정은 제1공정과 제2공정 중 어느 곳인가? 그 이유를 서술하시오. (4줄 이내)

| 정답 및 해설 |

🔍 자료분석

[제1공정]
① 공손수량: 5,000단위 - 4,800단위 - 150단위 = 50단위
② 원가요소별 완성품환산량 및 환산량 단위당 원가
   재료원가: ₩1,470,000 ÷ (4,700단위 + 50단위 + 150단위) = @300
   가공원가: ₩992,000 ÷ (90단위 + 4,700단위 + 50단위 + 120단위) = @200

[제2공정]
① 공손수량: 5,000단위 - 4,500단위 - 300단위 = 200단위
② 원가요소별 완성품환산량 및 환산량 단위당 원가
   전공정원가: ₩2,400,000 ÷ (4,300단위 + 200단위 + 300단위) = @500
   재료원가: ₩384,000 ÷ (4,300단위 + 200단위 + 300단위) = @80
   가공원가: ₩194,400 ÷ (120단위 + 4,300단위 + 200단위 + 240단위) = @40

(물음 1)

(1) 당기제품제조원가

  ₩119,200[*] + 4,300단위 × @500 + 4,300단위 × @80 + 4,420단위 × @40 = ₩2,790,000

  [*] 기초재공품(제2공정): 200단위 × @500 + 200단위 × @80 + 200단위 × 0.4 × @40 = ₩119,200

(2) 기말재공품원가

① 제1공정: 150단위 × @300 + 150단위 × 0.8 × @200 =	₩69,000
② 제2공정: 300단위 × @500 + 300단위 × @80 + 300단위 × 0.8 × @40 =	183,600
	₩252,600

(3) 당기순이익

매출액: 4,500단위 × @800 =	₩3,600,000
매출원가	(2,790,000)
매출총이익	₩810,000
비정상공손손실	(149,000)[*]
당기순이익	₩661,000

  [*] 제1공정 및 제2공정의 비정상공손손실

(물음 2)

(1) 재료처리량 공헌이익

매출액: 4,500단위 × @800 =	₩3,600,000
DM: 4,500단위 × @380 =	(1,710,000)
재료처리량 공헌이익	₩1,890,000

(2) 당기순이익

매출액: 4,500단위 × @800 =	₩3,600,000
DM: 4,500단위 × @380 =	(1,710,000)
재료처리량 공헌이익	₩1,890,000
운영비용	
가공원가[*1]: ₩992,000 + ₩194,400 =	(1,186,400)
영업이익	₩703,600
비정상공손손실[*2]: 50단위 × @300 + 200단위 × @380 =	(91,000)
당기순이익	₩612,600

*1 제1공정 및 제2공정의 가공원가
*2 제1공정 및 제2공정의 비정상공손 재료원가

(물음 3)

초변동원가계산 NI		₩612,600
(+) 기말재공품가공원가		93,600
제1공정: 150단위 × 0.8 × @200 =	₩24,000	
제2공정: 300단위 × @200 + 300 × 0.8 × @40 =	69,600	
(-) 기초재공품가공원가		(45,200)
제1공정: 100단위 × 0.1 × @200 =	₩2,000	
제2공정: 200단위 × @200 + 200단위 × 0.4 × @40 =	43,200	
전부원가계산 NI		₩661,000

(물음 4)

증분수익	
매출증가: 2,000단위 × 0.99 × @800 =	₩1,584,000
증분비용	
구입원가: 2,000단위 × @700 =	(1,400,000)
재료원가: 2,000단위 × @80 =	(160,000)
증분이익	₩24,000 ≥ 0

그러므로, 외부에서 구입한다.

(물음 5)

증분수익

   매출증가: 25 × 0.96 × @800 =   ₩19,200

증분비용

   재료원가: 25 × @80 =   (2,000)

   프로그램비용   (9,200)

증분이익   ₩8,000 ≥ 0

그러므로, 품질개선 프로그램을 도입한다.

(물음 6)

제1공정에서의 공손이 합격되었을 경우 제2공정에서 공손이 발생하므로 최종판매수량이 합격수량보다 작아진다. 이에 반하여 제2공정에서의 공손이 합격되었을 경우에는 모두 판매가능하므로 공손품 발생으로 인한 손실은 제2공정에서 손실이 제1공정보다 크다.

제5장 │ 결합원가계산

기본문제 01 결합원가 배분과 추가가공의사결정

회계사 01

당사는 결합공정을 통해서 甲, 乙, 丙, 丁(부산물)의 네 가지 제품을 생산하고 있으며, 결합공정에서의 발생원가는 ₩1,000,000이다. 모든 제품은 분리점에서 즉시 판매가 가능하다. 甲제품은 추가가공하여 슈퍼 甲으로 판매되고 있다. 제품별 정보는 다음과 같다. (단, 부산물의 순실현가능가치는 주산품에 배분될 결합원가에서 차감된다)

제품명	생산량	단위당 판매가격	추가가공원가
슈퍼 甲	500개	₩1,000	₩100,000
乙	200	3,500	
丙	300	3,000	
丁	100	0	

(물음 1) 결합원가가 제품별 순실현가능가치에 비례하여 배분된다고 할 때, 각 제품의 단위당 원가를 구하시오.

(물음 2) 생산된 제품은 당기에 전부 판매된다고 한다. 각 제품별 매출총이익률을 구하시오. (단, 기초재고는 존재하지 않는다)

(물음 3) 다음 각 상황에서 각 제품의 추가가공이 유리한지 불리한지 의사결정을 하시오. (아래의 각 상황은 서로 독립적이다)

(1) 甲제품을 단위당 ₩900에 구입하겠다는 주문을 받았다. 이때 甲을 추가가공하는 것이 유리한가?

(2) 乙을 추가가공하면 슈퍼 乙의 생산이 가능하다. 슈퍼 乙의 판매가격은 단위당 ₩5,000이며, 투입량의 20%만큼 감손이 발생한다. 추가가공원가는 ₩200,000이 소요된다. 乙을 추가가공하는 것이 유리한가?

(3) 丙을 추가가공하면 슈퍼 丙이 된다. 슈퍼 丙은 단위당 ₩3,000에 판매되며, 투입량의 120%에 해당하는 생산량이 나온다. 추가가공원가는 ₩100,000이 소요된다. 丙을 추가가공하는 것이 유리한가?

(물음 4) 丁을 추가가공하면 판매가격이 단위당 ₩500인 슈퍼 丁(부산물)을 생산할 수 있다. 이때 소요되는 추가가공원가는 ₩30,000이다. 당사는 丁을 추가가공할 것인가? 이러한 의사결정이 위 (물음 3)의 의사결정에 어떠한 영향을 미치는지 설명하시오.

(물음 5) 당사에는 甲, 乙, 丙의 세 개의 사업부가 있다. 각 사업부의 성과는 각각 제품 슈퍼 甲, 乙, 丙의 매출액 대비 영업이익에 의해서 평가된다고 한다. 슈퍼 丁(부산물)을 추가가공함에 따른 매출액은 본사에 귀속되고 추가가공원가는 甲, 乙, 丙 각 사업부에 균등하게 1/3씩 배부하며 결합원가는 각 제품의 순실현가능가치를 기준으로 배부된다. 슈퍼 丁의 단위당 판매가격은 ₩500이고 추가가공원가가 ₩30,000이라면, 이때 위 (물음 2)와 비교할 경우 각 사업부는 丁제품의 추가가공에 대한 의견을 제시하시오.

| 정답 및 해설 |

(물음 1)

제품	순실현가능가치	결합원가 배분액	추가가공원가	총원가	단위당 원가
슈퍼 甲	₩400,000(20%)	₩200,000	₩100,000	₩300,000	₩600
乙	700,000(35%)	350,000		350,000	1,750
丙	900,000(45%)	450,000		450,000	1,500
	₩2,000,000	₩1,000,000	₩100,000	₩1,100,000	

(물음 2)

	슈퍼 甲	乙	丙
매출액	₩500,000	₩700,000	₩900,000
매출원가	300,000	350,000	450,000
매출총이익	₩200,000	₩350,000	₩450,000
매출총이익률	40%	50%	50%

(물음 3)

(1) 甲의 추가가공 시

증분수익: 500개 × (@1,000 - @900) =	₩50,000
증분비용: 추가가공원가	(100,000)
증분이익(손실)	₩(50,000) < 0

∴ 추가가공이 불리하다.

(2) 乙의 추가가공 시

증분수익: 200개 × 0.8 × @5,000 - 200개 × @3,500 =	₩100,000
증분비용: 추가가공원가	(200,000)
증분이익(손실)	₩(100,000) < 0

∴ 추가가공이 불리하다.

(3) 丙의 추가가공 시

증분수익: 300개 × 120% × @3,000 - 300개 × @3,000 =	₩180,000
증분비용: 추가가공원가	(100,000)
증분이익	₩80,000 ≥ 0

∴ 추가가공이 유리하다.

(물음 4)

① 결합원가는 매몰원가이므로 추가가공 의사결정에는 영향을 미치지 않는다. 따라서 위의 (물음 3) 의사결정
 결과는 변하지 않는다.

② 丁의 추가가공 시

증분수익: 100개 × @500 =	₩50,000
증분비용: 추가가공원가	(30,000)
증분이익	₩20,000 ≥ 0

∴ 추가가공이 유리하다.

(물음 5)

① 결합원가 배분

제품	순실현가능가치	결합원가 배분	추가가공원가	총원가
슈퍼 甲	₩400,000(20%)	₩196,000	₩100,000	₩296,000
乙	700,000(35%)	343,000		343,000
丙	900,000(45%)	441,000		441,000
소계	₩2,000,000	₩980,000	₩100,000	₩1,080,000
슈퍼 丁		20,000	30,000	50,000
계		₩1,000,000	₩130,000	₩1,130,000

② 손익계산서

	슈퍼 甲	乙	丙
매출액	₩500,000	₩700,000	₩900,000
매출원가	296,000	343,000	441,000
매출총이익	₩204,000	₩357,000	₩459,000
본사배부액	10,000	10,000	10,000
	₩194,000	₩347,000	₩449,000

∴ 세 사업부는 (물음 2)의 경우에 비해 이익이 모두 감소했으므로 추가가공에 반대한다.

한국회사는 B, C, D의 세 가지 제품을 생산하고 있다. 제품 B와 C는 연산품이며, D는 부산물이다. 회사는 결합원가를 순실현가능가치법에 의하여 배분하고 있으며, 부산물에 대해서는 생산시점에 부산물의 순실현가능가치를 주산품에 배분될 결합원가에서 차감하는 방법으로 회계처리하고 있으며 기초와 기말재공품은 없다. 당기의 생산자료는 다음과 같다.

(1) 부문 I에서 원재료 110,000kg을 가공하는 데 총원가 ₩120,000이 소요되었다. 부문 I에서 가공된 수량의 60%(A)는 부문 II에 대체되며 40%(B)는 부문 III에 대체된다.

(2) 부문 II에서 원재료를 추가가공하는 데 총원가 ₩40,000이 추가로 소요되었다. 부문 II에서 가공된 수량의 70%(C)는 부문 IV에 대체되며 30%(D)는 kg당 ₩1.5에 판매할 수 있는 부산물이 된다. 부산물 D의 판매비용은 ₩4,700이다.

(3) 부문 III에서 제품 B를 추가가공하는 데 ₩165,000이 발생하였으며, 이 부문에서 제품 B의 정상적인 감손량은 양품 생산량의 10%이다. 제품 B의 완성품은 kg당 ₩12에 판매된다.

(4) 부문 IV에서 제품 C를 추가가공하는 데 ₩31,000이 소요되었으며, 이 가공을 마친 후에 제품 C는 kg당 ₩5에 판매된다.

(물음 1) 결합원가를 배분하여 제품별 단위당 원가를 구하시오. (소수점 넷째 자리에서 반올림하여 소수섬 셋째 자리로 나타내시오)

(물음 2) 기초재고는 없으며 당기 중 B 30,000kg, C 38,000kg, D 19,800kg이 판매되었다. 순이익과 기말재고자산원가를 구하시오.

(물음 3) 만약 부산물 D가 더 가공된다면 주산품으로서 수익성 있는 시장이 존재하리라고 예상된다. 이 경우 D의 추가가공원가 ₩21,500과 판매비용 ₩3,000이 추가적으로 소요되지만, D를 kg당 ₩4에 팔 수 있다. D가 부산물이 아닌 주산품이라고 가정하고 (물음 1)에 답하시오.

(물음 4) D를 부산물로 판매할 것인가 또는 더 가공하여 kg당 ₩4에 판매할 것인가를 결정하시오.

정답 및 해설

🔍 물량흐름도

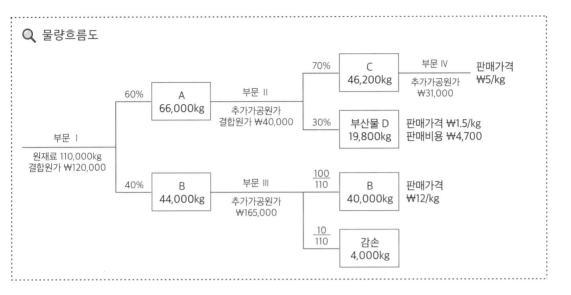

(물음 1) 제품별 단위당 원가

제품	순실현가능가치*1	배분비율	결합원가배분액	개별원가	총원가	단위당 원가
2차 분리점						
C	₩200,000	100%	₩59,400	₩31,000	₩90,400	₩1.957/kg
D			25,000*3	-	25,000	1.263
계			₩84,400*2			
1차 분리점						
A	₩185,000	37%	₩44,400	N/A	N/A	N/A
B	315,000	63	75,600	165,000	240,600	₩6.015/kg
계	₩500,000	100%	₩120,000	₩196,000	₩356,000	

*1 순실현가능가치

  C: 46,200kg × @5 - ₩31,000 = ₩200,000

  A: ₩200,000 + (19,800kg × @1.5 - ₩4,700) - ₩40,000 = ₩185,000
  　　C의 NRV　　　　부산물 D의 NRV　　　A의 추가가공원가

  B: 40,000kg × @12 - ₩165,000 = ₩315,000

*2 1차 분리점에서 A에 배분된 결합원가 ₩44,400 + A의 추가가공원가 ₩40,000 = ₩84,400

*3 부산물 D의 NRV

(물음 2)

(1) 순이익

	B	C	D	합계
매출액	₩360,000	₩190,000	₩29,700	₩579,700
매출원가	180,450	74,366	25,000	279,816
매출총이익	₩179,550	₩115,634	₩4,700	299,884
판매비	0	0	4,700	4,700
순이익	₩179,550	₩115,634	₩0	₩295,184

(2) 기말재고자산원가

B: 10,000kg × @6.015 = ₩60,150

C: 8,200kg × @1.957 = 16,047

계 ₩76,197

(물음 3) 제품별 단위당 원가

제품	순실현가능가치[1]	배분비율	결합원가배분액	개별원가	총원가	단위당 원가
2차 분리점						
C	₩200,000	80%	₩70,400	₩31,000	₩101,400	₩2.195/kg
D	50,000	20	17,600	21,500	39,100	1.975
계	₩250,000	100%	₩88,000[2]			
1차 분리점						
A	₩210,000	40%	₩48,000	N/A	N/A	N/A
B	315,000	60	72,000	165,000	237,000	₩5.925/kg
계	₩525,000	100%	₩120,000	₩217,500	₩377,500	

[1] 순실현가능가치

C: 46,200kg × @5 - ₩31,000 = ₩200,000

D: 19,800kg × @4 - ₩21,500 - ₩7,700 = ₩50,000

A: C와 D의 NRV ₩250,000 - A의 추가가공원가 ₩40,000 = ₩210,000

B: 40,000kg × @12 - ₩165,000 = ₩315,000

[2] 1차 분리점에서 A에 배분된 결합원가 ₩48,000 + A의 추가가공원가 ₩40,000 = ₩88,000

(물음 4) D를 추가가공할 경우

증분수익: 19,800kg × (@4 - @1.5) = ₩49,500

증분비용: ₩21,500 + ₩3,000 = 24,500

증분이익 ₩25,000 ≥ 0

따라서, 추가가공하여 판매해야 한다.

실전문제 02 결합원가의 배분과 종합원가계산

(주)파주는 A, B, C 세 개의 제조공정을 거쳐 화학제품을 생산하는 기업이다. (주)파주의 결산일은 매년 12월 31일이다.

(1) A공정에서는 주산품 X, Y와 부산물 Z가 생산되는데, 주산품 X, Y는 각각 B공정과 C공정에서 추가가공을 거쳐서 완성되지만 부산물 Z는 분리점에서 바로 판매된다. 각 공정의 재료는 공정의 초기에 투입되며 가공원가는 공정의 진행에 따라 발생한다.

(2) 당사의 20×1년 6월 각 공정의 생산자료는 다음과 같으며, 6월 1일 현재 제품재고는 없었다.

① 공정별 원가

	A공정	B공정	C공정
재료원가	₩740,000		
노무원가	360,000	₩287,500	₩150,000
제조간접원가	738,000	112,500	50,000
계	₩1,838,000	₩400,000	₩200,000

② 공정별 생산량

	A공정	B공정	C공정	합계
기초재공품	-	-	-	
당기착수량	74,000개	40,000개	20,000개	134,000개
완성품	72,000	40,000	20,000	132,000
기말재공품	2,000	-	-	2,000

(3) 추가자료

① A공정의 당기완성품 72,000개는 X 40,000개, Y 20,000개, Z 12,000개로 구성되어 있으며 기말재공품의 가공원가 완성도는 60%이다.

② 당기 제품별 판매량은 X 30,000개, Y 15,000개, Z 10,000개이며 단위당 판매가격은 각각 ₩40, ₩50, ₩6이다.

③ 당사는 결합원가를 순실현가능가치법에 의하여 배부하고 있으며 부산물은 생산시점에 인식하는 방법을 사용하고 있다.

(물음 1) A공정의 결합원가를 배분하시오.

(물음 2) 각 제품별 단위당 원가를 계산하시오.

(물음 3) 당사의 기말재공품원가와 기말제품원가를 계산하시오.

| 정답 및 해설 |

(물음 1) A공정의 결합원가 배분

(1) A공정(결합공정)의 종합원가계산

	[1단계] 물량의 흐름	[2단계] 완성품환산량	
		재료원가	가공원가
기초재공품	-		
당기착수	74,000		
	74,000개		
완성품	72,000	72,000	72,000
기말재공품	2,000(60%)	2,000	1,200
	74,000개	74,000개	73,200개

	[1단계]	재료원가	가공원가	합계
[3단계] 총원가의 요약				
기초재공품원가				₩0
당기발생원가		₩740,000	₩1,098,000	1,838,000
계				₩1,838,000
[4단계] 환산량 단위당 원가				
완성품환산량		÷74,000개	÷73,200개	
환산량 단위당 원가		@10	@15	
[5단계] 원가의 배부				
완성품원가	72,000개 × @10 + 72,000개 × @15 =			₩1,800,000
기말재공품원가	2,000개 × @10 + 1,200개 × @15 =			38,000
계				₩1,838,000

(2) 결합원가 배분(순실현가능가치법)

제품	순실현가능가치	배분비율	결합원가
X	₩1,200,000[*1]	60%	₩1,036,800
Y	800,000[*2]	40	691,200
소계	₩2,000,000	100%	₩1,728,000
Z			72,000[*3]
계			₩1,800,000

*1 40,000개 × @40 - ₩400,000 = ₩1,200,000
*2 20,000개 × @50 - ₩200,000 = ₩800,000
*3 12,000개 × @6 = ₩72,000

(물음 2) 각 제품별 단위당 원가

① 제품 X: (₩1,036,800 + ₩400,000) ÷ 40,000개 = @35.92
　　　　　　<u>결합원가배분액</u>　<u>추가가공원가</u>

② 제품 Y: (₩691,200 + ₩200,000) ÷ 20,000개 = @44.56

③ 부산물 Z: @6

(물음 3) 기말재고자산원가

① 기말재공품원가(A공정) = ₩38,000

② 기말제품원가 = <u>10,000개 × @35.92</u> + <u>5,000개 × @44.56</u> + <u>2,000개 × @6</u> = ₩594,000
　　　　　　　　　　　제품 X　　　　　　제품 Y　　　　　부산물 Z

(주)세무는 20×1년 초에 설립되었으며, 결합공정을 통해 제품을 생산한다. 제1공정에서는 동일한 재료를 가공하여 제품 A와 중간제품 B를 생산한다. 중간제품 B는 전량 제2공정을 거쳐 제품 C로 생산·판매된다. 제조원가는 재료원가와 전환원가(conversion costs)로 구분되며, 재료원가는 변동원가이고 전환원가는 고정원가이다. 제1공정과 제2공정에서 재료는 각각의 공정 시작시점에 모두 투입된다. (주)세무는 실제원가에 의한 종합원가계산을 사용하고 있다. 결합원가는 순실현가능가치법에 의해 각 결합제품에 배부하며, 순실현가능가치는 실제 판매가치 및 실제원가를 이용하여 계산한다. 다음은 20×1년도 생산 및 원가 관련 자료이다.

---

(1) 제1공정에서 생산에 착수한 물량은 1,000단위, 완성품은 850단위(제품 A 150단위, 중간제품 B 700단위), 기말재공품은 100단위(전환원가 완성도 50%)이었다. 당기투입 재료원가는 ₩50,000, 전환원가는 ₩66,500이었다. 제1공정의 종료시점에서 품질검사를 실시하며, 정상공손 25단위와 비정상공손 25단위가 발생하였다. 정상공손원가는 완성품원가에 가산하고, 비정상공손원가는 당기비용으로 처리한다. 공손품은 처분가치가 없고 추가비용 없이 폐기한다.

(2) 제2공정에서 제품 C의 당기 완성품은 700단위이고 기말재공품은 없었으며, 전공정원가 이외에 재료원가 ₩42,000, 전환원가 ₩56,000이 발생했다. 제2공정의 공손 및 감손은 없었다.

(3) 제품 A는 추가가공 없이 단위당 ₩320에 판매되고, 제품 C의 단위당 판매가격은 ₩300이다. 생산된 제품은 당기에 모두 판매되었으며, 판매비와 관리비는 발생하지 않는다.

※ (주)세무가 전부원가계산을 적용한다고 가정하고 (물음 1)~(물음 3)에 답하시오.

(물음 1) 제1공정과 관련하여 다음 ①~③의 금액을 계산하시오.

항목	금액
결합원가 총액	①
제품 A에 배부된 결합원가	②
중간제품 B에 배부된 결합원가	③

(물음 2) 제2공정의 완성품원가를 계산하시오.

(물음 3) 당기순이익을 계산하시오. (단, 당기순손실인 경우 금액 앞에 '(-)'를 표시하시오)

(물음 4) (주)세무가 변동원가계산을 적용한다고 가정하고 다음 ① ~ ③의 금액을 계산하시오. (단, 당기순손실인 경우 금액 앞에 '(-)'를 표시하시오)

항목	금액
매출원가	①
비정상공손원가	②
당기순이익	③

(물음 5) (주)세무는 전부원가계산 당기순이익과 변동원가계산 당기순이익의 차이가 생긴 원인을 분석하고자 한다. (물음 3)의 당기순이익과 (물음 4)의 당기순이익이 차이가 발생한 이유를 기술하시오.

| 정답 및 해설 |

(물음 1)

(1) 결합공정에서의 완성품 환산량 단위당 원가

재공품				재료원가	전환원가
기초재공품	0	완성	850	850	850
		정상공손	25(1)	25	25
		비정상공손	25(1)	25	25
당기착수	1,000	기말재공품	100(0.5)	100	50
		완성품 환산량		1,000	950
		당기발생원가 집계액		₩50,000	₩66,500
		완성품 환산량 단위당 원가		₩50	₩70

(2) 분리점에서의 순실현가치

제품	순실현가치	
제품 A	150단위 × ₩320 =	₩48,000(30%)
제품 B	700단위 × ₩300 - ₩98,000	112,000(70%)
합계		₩160,000(100%)

(3) 제1공정 관련 금액

① 결합원가 총액: 875단위 × (₩50 + ₩70) = ₩105,000

② 제품 A에 배부된 결합원가: ₩105,000 × 0.3 = ₩31,500

③ 중간제품 B에 배부된 결합원가: ₩105,000 × 0.7 = ₩73,500

(물음 2)

제2공정의 완성품원가: ₩105,000 × 0.7 + ₩98,000 = ₩171,500

(물음 3)

손익계산서(전부원가계산)		
매출액	150단위 × ₩320 + 700단위 × ₩300 =	₩258,000
(-)매출원가	₩31,500 + ₩171,500 =	(203,000)
(=)매출총이익		₩55,000
(-)판매관리비		-
(=)영업이익		₩55,000
(-)영업외비용	비정상공손손실 25단위 × ₩120 =	(3,000)
(=)당기순이익		₩52,000

(물음 4)

손익계산서(변동원가계산)

매출액	150단위 × ₩320 + 700단위 × ₩300 =	₩258,000
(-)변동매출원가	875단위 × ₩50 + ₩42,000 =	(85,750)
(=)공헌이익		₩172,250
(-)고정원가	₩66,500 + ₩56,000 =	(122,500)
(=)영업이익		₩49,750
(-)영업외비용	비정상공손손실 25단위 × ₩50 =	(1,250)
(=)당기순이익		₩48,500

① 매출원가: ₩85,750

② 비정상공손원가: ₩1,250

③ 당기순이익: ₩48,500

(물음 5)

<각 원가계산방법상 당기순이익 차이의 원인>

전부원가계산에 의한 당기순이익		₩52,000
(+) 기초재공품에 포함된 고정원가		-
(-) 기말재공품에 포함된 고정원가	100단위 × 0.5 × ₩70 =	(3,500)
(=) 변동원가계산에 의한 당기순이익		₩48,500

해커스 세무사 真원가관리회계연습

제5장 결합원가계산

(주)세무는 결합생산공정을 통해 동일한 원재료 T를 가공처리하여 결합제품 A, B, C를 생산하며, 이 때 폐물 P가 산출된다. 제1공정에서는 반제품이 생산되는데 그 가운데 일부는 제품 A라는 이름만 붙여 외부에 판매되며, 또 일부는 제2공정을 거쳐 제품 B가 생산되고, 나머지는 제3공정을 거쳐 제품 C가 생산된다. (주)세무는 실제원가를 이용하여 선입선출법에 의한 종합원가계산을 사용하고 있다. 결합원가는 순실현가능가치법에 의해 각 결합제품에 배부되며, 부산물과 폐물에 대한 회계처리는 생산시점에서 순실현가능가치로 평가하여 인식한다. 다음은 20×1년 9월 생산 및 관련 자료이다.

(1) 제1공정에서 직접재료원가와 전환원가는 공정전반에 걸쳐 균등하게 발생한다. 기초재공품 200단위(전환원가 완성도 40%), 당기투입 2,600단위, 당기완성량 2,000단위, 기말재공품 600단위(전환원가 완성도 60%), 1차 공손수량 100단위, 2차 공손수량 100단위이다. 품질검사는 두 차례 실시하는데 공정의 20%시점에서 1차 검사를 하고, 공정의 종료시점에서 2차 검사를 한다. (주)세무의 정상공손수량은 1차 검사에서는 검사시점을 통과한 합격품의 2%, 2차 검사에서는 검사시점을 통과한 합격품의 2.5%이다. 공손품은 발생 즉시 추가비용 없이 폐기된다. 기초재공품원가는 ₩22,600(직접재료원가 ₩10,000, 전환원가 ₩12,600)이며, 당기투입원가는 ₩2,400,000(직접재료원가 ₩1,440,000, 전환원가 ₩960,000)이다. (주)세무는 정상공손원가를 당월에 검사시점을 통과한 합격품의 물량단위에 비례하여 배부하며, 공손품의 처분가치는 없다.

(2) 제품 A는 400단위 생산되었으며, 추가가공원가는 발생하지 않는다. 제2공정에서는 제품 B가 600단위 생산되었으며, 추가가공원가는 총 ₩200,000 발생하였다. 제3공정에서는 제품 C가 800단위 생산되었으며, 추가가공원가는 총 ₩300,000 발생하였다. 폐물 P는 200단위 생산되었으며, 정부의 환경관련 법규에 따라 폐기하는데 단위당 ₩500의 비용이 소요된다. 제2공정, 제3공정에서 재료의 투입은 이루어지지 않았으며, 재공품과 공손 및 감손은 없었다.

(3) 제품 A의 단위당 판매가격은 ₩2,000, 제품 B의 단위당 판매가격은 ₩1,500, 제품 C의 단위당 판매가격은 ₩2,000이다. 제품 A의 총 판매비는 ₩200,000, 제품 B의 총 판매비는 ₩200,000, 제품 C의 총 판매비는 ₩400,000이다.

(물음 1) 제1공정의 1차 검사시점과 2차 검사시점의 정상공손수량을 각각 계산하시오.

(물음 2) 제1공정에서 완성품환산량 단위당 원가, 결합제품에 배부해야 할 결합원가 총액, 그리고 정상공손원가 배부 후 비정상공손원가를 각각 계산하시오.

(물음 3) 20×1년 9월에 발생한 결합원가를 배부하여 제품 A, B, C의 제품원가를 각각 계산하시오.

(물음 4) (주)한국이 폐물 P를 추가재료로 사용하기 위해 단위당 ₩1,500에 구입하겠다고 (주)세무에게 제안을 하였다. 이 경우 (주)세무는 폐물 P를 생산시점부터 부산물로 처리하려고 하며, (주)세무는 폐물 P를 추가가공해서 판매할 수 있으며, 추가가공원가는 ₩350,000이다. (주)한국의 제안에 대해 (주)세무의 의사결정에 대한 증분손익을 계산하고 수락 또는 거절의 의사결정을 제시하시오.

(물음 5) (물음 4)의 의사결정을 수락할 경우, 20×1년 9월에 발생한 결합원가를 배부하여 제품 A, B, C의 제품원가를 각각 계산하시오.

| 정답 및 해설 |

(물음 1)

(1) 1차 검사시점 (정상/비정상) 공손수량

   ① 합격수량: 2,800단위 - 100단위 - 200단위 = 2,500단위

   ② 정상공손수량: 2,500단위 × 2% = 50단위

   ③ 비정상공손수량: 100단위 - 50단위 = 50단위

(2) 2차 검사시점 (정상/비정상) 공손수량

   ① 합격수량: 2,800단위 - 100단위 - 100단위 - 600단위 = 2,000단위

   ② 정상공손수량: 2,000단위 × 2.5% = 50단위

   ③ 비정상공손수량: 100단위 - 50단위 = 50단위

(물음 2)

(1) 제조원가 완성품환산량 단위당 원가

			1차	2차	제조원가 완성품환산량
완성품	기초	200(0.4)	×	○	120
	당기착수	1,800	○	○	1,800
정상공손(1차)		50(0.2)	×	×	10
비정상공손(1차)		50(0.2)	×	×	10
정상공손(2차)		50(1)	○	×	50
비정상공손(2차)		50(1)	○	×	50
기말재공품		600(0.6)	○	×	360
합계		2,800			2,400
당기발생원가					₩2,400,000
완성품환산량 단위당 원가					₩1,000/단위

(2) 정상공손원가

   ① 1차 정상공손원가: 10단위 × ₩1,000 = ₩10,000

   ② 2차 정상공손원가: 50단위 × ₩1,000 + ₩10,000 × (50단위/2,500단위) = ₩50,200

(3) 원가배분

   ① 완성품원가: ₩22,600 + 1,920단위 × ₩1,000 + ₩10,000 × (1,800단위/2,500단위) + ₩50,200 = ₩2,000,000

   ② 기말재공품원가: 360단위 × ₩1,000 + ₩10,000 × (600단위/2,500단위) = ₩362,400

   ③ 비정상공손원가: 10단위 × ₩1,000 + 50단위 × ₩1,000 + ₩10,000 × (50단위/2,500단위) = ₩60,200

(물음 3)

(1) 결합원가

$$\text{₩}2,000,000 + 200\text{단위} \times \text{₩}500(\text{폐물 폐기비용}) = \text{₩}2,100,000$$

(2) 제품별 원가

제품	순실현가치	결합원가 배부액	추가가공원가	제품별 총원가
A	₩600,000[*1](30%)	₩630,000	-	₩630,000
B	500,000[*2](25%)	525,000	₩200,000	725,000
C	900,000[*3](45%)	945,000	300,000	1,245,000
	₩2,000,000(100%)	₩2,100,000	₩500,000	₩2,600,000

*1 400단위 × ₩2,000 - ₩200,000 = ₩600,000

*2 600단위 × ₩1,500 - ₩200,000 - ₩200,000 = ₩500,000

*3 800단위 × ₩2,000 - ₩300,000 - ₩400,000 = ₩900,000

(물음 4)

<폐물 P를 생산시점부터 부산물로 생산하여 추가가공 판매 시>

증분수익	매출액 증가	200단위 × ₩1,500 =	₩300,000(+)
증분비용	폐기비용 감소	200단위 × ₩500 =	100,000(+)
	추가가공원가		350,000(-)
증분이익			₩50,000(+)

∴ (주)한국의 제안을 수락한다.

(물음 5)

(1) 결합원가

$$\text{₩}2,000,000 + \text{₩}50,000(\text{부산물의 부(-)의 순실현가치}) = \text{₩}2,050,000$$

(2) 제품별 원가

제품	순실현가치	결합원가 배부액	추가가공원가	제품별 총원가
A	₩600,000[*1](30%)	₩615,000	-	₩615,000
B	500,000[*2](25%)	512,500	₩200,000	712,500
C	900,000[*3](45%)	9222,500	300,000	1,222,500
	₩2,000,000(100%)	₩2,050,000	₩500,000	₩2,550,000

*1 400단위 × ₩2,000 - ₩200,000 = ₩600,000

*2 600단위 × ₩1,500 - ₩200,000 - ₩200,000 = ₩500,000

*3 800단위 × ₩2,000 - ₩300,000 - ₩400,000 = ₩900,000

(주)서울은 사과를 가공하여 세 종류의 제품인 사과잼, 사과칩 및 사과주스를 생산하는 회사이다. (주)서울의 결산일은 매년 12월 31일이다.

(1) 가공과정에서 발생한 사과껍질은 말려서 사료로 활용하는 부산물이다. 주산품인 잼, 칩 및 주스는 각각 추가가공을 통해서 최종소비자에게 판매된다. 공정초기에 껍질이 제거된 사과는 공정과정을 거쳐 잼, 칩 및 주스로 전환되는데 주스는 열처리로 인하여 공정과정에서 산출량의 8%가 증발된다. 당월 총 2,700kg의 사과가 공정에 투입되었으며 기초 및 기말재공품은 없다.

(2) 당월 관련 자료는 아래와 같다.

① 결합공정에서의 발생한 제조원가

원재료	₩30,000
인건비	15,000
기타경비	15,000

② 기타 생산 및 판매자료

	산출량비율	추가가공원가	최종판매가격(kg당)
주산품 잼	35%	₩4,700	₩60
칩	28	10,580	55
주스	27	3,250	30
부산물 껍질	10	700	10
	100%	₩19,230	

(3) (주)서울은 각 제품의 순실현가능가치를 기준으로 결합원가를 배부하며 부산품은 생산시점에서 재고자산으로 기록한다.

(물음 1) 다음 내용을 산출하시오.

(1) 각 결합제품별 판매중량(산출량)

(2) 각 결합제품별 결합원가배부액

(3) 각 결합제품별 매출총이익

(4) 부산물 원가

(물음 2) 사과껍질을 사료로 가공하지 않고 한약재를 첨가하여 특수분쇄기를 통해 가공하면 다이어트식품을 생산할 수 있다. 껍질 1kg당 ₩30의 한약재를 투입하면 최종제품은 1kg당 ₩45에 판매할 수 있다. 특수분쇄기를 임차할 수 있다면 기존이익을 감소시키지 않으면서 지불할 수 있는 임차료는 얼마인가? (단, 한약재 투입으로 인하여 중량에 변화는 없다)

(물음 3) 만약 (물음 2)에서의 임차료를 ₩1,000이라고 가정하자. 결합제품이 모두 독립된 사업부이며 사업부는 이익중심점으로 설정되어 있다면 다이어트식품 생산에 대한 각 결합제품 사업부의 책임자의 의견은 어떠하겠는가?

(물음 4) 최근 사과칩에 대한 소비자들의 선호도가 낮아져 사과칩 생산을 중단하고 남은 원재료는 사과잼으로 가공하고자 한다. 사과잼으로 가공하였을 경우 회사전체입장에서의 이익은 어떻게 달라지겠는가? (단, 추가가공원가는 모두 변동원가로 가정한다)

(물음 5) 결합공정에서 발생한 원가는 회피불가능한 원가이다. 문제에서의 중량비율이 유지되면서 손익분기점을 달성하기 위한 각 제품별 판매중량을 구하시오. (단, 주스는 공정과정에서 증발이 없으며 소수점 셋째 자리에서 반올림하시오)

| 정답 및 해설 |

(물음 1)

(1) 각 결합제품별 판매중량(산출량)

	산출량	÷	수율	=	투입량
잼	0.35X		1		0.35X
칩	0.28X		1		0.28X
주스	0.27X		100/108		0.2916X
껍질	0.10X		1		0.10X
	X				2,700

→ 총산출량(X) = 2,643kg

∴

	판매중량(산출량)
잼	925kg
칩	740
주스	714
껍질	264
	2,643kg

(2) 각 제품별 결합원가배부액

	NRV	결합원가배분	추가가공원가	총원가
잼: 925kg × @60 - ₩4,700 =	₩50,800	₩29,765	₩4,700	₩34,465
칩: 740kg × @55 - ₩10,580 =	30,120	17,648	10,580	28,228
주스: 714kg × @30 - ₩3,250 =	18,170	10,647	3,250	13,897
	₩99,090	₩58,060	₩18,530	₩76,590
껍질: 264kg × @10 - ₩700 =	1,940	1,940	700	2,640
		₩60,000	₩19,230	₩79,230

(3) 각 결합제품별 매출총이익

	잼	칩	주스	합계
매출액	₩55,500	₩40,700	₩21,420	₩117,620
매출원가	34,465	28,228	13,897	76,590
매출총이익	₩21,035	₩12,472	₩7,523	₩41,030

(4) 부산물 원가

₩2,640

(물음 2)

증분수익	264kg × (@45 - @10) =	₩9,240
증분비용		7,220 + X
증가: 한약재투입비용	264kg × @30 =	₩7,920
임차료		X
감소: 사료가공원가용		(700)
증분이익		₩2,020 - X ≥ 0

∴ X ≤ ₩2,020

(물음 3)

다이어트식품 판매로 인하여 부산물의 순실현가능가치*가 기존 제품보다 증가한다. 따라서 결합제품에 배분될 결합원가가 줄어들게 되므로 각 사업부 책임자들은 다이어트식품 생산에 찬성할 것이다.

* 부산물의 증분순실현가능가치 = ₩2,020 - ₩1,000 = ₩1,020

(물음 4)

증분수익	740kg × (@60 - @55) =	₩3,700
증분비용		(6,820)
증가: 잼 추가가공원가	740kg × ₩4,700/925kg =	₩3,760
감소: 칩 추가가공원가		(10,580)
증분이익		₩10,520

(물음 5)

	중량비율	원재료배분량	단위당 공헌이익
잼	35%	945kg	@55.03
칩	28	756	41.01
주스	27	729	25.54
껍질	10	270	7.41
	100%	2,700kg	

① 잼의 단위당 공헌이익: (945kg × @60 - ₩4,700)/945kg = @55.03

② 단위당 가중평균 공헌이익: @55.03 × 35% + @41.01 × 28% + @25.54 × 27% + @7.41 × 10% = @38.38

③ 손익분기수량: $\dfrac{₩60,000}{@38.38}$ = 1,563.31kg

④ 제품별 손익분기수량

잼: 1,563.31kg × 35% =		547.16kg
칩: 1,563.31kg × 28% =		437.73
주스: 1,563.31kg × 27% =		422.09
껍질: 1,563.31kg × 10% =		156.33
		1,563.31kg

(주)대한은 결합제품 A, B, C를 생산·판매하고 있다. 공정 1에서 반제품이 생산되는데 그 가운데 일부는 제품 A라는 이름만 붙여 외부에 판매되며, 또 일부는 공정 2를 거쳐 제품 B가 생산되고, 나머지는 공정 3을 거쳐 제품 C와 폐물 F가 생산된다. 20×1년 생산 및 원가자료는 다음과 같다.

---

(1) 공정 1의 기초재공품은 100kg(완성도 40%), 당기투입수량은 1,300kg이며, 당기완성량은 1,000kg, 기말재공품은 300kg(완성도 60%), 나머지는 공손이다. 공정 1에서 재료원가와 가공원가는 모두 공정전반에 걸쳐 균등하게 발생한다. 공정1에서 품질검사는 완성도 70%에서 이루어지며, 품질검사를 통과한 정상품의 6%를 정상공손으로 간주한다. 20×1년 공정 1의 기초재공품원가는 ₩28,000이며, 당기투입원가는 ₩1,149,500이다. 원가흐름은 선입선출법을 가정한다.

(2) 제품 A는 200kg이 생산되었고 추가가공원가는 발생하지 않는다. 공정 2에서는 제품 B가 300kg 생산되었으며 추가가공원가는 총 ₩152,000 발생하였다. 공정 3에서는 제품 C가 400kg, 폐물 F가 100kg이 생산되었으며 추가가공원가는 총 ₩200,000 발생하였다. 폐물 F는 공정 3의 특성상 발생한 것이며, 공정 1, 2와는 관계가 없다. 공정 2와 3에서 재료의 투입은 이루어지지 않으며, 재공품과 공손 및 감손은 없었다.

(3) 폐물 F를 폐기처리하는 데 kg당 ₩150의 비용이 소요되며, 부산물과 폐물에 대한 회계처리는 생산기준법(순실현가치)을 적용하고 있다. 20×1년 각 제품의 판매 관련 자료는 다음과 같다.

	kg당 가격	판매비(총액)
제품 A	₩2,100	₩70,000
제품 B	2,100	240,000
제품 C	2,800	108,000
합계	₩7,000	₩418,000

(물음 1) 20×1년 공정 1에서 결합제품에 배부되어야 할 결합원가는 얼마인가?

(물음 2) (물음 1)에서 산출된 결합원가가 ₩1,000,000이라고 가정한다. 순실현가치법을 이용하여 제품 A, B, C의 제품원가를 각각 구하시오.

(물음 3) (주)대한의 경영진은 제품 B의 수익성이 상대적으로 낮기 때문에 공정 2를 폐쇄하고 이것을 추가가공 이전인 제품 A의 형태로 판매하는 대안을 고민하고 있다. (주)대한의 경영진은 회계팀에게 20×1년의 자료를 이용하여 대안의 수락여부를 판단할 수 있는 정보를 요청하였다. 회계팀에서 필요한 자료를 수집한 결과는 다음과 같다. 20×1년 각 제품의 재고는 없으며, 폐물 F도 모두 처리되었고, 제품 A의 시장수요는 충분하다. 공정 2에서 발생한 추가가공원가 가운데 1/2은 고정원가이다. 공정 2를 폐쇄할 경우 공정 2의 변동제조원가는 더 이상 발생하지 않으며, 공정 2의 생산라인을 다른 기업에 장기 임대하여 연간 ₩30,000의 임대수익을 얻을 수 있다. 총판매비 ₩418,000 가운데 ₩120,000은 고정판매비이며, 이는 각 제품의 'kg당 가격'에 비례적으로 배분되었다. 또한 제품 A의 판매량이 증가함에 따라 제품 B의 변동판매비 가운데 1/3은 계속 발생할 것으로 예상된다. 이 대안을 수락하는 경우 (주)대한의 연간 이익은 20×1년보다 얼마나 증가하는가? (단, (물음 2)의 결과를 이용하며, (주)대한의 20×1년도 이익은 ₩385,000이다)

| 정답 및 해설 |

(물음 1) 선입선출법에 의한 제조원가보고서

	[1단계] 물량흐름	[2단계] 완성품환산량 원가
기초재공품	100kg(40%)	
당기착수	1,300kg	
계	1,400kg	
완성품	1,000kg	
기초	100	60kg
당기	900	900
정상공손	60*(70%)	42
비정상공손	40*(70%)	28
기말재공품	300(60%)	180
계	1,400kg	1,210kg

[3단계] 총원가의 요약

기초재공품원가	
당기발생원가	₩1,149,500
계	

[4단계] 환산량 단위당 원가

완성품환산량	÷1,210kg
환산량 단위당 원가	@950

[5단계] 원가의 배분(1차 배분)

완성품원가　　₩28,000 + 960kg × @950 + 42kg × @950 = ₩979,900

* 정상공손: (1,400kg - 100kg - 300kg) × 0.06 = 60kg
　비정상공손: 100kg - 60kg = 40kg

∴ 결합공정에서의 완성품원가가 결합원가이므로 ₩979,900이다.

(물음 2) 각 제품별 제품원가 계산

	각 제품별 NRV	결합원가 배분액	추가가공원가	제품원가
제품 A	₩350,000[*1]	₩250,000	₩0	₩250,000
제품 B	238,000[*2]	170,000	152,000	322,000
제품 C	812,000[*3]	580,000	215,000[*4]	795,000
합계	₩1,400,000	₩1,000,000	₩367,000	₩1,367,000

*1 200kg × ₩2,100 - ₩70,000 = ₩350,000

*2 300kg × ₩2,100 - ₩152,000 - ₩240,000 = ₩238,000

*3 400kg × ₩2,800 - ₩200,000 - ₩108,000 = ₩812,000

*4 ₩200,000 + ₩15,000 = ₩215,000

(물음 3) 대안 수락 시

제품 A	매출 증가	630,000[*1](+)
공정 2	변동제조원가 감소	76,000[*2](+)
공정 2	생산라인 임대료수익	30,000 (+)
제품 B	변동판매비 감소	136,000[*4](+)
제품 B	매출 감소	630,000[*3](-)
증분이익		242,000 증가

*1 300kg × ₩2,100 = ₩630,000

*2 ₩152,000 × 0.5 = ₩76,000

*3 300kg × ₩2,100 = ₩630,000

*4 (₩240,000 - ₩120,000 × 2,100kg/7,000kg) × 2/3 = ₩136,000

乙회사는 화학원료를 이용하여 두 가지 제품을 생산하는 기업으로 공정 Ⅰ에서 원재료 α를 투입하여 두 가지 중간제품 β, γ를 생산하고, 공정 Ⅱ에서 중간제품 β를 추가가공하여 두 가지 주산품 A, B를 생산하고 있다. 중간제품 γ는 시장가치가 없어 폐품처리하고 있으며 폐품처리에 소요되는 비용은 ℓ당 ₩500이다. 2004년 5월의 생산 관련 자료는 다음과 같다.

(1) 생산자료

공정 Ⅰ	중간제품 β	80,000ℓ
	중간제품 γ	20,000ℓ
공정 Ⅱ	최종제품 A	48,000ℓ
	최종제품 B	20,000ℓ

(2) 원가자료

	직접재료원가	가공원가	총원가
공정 Ⅰ	₩100,000,000	₩20,000,000	₩120,000,000
공정 Ⅱ	0	150,000,000	150,000,000

(3) ℓ당 판매가격과 추가가공원가

	판매가격	추가가공원가
제품 A	₩6,500	₩1,000
제품 B	5,000	600

(물음 1) 순실현가치를 기준으로 결합원가를 최종제품 A와 B에 배분하고 ℓ당 원가를 결정하시오.

(물음 2) 균등이익률법에 따라 결합원가를 배분하시오.

(물음 3) 최근 당 회사는 신기술을 개발하여 지금까지 시장가치가 없어 폐품처리를 하던 중간제품 γ를 추가로 가공하여 제품 A를 생산하는 원재료로 이용할 수 있게 되었다. 따라서 최고 경영자는 독립된 사업부를 설립하여 중간제품 γ를 추가로 가공하기로 결정하였다. 중간제품 γ를 추가로 가공하면 공정 Ⅱ의 제품 A의 원료가 되는 제품원료 C가 10,000ℓ, 부산물 D가 8,000ℓ 생산된다. 부산물 D는 ℓ당 ₩400의 판매가치를 갖게 된다.

공정 Ⅱ에 중간제품 γ를 가공하여 제품원료 C를 공급함으로써 생산의 효율성이 증가하게 되어, 제품 A를 추가로 12,000ℓ를 생산할 수 있으며, 제품원료 C는 제품 A를 제조하는 과정에만 이용할 수 있다고 가정한다. 이 경우 乙회사 전체 입장에서 추가가공에 투입하여야 할 최대 허용가능원가를 계산하시오.

| 정답 및 해설 |

(물음 1) 결합원가배분

(1) 공정흐름도

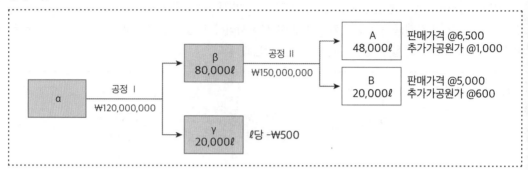

(2) 결합원가배분

		순실현가치	결합원가
A	48,000ℓ × (₩6,500 - ₩1,000) =	₩264,000,000(75%)	₩210,000,000
B	20,000ℓ × (₩5,000 - ₩600) =	88,000,000(25%)	70,000,000
		₩352,000,000	₩280,000,000[*]

* 결합원가

공정 I 원가		₩120,000,000
중간제품 γ	폐기비용 20,000ℓ × ₩500 =	10,000,000
공정 II 원가		150,000,000
		₩280,000,000

(3) ℓ당 원가

- A: (₩210,000,000 + 48,000ℓ × ₩1,000) ÷ 48,000ℓ = @5,375
- B: (₩70,000,000 + 20,000ℓ × ₩600) ÷ 20,000ℓ = @4,100

(물음 2) 균등이익률법

	판매가치	매출총이익	총원가	개별원가	결합원가
A	₩312,000,000	₩54,524,272[*2]	₩257,475,728	₩48,000,000	₩209,475,728
B	100,000,000	17,475,728	82,524,272	12,000,000	70,524,272
	₩412,000,000	₩72,000,000[*1]	₩340,000,000	₩60,000,000	₩280,000,000

*1 ₩412,000,000 - (₩60,000,000 + ₩280,000,000) = ₩72,000,000

*2 $₩312,000,000 \times \dfrac{₩72,000,000}{₩412,000,000} = ₩54,524,272$

(물음 3) 추가가공의사결정

Ⅰ. 증분수익:	제품 A	(₩6,500 - ₩1,000) × 12,000ℓ =	₩66,000,000
	부산물 D	₩400 × 8,000ℓ =	3,200,000
Ⅱ. 증분비용:	폐기비용 감소	₩(500) × 20,000ℓ =	10,000,000
Ⅲ. 증분이익			₩79,200,000

∴ 추가가공을 하는 경우에 증분이익이 ₩79,200,000이므로 추가가공에 투입하여야 할 최대 허용가능원가는 ₩79,200,000이 된다.

🗒 참고

(물음 1) 부산물에 폐기비용이 발생하는 경우에는 결합원가에 가산한다.

(주)성수는 결합공정인 제1공정과 제2공정을 통해 제품을 생산한다.

(1) (주)성수는 당월 중 원재료 X를 제1공정에 투입하여 제품 A 400단위와 제품 B 600단위를 생산한다. 아울러 (주)성수는 제품 B 600단위와 원재료 Y를 제2공정에 투입하여 제품 C 800단위와 제품 D 200단위를 생산한다. 제품 C 800단위의 경우 원재료 Z를 사용하는 추가공정을 거쳐 최종제품 E 800단위를 생산한다. (주)성수의 제품원가는 재료원가 및 가공원가로 구성되고 재고 및 공손품은 발생하지 않는다.

(2) 당월 중 (주)성수의 각 공정에서의 제조원가와 각 제품의 시장가격은 다음과 같다(결합원가 배부 시 소수점 첫째 자리에서 반올림하시오).

<자료 1> 제1공정에서의 제조원가 및 제품 A와 제품 B의 시장가격

구분	
재료원가 총액	₩3,000
가공원가 총액	18,000
제품 A의 단위당 시장가격	50
제품 B의 단위당 시장가격	0

<자료 2> 제2공정에서의 제조원가 및 제품 C와 제품 D의 시장가격

구분	
재료원가 총액	₩1,000
가공원가 총액	3,000
제품 C의 단위당 시장가격	2
제품 D의 단위당 시장가격	1

<자료 3> 제품 C의 추가공정 시 제조원가 및 제품 E의 시장가격

구분	
재료원가 총액	₩15,000
가공원가 총액	21,200
제품 E의 단위당 시장가격	60

※ 각 (물음)은 상호독립적이다.

(물음 1) 개별제품의 순실현가치를 기준으로 결합원가를 배부하고, 주산품인 제품 A, 제품 D 및 제품 E가 모두 판매되었을 경우의 제품별 매출총이익을 각각 계산하시오.

(물음 2) 다음 (물음)에 답하시오(소수점 둘째 자리에서 반올림하여 소수점 첫째 자리까지 계산하시오).

(1) (주)성수 회계담당자의 실수로 제품 E를 부산품으로 간주하여 판매기준법하의 수익계상법(잡이익법)을 이용해서 개별제품의 순실현가치를 기준으로 결합원가를 배부한 후 각 제품의 원가를 계산했다고 가정하자. 이 경우 제품 A, 제품 D 및 제품 E의 단위당 원가를 각각 계산하시오.

(2) (주)성수의 회계담당자가 제품 D를 부산품으로 간주하여 생산기준법하의 원가차감법을 이용해서 개별제품의 순실현가치를 기준으로 결합원가를 배부했을 경우의 제품 A 및 제품 E의 단위당 원가를 각각 계산하시오.

(물음 3) 다음 (물음)에 답하시오.

(1) 균등매출총이익률법을 활용하여 결합원가를 배부하고, 주산품인 제품 A, 제품 D 및 제품 E가 모두 판매되었을 경우의 제품별 매출총이익을 각각 계산하시오.

(2) 결합원가의 배부에 있어 순실현가치법과 비교할 때 균등매출총이익률법의 장·단점을 3줄 이내로 간단히 서술하시오.

※ (물음 4) ~ (물음 6)에서 제품 D를 추가가공하는 공정은 결합공정이 아니며, 제품배합을 경영진이 자유로이 조절할 수 있다.

(물음 4) 제품 D를 새롭게 활용할 수 있는 신기술이 개발되어 제품 D를 투입하여 제품 F와 제품 G를 추가로 생산하여 판매할 수 있게 되었다. 제품 D의 생산량이 200단위로 고정되어 있고 제품 F와 G에 공통적으로 투입되는 원재료 W는 단위당 ₩10에 450단위까지 구입할 수 있다고 가정하자. 제품 F와 제품 G의 단위당 가공원가가 각각 ₩18이고, 제품 D, 제품 F 및 제품 G의 단위당 시장가격이 각각 ₩1, ₩54 및 ₩31일 때 아래 <자료 4>를 참고하여 (주)성수의 이익을 극대화할 수 있는 제품 F와 제품 G 각각의 생산량을 결정하시오.

<자료 4> 제품 F와 제품 G의 제조원가 관련 정보

구분	제품 F	제품 G
제품단위당 제품 D의 소요량	1단위	1단위
제품단위당 원재료 W의 소요량	3단위	1단위

(물음 5) 다음 (물음)에 답하시오.

(1) (물음 4)에 주어진 조건하에서 제품 F의 단위당 시장가격이 ₩54에서 최소한 얼마로 인상되어야 (주)성수가 (물음 4)에서 결정된 제품 F의 생산량을 자발적으로 증가시킬 유인을 가질 수 있는지 계산하시오(제품 G의 단위당 시장가격은 ₩31로 일정함).

(2) (1)에서와 같이 인상된 제품 F의 시장가격에서 (주)성수의 이익을 극대화할 수 있는 제품 F와 제품 G 각각의 생산량을 결정하시오.

(물음 6) (물음 4)에 주어진 조건하에서 제품 F의 단위당 시장가격이 ₩60으로 인상되어 (주)성수가 제품 G를 생산하지 않고 제품 F만을 150단위 생산할 계획이라고 가정하자. (주)성수는 원재료 W를 투입하여 생산하는 제품 H 10단위에 대한 특별주문 요청을 받았다. (주)성수가 제품 H에 대하여 책정해야 하는 단위당 최소 판매가격을 <자료 5>를 고려하여 계산하시오.

<자료 5> 제품 H의 제조원가 관련 정보

구분	
제품단위당 원재료 W의 소요량	3단위
원재료 W의 단위당 구매가격	₩10
제품단위당 가공원가	9

| 정답 및 해설 |

(물음 1) 순실현가치법에 따른 제품별 매출총이익

(1) 결합원가의 배부

① 분리점 1

	순실현가치		결합원가
A	400단위 × ₩50 =	₩20,000(5/7)	₩15,000
B	800단위 × ₩60 - ₩36,200 + 200단위 × ₩1 - ₩4,000 =	8,000(2/7)	6,000
		₩28,000	₩21,000

② 분리점 2

	순실현가치		결합원가
C	800단위 × ₩60 - ₩36,200 =	₩11,800(59/60)	₩9,833
D	200단위 × ₩1 =	200 (1/60)	167
		₩12,000	₩10,000

(2) 제품별 매출이익

	제품 A	제품 E	제품 D	합계
매출액	₩20,000	₩48,000	₩200	₩68,200
결합원가 배부액	(15,000)	(9,833)	(167)	(25,000)
개별원가	-	(36,200)	-	(36,200)
매출총이익	₩5,000	₩1,967	₩33	₩7,000
매출총이익률	25.00%	4.10%	16.50%	16.50%

(물음 2) 부산물의 회계처리

(1) 판매기준법

① 분리점 1

		순실현가치	결합원가
A	400단위 × ₩50 =	₩20,000(100%)	₩21,000
B	200단위 × ₩1 - ₩4,000 =	0 (0%)	0
		₩20,000	₩21,000

② 분리점 2

		순실현가치	결합원가
C	-	-	-
D	200단위 × ₩1 =	₩200	₩4,000
		₩200	₩4,000

③ 각 제품의 단위당 원가

	제품 A	제품 E	제품 D
1 공정원가	₩21,000	-	-
2 공정원가	-	-	₩4,000
총원가	₩21,000	-	₩4,000
÷ 수량	400단위	800단위	200단위
단위당 원가	₩52.5	-	₩20.0

(2) 생산기준법

① 분리점 1

		순실현가치	결합원가
A	400단위 × ₩50 =	₩20,000(5/7)	₩15,000
B	800단위 × ₩60 - ₩36,200 + 200단위 × ₩1 - ₩4,000 =	8,000(2/7)	6,000
		₩28,000	₩21,000

② 분리점 2

		순실현가치	결합원가
C			₩9,800
D	200단위 × ₩1 =	₩200	200
		₩200	₩10,000

③ 각 제품의 단위당 원가

	제품 A	제품 E	제품 D
결합원가	₩15,000	₩9,800	₩200
개별원가	-	36,200	-
총원가	₩15,000	₩46,000	₩200
÷ 수량	400단위	800단위	200단위
단위당 원가	₩37.5	₩57.5	₩1.0

(물음 3) 균등매출총이익률법

(1) 제품별 매출총이익

	제품 A	제품 E	제품 D	합계
매출액	₩20,000	₩48,000	₩200	₩68,200
결합원가 배부액	(17,946)[*1]	(6,875)[*2]	(179)[*3]	(25,000)
개별원가	-	(36,200)	-	(36,200)
매출총이익	₩2,054	₩4,925	₩21	₩7,000
매출총이익률	10.26%	10.26%	10.26%	10.26%

*1 ₩20,000 - ₩20,000 × 10.26% = ₩17,946

*2 ₩48,000 - ₩36,200 - ₩48,000 × 10.26% = ₩6,875

*3 ₩200 - ₩200 × 10.26% = ₩179

(2) 균등매출총이익률법의 장·단점

① 장점: 추가가공공정에서 창출되는 부가가치를 결합원가 배분에 반영

② 단점: 상대적으로 분리가능원가를 가진 제품에 결합원가가 적게 배부되기 때문에 사실상 보조를 받는 것과 같은 효과가 발생함

(물음 4) 제품배합결정

	제품 F	제품 G
단위당 판매가격의 증가액	₩53[*1]	₩30[*3]
단위당 원재료 W 원가	(30)[*2]	(10)[*4]
단위당 가공원가	(18)	(18)
단위당 증분이익	₩5	₩2

*1 ₩54 - ₩1 = ₩53   *2 ₩10/단위 × 3단위 = ₩30

*3 ₩31 - ₩1 = ₩30   *4 ₩10/단위 × 1단위 = ₩10

목적함수 Max $Z = 5F + 2G$

제약조건식 $F + G \leq 200$단위, $3F + G \leq 450$단위, $F \geq 0$, $G \geq 0$

∴ 최적 제품배합 F 125단위, G 75단위

(물음 5)

(1) 제품 F의 생산량을 증가시키기 위한 판매가격

제품 F를 생산하기 위해서는 목적함수의 기울기가 제약조건식의 $3F + G \leq 450$의 G에 관한 식의 기울기인 3을 초과해야 하므로 제품 F의 판매가격을 P라고 할 경우 $(P - 49)/2 \geq 3$이어야 하므로 $P \geq 55$이어야 한다. 즉, 회사는 제품 F의 단위당 판매가격이 ₩55를 초과하여야 제품 F의 생산량을 증가시킨다.

(2) 제품 F와 제품 G의 생산량

제품 F의 단위당 판매가격이 ₩55를 초과하면 회사는 제품 F만 150단위 생산하고 제품 G는 생산하지 않는다.

(물음 6) 특별주문의 최소 판매가격

제품 H의 최소 판매가격: $₩10 × 3단위 + ₩9 + \dfrac{(₩60 - ₩30 - ₩18 - ₩1) × 10단위}{10단위} = ₩50$

제2부

원가계산의 관리적 응용

제6장 │ 표준원가계산

기본문제 01 표준원가계산의 기초개념

세무사 99

(주)합격은 단일제품을 생산하고 있는 회사이다. (주)합격은 표준원가계산제도를 사용하고 있으며 회사가 설정한 표준은 다음과 같다.

(1)

	SQ	SP
직접재료원가	5m²/단위	₩10/m²
직접노무원가	3직접노무시간/단위	₩20/직접노무시간

회사는 직접재료 13,000m²를 ₩120,000에 구입하여 11,000m²를 사용하였다. 또한 직접노무원가발생액은 ₩160,000이며 실제직접노무시간은 7,000시간이다.

(2) 당해 제조간접원가발생액은 ₩1,200,000으로 이 중 60%는 변동제조간접원가이며 변동제조간접원가는 기계시간당 표준배부율이 ₩24이고 실제기계시간은 26,000시간이며 제품 단위당 표준기계시간은 10시간이다.

(3) 고정제조간접원가의 기준조업도는 30,000기계시간이며 당월생산량은 2,500단위이다. 제조간접원가 표준배부율은 기계시간당 ₩45이며 당해 회사는 직접재료원가 가격차이를 구입시점에서 분리한다.

(물음 1) 직접재료원가 구입가격차이와 능률차이를 구하시오.

(물음 2) 직접노무원가 임률차이와 능률차이를 구하시오.

(물음 3) 변동제조간접원가 소비차이와 능률차이를 구하시오.

(물음 4) 고정제조간접원가 소비차이와 조업도차이를 구하시오.

(물음 5) 표준원가계산제도의 유용성에 대하여 설명하시오.

| 정답 및 해설 |

(물음 1) 직접재료원가 차이분석

(1) 구입 시

AQ′ × AP	AQ′ × SP
	$13,000m^2 × @10$
₩120,000	$= ₩130,000$

구입가격차이 ₩10,000(유리)

(2) 사용 시

AQ × SP	SQ × SP
$11,000m^2 × @10$	$12,500m^{2*} × @10$
$= ₩110,000$	$= ₩125,000$

능률차이 ₩15,000(유리)

* 2,500단위 × 5m² = 12,500m²

(물음 2) 직접노무원가 차이분석

AQ × AP	AQ × SP	SQ × SP
	7,000노무시간 × @20	7,500노무시간* × @20
₩160,000	$= ₩140,000$	$= ₩150,000$

임률차이 ₩20,000(불리)   능률차이 ₩10,000(유리)

* 2,500단위 × 3노무시간 = 7,500노무시간

(물음 3) 변동제조간접원가 차이분석

AQ × AP	AQ × SP	SQ × SP
	26,000기계시간 × @24	25,000기계시간*2 × @24
₩720,000*1	$= ₩624,000$	$= ₩600,000$

소비차이 ₩96,000(불리)   능률차이 ₩24,000(불리)

*1 변동제조간접원가 실제발생액: ₩1,200,000 × 60% = ₩720,000
*2 2,500단위 × 10기계시간 = 25,000기계시간

(물음 4) 고정제조간접원가 차이분석

실제발생액	고정제조간접원가예산[3]	SQ × SP
	30,000기계시간 × @21	25,000기계시간[4] × @21[2]
₩480,000[1]	= ₩630,000	= ₩525,000

소비차이 ₩150,000(유리)   조업도차이 ₩105,000(불리)

[1] ₩1,200,000 × 40% = ₩480,000

[2] ₩45 - ₩24 = ₩21

[3] 고정제조간접원가 표준배부율 = $\dfrac{\text{고정제조간접원가예산}}{\text{기준조업도}}$

　　고정제조간접원가예산 = 기준조업도 × 고정제조간접원가 표준배부율

[4] 2,500단위 × 10기계시간 = 25,000기계시간

(물음 5) 표준원가계산제도의 유용성

① 예산을 설정하는 데 있어서 기초자료로 활용할 수 있다.

② 실제원가와 비교하여 실제원가가 표준원가의 일정한 범위 내에서 발생하고 있는지를 파악함으로써 원가통제를 수행할 수 있다.

③ 표준원가를 기준으로 제품원가계산을 하게 되면 원가계산이 신속하고 간편해진다.

기본문제 02 복수생산요소의 원가차이분석

(주)서울은 20×1년 초에 설립되어 남성용 향수를 생산하고 있다. (주)서울의 결산일은 매년 12월 31일이다.

(1) 이 향수를 생산하기 위하여 세 가지 원재료를 사용하고 있다. 향수를 생산하는 데 필요한 표준은 향수 1단위(9g) 생산에 다음과 같은 원재료 투입이 필요하다.

원재료	표준수량	표준가격	표준원가
A	5g	₩300/g	₩1,500
B	4	480	1,920
C	1	360	360
계	10g		₩3,780

(2) 회사는 이번 주에 14,400g의 향수를 생산하였는데 소비된 원재료는 다음과 같다.

원재료	실제수량	실제가격	실제원가
A	9,350g	₩330/g	₩3,085,500
B	5,100	500	2,550,000
C	1,700	380	646,000
계	16,150g		₩6,281,500

(물음 1) 원재료의 가격차이와 능률차이를 구하시오.

(물음 2) 원재료의 배합차이와 수율차이를 구하시오.

| 정답 및 해설 |

(물음 1) 가격차이, 능률차이

	AQ × AP		AQ × SP		SQ × SP	
A	9,350g × @330 =	₩3,085,500	9,350g × @300 =	₩2,805,000	1,600단위 × 5g × @300 =	₩2,400,000
B	5,100g × @500 =	2,550,000	5,100g × @480 =	2,448,000	1,600단위 × 4g × @480 =	3,072,000
C	1,700g × @380 =	646,000	1,700g × @360 =	612,000	1,600단위 × 1g × @360 =	576,000
계		₩6,281,500		₩5,865,000		₩6,048,000

DM가격차이: ₩416,500 불리

DM능률차이: ₩183,000 유리

(물음 2) 배합차이, 수율차이

	AQ × SP		AQ′ × SP		SQ × SP	
A	9,350g × @300 =	₩2,805,000	8,075g × @300 =	₩2,422,500	1,600단위 × 5g × @300 =	₩2,400,000
B	5,100g × @480 =	2,448,000	6,460g × @480 =	3,100,800	1,600단위 × 4g × @480 =	3,072,000
C	1,700g × @360 =	612,000	1,615g × @360 =	581,400	1,600단위 × 1g × @360 =	576,000
계		₩5,865,000		₩6,104,700		₩6,048,000

DM배합차이: ₩239,700 유리

DM수율차이: ₩56,700 불리

AQ: 실제배합에서의 실제투입량
AQ′: 표준배합에서의 실제투입량
SQ: 실제생산량에 대한 표준배합에서의 표준투입량

> **참고**
>
> 단일 제품을 생산하는 경우 투입되는 생산요소(원재료, 노동력)가 복수인 경우에 능률차이는 배합차이와 수율차이로 다시 구분할 수 있다. 능률차이를 위와 같이 세분화하는 이유는 경영자에게는 수율차이가 통제가능성 측면에서 더욱 유용한 정보이기 때문이다.

기본문제 03 표준원가와 예산 그리고 원가차이분석

(주)선진화학은 단일제품을 생산하고 있는 회사이다. (주)선진화학의 결산일은 매년 12월 31일이다.

(1) 제품 단위당 표준원가는 다음과 같다.

	표준수량	표준가격	표준원가
직접재료원가	2kg	₩25/kg	₩50
직접노무원가	3시간	3/시간	9
변동제조간접원가	3시간	2/시간	6
고정제조간접원가			?
제품 단위당 표준원가			?

회사는 20×1년의 기준조업도를 제품 6,000개 수준(18,000직접노무시간)으로 예상하고 있으며 고정제조간접원가에 대한 20×1년의 예산은 ₩90,000으로 추정하고 있다.

(2) 회사는 20×1년 중 제품 5,000개를 생산하였으며, 1년 동안 실제 발생한 제조원가는 다음과 같다.

① 원재료는 16,000kg을 단위당 ₩27.5에 구입하였으며 기말에 원재료 실사 결과 4,000kg이 남아있고, 실사수량과 장부수량은 일치하였다.

② 직접노무시간은 16,000시간이 발생하였고 시간당 실제 임률은 ₩2.5이다.

③ 변동제조간접원가는 ₩28,000, 고정제조간접원가는 ₩80,000이 발생하였다. (단, 기초 및 기말재고자산은 없다)

(물음 1) 전부원가계산에 따라 제품 단위당 표준원가를 계산하시오.

(물음 2) 표준원가를 이용하여 (주)선진화학의 20×1년 제조원가에 대한 고정예산을 작성하시오.

(물음 3) 일반적으로 예산은 실제결과와 비교하여 성과평가에 활용할 수 있는 유용한 자료를 얻을 수 있다. 상기 (물음 2)에서 작성한 제조원가예산(고정예산)은 (주)선진화학의 실제결과와 비교할 수 있는 예산이 될 수 있는지를 판단하고 만약 그렇지 않다면 그 이유에 대해서 설명하시오.

(물음 4) (주)선진화학의 실제결과와 비교할 수 있는 예산(변동예산)을 작성하시오.

(물음 5) 직접재료원가에 대한 실제원가와 변동예산(5,000개에 대한 표준직접재료원가)의 차이를 가격차이와 능률차이로 구분하시오.

(물음 6) 회사의 원재료 계정은 항상 표준가격으로 기록될 때, (물음 5)에 다시 답하시오.

(물음 7) 직접노무원가에 대한 실제원가와 변동예산(5,000개에 대한 표준직접노무원가)의 차이를 가격차이와 능률차이로 구분하시오.

(물음 8) 변동제조간접원가에 대한 실제원가와 변동예산(5,000개에 대한 표준변동제조간접원가)의 차이를 소비차이와 능률차이로 구분하시오.

(물음 9) 고정제조간접원가에 대한 실제원가와 5,000개에 대한 표준고정제조간접원가의 차이를 예산차이와 조업도차이로 구분하시오.

(물음 10) 만약 실제제조간접원가를 변동제조간접원가와 고정제조간접원가로 구분할 수 없다면, 제조간접원가에 대한 실제원가와 5,000개에 대한 표준제조간접원가를 비교하여야 한다. 이 경우 동 차이금액을 소비차이, 능률차이, 조업도차이로 구분하시오.

(물음 11) 만약 실제제조간접원가를 변동제조간접원가와 고정제조간접원가로 구분할 수 없다면, 제조간접원가에 대한 실제원가와 5,000개에 대한 표준제조간접원가를 비교하여야 한다. 이 경우 동 차이금액을 예산차이, 조업도차이로 구분하시오.

| 정답 및 해설 |

(물음 1)

제품 단위당 표준원가(전부원가계산): ₩50 + ₩9 + ₩6 + (₩90,000 ÷ 6,000개) = ₩80

※ 이와 같이 제품 단위당 표준고정제조간접원가를 계산하기 위한 조업도를 기준조업도라고 한다.

(물음 2) 고정예산 = 표준원가 × 기준조업도

	표준원가	기준조업도	고정예산
직접재료원가	₩50	6,000개	₩300,000
직접노무원가	9	6,000	54,000
변동제조간접원가	6	6,000	36,000
고정제조간접원가	15	6,000	90,000
			₩480,000

(물음 3)

5,000개 생산에 대한 실제제조원가와 6,000개 생산 시의 표준제조원가를 비교하는 것은 아무 의미가 없다. 따라서 고정예산은 수립의 근거가 되는 기준조업도와 실제조업도가 불일치하는 경우 실제결과와 비교할 수 있는 예산의 기능은 없다.

(물음 4) 변동예산 = 표준원가 × 실제조업도

	표준원가	실제조업도	변동예산
직접재료원가	₩50	5,000개	₩250,000
직접노무원가	9	5,000	45,000
변동제조간접원가	6	5,000	30,000
고정제조간접원가			90,000
			₩415,000

(물음 5)

① 직접재료원가 가격차이: 12,000kg × (@27.5 - @25) = ₩30,000 불리

② 직접재료원가 능률차이: (12,000kg - 10,000kg) × @25 = ₩50,000 불리

(물음 6)

① 직접재료원가 가격차이: 16,000kg × (@27.5 - @25) = ₩40,000 불리

② 직접재료원가 능률차이: (12,000kg - 5,000개 × 2kg) × @25 = ₩50,000 불리

(물음 7)

① 직접노무원가 가격차이: 16,000시간 × (@2.5 - @3) = ₩8,000 유리
② 직접노무원가 능률차이: (16,000시간 - 5,000개 × 3시간) × @3 = ₩3,000 불리

(물음 8)

① 변동제조간접원가 소비차이: ₩28,000 - 16,000시간 × @2 = ₩4,000 유리
② 변동제조간접원가 능률차이: (16,000시간 - 5,000개 × 3시간) × @2 = ₩2,000 불리

(물음 9)

① 고정제조간접원가 예산차이: ₩80,000 - ₩90,000 = ₩10,000 유리
② 고정제조간접원가 조업도차이: ₩90,000 - ₩75,000 = ₩15,000 불리

(물음 10)

① 제조간접원가 소비차이: ₩108,000 - (16,000시간 × @2 + ₩90,000) = ₩14,000 유리
② 제조간접원가 능률차이: (16,000시간 × @2 + ₩90,000) - (15,000시간 × @2 + ₩90,000) = ₩2,000 불리
③ 제조간접원가 조업도차이: (15,000시간 × @2 + ₩90,000) - (15,000시간 × @7) = ₩15,000 불리

(물음 11)

① 제조간접원가 예산차이: ₩108,000 - (15,000시간 × @2 + ₩90,000) = ₩12,000 유리
② 제조간접원가 조업도차이: (15,000시간 × @2 + ₩90,000) - (15,000시간 × @7) = ₩15,000 불리

🗂 참고

(물음 1) 참고로 변동원가계산에 의한 제품 단위당 표준원가는 ₩65이다. 따라서 이 경우 기준조업도에 의하여 구해진 단위당 표준고정제조간접원가가 제품원가에 포함되지 않으므로 조업도차이는 발생할 수 없다.

(물음 4) 여기서 주의할 것은 고정제조간접원가의 변동예산은 고정예산과 일치한다는 점이다. 고정원가는 생산량과 무관하게 발생하므로 기준조업도(6,000개)에 근거한 고정예산과 실제조업도(5,000개)에 근거한 변동예산에서 차이가 발생할 이유가 없다.

기본문제 04 제조간접원가의 차이분석

(주)한국회사는 최근의 연간 예산자료로부터 제조간접원가배부율을 산정하였다. (주)한국회사의 결산일은 매년 12월 31일이다.

(1) 이 연간 예산은 720,000단위의 생산량에 기준을 두고 있으며, 이에 허용된 표준직접노무시간은 3,600,000시간이다. 회사는 연중 일정하게 제품을 생산할 계획이다.

(2) 5월 중에 총 66,000단위를 생산하는 데 315,000직접노무시간이 투입되었으며, 실제제조간접원가발생액은 ₩375,000이었다. 회사는 표준원가계산제도를 사용하고 있으며, 직접노무시간을 기준으로 하여 제조간접원가를 배부하고 있다.

(3) 회사의 예산 및 실제자료는 다음과 같다.

	연간 예산			월간 예산	5월 중 실제원가
	총액	단위당	직접노무시간당		
변동제조간접원가					
간접노무원가	₩900,000	₩1.25	₩0.25	₩75,000	₩75,000
소모품비	1,224,000	1.70	0.34	102,000	111,000
고정제조간접원가					
감독자급여	648,000	0.90	0.18	54,000	51,000
수선유지비	540,000	0.75	0.15	45,000	54,000
감가상각비	1,008,000	1.40	0.28	84,000	84,000
계	₩4,320,000	₩6.00	₩1.20	₩360,000	₩375,000

5월 중의 다음 금액을 계산하시오.

(1) 제조간접원가 배부액

(2) 변동제조간접원가 소비차이

(3) 변동제조간접원가 능률차이

(4) 고정제조간접원가 소비차이

(5) 고정제조간접원가 조업도차이

| 정답 및 해설 |

🔍 **자료분석**

	AQ × AP	AQ × SP	SQ × SP
변동제조간접원가	₩186,000	315,000시간 × @0.59[*2] = ₩185,850	66,000단위 × 5시간[*1] × @0.59[*2] = ₩194,700

소비차이 ₩150 U   능률차이 ₩8,850 F

	실제	예산	배부
고정제조간접원가	₩189,000	300,000시간 × @0.61 = ₩183,000	66,000단위 × 5시간[*1] × @0.61 = ₩201,300

소비차이 ₩6,000 U   조업도차이 ₩18,300 F

*1 제품 1단위 생산에 허용된 표준직접노무시간: 3,600,000시간 ÷ 720,000단위 = 5시간/단위
*2 변동제조간접원가 배부율: (₩900,000 + ₩1,224,000) ÷ 3,600,000시간 = ₩0.59/시간

---

(1) 제조간접원가 배부액

   ₩194,700 + ₩201,300 = ₩396,000

(2) 변동제조간접원가 소비차이

   ₩150 U

(3) 변동제조간접원가 능률차이

   ₩8,850 F

(4) 고정제조간접원가 소비차이

   ₩6,000 U

(5) 고정제조간접원가 조업도차이

   ₩18,300 F

기본문제 05 표준종합원가계산 Ⅰ

(주)금촌은 단일제품을 생산하는 회사이며, 표준종합원가계산제도를 사용하고 있다. (주)금촌의 결산일은 매년 12월 31일이다.

(1) 이 회사가 설정한 제품단위당 표준원가는 다음과 같으며, 매 기간별 일정하다.

	표준수량	표준가격	표준원가
직접재료원가	2ℓ	@7	₩14
직접노무원가	3시간	7	21
변동제조간접원가	3	2	6
			₩41

(2) 고정제조간접원가 연간 예산은 ₩80,000이며, 기준조업도는 연간 20,000 직접노무시간이다. 당기의 생산활동에 관한 자료는 다음과 같다.

<물량의 흐름>

	수량	완성도
기초재공품	1,000단위	50%
완성품	5,000	
기말재공품	2,000	70

재료는 공정초에 모두 투입되며 가공원가는 공정의 진행에 따라 비례적으로 발생한다.

(3) 당기발생원가

직접재료원가	
기초재고	-
당기구입	15,000ℓ(₩7.2/ℓ)
기말재고	1,500ℓ
직접노무원가	
직접노무시간	18,500시간(₩6.8/시간)
제조간접원가	
변동원가	₩36,400
고정원가	60,000

(물음 1) 당기의 제조원가보고서를 작성하고 완성품원가과 기말재공품원가를 계산하시오.

(물음 2) 제조원가 차이분석을 수행하시오. (단, 재료가격차이는 사용시점에 분리한다)

| 정답 및 해설 |

(물음 1) 제조원가보고서

	[1단계] 물량의 흐름	[2단계] 완성품환산량	
		재료원가	가공원가
기초재공품	1,000(50%)		
당기착수	6,000		
	7,000단위		
당기완성			
┌기초재공품	1,000	0	500
└당기착수	4,000	4,000	4,000
기말재공품	2,000(70%)	2,000	1,400
	7,000단위	6,000단위	5,900단위

[3단계] 총원가의 요약				합계
기초재공품원가				₩33,500*1
당기발생원가		₩84,000*2	₩230,100*2	314,100
계				₩347,600
[4단계] 환산량 단위당 원가				
완성품환산량		÷6,000단위	÷5,900단위	
환산량 단위당 원가		@14	@39	
[5단계] 원가의 배분				
완성품원가	5,000단위 × @14 + 5,000단위 × @39 =			₩265,000
기말재공품원가	2,000단위 × @14 + 1,400단위 × @39 =			82,600
계				₩347,600

*1 1,000단위 × @14 + 500단위 × @39 = ₩33,500

*2 [4단계]에서 역산된 금액임

(물음 2) 제조원가 차이분석

(1) 직접재료원가

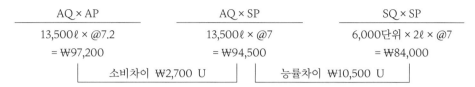

AQ × AP	AQ × SP	SQ × SP
13,500ℓ × @7.2	13,500ℓ × @7	6,000단위 × 2ℓ × @7
= ₩97,200	= ₩94,500	= ₩84,000

소비차이 ₩2,700 U 　　　 능률차이 ₩10,500 U

(2) 직접노무원가

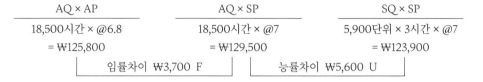

AQ × AP	AQ × SP	SQ × SP
18,500시간 × @6.8	18,500시간 × @7	5,900단위 × 3시간 × @7
= ₩125,800	= ₩129,500	= ₩123,900

임률차이 ₩3,700 F 　　　 능률차이 ₩5,600 U

(3) 변동제조간접원가

AQ × AP	AQ × SP	SQ × SP
	18,500시간 × @2	5,900단위 × 3시간 × @2
₩36,400	= ₩37,000	= ₩35,400

소비차이 ₩600 F 　　　 능률차이 ₩1,600 U

(4) 고정제조간접원가

실제발생액	예산액	배부액
		5,900단위 × 3시간 × @4
₩60,000	₩80,000	= ₩70,800

예산차이 ₩20,000 F 　　　 조업도차이 ₩9,200 U

제조기업인 (주)키다리는 변동예산과 표준원가계산제도를 사용하고 있으며, 원가계산주기는 1달이다.

(1) 원가계산과 관리 목적으로 4가지 원가그룹(직접재료원가, 직접노무원가, 변동제조간접원가, 고정제조간접원가)을 설정하고 있으며, 직접노무시간을 변동제조간접원가와 고정제조간접원가의 배부기준으로 사용하고 있다. 2013년도에 (주)키다리의 제품 한 단위당 표준은 다음과 같다.

원가그룹	투입물량	물량 한 단위당 표준가격
직접재료원가	5kg	₩300
직접노무원가	?	1,000
변동제조간접원가	?	?
고정제조간접원가	?	?

(2) 2013년도 연간 예상 변동제조간접원가 총액은 ₩6,000,000으로서 예상 직접노무시간 12,000시간을 기준으로 설정되었다. 연간 예상 고정제조간접원가 총액은 ₩12,000,000이며, 표준배부율은 기준조업도(생산량) 7,500개를 기초로 계산한다. 원가관리 목적상, 고정제조간접원가 예산은 월별로 균등하게 배분한다.

(3) 2013년도 5월초 직접재료와 재공품 재고는 없었으며, 5월말 재공품 재고도 없었다. 5월 중에 제품의 실제생산량은 500개이며, 원가그룹별로 발생한 구체적인 내역은 다음과 같다.

- 구매당시 직접재료원가 가격차이 ₩200,000(불리)
- 직접재료 kg당 가격차이 50
- 직접재료원가 능률차이 150,000(유리)
- 직접노무원가 발생액 960,000
- 직접노무원가 임률차이 160,000(불리)
- 변동제조간접원가 발생액 450,000
- 변동제조간접원가 능률차이 100,000(유리)
- 고정제조간접원가 소비차이 100,000(불리)

(물음 1) 다음 (물음)에 답하시오.

    (1) 5월 중 직접재료 구매량과 직접재료 실제사용량은?

    (2) 직접재료원가 가격차이를 구매시점에서 분리할 경우, 5월 중 직접재료 사용시점에서의 분개는?

    (3) 직접재료원가 가격차이를 사용시점에서 분리할 경우, 5월 중 직접재료 사용시점에서의 분개는?

(물음 2) 다음 (물음)에 답하시오.

    (1) 5월 중 직접노무시간 실제투입시간은?

    (2) 5월 중 직접노무원가 능률차이는?

(물음 3) 5월 중 변동제조간접원가와 관련된 분개는? (발생부터 단계별로 반드시 구분하여 작성하되, 변동제조간접원가 발생 분개 시 상대계정으로는 미지급비용을 사용할 것)

(물음 4) 5월 중 고정제조간접원가 실제발생액과 조업도차이는?

(물음 5) ㈜키다리의 변동제조간접원가 항목 중 윤활유가 있는데, 5월 중에 윤활유를 리터당 표준가격보다 비싸게 구입한 결과, 수량은 예상(표준)보다 적게 투입되었으며, 이로 인해 직접노무시간(변동, 고정 제조간접원가의 배부기준)이 표준시간보다 적게 투입되었다고 하자. 이 경우, 다음 표에서 각 차이에 미치는 영향에 대해 적합한 란에 "○"표시를 하고, 그 이유를 간략히 설명하시오. (각 차이별로 반드시 2줄 이내로 쓸 것!)

구분	유리	불리	무관	불확실
변동제조간접원가 소비차이				
변동제조간접원가 능률차이				
고정제조간접원가 소비차이				
고정제조간접원가 조업도차이				

| 정답 및 해설 |

(물음 1)

(1) 직접재료 구매량과 직접재료 실제사용량

① 직접재료 구매량 = 직접재료원가 구입가격차이 ÷ 직접재료 kg당 가격차이
$$= ₩200,000 ÷ ₩50 = 4,000kg$$

② 직접재료 실제사용량

AQ × SP	SQ × SP
AQ × @300	500단위 × 5kg × @300
= ₩600,000	= ₩750,000

능률차이 ₩150,000 유리

실제사용량(AQ): ₩600,000 ÷ ₩300 = 2,000kg

(2) 가격차이를 구매시점에서 분리하는 경우

(차) 재공품	750,000	(대) 원재료	600,000
		DM능률차이	150,000

(3) 가격차이를 사용시점에서 분리하는 경우

(차) 재공품	750,000	(대) 원재료	700,000
DM가격차이	100,000	DM능률차이	150,000

(물음 2)

(1) 직접노무시간 실제투입시간

AQ × AP	AQ × SP
	AQ × @1,000
₩960,000	= ₩800,000

임률차이 ₩160,000 불리

실제직접노무시간(AQ): ₩800,000 ÷ ₩1,000 = 800시간

(2) 직접노무원가 능률차이

AQ × SP	SQ × SP
800시간 × @1,000	500개 × 2시간* × @1,000
= ₩800,000	= ₩1,000,000

능률차이 ₩200,000 F

* 변동제조간접원가 표준배부율: ₩6,000,000 ÷ 12,000시간 = ₩500
변동제조간접원가의 능률차이가 ₩100,000(유리)이므로 실제생산량에 허용된 표준직접노무시간은 실제직접노무시간 800시간보다 200시간(= ₩100,000 ÷ ₩500) 많은 1,000시간임을 알 수 있고, 따라서 제품단위당 표준직접노무시간은 2시간(= 1,000시간 ÷ 500단위)이다.

(물음 3)

(1) 변동제조간접원가 발생 시

(차) 변동제조간접원가	450,000	(대) 미지급비용	450,000

(2) 변동제조간접원가의 배부

(차) 재공품	500,000	(대) 변동제조간접원가	450,000
소비차이	50,000	능률차이	100,000

(물음 4)

실제	예산	SQ × SP
		500개 × 2시간 × @800*
₩1,100,000	₩1,000,000	= ₩800,000

소비차이 ₩100,000 U | 조업도차이 ₩200,000 U

* 고정제조간접원가 표준배부율: ₩12,000,000 ÷ (7,500개 × 2시간) = @800

(물음 5)

① 변동제조간접원가 소비차이: 불확실

윤활유가격의 인상분과 직접노무시간당 사용량의 감소분의 크기에 따라 유리 또는 불리한 영향을 미치므로 주어진 자료만으로는 판단할 수 없다.

② 변동제조간접원가 능률차이: 유리

실제생산량에 허용된 표준직접노무시간과 실제직접노무시간의 차이로 인하여 발생하며 실제직접노무시간이 감소하므로 유리한 영향을 미친다.

③ 고정제조간접원가 소비차이: 무관

고정제조간접원가 예산과 실제발생액의 차이로 인하여 발생하며 고정제조간접원가 실제발생액에 미치는 영향이 없으므로 관계가 없다.

④ 고정제조간접원가 조업도차이: 무관

기준조업도 생산량과 실제생산량의 차이로 인하여 발생하며 실제생산량에 미치는 영향이 없으므로 관계가 없다.

(주)한국은 20×1년 1월초에 영업을 개시하였으며 표준원가계산제도를 채택하고 있다. 표준은 연초에 수립되며 1년 동안 유지된다. 회사의 직접재료원가와 변동제조간접원가에 관한 자료는 다음과 같다.

---

(1) 직접재료원가 자료

회사의 20×1년 말 현재 표준원가로 기록된 각 계정의 직접재료원가 기말잔액은 다음과 같다.

	직접재료원가 잔액
직접재료	₩19,500
재공품	13,000
제품	13,000
매출원가	78,000
계	₩123,500

20×1년의 직접재료 가격차이는 ₩6,000(유리)이고 능률차이는 ₩6,500(불리)이다.

(2) 변동제조간접원가 자료

회사의 변동제조간접원가는 전액 기계작업준비로 인해 발생하는 원가로서, 기계작업준비에 투입되는 자원은 간접노무, 소모품, 전력 등이며 기계작업준비시간이 원가동인이다. 기계작업준비와 관련된 20×1년의 예산 및 실제자료는 다음과 같다.

	연초 설정예산	실제
생산량	264,000개	260,000개
뱃치 규모(뱃치당 단위수)	110개/뱃치	100개/뱃치
뱃치당 기계작업준비시간	3시간	4시간
기계작업준비시간당 변동제조간접원가	₩4	₩5

(물음 1) 회사가 당기에 구입한 직접재료의 표준금액(당기구입량 × 단위당 표준가격)을 구하시오.

(물음 2) 회사가 실제원가계산제도를 채택했다면 20×1년 말 현재 직접재료, 재공품, 제품, 매출원가 계정의 기말잔액에 포함될 직접재료원가는 각각 얼마이었겠는가? (단, 원가요소별비례배분법을 사용하시오)

(물음 3) 변동제조간접원가 소비차이와 능률차이를 구하시오.

(물음 4) 만약 회사가 변동제조간접원가 배부기준으로 기계작업준비시간이 아닌 직접재료 물량(kg)을 사용하고 다음의 관계가 성립할 때 변동제조간접원가 능률차이를 구하시오.

$$\frac{\text{직접재료 1kg당 표준변동제조간접원가}}{\text{직접재료 1kg당 표준직접재료원가}} = 0.5$$

| 정답 및 해설 |

(물음 1)

당기에 구입한 직접재료의 표준금액 = ₩123,500 + ₩6,500 = ₩130,000

실제구입액		직접재료원가				재공품				제품			
		기초	0	사용	110,500	기초	0	완성	91,000	기초	0	판매	78,000
124,000		구입	130,000*	기말	19,500	투입	104,000	기말	13,000	생산	91,000	기말	13,000
			130,000		130,000		104,000		104,000		91,000		91,000

가격차이 ₩6,000 F   능률차이 ₩6,500 U

* 제품계정에서부터 역산한 것임

(물음 2)

기초재고자산이 없는 경우 원가차이를 원가요소별 비례배분법에 따라 각 계정에 배분하면 실제원가계산에 의한 계정잔액을 얻을 수 있다.

① 배분비율

	직접재료	직접재료원가 능률차이	재공품	제품	매출원가	합계
직접재료 구입가격차이						
재료원가	₩19,500	₩6,500	₩13,000	₩13,000	₩78,000	₩130,000
배분비율	15%	5%	10%	10%	60%	100%
직접재료원가 능률차이						
재료원가			₩13,000	₩13,000	₩78,000	₩104,000
배분비율			12.5%	12.5%	75%	100%

② 원가차이 배분

	직접재료	직접재료원가 능률차이	재공품	제품	매출원가	합계
배분 전 잔액	₩19,500	₩6,500	₩13,000	₩13,000	₩78,000	₩130,000
직접재료 구입가격차이	(900)	(300)	(600)	(600)	(3,600)	(6,000)
직접재료원가 능률차이		(6,200)	775	775	4,650	0
배분 후 잔액	₩18,600	₩0	₩13,175	₩13,175	₩79,050	₩124,000

(물음 3)

	AQ × AP	AQ × SP	SQ × SP
	10,400시간*1 × @5	10,400시간*1 × @4	7,092시간*2 × @4
변동제조간접원가	= ₩52,000	= ₩41,600	=₩28,368

소비차이 ₩10,400 U   능률차이 ₩13,232 U

*1 실제뱃치수가 260,000개 ÷ 100개 = 2,600뱃치이므로 실제기계작업준비시간은 2,600뱃치 × 4시간 = 10,400시간이다.

*2 실제생산량에 허용된 표준뱃치수가 260,000개 ÷ 110개 = 2,364뱃치이므로 실제생산량에 허용된 표준기계작업준비시간은 2,364뱃치 × 3시간 = 7,092시간이다.

(물음 4)

변동제조간접원가 배부기준으로 직접재료물량을 사용하고 '직접재료 1kg당 표준변동제조간접원가 = 직접재료 1kg당 표준직접재료원가 × 50%'이면, '변동제조간접원가 능률차이 = 직접재료원가 능률차이 × 50%'이다.

∴ 변동제조간접원가 능률차이: ₩6,500 × 50% = ₩3,250 불리

청룡주식회사는 단일 제품을 생산하여 판매한다.

(1) 회사는 표준원가에 기초한 전부원가계산제도를 사용하며 2011년도 기준조업도로 사용가능한 생산능력별 연간 제품 생산량은 다음과 같다.

기준조업도	연간 제품 생산량
이론적조업도 (theoretical capacity)	5,000단위
실제최대조업도 (practical capacity)	3,500단위
정상조업도 (normal capacity)	2,800단위

(2) 2011년도 제품 생산 및 원가 정보는 다음과 같다.

기초 제품 재고	0단위
당기 제품 생산량	3,000단위
기말 제품 재고	500단위
단위당 변동제조원가	₩5
단위당 변동판매비와 관리비	1
제품 단위당 판매가격	20
총고정제조간접원가	17,500
총고정판매비와 관리비	5,000

(3) 기초 및 기말 재공품은 존재하지 않으며 조업도차이를 제외한 어떠한 원가차이도 발생하지 않았다.

(물음 1) 이론적조업도, 실제최대조업도, 정상조업도를 기준조업도로 사용할 경우 각각의 조업도차이를 구하시오.

(물음 2) 회계연도말 회사는 표준원가에 기초한 전부원가계산에 의한 손익계산서를 외부 재무보고 목적용 실제원가 손익계산서로 전환하고자 한다. 이 경우 이론적조업도, 실제최대조업도, 정상조업도를 기준조업도로 사용할 경우 각각의 영업이익을 구하시오. (단, 조업도차이는 매출원가조정법을 사용하여 조정한다)

(물음 3) 위의 (물음 2)에서 조업도차이를 매출원가조정법을 사용하여 조정하지 않고 안분법(비례 배분법)을 사용하여 조정한다면, 이론적조업도, 실제최대조업도, 정상조업도를 기준조업도로 사용할 경우 각각의 영업이익을 구하시오(조업도차이 안분계산 시 소수점 첫째 자리에서 반올림하시오).

(물음 4) 2011년도부터 시작된 장기적인 수요량 감소에 대응하기 위해 회사는 생산능력 축소와 원가절감에 모든 노력을 집중하였다. 이에 따라 2012년도에는 2011년도와 상이한 수준의 생산능력을 기준조업도로 사용하였으며, 2012년도에 총고정제조간접원가가 ₩15,000 발생하였는데 이는 2012년도 예산과 동일한 금액이다. 2012년도 각 기준조업도별 조업도차이는 다음과 같다.

기준조업도	조업도차이
이론적조업도	₩5,000 U
실제최대조업도	2,500 U
정상조업도	3,750 F

- U: 불리한 차이
- F: 유리한 차이

2012년도 실제 제품 생산량이 2,500단위라면 기준조업도(이론적조업도, 실제최대조업도, 정상조업도)별 생산량은 각각 몇 단위인가?

| 정답 및 해설 |

(물음 1) 조업도차이

(1) 고정제조간접원가표준원가

　① 이론적조업도: ₩17,500 ÷ 5,000개 = ₩3.50/개

　② 실제최대조업도: ₩17,500 ÷ 3,500개 = ₩5.00/개

　③ 정상조업도: ₩17,500 ÷ 2,800개 = ₩6.25/개

(2) 고정제조간접원가표준원가배부액(SQ × SP)

　① 이론적조업도: ₩3.50/개 × 3,000개 = ₩10,500

　② 실제최대조업도: ₩5.00/개 × 3,000개 = ₩15,000

　③ 정상조업도: ₩6.25/개 × 3,000개 = ₩18,750

(3) 고정제조간접원가조업도차이(예산총액 - SQ × SP)

　① 이론적조업도: ₩17,500 - ₩10,500 = ₩7,000(U)

　② 실제최대조업도: ₩17,500 - ₩15,000 = ₩2,500(U)

　③ 정상조업도: ₩17,500 - ₩18,750 = ₩1,250(F)

(물음 2) 실제원가계산하의 영업이익(매출원가조정법)

(1) 조업도차이 조정 전 매출원가

　① 이론적조업도: (₩5/개 + ₩3.5/개) × 2,500개 = ₩21,250

　② 실제최대조업도: (₩5/개 + ₩5/개) × 2,500개 = ₩25,000

　③ 정상조업도: (₩5/개 + ₩6.25/개) × 2,500개 = ₩28,125

(2) 조업도차이 조정 후 매출원가

　① 이론적조업도: ₩21,250 + ₩7,000 = ₩28,250

　② 실제최대조업도: ₩25,000 + ₩2,500 = ₩27,500

　③ 정상조업도: ₩28,125 - ₩1,250 = ₩26,875

(3) 영업이익

	이론적조업도	실제최대조업도	정상조업도
매출액[1]	₩50,000	₩50,000	₩50,000
매출원가	(28,250)	(27,500)	(26,875)
매출총이익	₩21,750	₩22,500	₩23,125
판관비			
변동판관비[2]	(2,500)	(2,500)	(2,500)
고정판관비	(5,000)	(5,000)	(5,000)
영업이익	₩14,250	₩15,000	₩15,625

[1] 매출액: 2,500개 × ₩20/개 = ₩50,000

[2] 변동판관비: 2,500개 × ₩1/개 = ₩2,500

(물음 3) 실제원가계산하의 영업이익(비례배분법)

(1) 조업도차이의 조정

① 이론적조업도

계정	고정제조간접원가표준원가배부액		조정비율	조정액	조정 후
제품	₩3.50/개 × 500개 =	₩1,750	1/6	₩1,167	₩2,917
매출원가	₩3.50/개 × 2,500개 =	8,750	5/6	5,833	14,583
		₩10,500	6/6	₩7,000	₩17,500

② 실제최대조업도

계정	고정제조간접원가표준원가배부액		조정비율	조정액	조정 후
제품	₩5.00/개 × 500개 =	₩2,500	1/6	₩417	₩2,917
매출원가	₩5.00/개 × 2,500개 =	12,500	5/6	2,083	14,583
		₩15,000	6/6	₩2,500	₩17,500

③ 정상조업도

계정	고정제조간접원가표준원가배부액		조정비율	조정액	조정 후
제품	₩6.25/개 × 500개 =	₩3,125	1/6	₩(208)	₩2,917
매출원가	₩6.25/개 × 2,500개 =	15,625	5/6	(1,042)	14,583
		₩18,750	6/6	₩(1,250)	₩17,500

(2) 영업이익

	이론적조업도	실제최대조업도	정상조업도
매출액	₩50,000	₩50,000	₩50,000
매출원가	(27,083)	(27,083)	(27,083)
매출총이익	₩22,917	₩22,917	₩22,917
판관비			
변동판관비	(2,500)	(2,500)	(2,500)
고정판관비	(5,000)	(5,000)	(5,000)
영업이익	₩15,417	₩15,417	₩15,417

(물음 4) 기준조업도별 생산량

(1) 이론적조업도

₩15,000 - ₩15,000 ÷ x개 × 2,500개 = ₩5,000

∴ 생산량(x) = 3,750개

(2) 실제최대조업도

₩15,000 - ₩15,000 ÷ x개 × 2,500개 = ₩2,500

∴ 생산량(x) = 3,000개

(3) 정상조업도

₩15,000 - ₩15,000 ÷ x개 × 2,500개 = ₩(3,750)

∴ 생산량(x) = 2,000개

단일공정을 통해 제품을 생산하는 (주)세무는 표준원가를 이용한 종합원가계산제도를 사용하고 있다. 전기와 당기에 설정한 (주)세무의 제품단위당 표준원가는 다음과 같다.

<전기의 제품단위당 표준원가>

	표준수량	표준가격	표준원가
직접재료원가	4kg	₩20	₩80
직접노무원가	2시간	20	40
변동제조간접원가	2시간	20	40
고정제조간접원가	2시간	40	80
			₩240

<당기의 제품단위당 표준원가>

	표준수량	표준가격	표준원가
직접재료원가	4kg	₩25	₩100
직접노무원가	2시간	20	40
변동제조간접원가	2시간	20	40
고정제조간접원가	2시간	50	100
			₩280

직접재료는 공정초기에 40%가 투입되고, 나머지는 공정전반에 걸쳐 균등하게 투입된다. 가공원가는 공정전반에 걸쳐서 균등하게 발생한다. (주)세무는 선입선출법을 적용하며, 당기의 생산과 관련된 자료는 다음과 같다. 단, 괄호 안의 수치는 가공원가의 완성도를 의미한다.

	물량단위
기초재공품	2,000단위(50%)
당기투입	12,000단위
완성품	10,000단위
기말재공품	4,000단위(20%)

(물음 1) 당기의 완성품원가와 기말재공품원가를 구하시오.

(물음 2) 당기에 실제발생한 직접재료와 관련된 원가자료 및 차이분석 결과가 다음과 같을 때, 당기의 직접재료 실제사용량과 단위당 실제구입가격을 구하시오. (단, 전기에 구입된 직접재료는 전기에 다 사용되어, 당기로 이월되지 않았음을 가정한다)

- 직접재료 당기구입량: 당기 사용량의 1.2배
- 직접재료원가 수량차이(사용시점에서 분리): ₩82,000(불리한 차이)
- 직접재료원가 가격차이(구입시점에서 분리): ₩110,400(유리한 차이)

(물음 3) (주)세무는 당기 제조간접원가를 직접노무시간을 기준으로 배부한다. 당기의 기준조업도는 12,000개이며, 실제 제조간접원가 발생액은 ₩1,580,000이었다. 위의 자료를 이용하여 제조간접원가의 예산차이와 조업도차이를 계산하시오. (단, 유리한 차이 또는 불리한 차이를 표시하시오)

| 정답 및 해설 |

(물음 1)

① 재료원가 완성품환산량 = 10,680단위, 단위당 원가 = ₩100

② 가공원가 완성품환산량 = 98,000단위, 단위당 원가 = ₩180

③ 완성품원가 = (1,400단위 × ₩80 + 1,000단위 × ₩160) + 8,600단위 × ₩100 + 9,000단위 × ₩180 = ₩2,752,000

④ 기말재공품원가 = 2,080단위 × ₩100 + 800단위 × ₩180 = ₩352,000

(물음 2)

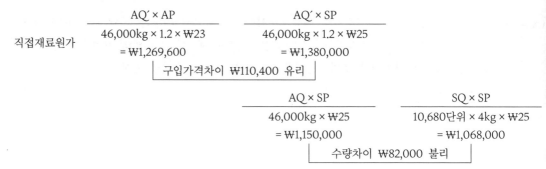

직접재료원가

	AQ′ × AP	AQ′ × SP
	46,000kg × 1.2 × ₩23	46,000kg × 1.2 × ₩25
	= ₩1,269,600	= ₩1,380,000

구입가격차이 ₩110,400 유리

	AQ × SP	SQ × SP
	46,000kg × ₩25	10,680단위 × 4kg × ₩25
	= ₩1,150,000	= ₩1,068,000

수량차이 ₩82,000 불리

① 직접재료 실제사용량: 46,000kg

② 단위당 실제구입가격: ₩23

(물음 3)

> 🔍 **자료분석**
>
> <변동제조간접원가>
>
> | 실제 | AQ × SP | SQ × SP |
> |---|---|---|
> | | | 9,800단위 × 2시간 × ₩20 |
> | | | = ₩392,000 |
>
> <고정제조간접원가>
>
> | 실제 | 예산(기준조업도 × SP) | 배부(SQ × SP) |
> |---|---|---|
> | | 12,000단위 × 2시간 × ₩50 | 9,800단위 × 2시간 × ₩50 |
> | | = ₩1,200,000 | = ₩980,000 |

① 예산차이 = ₩1,580,000 - (₩392,000 + ₩1,200,000) = ₩12,000 유리

② 조업도차이 = ₩1,200,000 - ₩980,000 = ₩220,000 불리

(주)한강은 수제화와 일반화를 생산하는 제화업체이며 표준원가계산제도를 사용하고 있다. (주)한강의 결산일은 매년 12월 31일이다.

---

(1) 제품 단위당 판매가격은 수제화가 ₩70이고, 일반화는 ₩35이다. 회사가 설정한 제품 단위당 표준원가는 다음과 같다.

	수제화		일반화	
직접재료원가	2kg × ₩7 =	₩14	2kg × ₩5 =	₩10
직접노무원가	3시간 × ₩7 =	21	1시간 × ₩6 =	6
변동제조간접원가	3시간 × ₩2 =	6	1시간 × ₩2 =	2
고정제조간접원가	3시간 × ₩3 =	9	1시간 × ₩4 =	4
계		₩50		₩22
정상공손허용액		3.56		3.2
정상품 단위당 표준원가		₩53.56		₩25.2

(2) 회사의 연간 조업도 수준은 다음과 같다.

	최대조업도	정상조업도
수제화	10,000단위	8,000단위
일반화	15,000	12,000

고정제조간접원가는 연간 정상조업도를 기준으로 제품에 배부된다.

(3) 원재료는 공정 초에 모두 투입되며, 가공원가는 전공정을 통하여 평균적으로 발생한다. 수제화에 대한 공손검사는 공정이 60% 진행된 시점에서 이루어지며 정상공손율은 당기에 검사를 통과한 정상품(합격품)의 10%이다. 또한, 일반화에 대한 공손검사는 공정이 50% 진행된 시점에서 이루어지며 정상공손율은 당기에 검사를 통과한 정상품(합격품)의 20%이다.

(물음 1) 수제화와 일반화의 정상공손 허용액이 계산된 근거를 제시하시오.

(물음 2) 수제화의 정상공손 허용액이 반영된 정상품 단위당 표준변동원가를 계산하시오.

(물음 3) 총생산량 20,000단위 중 일반화 완성량이 12,000단위이고 수제화 완성량이 4,600단위이며, 기초 및 기말재공품이 없다. 기타의 자료는 위에 주어진 바와 같다. 일반화에는 비정상공손이 발생하지 않았다. 회사는 지금까지 비정상공손차이를 따로 분리하지 않고 각 원가차이에 포함시켜 왔으나, 이제부터는 비정상공손차이계정을 설정하여 별도로 집계하기로 하였다. 수제화에 대한 비정상공손원가를 계산하시오.

(물음 4) (물음 2)에서 수제화의 정상품 단위당 표준변동원가가 ₩45이라고 가정하자.
회사는 수제화를 단위당 ₩50에 4,000단위를 구입하겠다는 특별주문을 받았다. 회사는 현재 정상조업도 수준을 유지하고 있다. 경영자가 단기적인 이익극대화를 추구하고자 할 경우 특별주문 수락여부를 결정하시오.

| 정답 및 해설 |

(물음 1) 정상공손 허용액 계산 근거

	수제화		일반화	
직접재료원가	$₩14 \times 100\%^{*1} \times 10\%^{*2}$ =	₩1.4	$₩10 \times 100\% \times 20\%$ =	₩2.0
가공원가	$₩36 \times 60\%^{*1} \times 10\%^{*2}$ =	2.16	$₩12 \times 50\% \times 20\%$ =	1.2
		₩3.56		₩3.2

*1 완성도
*2 정상공손율

(물음 2) 정상품 단위당 표준변동원가

직접재료원가	₩14
직접노무원가	21
변동제조간접원가	6
계	₩41
정상공손허용액	3.02*
표준변동원가	₩44.02

* $(₩14 \times 100\% \times 10\%) + (₩27 \times 60\% \times 10\%) = ₩3.02$

(물음 3) 수제화의 비정상공손원가

① 총공손수량: 20,000단위 - (12,000단위 + 12,000단위 × 20% + 4,600단위) = 1,000단위
② 정상공손수량: 4,600단위 × 10% = 460단위
③ 비정상공손수량: 1,000단위 - 460단위 = 540단위
④ 비정상공손원가: 540단위 × (₩14 + ₩36 × 60%) = ₩19,224

(물음 4) 특별주문 수락여부

증분수익	특별주문 공헌이익	4,000단위 × (@50 - @45) =	₩20,000
증분비용	정규판매 기회비용	2,000단위* × (@70 - @45) =	50,000
증분이익(손실)			₩(30,000) < 0

* 유휴조업도 2,000단위(= 최대조업도 10,000단위 - 기준조업도 8,000단위)이므로, 특별주문 4,000단위를 수락하기 위해서는 기존 판매량을 2,000단위 감소시켜야 한다.

그러므로, 특별주문을 거절하는 것이 ₩30,000만큼 유리하다.

실전문제 06 표준종합원가계산(공손, 차이분석, 원가추정)

(주)한국은 단일제품을 생산하고 있는 회사이며, 표준원가계산제도를 채택하고 있다. (주)한국의 20×1년 원가자료는 다음과 같다.

---

(1) 정상공손원가 반영 전 단위당 표준원가

직접재료원가	₩6
직접노무원가	10
변동제조간접원가	6
고정제조간접원가	2
	₩24

제조간접원가의 배부기준은 직접노무시간이며 변동제조간접원가 배부율은 직접노무원가의 60%이다. 재료는 공정초기에 모두 투입하고 가공원가는 진행에 따라 균등하게 투입한다. 단위당 표준원가는 전기와 당기가 같다.

(2) 당기 착수량은 4,000개이며 표준원가로 기록된 금액은 다음과 같다.

기초재공품	₩9,600(완성도 20%)	기초제품	₩12,750
기말재공품	7,320(완성도 60%)	기말제품	25,500
매출원가	89,250		

(3) 공손품의 검사시점은 완성도 50%시점이며, 회사는 검사를 통과한 양품의 10%를 정상적인 것으로 간주한다. 공손품의 처분가치는 없다.

(4) 직접노무원가 능률차이는 ₩4,000 불리이며 직접노무원가 능률차이와 변동제조간접원가 능률차이 이외의 다른 원가차이는 없다.

(물음 1) 정상공손원가 배분 후의 완성품단위당 원가를 계산하시오.

(물음 2) 기초재공품과 기말재공품의 수량을 추정하시오.

(물음 3) 당기완성량을 추정하시오.

(물음 4) 변동제조간접원가 능률차이와 고정제조간접원가예산을 구하시오.

(물음 5) 당기에 실제로 발생한 제조원가를 추정하시오.

(물음 6) 당기비정상공손원가를 추정하시오.

(물음 7) 고정제조간접원가의 배부율을 결정하기 위한 기준조업도로는 실제적최대조업도, 정상조업도(평준화조업도), 연간기대조업도를 사용할 수 있다. 기준조업도로 어느 조업도를 사용해야 하는지에 대한 논거를 설명하시오.

    (1) 실제적 최대조업도를 사용하는 논거

    (2) 정상조업도를 사용하는 논거

    (3) 연간기대조업도를 사용하는 논거

(물음 8) 연간기대조업도를 기준조업도로 사용해서 판매가격을 결정하는 경우에 나타날 수 있는 문제점에 대해서 설명하시오.

| 정답 및 해설 |

(물음 1) 정상공손원가 배분 후 단위당 표준원가

단위당 표준원가	₩24
정상공손 허용액: (₩6 + ₩18 × 50%) × 10% =	1.5
정상공손원가 배분 후 단위당 표준원가	₩25.5

(물음 2)

① 기초재공품수량(X)

$\quad$ X × ₩6 + X × 20% × ₩18 = ₩9,600 $\qquad$ ∴ X = 1,000개

② 기말재공품수량(Y)

$\quad$ Y × ₩6 + Y × 60% × ₩18 + Y × 1.5 = ₩7,320 $\qquad$ ∴ Y = 400개

(물음 3)

① 완성품원가: ₩89,250 + ₩25,500 - ₩12,750 = ₩102,000

② 완성량: ₩102,000 ÷ ₩25.5 = 4,000개

(물음 4)

① 변동제조간접원가 능률차이: ₩4,000 불리 × 60%* = ₩2,400 불리

$\quad$ * 변동제조간접원가 배부기준이 직접노무시간이므로 직접노무원가 능률차이의 60%가 변동제조간접원가 능률차이가 된다.

② 고정제조간접원가예산

$\quad$ 고정제조간접원가예산은 고정제조간접원가 표준원가배부액과 같다(조업도차이가 존재하지 않으므로).

	물량흐름	재료원가	가공원가
기초재공품	1,000개(20%)		
당기착수	4,000		
계	5,000개		
당기완성			
┌ 기초재공품	1,000	0개	800개
└ 당기착수	3,000	3,000	3,000
정상공손	440(50%)*	440	220
비정상공손	160(50%)*	160	80
기말재공품	400(60%)	400	240
계	5,000개	4,000개	4,340개

* (물음 6) 해설 참고

∴ 고정제조간접원가예산: 4,340개 × ₩2 = ₩8,680

(물음 5)

	표준원가배부액		원가차이	실제원가
직접재료원가	4,000개 × ₩6 =	₩24,000		₩24,000
직접노무원가	4,340개 × ₩10 =	43,400	₩4,000 불리	47,400
변동제조간접원가	4,340개 × ₩6 =	26,040	2,400 불리	28,440
고정제조간접원가	4,340개 × ₩2 =	8,680		8,680
계		₩102,120	₩6,400 불리	₩108,520

(물음 6) 비정상공손원가

① 공손수량: (1,000개 + 4,000개) - (4,000개 + 400개) = 600개
② 정상공손수량: (4,000개 + 400개 - 0개) × 10% = 440개
③ 비정상공손수량: 600개 - 440개 = 160개
④ 비정상공손원가: 160개 × (₩6 + ₩18 × 0.5) = ₩2,400

(물음 7)

(1) 실제적 최대조업도

① 실제적 최대조업도를 사용하면 조업도차이가 불리한 차이로 나타나는데 이때 조업도차이는 생산설비의 효율적 이용여부에 대한 정보를 제공하여 생산능력 관리에 유용하다.
② 고정제조간접원가 배부 시 제품의 단위당 원가가 낮게 계산되어 제품 가격경쟁력이 높아진다.

(2) 정상조업도

① 정상적 영업상태에서도 수요변동으로 인해 회피불가능한 유휴설비가 발생할 수 있는데 이러한 유휴설비에 대한 원가는 단위당 제조원가에 포함시키는 것이 타당하다.
② 3~5년의 장기간에 대한 평균조업도가 정상조업도이므로 판매가격을 결정하기 위한 제품원가계산에 유용하다.

(3) 연간기대조업도

① 연간기대조업도는 실제조업도에 가장 가까운 조업도로 고정제조간접원가 조업도차이가 가장 적게 나타난다.
② 연도 초 예산 설정 시 연간기대조업도를 기준으로 편성하므로, 이 경우 불리한 조업도차이는 생산량이 연간계획에 미달한 것을 의미하고, 유리한 조업도차이는 연간계획을 초과달성한 것을 의미하므로 계획의 수립과 통제목적으로 유용하다.

(물음 8)

연간기대조업도를 기준조업도로 사용하여 제품원가를 계산하고 이를 기초로 제품단위당 판매가격을 결정하는 경우 호황기에는 고정제조간접원가 배부율이 작아져서, 단위당 판매가격이 낮아지고 반대로 불황기에는 고정제조간접원가 배부율이 커지므로 단위당 판매가격이 높아지는 문제점이 있다. 즉, 불황기의 경우 제품 가격이 높게 결정돼서 수요를 더 위축시키는 수요의 하향악순환이 나타날 수 있다.

실전문제 07 표준종합원가계산(원가차이계산, 원가차이배부)

(주)가을은 추출공정과 조립공정을 순차적으로 거쳐 제품을 생산하는 회사이며, 종합원가계산제도를 채택하고 있다.

---

(1) 조립공정에서 직접재료는 공정이 80% 진행된 시점에서 전량 투입되며, 가공원가는 공정이 진행됨에 따라 균등하게 투입된다. 2011년도 11월, 실제원가계산(actual costing)제도하에서 이 회사 조립공정의 원가계산을 위한 기초자료는 다음과 같이 조사되었다.

(2) 기초재공품   15,000단위
    전공정대체   35,000
    기말재공품   10,000
    공손   0

	전공정대체원가	직접재료원가	가공원가
기초재공품	₩25,000	?	₩66,000
당기투입	175,000	₩200,000	330,000

조립공정에서 기초재공품의 가공원가 완성도는 60%로 추정되었다.

(물음 1) 이 회사의 회계부서가 2011년도 11월 조립공정 기말재공품의 가공원가 완성도를 40%로 추정했다고 할 때, 평균법을 적용하여 조립공정의 완성품과 기말재공품의 원가를 계산하시오. 답안 작성 시, 완성품환산량의 계산 내역을 나타내는 표(표의 양식은 자율적임)를 함께 제시하시오.

(물음 2) (주)가을의 감사부서에서는 조립공정에 대한 현장실사 결과, 정확한 원가계산을 위해서는 평균법보다 선입선출법을 적용하는 것이 바람직하며, 위 (물음 1)의 회계부서에서 제시한 기말재공품의 가공원가 완성도 또한 잘못 추정된 것으로 판단하였다. 이에 원가계산을 새롭게 실시한 결과 선입선출법에 의한 가공원가의 완성품환산량 단위당 원가는 ₩10으로 판명되었다. 이를 토대로 조립공정의 완성품과 기말재공품의 원가를 새로 계산하시오. 답안 작성 시, 완성품환산량의 계산 내역을 나타내는 표(표의 양식은 자율적임)를 함께 제시하시오.

(물음 3) (주)가을은 관리목적으로 표준원가계산(standard costing)제도를 병행해서 사용하고 있다. (주)가을은 직접재료원가의 가격차이를 사용시점에서 분리하고 있다. 2011년도 조립공정의 완성품 1단위당 표준원가는 다음과 같이 설정되어 있다(기말재공품의 가공원가 완성도는 20%로 가정한다).

	표준투입량	투입량 단위당 표준가격	원가요소별 표준원가
직접재료원가	2kg	₩3/kg	₩6
직접노무원가	직접노무 2시간	₩2.5/시간	5
변동제조간접원가	직접노무 2시간	₩0.5/시간	1
고정제조간접원가	기준조업도 제품 1단위당		2
계	-	-	₩14

(1) 2011년도 11월, (주)가을 조립공정의 실제원가와 표준원가의 차이를 직접재료원가와 가공원가에 대해 각각 계산하시오.

(2) 직접재료의 kg당 실제구입가격이 ₩2이라고 하자. 첫째, 일반적으로 직접재료 구매부서와 제조부서(조립공정)에 각각 귀속될 원가차이를 계산하시오. 둘째, 이 경우 직접재료 구매부서에 귀속될 원가차이만으로 구매부서의 성과를 긍정적[또는 부정적]으로 판단하는 것에는 어떤 문제가 있는가? (둘째 (물음)의 해답은 4줄 이내로 쓸 것)

(물음 4) (물음 3)에 있는 자료를 이용하되, 2011년도 11월에 조립공정에 투입된 가공원가의 완성품 환산량을 34,000단위로 가정하고, 다음 (물음)에 답하시오. 조립공정의 고정제조간접원가 표준(예정)배부율은 기준조업도 30,000단위를 기준으로 계산하였다. 각종 원가차이에 대한 정보는 아래와 같다.

• 고정제조간접원가 예산(소비)차이	₩0
• 변동제조간접원가 소비차이	5,000(불리)
• 변동제조간접원가 능률차이	?
• 직접노무원가 가격차이	₩5,000(유리)
• 직접노무원가 능률차이	? (불리)

(1) 위의 정보를 이용하여 2011년도 11월, 조립공정의 직접노무원가, 변동제조간접원가, 고정제조간접원가의 실제발생액과 표준원가를 계산하여 다음 표에 기입하시오.

(단위: ₩)

	직접노무원가	변동제조간접원가	고정제조간접원가
실제원가	?	?	?
표준원가	?	?	?

(2) (주)가을의 조립공정의 변동제조간접원가 항목 중에는 전기료가 있다. 조립공정에 있는 기계들의 사용 년수가 길어져 2011년도 들어 기계효율이 급격히 떨어짐에 따라, 2011년도 11월에 예상보다 전기사용량이 급증하였다. 전기사용량의 비효율로 인해 발생하는 원가차이는 어떤 원가차이에 반영되는가? 이와 함께 해당하는 원가차이의 의미를 간단히 쓰시오(총 3줄 이내로 쓸 것).

| 정답 및 해설 |

(물음 1) 평균법 원가계산

제조원가보고서(평균법)

	[1단계] 물량흐름	[2단계] 완성품환산량		
		전공정원가(0%)	재료원가(80%)	가공원가
기초재공품	15,000개(60%)			
당기착수	35,000			
	50,000개			
당기완성				
┌ 기초재공품	15,000	15,000개	15,000개	15,000개
└ 당기착수	25,000	25,000	25,000	25,000
기말재공품	10,000(40%)	10,000	0	4,000
	50,000개	50,000개	40,000개	44,000개

[3단계] 총원가의 요약				합계
기초재공품원가	₩25,000	₩0*	₩66,000	₩91,000
당기발생원가	175,000	200,000	330,000	705,000
계	₩200,000	₩200,000	₩396,000	₩796,000
[4단계] 환산량 단위당 원가				
완성품환산량	÷50,000개	÷40,000개	÷44,000개	
환산량 단위당 원가	@4	@5	@9	

[5단계] 원가의 배분

완성품원가	40,000개 × @4 + 40,000개 × @5 + 40,000개 × @9 =	₩720,000
기말재공품원가	10,000개 × @4 + 0개 × @5 + 4,000개 × @9 =	76,000
계		₩796,000

* 기초재공품에 투입된 재료원가
  조립공정의 80%시점에 재료가 전량 투입되는데, 기초재공품의 가공원가 완성도가 60%이므로 기초재공품원가에는 재료원가가
  포함되어 있지 않음

(물음 2) 선입선출법 원가계산, 기말재공품 완성도 추정

(1) 기말재공품의 완성도 추정

$$\text{가공원가의 완성품환산량 단위당 원가} = \frac{₩330,000}{15,000개 \times 40\% + 25,000개 + 10,000개 \times X} = @10$$

∴ 기말재공품의 완성도(X) = 20%

(2) 선입선출법 원가계산

제조원가보고서(선입선출법)

	[1단계] 물량흐름	[2단계] 완성품환산량		
		전공정원가(0%)	재료원가(80%)	가공원가
기초재공품	15,000개(60%)			
당기착수	35,000			
	50,000개			
당기완성				
┌ 기초재공품	15,000	0개	15,000개	6,000개
└ 당기착수	25,000	25,000	25,000	25,000
기말재공품	10,000(20%)	10,000	0	2,000
	50,000개	35,000개	40,000개	33,000개

[3단계] 총원가의 요약					합계
기초재공품원가					₩91,000
당기발생원가		₩175,000	₩200,000	₩330,000	705,000
계					₩796,000
[4단계] 환산량 단위당 원가					
완성품환산량		÷ 35,000개	÷ 40,000개	÷ 33,000개	
환산량 단위당 원가		@5	@5	@10	
[5단계] 원가의 배분					
완성품원가	₩91,000 + 25,000개 × @5 + 40,000개 × @5 + 31,000개 × @10 =				₩726,000
기말재공품원가	10,000개 × @5 +	0개 × @5 +	2,000개 × @10 =		70,000
계					₩796,000

(물음 3) 표준원가 차이분석

(1) 차이분석

① 표준원가(환산량 단위당)

	표준투입량(SQ)	×	표준가격(SQ)	=	표준원가
직접재료원가	2kg/단위		₩3/kg		₩6/단위
가공원가	2시간/단위		₩4/시간[*]		₩8/단위
계					₩14/단위

* 직접노무원가(₩2.5/시간) + 변동제조간접원가(₩0.5/시간) + 고정제조간접원가(₩1/시간) = ₩4/시간

② 원가요소별 완성품환산량(선입선출법)(= 실제산출량)
- 직접재료원가: 40,000개
- 가공원가: 33,000개

③ 차이분석

	실제원가(AQ × AP)	표준원가배부액(SQ × SP) (= 표준원가 × 실제생산량)	원가차이
직접재료원가	₩200,000	₩240,000[*1]	₩40,000(F)
가공원가	330,000	264,000[*2]	66,000(U)
계	₩530,000	₩504,000	₩26,000(U)

*1 40,000개 × @6 = ₩240,000
*2 33,000개 × @8 = ₩264,000

(2) 직접재료원가 차이분석

① 각 부서에 귀속될 원가차이
- 구매부서에 귀속될 원가차이(가격차이)

  ₩200,000(AQ × AP) - 100,000kg[*] × @3(AQ × SP) = ₩100,000(F)

  * 직접재료사용량(AQ): ₩200,000 ÷ @2 = 100,000kg
- 제조부서에 귀속될 원가차이(능률차이)

  ₩300,000(AQ × SP) - 40,000단위 × @2kg × @3 = ₩60,000(U)

② 가격차이로 구매부서 성과평가 시의 문제점

가격차이는 구매부서가 구입한 원재료 단위당 구입가격의 차이뿐만 아니라 제조부서가 실제 사용한 원재료량에 의해서도 영향을 받는다. 즉, 구매부서의 성과만이 아니라 제조부서의 성과(능률)도 포함되어 있다. 따라서 원가차이 중 순수하게 구매부서에게 귀속되는 원가차이를 계산하기 위해서는 순수 가격차이(= 표준투입량 × 구입가격의 차이)를 이용해야 한다.

(물음 4) 가공원가 차이분석

고정제조간접원가 총예산: ₩2/단위 × 30,000단위 = ₩60,000(=고정제조간접원가실제발생액)

(1) 가공원가 실제발생액과 표준원가 배부액

① 실제발생액

직접노무원가*: 90,000시간 × @44/18 =	₩220,000	
변동제조간접원가*: 90,000시간 × @10/18 =	50,000	
고정제조간접원가: 30,000단위 × @2 =	60,000	
	₩330,000	

* 직접노무원가와 변동제조간접원가 실제발생액

직접노무원가의 실제구입가격을 AP_L, 변동제조간접원가의 실제구입가격을 AP_V, 실제직접노무시간을 AQ라 하고 문제에 주어진 자료를 이용하여 다음 3개의 연립방정식을 도출한다.

① 실제원가 발생총액이 ₩330,000이고 고정제조간접원가 실제발생액이 ₩60,000이므로 직접노무원가와 변동제조간접원가의 합계는 ₩270,000이다.
$AQ \times AP_L + AQ \times AP_V = ₩270,000$

② 변동제조원가 소비차이는 ₩5,000(U)이다.
$AQ \times (AP_V - 0.5) = ₩5,000$

③ 직접노무원가 가격차이는 ₩5,000(F)이다.
$AQ \times (AP_L - 2.5) = ₩(5,000)$

∴ AQ = 90,000시간, AP_L = ₩44/18, AP_V = ₩10/18

② 표준원가 배부액

직접노무원가: 34,000단위 × @5 =	₩170,000	
변동제조간접원가: 34,000단위 × @1 =	34,000	
고정제조간접원가: 34,000단위 × @2 =	68,000	
	₩272,000	

(2) 전기사용량의 비효율

회사가 제조간접원가의 배부기준으로 직접노무시간을 사용하고 있으므로 전기사용량의 증가는 변동제조간접원가의 소비차이로 나타나게 된다. (투입되는 직접노무시간의 변동은 없고 직접노무시간당 전기사용량이 증가할 것임)

즉, 변동제조간접원가 소비차이는 변동제조간접원가 배부기준 조업도 단위당 자원소모량(이 문제의 경우 직접노무시간당 전력소모량)과 자원단위당 구매가격(전력단위당 구매가격)에 따라 결정된다.

실전문제 08 제조간접원가 차이분석, 전부원가계산과 생산량의 관계 회계사 09

(주)파주는 1차 연도 1월에 영업을 개시하였고, 기초에 재고자산은 없었으며, 1차 연도에 투입된 원가는 모두 제품으로 완성되었다. 1차 연도의 영업 및 회계에 관한 자료는 다음과 같다. 기초에 추정한 1차 연도 예산 생산량은 5,100개였으며, 향후 3년간의 평균 생산량은 5,610개로 추정되었으며, 1차 연도 실제 생산량은 5,000개이다. 1차 연도 중에 생산량 5,000개가 모두 개당 ₩1,000에 판매되었다. 편의상 직접재료원가와 직접노무원가는 없다고 가정한다. 변동제조간접원가의 배부기준은 기계시간이며, 변동제조간접원가의 실제발생액은 ₩630,000이다. 고정제조간접원가의 실제발생액은 ₩560,000이다.

(물음 1) 변동제조간접원가 차이분석 결과, 변동제조간접원가의 소비차이는 ₩90,000(불리), 능률차이는 ₩120,000(유리)로 분석되었다. 그러나 회계자료에 대한 감사 결과, 실제 기계시간은 차이분석 시에 이용되었던 실제 기계시간보다 1,000시간 더 많은 것으로 판명되었다. 새로 알려진 기계시간을 토대로 계산해 보니, 소비차이는 ₩30,000(불리), 능률차이는 ₩60,000(유리)인 것으로 밝혀졌다. 다음 질문에 대해 답하되, 차이분석 내용을 나타내시오.

  (1) 감사 결과 밝혀진 정확한 실제 기계시간은 몇 시간인가?

  (2) 제품 한 단위당 표준 기계시간은 몇 시간인가?

(물음 2) 고정제조간접원가 차이분석 시 1차 연도 예산생산량 5,100개를 기준조업도로 사용하였다. 그러나 3개년 평균생산량 추정치인 5,610개가 기준조업도로 더 적합하다는 의견이 있어서, 이를 이용하여 재계산한 결과 고정제조간접원가 예정배부율은 제품 한 단위당 ₩100이었다. 다음 질문에 대해 답하되, 차이분석 내용을 나타내시오.

  (1) 1차 연도 예산생산량을 기준조업도로 사용하여 계산한 조업도차이는 얼마인가?

  (2) 고정제조간접원가의 기준조업도로서 당년도 예산생산량을 사용하는 경우 일반적인 문제점이 무엇인가? (반드시 3줄 이내로 답하시오)

(물음 3) 만약 제품 5,000개를 생산하여 모두 판매하는 대신, 총 8,000개를 생산하여 5,000개를 판매하고 기말에 제품 재고로 3,000개가 남는 경우 고정제조간접원가가 미치는 영향에 대한 다음 질문에 답하시오. (고정제조간접원가 실제 발생액은 변하지 않는다고 가정하고, 위의 (물음 2)의 자료를 활용할 것. 기준조업도는 3개년 평균생산량 추정치를 사용함)

  (1) (주)파주가 전부원가계산(absorption costing)과 표준원가계산(standard costing)을 함께 사용한다면, 5,000개 생산할 경우와 비교해서 8,000개 생산할 경우 고정제조간접원가는 1차 연도 이익과 기말 제품재고에 각각 어떤 영향을 미치는가? (단, 모든 원가차이는 고려하지 마시오)

  (2) (주)파주가 전부원가계산(absorption costing)과 실제원가계산(actual costing)을 함께 사용한다면, 5,000개 생산할 경우와 비교해서 8,000개 생산할 경우 고정제조간접원가는 1차 연도 이익과 기말 제품재고에 각각 어떤 영향을 미치는가?

| 정답 및 해설 |

(물음 1) 변동제조간접원가 차이분석

(1) 정확한 실제 기계시간

차이분석 시 이용되었던 실제 기계시간 = x

기계시간당 변동제조간접원가 표준배부율 = y

	AQ × AP	AQ × SP	SQ × SP
(감사 전)		$x \times y$	
변동제조간접원가	₩630,000	= ₩540,000	₩660,000

소비차이 ₩90,000 U ‖ 능률차이 ₩120,000 F

	AQ × AP	AQ × SP	SQ × SP
(감사 후)		$(x + 1,000) \times y$	
변동제조간접원가	₩630,000	= ₩600,000	₩660,000

소비차이 ₩30,000 U ‖ 능률차이 ₩60,000 F

$1,000y = 60,000 \rightarrow y = ₩60/시간$

$60x = 540,000 \rightarrow x = 9,000시간$

∴ 정확한 실제 기계시간 = 9,000시간 + 1,000시간 = 10,000시간

(2) 제품 단위당 표준 기계시간

실제생산량에 허용된 표준원가(SQ × ₩60) = ₩660,000 → SQ = 11,000시간

∴ 제품 단위당 표준 기계시간: 11,000시간 ÷ 5,000개 = 2.2시간

(물음 2) 고정제조간접원가 조업도차이와 기준조업도

(1) 기준조업도로서 1차 연도 예산생산량을 사용할 경우 조업도차이

	실제	예산	SQ × SP
		5,100개 × ₩110[*2]	5,000개 × ₩110[*2]
고정제조간접원가	₩560,000	= ₩561,000[*1]	= ₩550,000

조업도차이 ₩11,000 U

[*1] 고정제조간접원가 예산: 5,610개 × ₩100 = ₩561,000

[*2] 제품 단위당 고정제조간접원가 예정배부율: $\dfrac{₩561,000}{5,100개}$ = ₩110/개

(2) 기준조업도로서 당년도 예산생산량을 사용할 경우의 문제점

기준조업도로 당년도 예산생산량을 사용하면 매년 예산생산량이 변동함에 따라 매년 단위당 고정제조간접원가 배부액이 달라져 제품원가가 매년 변동하는 문제점이 있다.

(물음 3) 전부원가계산에서 생산량이 재고금액과 이익에 미치는 영향

(1) 표준전부원가계산

제품 단위당 고정제조간접원가 예정배부율은 실제생산량에 관계없이 ₩100이므로 5,000개를 생산하여 모두 판매하는 대신에 8,000개를 생산하여 5,000개를 판매할 경우 고정제조간접원가가 미치는 영향은 다음과 같다(원가차이는 고려하지 않음).

① 기말 제품재고: 3,000개 × ₩100 = ₩300,000 커짐

② 1차 연도 이익: 판매량이 같으므로 표준매출원가가 같기 때문에 1차 연도 이익도 같다.

(2) 실제전부원가계산

제품 단위당 고정제조간접원가 실제배부율은 8,000개를 생산할 경우 ₩70(= ₩560,000 ÷ 8,000개)이므로 5,000개를 생산하여 모두 판매하는 대신에 8,000개를 생산하여 5,000개를 판매할 경우 고정제조간접원가가 미치는 영향은 다음과 같다.

① 기말 제품재고: 3,000개 × ₩70 = ₩210,000 커짐

② 1차 연도 이익: 기말재고에 포함되어 있는 고정제조간접원가가 ₩210,000만큼 커진다.

(주)한국은 갑제품과 을제품 두 종류의 제품을 생산·판매하고 있다. 갑제품의 생산량을 A, 을제품의 생산량을 B라고 하자. 회사는 제조원가 요소별 표준원가를 다음과 같은 식에 의해 추정하였다.

직접재료원가(DM)	DM = ₩30 × A + ₩50 × B
직접노무시간(DLH)	DLH = 2시간 × A + 1시간 × B
직접노무원가(DL)	DL = ₩20 × DLH
월간 제조간접원가(OH)	OH = ₩200,000 + DM × 200% + DL × 80%

회사는 적시생산(just-in-time) 시스템을 도입하여 실행하고 있으므로 원재료 재고는 매우 소량으로 무시할 수준이다.

(물음 1) 표준변동원가계산에 의한 갑제품과 을제품의 단위당 제품원가를 각각 구하시오.

(물음 2) 정상조업도에서의 월 생산량은 갑제품 500단위, 을제품 500단위이다. (주)한국은 정상조업도하에서의 월간 직접노무시간을 기초로 고정제조간접원가를 제품원가에 배부하고 있다. 표준전부원가계산에 의해 갑제품과 을제품의 단위당 제품원가를 각각 구하시오. (소수점 둘째 자리까지 계산하시오)

(물음 3) (주)한국은 갑제품 500단위를 매월 국방부에 납품하고 있다. 국방부와 체결한 장기계약의 납품가격은 단위당 ₩400이다. 그런데 최근 매스컴에서 "제품생산량 또는 총변동제조간접원가를 기초로 고정제조간접원가를 배부할 경우 갑제품의 단위당 제품원가는 ₩400 미만으로 나타난다"는 모 경제연구소의 분석결과를 인용하면서 납품가격이 지나치게 높다고 문제를 제기했다. (주)한국의 회계담당자는 (물음 2)에서 계산한 제품원가를 근거로 회사는 갑제품을 국방부에 납품함으로써 실질적으로 손실이 발생하고 있다고 반박하고 있다. (주)한국의 회계담당자의 주장의 타당성을 4줄 이내로 간략하게 평가하시오.

| 정답 및 해설 |

(물음 1)

구분	갑	을
직접재료원가	₩30	₩50
직접노무원가	40[*1]	20[*2]
변동제조간접원가	92[*3]	116[*4]
변동제조원가	₩162	₩186

*1 2시간 × ₩20 = ₩40
*3 ₩30 × 2시간 + ₩40 × 0.8 = ₩92
*2 1시간 × ₩20 = ₩20
*4 ₩50 × 2시간 + ₩20 × 0.8 = ₩116

(물음 2)

① 직접노무시간: 500개 × 2시간 + 500개 × 1시간 = 1,500시간
② 고정제조간접원가 표준배부율: ₩200,000/1,500시간 = ₩133.33/시간

구분	갑	을
변동제조원가	₩162	₩186
고정제조간접원가	266.66[*1]	133.33[*2]
전부원가	₩428.66	₩319.33

*1 2시간 × @133.33 = ₩266.66
*2 1시간 × @133.33 = ₩133.33

(물음 3)

(1) (주)한국의 입장

구분	갑
판매가격(국방부)	₩400
전부원가	428.66
이익(손실)	₩(28.66)

∴ 장기납품계약이 일반적이라면 고정제조간접원가를 배부한 단위당 전부원가 ₩428.66이 판매가격인 ₩400
  보다 적으므로 갑제품을 국방부에 납품함으로써 실질적으로 손실이 발생한다는 것이 (주)한국의 입장이다.

(2) 매스컴의 자료인 경제연구소의 입장

구분	제품생산량기준 고정제조간접원가 배부	총변동제조간접원가기준 고정제조간접원가 배부
판매가격(국방부)	₩400	₩400
변동제조원가	162	162
고정제조간접원가	200[*1]	176.64[*2]
전부원가	₩362	₩338.64
이익(손실)	₩38	₩61.36

*1 고정제조간접원가 배부율: ₩200,000/(500개 + 500개) = ₩200/개

*2 고정제조간접원가 배부율: ₩200,000/(500개 × @92 + 500개 × @116) = ₩1.92/변동제조간접원가 ₩1
    단위당 고정제조간접원가 배부액: ₩1.92/변동제조간접원가 ₩1 × @92 = ₩176.64

(주)영광은 새로운 스케이트 보드, X-star를 개발하여 제품 라인을 늘리고자 한다. (주)영광은 X-star의 독특한 디자인이 호평을 받을 것이므로 최대 생산능력하에서 생산되는 전량을 판매할 수 있을 것이라고 예측한다. 이러한 예측하에 X-star의 내년도 예상 손익계산서를 만들었다.

매출	?원
매출원가	1,600,000원
매출총이익	?원
판매비와관리비	1,130,000원
영업이익	?원

<자료>

1. X-star를 제조하기 위하여 투자되는 금액은 1,500,000원이다. (주)영광은 모든 신규 사업에 18%의 기대 투자수익률을 요구하고 있다.

2. X-star의 개당 표준 제조원가카드는 아래와 같이 부분적으로 작성되었다.

	표준투입량	표준단가	표준원가
직접재료원가	3m	9원/m	27원
직접노무원가	2시간	?원/시간	?원
제조간접원가			?원
개당 제조원가			?원

3. X-star 제조에 투입되는 인력은 20명이다. 이들의 인건비는 직접원가로 계상하며, 표준 작업시간은 연 50주, 주당 40시간이다.

4. 제조간접원가는 직접노무시간을 기준으로 배부한다.

5. X-star에 관계되는 기타 자료는 아래와 같다.

개당 변동제조간접원가	5원
개당 변동판매비	10원
연간 고정제조간접원가	600,000원
연간 고정판매비와관리비	?원

(물음 1) 최대 생산능력하에서 내년에 X-star를 몇 개 제조할 수 있는가?

(물음 2) 기대 투자수익률을 달성하기 위한 매출액은 얼마인가?

(물음 3) (주)영광은 제품을 생산하는데 발생하는 전부원가에 요구이익 또는 마크업(markup)을 가산하여 가격을 결정하는 원가가산 가격결정방법을 사용한다. 가산되는 마크업은 모든 판매비와관리비를 회수하고, 나아가서 기대 투자수익을 획득할 수 있어야 한다. (주)영광의 마크업율은 몇 %인가? (단, 마크업율은 제조원가를 모수로 한다)

(물음 4) 표준 제조원가카드의 (a), (b), (c), (d)에 알맞은 답을 구하시오.

	표준투입량	표준단가	표준원가
직접재료원가	3m	9원/m	27원
직접노무원가	2시간	(a)원/시간	(b)원
제조간접원가			(c)원
개당 제조원가			(d)원

(물음 5) 변동원가계산에 의한 내년도 예상 손익계산서를 작성하시오.

| 정답 및 해설 |

(물음 1) 최대 생산능력에서의 생산량

$$\text{최대 생산량} = \frac{20\text{명} \times 50\text{주} \times 40\text{시간}}{2\text{시간}} = 20,000\text{개}$$

(물음 2) 기대 투자수익률 달성을 위한 매출액

(1) 18%의 기대 투자수익률을 달성하기 위한 목표영업이익

$$18\% = \frac{\text{목표영업이익}}{\text{₩}1,500,000}$$

∴ 목표영업이익 = ₩270,000

(2) 목표매출액(S)

S - ₩1,600,000 - ₩1,130,000 = ₩270,000

∴ S = ₩3,000,000

(물음 3) 목표이익달성을 위한 이익가산율

$$\text{목표이익가산율} = \frac{\text{판매비와관리비} + \text{목표이익}}{\text{제조원가}} = \frac{\text{₩}1,130,000 + \text{₩}270,000}{\text{₩}1,600,000} = 87.5\%$$

(물음 4)

① 단위당 표준제조원가: $\dfrac{\text{₩}1,600,000}{20,000\text{개}} = \text{₩}80$

② 단위당 제조간접원가: $\text{₩}5 + \dfrac{\text{₩}600,000}{20,000\text{개}} = \text{₩}35$

③ 단위당 직접노무원가: ₩80 - ₩27 - ₩35 = ₩18

④ 시간당 표준임률: $\dfrac{\text{₩}18}{2\text{시간}} = \text{₩}9/\text{시간}$

∴ (a) ₩9, (b) ₩18, (c) ₩35, (d) ₩80

(물음 5)

손익계산서

매출액			₩3,000,000
변동원가			
변동매출원가	20,000개 × ₩50[*1] =	₩1,000,000	
변동판매비와관리비	20,000개 × ₩10 =	200,000	1,200,000
공헌이익			₩1,800,000
고정원가			
고정제조간접원가		₩600,000	
고정판매비와관리비		930,000[*2]	1,530,000
영업이익			₩270,000

*1 ₩27 + ₩18 + ₩5 = ₩50

*2 ₩1,130,000 - ₩200,000 = ₩930,000

나이스안테나(주)는 2006년 중에 경쟁업체 제품에 비하여 수신능력이 우수하고 크기가 작은 GPS 안테나를 개발하였으며, 2007년부터 이 제품을 휴대폰 단말기 제조업체에 판매할 계획이다. 당사의 컨트롤러는 신설되는 안테나사업부에 표준원가계산제도를 적용하고자 한다. 2007년 초에 안테나의 표준원가를 설정하기 위하여 생산 및 판매활동에 대한 예산자료를 수집하였다.

항목	예산자료
직접재료원가	GPS 안테나는 단일공정에서 생산된다. 안테나 1개를 생산하기 위해서는 공정초에 15g의 실리콘(실리콘 1g당 표준가격은 ₩20)을 투입하여 가공한다. 공정의 50%시점에서 품질검사를 실시하는데, 기술팀의 제안에 따라 합격품의 10%를 정상공손으로 간주한다. 모든 공손품은 발생 즉시 폐기된다. 품질검사를 통과한 직후 합격품 1개당 2개의 전극(전극 1개당 표준가격은 ₩50)이 부착된다.
직접노무원가	GPS 안테나 1개를 생산하기 위해서는 1.5시간의 직접노무시간이 필요하다. 직접노무원가 표준임률은 시간당 ₩40이다. 직접노무원가는 공정 중에 균등하게 발생한다.
제조간접원가	제조간접원가 배부기준은 직접노무시간이다. 변동제조간접원가 표준배부율은 직접노무원가 표준임률의 50%로 예상된다. 2007년의 고정제조간접원가 예산은 ₩9,600이고, 예정생산량은 기준조업도 수준인 320개이다. 제조간접원가는 공정 중에 균등하게 발생한다.
판매활동	2007년 당사 제품의 전체 시장규모는 2,000개로 추정되며, 예정생산량을 전부 판매할 수 있을 것으로 보고 있다. 개당 예상 판매가격은 ₩650이고, 판매활동과 관련하여 변동원가는 단위당 ₩15, 고정원가는 ₩1,500이 발생할 것으로 예상된다.

(물음 1) 표준원가를 설정함으로써 얻을 수 있는 이점을 세 가지 이상 제시하시오.

(물음 2) 다음 양식을 참고하여 안테나사업부의 제품 단위당 표준원가를 설정하시오. 표준원가는 원가요소별로 수량표준과 가격표준이 제시되고, 정상공손이 반영되어야 한다.

(답안양식 예시)			
원가항목	수량표준	가격표준	개당 표준원가
×××	×××	×××	×××

(물음 3) (물음 2)에서 구한 표준원가를 이용한다. 2007년 중에 350개를 완성하였으며, 공손품이 발생하였다. 기말재공품의 (가공원가)완성도는 80%이었다. 다음은 완성품 환산량을 계산한 결과의 일부이다.

구분	물량단위	완성품 환산량		
		실리콘	전극	가공원가
완성품	350개	350개	?	350개
정상공손품	?	?	?	?
비정상공손품	?	?	?	?
기말재공품	50	?	?	?
계	450개	?	?	?

표준원가계산에 의하여 (1) 기말재공품원가와 (2) 비정상공손원가를 구하시오. (단, 정상공손원가는 합격품에 배부하고 비정상공손원가는 당기비용으로 처리한다)

| 정답 및 해설 |

(물음 1) 표준원가계산의 유용성

① 예산을 설정하는 데 있어서 기초자료로 활용할 수 있다.

② 실제원가와 비교하여 실제원가가 표준원가의 일정한 범위 내에서 발생하고 있는지를 파악함으로써 원가통제를 수행할 수 있다.

③ 표준원가를 기준으로 제품원가계산을 하게 되면 원가계산이 신속하고 간편해진다.

(물음 2) 제품 단위당 표준원가의 설정

원가항목	수량표준		가격표준	개당 표준원가
직접재료원가				
실리콘	15g + 15g × 10% =	16.5g	₩20	₩330
전극		2개	50	100
직접노무원가	1.5시간 + 1.5시간 × 50% × 10% =	1.575시간	40	63
변동제조간접원가		1.575	20	31.5
고정제조간접원가		1.575	20*	31.5
제품 단위당 표준원가				₩556

* ₩9,600 ÷ (320개 × 1.5시간) = ₩20/시간

(물음 3) 표준종합원가계산

① 정상공손수량과 비정상공손수량
- 정상공손수량: (350개 + 50개) × 10% = 40개
- 비정상공손수량: 50개 - 40개 = 10개

②

선입선출법

	[1단계]	[2단계] 완성품환산량		
	물량의 흐름	재료원가(실리콘)	재료원가(전극)	가공원가
당기완성				
기초재공품	0	0	0	0
당기착수	350	350	350	350
정상공손	40(50%)	40	0	20
비정상공손	10(50%)	10	0	5
기말재공품	50(80%)	50	50	40
	450개	450개	400개	415개
[4단계] 환산량 단위당 원가		@300[*1]	@100	@120[*2]

[5단계] 원가의 배분
(1차 배분)

완성품원가		350개 × ₩520 =	₩182,000
정상공손원가	40개 × ₩300 +	20개 × ₩120 =	14,400
비정상공손원가	10개 × ₩300 +	5개 × ₩120 =	3,600
기말재공품원가	50개 × ₩300 + 50개 × ₩100 + 40개 × ₩120 =		24,800
계			₩224,800

(2차 배분)

	배분전원가	정상공손원가배분[*3]	배분후원가
완성품원가	₩182,000	₩12,600	₩194,600
정상공손원가	14,400	(14,400)	0
비정상공손원가	3,600		3,600
기말재공품원가	24,800	1,800	26,600
계	₩224,800	₩0	₩224,800

[*1] 15g × ₩20 = ₩300

[*2] 1.5시간 × (₩40 + ₩20 + ₩20) = ₩120

[*3] 완성품과 기말재공품에 350 : 50 비율로 배분함(당기합격수량을 기준으로 배분)

(1) 기말재공품원가: ₩26,600

(2) 비정상공손원가: ₩3,600

제7장 | 변동원가계산

기본문제 01 원가계산방법의 상호비교

20×1년 초 (주)한국은 단위당 판매가격과 변동원가가 다음과 같은 제품을 생산하기 시작했다. (주)한국의 결산일은 매년 12월 31일이다.

단위당 판매가격		₩50
단위당 변동원가		30
직접재료원가	₩8	
직접노무원가	14	
변동제조간접원가	4	
변동판매비와관리비	4	
단위당 공헌이익		₩20

연간 고정제조간접원가는 ₩240,000이고 변동판매비와관리비는 판매량에 비례하여 발생하며 고정판매비와관리비는 연간 ₩160,000이다. 매년의 제품 생산량, 판매량 및 재고수준은 다음과 같다.

	20×1년	20×2년	20×3년
기초제품	0개	10,000개	10,000개
생산량	40,000	30,000	20,000
판매량	30,000	30,000	30,000
기말제품	10,000	10,000	0

전부원가계산, 변동원가계산, 초변동원가계산에 의한 매년의 포괄손익계산서를 작성하시오. (단, 필요한 경우 재고자산의 평가와 기간손익의 확정을 위해 선입선출법을 가정한다)

전부원가계산(20×1년)

매출액: 30,000개 × @50 =		₩1,500,000
매출원가		960,000
기초제품재고액	₩0	
당기제품제조원가: 40,000개 × @32* =	1,280,000	
계	₩1,280,000	
기말제품재고액: 10,000개 × @32 =	(320,000)	
매출총이익		₩540,000
판매비와관리비: 30,000개 × @4 + ₩160,000 =		280,000
영업이익		₩260,000

* 제품단위당 원가

변동제조원가: ₩8 + ₩14 + ₩4 =	₩26
고정제조간접원가: ₩240,000 ÷ 40,000개 =	6
계	₩32

변동원가계산(20×1년)

매출액: 30,000개 × @50 =		₩1,500,000
변동원가		900,000
기초제품재고액	₩0	
당기제품제조원가: 40,000개 × @26* =	1,040,000	
계	₩1,040,000	
기말제품재고액: 10,000개 × @26 =	(260,000)	
변동매출원가	₩780,000	
변동판매비와관리비: 30,000개 × @4 =	120,000	
공헌이익		₩600,000
고정원가		400,000
고정제조간접원가	₩240,000	
고정판매비와관리비	160,000	
영업이익		₩200,000

* 단위당 변동제조원가

직접재료원가	₩8
변동가공원가: ₩14 + ₩4 =	18
계	₩26

초변동원가계산(20×1년)

매출액: 30,000개 × @50 =		₩1,500,000
단위수준변동원가		240,000
기초제품재고액	₩0	
당기제품제조원가: 40,000개 × @8 =	320,000	
계	₩320,000	
기말제품재고액: 10,000개 × @8 =	(80,000)	
재료처리량공헌이익		₩1,260,000
운영비용		1,240,000
직접노무원가: 40,000개 × @14 =	₩560,000	
변동제조간접원가: 40,000개 × @4 =	160,000	
고정제조간접원가	240,000	
변동판매비와관리비: 30,000개 × @4 =	120,000	
고정판매비와관리비	160,000	
영업이익		₩20,000

전부원가계산(20×2년)

매출액: 30,000개 × @50 =		₩1,500,000
매출원가		1,000,000
기초제품재고액: 10,000개 × @32 =	₩320,000	
당기제품제조원가: 30,000개 × @34[*1] =	1,020,000	
계	₩1,340,000	
기말제품재고액: 10,000개 × @34[*2] =	(340,000)	
매출총이익		₩500,000
판매비와관리비: 30,000개 × @4 + ₩160,000 =		280,000
영업이익		₩220,000

[*1] 제품단위당 원가

변동제조원가	₩26
고정제조간접원가: ₩240,000 ÷ 30,000개 =	8
계	₩34

[*2] 재고자산을 선입선출법에 의하여 평가하므로 당기의 제품단위당 원가를 적용한다.

변동원가계산(20×2년)

매출액: 30,000개 × @50 =		₩1,500,000
변동원가		900,000
기초제품재고액: 10,000개 × @26 =	₩260,000	
당기제품제조원가: 30,000개 × @26 =	780,000	
계	₩1,040,000	
기말제품재고액: 10,000개 × @26 =	(260,000)	
변동매출원가	₩780,000	
변동판매비와관리비: 30,000개 × @4 =	120,000	
공헌이익		₩600,000
고정원가		400,000
고정제조간접원가	₩240,000	
고정판매비와관리비	160,000	
영업이익		₩200,000

초변동원가계산(20×2년)

매출액: 30,000개 × @50 =		₩1,500,000
단위수준변동원가		240,000
기초제품재고액: 10,000개 × @8 =	₩80,000	
당기제품제조원가: 30,000개 × @8 =	240,000	
계	₩300,000	
기말제품재고액: 10,000개 × @8 =	(80,000)	
재료처리량공헌이익		₩1,260,000
운영비용		1,060,000
직접노무원가: 30,000개 × @14 =	₩420,000	
변동제조간접원가: 30,000개 × @4 =	120,000	
고정제조간접원가	240,000	
변동판매비와관리비: 30,000개 × @4 =	120,000	
고정판매비와관리비	160,000	
영업이익		₩200,000

전부원가계산(20×3년)

매출액: 30,000개 × @50 =		₩1,500,000
매출원가		1,100,000
기초제품재고액: 10,000개 × @34 =	₩340,000	
당기제품제조원가: 20,000개 × @38[*] =	760,000	
계	₩1,100,000	
기말제품재고액	(0)	
매출총이익		₩400,000
판매비와관리비: 30,000개 × @4 + ₩160,000 =		280,000
영업이익		₩120,000

[*] 제품단위당 원가

변동제조원가	₩26
고정제조간접원가: ₩240,000 ÷ 20,000개 =	12
계	₩38

변동원가계산(20×3년)

매출액: 30,000개 × @50 =		₩1,500,000
변동원가		900,000
기초제품재고액: 10,000개 × @26 =	₩260,000	
당기제품제조원가: 20,000개 × @26 =	520,000	
계	₩780,000	
기말제품재고액	(0)	
변동매출원가	₩780,000	
변동판매비와관리비: 30,000개 × @4 =	120,000	
공헌이익		₩600,000
고정원가		400,000
고정제조간접원가	₩240,000	
고정판매비와관리비	160,000	
영업이익		₩200,000

초변동원가계산(20×3년)

매출액: 30,000개 × @50 =		₩1,500,000
단위수준변동원가		240,000
기초제품재고액: 10,000개 × @8 =	₩80,000	
당기제품제조원가: 20,000개 × @8 =	160,000	
계	₩240,000	
기말제품재고액	(0)	
재료처리량공헌이익		₩1,260,000
운영비용		880,000
직접노무원가: 20,000개 × @14 =	₩280,000	
변동제조간접원가: 20,000개 × @4 =	80,000	
고정제조간접원가	240,000	
변동판매비와관리비: 30,000개 × @4 =	120,000	
고정판매비와관리비	160,000	
영업이익		₩380,000

기본문제 02 정상원가계산에서의 전부원가계산 및 변동원가계산

(주)천지인은 20×1년 초 영업을 개시하였으며, 단일제품을 생산하는 회사이다. (주)천지인의 결산일은 매년 12월 31일이다.

(1) 회사는 연초에 단위당 변동제조간접원가를 ₩4, 연간고정제조간접원가를 ₩240,000, 연간생산량을 30,000개로 예상하고 이를 기준으로 제조간접원가를 예정배부하고 있다. 20×1년 중 회사가 생산한 제품에 관한 실제 자료는 다음과 같다.

단위당 판매가격		₩50
단위당 변동원가		30
재료원가	₩8	
직접노무원가	14	
변동제조간접원가	5	
변동판매관리비	3	
단위당 공헌이익		₩20

(2) 20×1년의 제품생산량은 28,000개, 판매량은 25,000개이고, 발생한 연간고정제조간접원가는 ₩240,000, 고정판매비와관리비는 ₩160,000이었다. 회사는 제조간접원가 배부차이를 매출원가에 가감하고 있다.

20×1년의 전부원가계산 및 변동원가계산의 포괄손익계산서를 작성하시오.

전부원가계산(20×1년)

매출액: 25,000개 × @50 =		₩1,250,000
매출원가		894,000
기초제품재고액	₩0	
당기제품제조원가: 28,000개 × @34[*1] =	952,000	
계	₩952,000	
기말제품재고액: 3,000개 × @34 =	(102,000)	
정상매출원가	₩850,000	
제조간접원가 과소배부액	44,000[*2]	
매출총이익		₩356,000
판매관리비: 25,000개 × @3 + ₩160,000 =		235,000
영업이익		₩121,000

[*1] 단위당 제조원가

변동제조원가: ₩8 + ₩14 + ₩4(예정배부) =	₩26
고정제조간접원가: ₩240,000 ÷ 30,000개 =	8(예정배부)
계	₩34

[*2] 제조간접원가 과소배부액은 다음과 같이 계산된다.

	실제		배부액		배부차이	
변동제조간접원가	28,000개 × @5 =	₩140,000	28,000개 × @4 =	₩112,000	₩28,000	과소
고정제조간접원가		240,000	28,000개 × @8 =	224,000	16,000	과소
계		₩380,000		₩336,000	₩44,000	과소

변동원가계산(20×1년)

매출액: 25,000개 × @50 =		₩1,250,000
변동원가		753,000
기초제품재고액	₩0	
당기제품제조원가: 28,000개 × @26[*1] =	728,000	
계	₩728,000	
기말제품재고액: 30,000개 × @26 =	(78,000)	
정상변동매출원가	₩650,000	
변동제조간접원가 과소배부액	28,000[*2]	
차이조정 후 변동매출원가	₩678,000	
변동판매관리비: 25,000개 × @3 =	75,000	
공헌이익		₩497,000
고정원가		400,000
고정제조간접원가	₩240,000	
고정판매관리비	160,000	
영업이익		₩97,000

[*1] 단위당 변동제조원가: ₩8 + ₩14 + ₩4 = ₩26
　　　　　　　　　　　　　　　　예정배부

[*2] 변동제조간접원가 배부차이: 28,000개 × @5 － 28,000개 × @4 = ₩28,000 과소배부
　　　　　　　　　　　　　　실제 변동제조간접원가　　변동제조간접원가 배부액

기본문제 03 표준원가계산에서의 전부원가계산 및 변동원가계산

(주)한국은 20×1년 초 영업을 개시하였으며, 단일제품을 생산하는 회사이다. (주)한국은 표준원가계산 제도를 채택하고 있다.

(1) 회사가 생산하는 제품단위당 표준원가는 다음과 같다.

	표준수량	표준가격	표준원가
직접재료원가	2kg	₩25/kg	₩50
직접노무원가	3시간	3/시간	9
변동제조간접원가	3	2/시간	6
고정제조간접원가	3	5/시간	15
제품단위당 표준원가			₩80

(2) 고정제조간접원가예산은 연간 ₩90,000이고, 고정제조간접원가 표준배부율을 산정하는 데 사용된 기준조업도는 18,000시간이다. 20×1년의 제품생산량은 5,000개이며, 이 중 4,500 개를 단위당 ₩100에 판매하였다. 변동판매비와관리비는 판매단위당 ₩5이고, 고정판매비와 관리비는 ₩40,000이었다. 20×1년 중 가격차이, 능률차이, 예산차이는 발생하지 않았다. 회 사는 원가차이를 매출원가에 가감하고 있다.

20×1년의 전부원가계산 및 변동원가계산의 포괄손익계산서를 작성하시오.

| 정답 및 해설 |

전부원가계산(20×1년)

매출액: 4,500개 × @100 =		₩450,000
매출원가		375,000
기초제품재고액	₩0	
당기제품제조원가: 5,000개 × @80[*1] =	400,000	
계	₩400,000	
기말제품재고액: 500개 × @80 =	(40,000)	
표준매출원가	360,000	
원가차이(조업도차이)	15,000[*2]	
매출총이익		₩75,000
판매비와관리비: 4,500개 × @5 + ₩40,000 =		62,500
영업이익		₩12,500

*1 제품단위당 원가: ₩80(표준원가)
*2 가격차이, 능률차이, 예산차이는 발생하지 않았으며, 조업도차이는 다음과 같다.

	실제	예산	배부
			5,000개 × 3시간 × @5
고정제조간접원가	₩90,000	₩90,000	= ₩75,000
		예산차이 ₩0	조업도차이 ₩15,000 U

변동원가계산(20×1년)

매출액: 4,500개 × @100 =		₩450,000
변동원가		315,000
기초제품재고액	₩0	
당기제품제조원가: 5,000개 × @65[*] =	325,000	
계	₩325,000	
기말제품재고액: 500개 × @65 =	(32,500)	
변동매출원가	₩292,500	
변동판매비와관리비: 4,500개 × @5 =	22,500	
공헌이익		₩135,000
고정원가		130,000
고정제조간접원가	₩90,000	
고정판매비와관리비	40,000	
영업이익		₩5,000

* 제품단위당 원가: ₩65(표준변동제조원가)

※ 변동원가계산에서 매출원가에서 가감될 원가차이를 변동원가차이라고 하는데 이는 직접재료원가 가격차이, 능률차이, 직접노무원가 가격차이, 능률차이, 변동제조간접원가 소비차이, 능률차이만을 말한다. 고정제조간접원가 예산차이는 원가통제 목적상 발생하지만 실제 발생한 고정제조간접원가가 기간비용 처리되므로 조정될 필요가 없으며 조업도차이는 고정제조간접원가가 제품에 배부되지 않으므로 발생할 수 없다.

기본문제 04 전부원가계산과 변동원가계산의 비교

(주)한국은 책장을 제조해서 판매하는 회사이다. (주)한국의 결산일은 매년 12월 31일이다.

---

(1) 20×7년 1월 1일부터 20×7년 12월 31일 중에 발생한 원가는 다음과 같다.

원가항목	재고가능원가와 기간원가의 구분	금액
변동제조원가	재고가능원가	₩260,000
고정제조원가	재고가능원가	40,000
변동판매비	기간원가	254,000
고정판매비와 고정관리비	기간원가	150,000

(2) 변동제조원가는 제품생산량에 대한 변동원가이다. 변동판매비는 제품판매량에 대한 변동원가이다. 다음은 재고자산 관련 자료이다.

	20×7년 1월 1일 기초재고	20×7년 12월 31일 기말재고
제품재고	?	2,000단위

20×7년도의 생산량은 10,000개이다. 20×7년도의 매출액은 ₩900,000이었으며, 20×7년 1월 1일의 제품재고는 ₩30,000이었다. 기초재고의 단위당 제품원가와 기중 생산된 제품의 단위당 원가는 동일하다. 여기서 단위당 제품원가는 외부보고용 원가를 의미한다.

(물음 1) 20×7년도 초의 제품재고의 수량과 20×7년 중 단위당 변동원가를 각각 구하시오. 소수점 미만은 원 단위로 반올림한다.

(물음 2) 전부원가계산에 따른 20×7년도 (주)한국의 영업이익을 구하시오.

(물음 3) 변동원가계산에 따른 20×7년도 (주)한국의 영업이익을 구하고, 전부원가계산에 따른 영업이익과의 차이를 조정하시오.

│ 정답 및 해설 │

(물음 1)

(1) 단위당 전부원가

(₩260,000 + ₩40,000) ÷ 10,000개 = ₩30/개

(2) 기초제품재고의 수량(x)

₩30,000 ÷ ₩30 = 1,000개

(3) 물량흐름

		제품		
기초	1,000	판매		9,000
생산	10,000	기말		2,000
	11,000			11,000

(4) 변동원가 = 변동제조원가 + 변동판매비

① 변동제조원가: ₩260,000 ÷ 10,000개 = ₩26

② 변동판매비: ₩254,000 ÷ 9,000개 = ₩28

그러므로 단위당 변동원가는 ₩54이다.

(물음 2)

포괄손익계산서(전부원가계산)

매출액	₩900,000
매출원가	270,000*
매출총이익	₩630,000
판매비와관리비	404,000
영업이익	₩226,000

* 9,000개(판매량) × ₩30(단위당 전부원가) = ₩270,000

(물음 3)

(1) 변동원가계산에 따른 영업이익

포괄손익계산서(변동원가계산)

매출액		₩900,000
변동원가		488,000
변동매출원가: 9,000개 × @26 =	₩234,000	
변동판매관리비	254,000	
공헌이익		₩412,000
고정원가		190,000
고정제조간접원가	₩40,000	
고정판매관리비	150,000	
영업이익		₩222,000

(2) 전부원가계산에 따른 영업이익과 차이 조정

변동원가계산에 의한 영업이익		₩222,000
(+) 기말재고에 포함된 고정제조간접원가: 2,000개 × @4 =		8,000
(-) 기초재고에 포함된 고정제조간접원가: 1,000개 × @4 =		(4,000)
전부원가계산에 의한 영업이익		₩226,000

(주)동성은 1997년도에 영업을 개시하였으며 A, B, C 세 가지 제품을 생산하여 판매하고 있다. 회사의 당기 생산 및 원가자료는 다음과 같다.

	A제품	B제품	C제품
판매수량	100단위	300단위	500단위
생산수량	200	400	600
단위당 판매가격	₩60	₩70	₩90
단위당 변동원가			
제조원가	₩20	₩25	₩40
판관비	10	15	20
단위당 고정원가			
제조원가	₩15	₩15	₩15
판관비	6	6	6

각 제품별 단위당 고정제조원가는 생산수량을, 단위당 고정판관비는 판매수량을 기준으로 계산되었다. 위의 모든 원가와 비용은 현금유출을 수반한다.

(물음 1) 전부원가계산과 변동원가계산에 의한 당기순이익을 계산하시오.

(물음 2) 법인세율이 40%라고 가정하고, 변동원가계산하에서 세후 순이익 ₩10,260을 얻기 위한 제품별 판매수량을 계산하시오.

(물음 3) 법인세율이 40%라고 가정하고, 변동원가계산하에서 세후 현금흐름 ₩18,360을 얻기 위한 제품별 판매수량을 계산하시오.

(물음 4) A, B, C 세 가지 제품에 대한 매출액 배합비율이 60 : 140 : 270일 경우 전부원가계산하에서의 제품별 손익분기점을 계산하시오.

(물음 5) 전부원가계산에 의한 CVP분석(손익분기분석)이 타당하지 않은 이유를 간략히 설명하시오.

| 정답 및 해설 |

(물음 1) 당기순이익

(1) 전부원가계산

	A제품	B제품	C제품	합계
매출액	₩6,000	₩21,000	₩45,000	₩72,000
매출원가	3,500[*1]	12,000	27,500	43,000
매출총이익	₩2,500	₩9,000	₩17,500	₩29,000
판관비				
변동원가	1,000[*2]	4,500	10,000	15,500
고정원가	600[*3]	1,800	3,000	5,400
당기순이익	₩900	₩2,700	₩4,500	₩8,100

*1 (₩20 + ₩15) × 100단위 = ₩3,500
*2 ₩10 × 100단위 = ₩1,000
*3 ₩6 × 100단위 = ₩600

(2) 변동원가계산

	A제품	B제품	C제품	합계
매출액	₩6,000	₩21,000	₩45,000	₩72,000
변동원가				
매출원가	2,000	7,500	20,000	29,500
판관비	1,000	4,500	10,000	15,500
공헌이익	₩3,000	₩9,000	₩15,000	₩27,000
고정원가				
제조원가	3,000[*]	6,000	9,000	18,000
판관비	600	1,800	3,000	5,400
당기순이익	₩(600)	₩1,200	₩3,000	₩3,600

* ₩15 × 200단위 = ₩3,000

(물음 2) 변동원가계산

※ 꾸러미법 적용(배합비율 = 1 : 3 : 5)

(1) 꾸러미당 공헌이익

@30 × 1 + @30 × 3 + @30 × 5 = @270

(2) 목표이익 꾸러미수

@270 × Q - ₩23,400 = ₩10,260/(1 - 0.4)

(3) 제품별 판매수량

① 목표 꾸러미수량(Q): (₩23,400 + ₩17,100)/@270 = 150단위
② 제품별 판매수량

제품	목표 꾸러미수		판매량 비율		제품별 판매수량
A	150단위	×	1	=	150단위
B	150	×	3	=	450
C	150	×	5	=	750
계					1,350단위

(물음 3) 변동원가계산

※ 꾸러미법 적용(배합비율 = 1 : 3 : 5)

(1) 꾸러미당 공헌이익

@30 × 1 + @30 × 3 + @30 × 5 = @270

(2) 목표이익 꾸러미수

@270 × Q - ₩23,400 = ₩18,360/(1 - 0.4)

(3) 제품별 판매수량

① 목표 꾸러미수량(Q): (₩23,400 + ₩30,600)/@270 = 200단위
② 제품별 판매수량

제품	목표 꾸러미수		판매량 비율		제품별 판매수량
A	200단위	×	1	=	200단위
B	200	×	3	=	600
C	200	×	5	=	1,000
계					1,800단위

(물음 4) 전부원가계산

(1) 판매량 비율

제품	매출액 비율		단위당 판매가격		판매량 비율
A	60	÷	₩60	=	1
B	140	÷	70	=	2
C	270	÷	90	=	3

(2) 단위당 이익

제품	판매가격	전부원가[1]	단위당 이익
A	₩60	₩45[2]	₩15
B	70	55	15
C	90	75	15

[1] 전부원가 = 단위당 변동원가 + 단위당 고정제조간접원가
[2] ₩20 + ₩10 + ₩15 = ₩45

(3) 제품별 손익분기 판매수량

① 꾸러미당 공헌이익: @15 × 1 + @15 × 2 + @15 × 3 = @90
② 손익분기 꾸러미수: @90 × Q - ₩5,400 = ₩0
   ∴ Q = 60단위
③ 제품별 손익분기 판매수량

제품	손익분기 꾸러미수		판매량 비율	제품별 손익분기 판매수량
A	60단위	×	1	60단위
B	60	×	2	120
C	60	×	3	180
계				360단위

(물음 5) 전부원가계산의 단점

전부원가계산에 의한 영업이익은 판매량뿐만 아니라 재고자산 수준의 변동(생산량)에 따른 고정제조간접원가 배부액에 의하여도 영향을 받게 된다.

(주)한국은 단일제품을 생산하며 판매하는 회사이다. 전부(흡수)원가계산에 의하여 작성한 개업 후 3년간의 포괄손익계산서와 회사의 당기 생산·판매 및 원가자료는 다음과 같다.

---

(1) 전부원가계산 포괄손익계산서

	1차 연도	2차 연도	3차 연도
매출액	₩704,000	₩528,000	₩704,000
매출원가	520,000	330,000	680,000
매출총이익	₩184,000	₩198,000	₩24,000
판매관리비	180,000	160,000	180,000
영업이익	₩4,000	₩38,000	₩(156,000)

(2) 원가자료

단위당 변동제조원가	₩3
고정제조간접원가	400,000
고정판매관리비	100,000

(3) 3차기간 동안 생산량 및 판매량

	1차 연도	2차 연도	3차 연도
생산량	40,000개	50,000개	20,000개
판매량	40,000	30,000	40,000

(물음 1) 변동원가계산에 의하여 각 연도 포괄손익계산서를 작성하시오.

(물음 2) 전부(흡수)원가계산 1차 연도와 2차 연도 포괄손익계산서를 보면 판매량이 작은 2차 연도 순이익이 1차 연도 순이익보다 오히려 크다. 그 이유를 설명하고 근거수치를 제시하시오.

(물음 3) 위의 전부(흡수)원가계산에 의한 1차 연도와 3차 연도의 포괄손익계산서를 보면 비록 동일한 수량을 판매하였으나 순이익(손실)에 있어서 큰 차이를 보이고 있다. 그 이유를 설명하고, 순이익의 관계를 나타내시오.

| 정답 및 해설 |

(물음 1) 변동원가계산에 의한 포괄손익계산서

	1차 연도		2차 연도		3차 연도	
매출액		₩704,000		₩528,000		₩704,000
변동원가		200,000		150,000		200,000
변동매출원가	40,000개 × @3 =	₩120,000	30,000개 × @3 =	₩90,000	40,000개 × @3 =	₩120,000
변동판매관리비	₩180,000 - ₩100,000 =	80,000	₩160,000 - ₩100,000 =	60,000	₩180,000 - ₩100,000 =	80,000
공헌이익		₩504,000		₩378,000		₩504,000
고정원가		500,000		500,000		500,000
고정제조간접원가	₩400,000		₩400,000		₩400,000	
고정판매관리비	100,000		100,000		100,000	
영업이익		₩4,000		₩(122,000)		₩4,000

(물음 2)

2차 연도와 1차 연도의 순이익 차이는 다음과 같다.

2차 연도 순이익	₩38,000
1차 연도 순이익	4,000
순이익 차이	₩34,000

① 공헌이익 감소액: ₩126,000
- 단위당 공헌이익: @17.6 - @3 - @2 = @12.6
- 판매량 감소량: 10,000개

② 자산화된 고정제조간접원가: @8 × 20,000개 = ₩160,000

③ 판매량 감소에 따른 공헌이익 감소분보다 비용화되지 않고 자산화된 고정제조간접원가의 증가로 인하여 오히려 당기순이익은 증가한다.

(물음 3)

판매량이 동일한 경우라도 생산량이 감소하면 비용화되는 고정제조간접원가가 증가되어 순이익은 감소한다.

① 1차 연도 비용화된 고정원가: ₩400,000

② 3차 연도 비용화된 고정원가: ₩160,000(2차 연도 발생분) + ₩400,000(3차 연도 발생분) = ₩560,000

20×1년 초에 설립된 (주)대한은 A제품만을 생산·판매하고 있다. 20×1년 중에 15,000단위를 생산하여 12,000단위를 판매하였는데, 이와 관련된 자료는 다음과 같다.

단위당 판매가격	₩1,500
제조원가:	
단위당 직접재료원가	₩300
단위당 직접노무원가	350
단위당 변동제조간접원가	100
총고정제조간접원가	4,500,000
판매관리비:	
단위당 변동판매관리비	₩130
총고정판매관리비	2,000,000

한편, (주)대한은 20×2년 중에 20,000단위를 생산하여 22,000단위를 판매하였는데, 직접재료원가를 제외한 다른 원가(비용)요소가격과 판매가격의 변동은 없었으나 직접재료원가는 원자재가격의 폭등으로 단위당 ₩20 상승하였다. 또한 (주)대한은 재고자산의 단위원가 결정방법으로 선입선출법을 채택하고 있으며, 기말제품을 제외한 기말직접재료 및 기말재공품을 보유하지 않는 재고정책을 취하고 있다.

(물음 1) 변동원가계산에 의한 20×2년도 영업이익을 측정하기 위한 손익계산서를 작성하시오.

(물음 2) 전부원가계산에 의한 20×2년도 영업이익과 기말재고자산(금액)을 각각 계산하시오.

(물음 3) 20×2년도의 단위당 판매가격 및 원가(비용), 총고정제조간접원가와 총고정판매관리비가 20×3년도에도 동일하게 유지될 것으로 예상되는 상황에서 (주)대한은 20×3년도에 A제품 23,000단위를 생산하여 18,000단위를 판매할 계획이다. (주)대한의 A제품은 모두 신용으로 판매되고 있는데, 신용매출의 75%는 판매한 연도에 현금으로 회수되고 25%는 다음 연도에 회수된다. 한편, (주)대한은 직접재료 구입액의 40%를 구입한 연도에 현금으로 지급하고 나머지 60%는 다음 연도에 지급하고 있으며, 직접재료원가를 제외한 모든 원가(비용)는 발생한 연도에 현금으로 지급하고 있다. 단, 총고정제조간접원가 중 ₩1,500,000은 감가상각비에 해당된다. 이러한 현금 회수 및 지급 정책이 영업 첫 해인 20×1년도부터 일관되게 유지되고 있다면, 20×3년도 영업활동에 의한 순현금흐름을 계산하시오.

(물음 4) 전부원가계산, 변동원가계산과 비교하여 초변동원가계산의 유용성과 한계점을 간략하게 각각 기술하시오.

| 정답 및 해설 |

(물음 1)

매출액		₩33,000,000[*1]
변동원가		
변동매출원가	16,880,000[*2]	
변동판매관리비	2,860,000[*3]	19,740,000
공헌이익		13,260,000
고정원가		
고정제조간접원가	4,500,000	
고정판매관리비	2,000,000	6,500,000
영업이익		6,760,000

*1 22,000단위 × ₩1,500 = ₩33,000,000

*2 3,000단위 × ₩750 + 20,000단위 × ₩770 - 1,000단위 × ₩770 = ₩16,880,000

*3 22,000단위 × ₩130 = ₩2,860,000

(물음 2)

① 전부원가계산에 의한 영업이익

변동원가계산 이익		₩6,760,000
(-) 기초재고자산 포함 고정제조간접원가	3,000단위 × ₩300[*1] =	900,000
(+) 기말재고자산 포함 고정제조간접원가	1,000단위 × ₩225[*2] =	225,000
(=) 전부원가계산 이익		₩6,085,000

　*1 ₩4,500,000 ÷ 15,000단위 = ₩300

　*2 ₩4,500,000 ÷ 20,000단위 = ₩225

② 기말재고자산 = 1,000단위 × (₩770 + ₩225) = ₩995,000

(물음 3)

매출로 인한 현금유입액	₩28,500,000[*1](+)
매입으로 인한 현금유출액	6,784,000[*2](-)
직접노무원가	8,050,000[*3](-)
제조간접원가	5,300,000[*4](-)
판매관리비	4,340,000[*5](-)
순현금흐름액	₩4,026,000

*1 18,000단위 × ₩1,500 × 0.75 + ₩33,000,000 × 0.25 = ₩28,500,000

*2 23,000단위 × ₩320 × 0.4 + 20,000단위 × ₩320 × 0.6 = ₩6,784,000

*3 23,000단위 × ₩350 = ₩8,050,000

*4 23,000단위 × ₩100 + ₩3,000,000 = ₩5,300,000

*5 18,000단위 × ₩130 + ₩2,000,000 = ₩4,340,000

(물음 4)

(1) 유용성

① 재고자산 보유를 최소화하도록 유인을 제공한다.

② 직접재료원가만 제품원가에 포함시키므로 혼합원가를 자의적으로 변동원가와 고정원가로 구분할 필요가 없다.

(2) 한계점

① 수요에 대한 불확실성이 크거나 규모의 경제가 존재하는 경우에 영업이익에 악영향을 미칠 수 있다.

② 재고를 줄이기 위해 낮은 가격으로 덤핑판매하는 부작용이 발생할 수 있다.

실전문제 02 정상원가계산하에서의 비교

CMA 수정

(주)한국은 합성원료를 제조하는 회사이다. (주)한국의 결산일은 매년 12월 31일이고 원가자료는 다음과 같다.

(1) 회사가 작성한 전기(20×1년)와 당기(20×2년)의 비교포괄손익계산서는 다음과 같다.

	20×1년	20×2년
매출액	₩9,000,000	₩11,200,000
매출원가		
정상매출원가	7,200,000	8,320,000
제조간접원가과소(과대)배부액	(600,000)	495,000
	₩6,600,000	₩8,815,000
매출총이익	₩2,400,000	₩2,385,000
판매관리비(고정원가)	1,500,000	1,500,000
영업이익	₩900,000	₩885,000

(2) 생산 및 판매활동과 관련한 2개년도의 자료는 다음과 같으며, 20×0년 원가자료는 20×1년과 동일하다.

	20×1년	20×2년
단위당 판매가격	₩10	₩11.2
단위당 직접재료원가	1.5	1.65
단위당 직접노무원가	2.5	2.75
단위당 변동제조간접원가	1	1.1
단위당 고정제조간접원가	3	3.3
연간 고정제조간접원가	3,000,000	3,300,000
연간 고정판매관리비	1,500,000	1,500,000
판매량	900,000개	1,000,000개
기초제품	300,000	600,000

(3) 회사는 선입선출법을 적용하여 재고자산을 평가하고 있으며, 고정제조간접원가 배부율 결정에 적용된 기준조업도는 연간 1,000,000개이며 예산과 실제는 동일하다. 회사의 경영자는 판매량이 전기에 비해 100,000개 증가하였음에도 불구하고 영업이익이 ₩900,000에서 ₩885,000으로 감소한 사실을 이상하게 생각하고 있다. 더욱이 이러한 이익감소는 수익성 증대를 위해 과거 12개월 동안 다음과 같은 변화가 있었음에도 불구하고 일어난 것이다.

① 20×2년 초에 제조원가가 10% 인상됨에 따라 판매가격을 12% 인상하였다.

② 비용절감을 위해 노력한 결과 판매관리비는 전년도 수준으로 동결시켰다.

제조간접원가 배부차이는 매출원가에서 조정하며 고정제조간접원가에서 발생한다.

(물음 1) 변동원가계산에 의한 20×1년과 20×2년의 포괄손익계산서를 작성하시오.

(물음 2) 전부원가계산과 변동원가계산에 의한 영업이익의 차이를 조정하시오.

(물음 3) 20×2년의 판매량이 전기에 비해 100,000개 증가하였음에도 불구하고 회사가 작성한 포괄손익계산서상의 영업이익이 ₩900,000에서 ₩885,000으로 감소한 이유를 설명하시오.

| 정답 및 해설 |

(물음 1) 변동원가계산

	20×1년		20×2년	
매출액	900,000개 × @10 =	₩9,000,000	1,000,000개 × @11.2 =	₩11,200,000
변동원가				
변동매출원가	900,000개 × @5 =	4,500,000	(600,000개 × @5) + (400,000개 × @5.5) =	5,200,000*
공헌이익		₩4,500,000		₩6,000,000
고정원가				
고정제조간접원가		3,000,000		3,300,000
고정판매관리비		1,500,000		1,500,000
		₩4,500,000		₩4,800,000
영업이익		₩0		₩1,200,000

* 선입선출법을 적용하여 재고자산을 평가하므로 기초제품 600,000개(단위당 변동제조원가 ₩1.5 + ₩2.5 + ₩1 = ₩5)와 당기제품 400,000개(단위당 변동제조원가 ₩1.65 + ₩2.75 + ₩1.1 = ₩5.5)가 판매되었다고 보아야 한다.

(물음 2)

<20×1년>

	변동원가계산의 의한 영업이익		₩0
(+)	기말재고에 포함된 고정제조간접원가:	600,000개* × @3 =	1,800,000
(-)	기초재고에 포함된 고정제조간접원가:	300,000개 × @3 =	(900,000)
	전부원가계산에 의한 영업이익		₩900,000

* 20×2년의 기초제품수량과 같다.

<20×2년>

	변동원가계산의 의한 영업이익		₩1,200,000
(+)	기말재고에 포함된 고정제조간접원가:	450,000개* × @3.3 =	1,485,000
(-)	기초재고에 포함된 고정제조간접원가:	600,000개 × @3 =	(1,800,000)
	전부원가계산에 의한 영업이익		₩885,000

* 20×2년의 제품생산량을 x라 하면,

$$\underbrace{₩3,300,000}_{\text{실제고정제조간접원가}} - \underbrace{x \times ₩3.3}_{\text{고정제조간접원가배부액}} = \underbrace{₩495,000}_{\text{과소배부액}} \quad \therefore x = 850,000개$$

따라서, 20×2년의 기말제품은 $\underbrace{600,000개}_{\text{기초제품}} + \underbrace{850,000개}_{\text{생산량}} - \underbrace{1,000,000개}_{\text{판매량}} = 450,000개이다.$

(물음 3)

전부원가계산에 의한 20×2년의 영업이익이 20×1년보다 줄어든 이유는 재고수준의 변동에 따라 매년 비용화된 고정제조간접원가가 다음과 같이 각각 다르기 때문이다.

<전부원가계산에서 비용화된 고정제조간접원가>

	20×1년	20×2년
기초재고에 포함된 고정제조간접원가	₩900,000	₩1,800,000
(+) 당기에 발생한 고정제조간접원가	3,000,000	3,300,000
(-) 기말재고에 포함된 고정제조간접원가	(1,800,000)	(1,485,000)
	₩2,100,000	₩3,615,000

20×2년에 판매량 증가, 단위당 공헌이익의 증가로 공헌이익은 ₩1,500,000 증가하였으나, 고정제조간접원가가 증가하였고 기초재고에 비하여 기말재고가 감소함으로써 비용화된 고정제조간접원가가 ₩1,515,000 증가하여 오히려 전부원가계산에 의한 영업이익이 감소하였다.

(주)세무는 단일제품을 생산하여 판매한다. 20×1년도 1월과 2월의 원가계산 및 손익계산을 위한 자료는 다음과 같다.

---

(1) 제품생산 및 판매 자료

구분	1월	2월
월초 재고수량	0단위	100단위
생산량	400단위	500단위
판매량	300단위	300단위
월말 재고수량	100단위	300단위

(2) 실제 발생원가 자료

원가항목	1월	2월
단위당 직접재료원가	₩100	₩100
단위당 직접노무원가	₩40	₩40
단위당 변동제조간접원가	₩20	₩20
단위당 변동판매관리비	₩10	₩10
월 총고정제조간접원가	₩12,000	₩12,000
월 총고정판매관리비	₩2,000	₩2,000

(3) 단위당 판매가격은 ₩400이며 월초 및 월말 재공품은 없다.

(물음 1) 선입선출법을 사용하여 재고자산을 평가하는 경우 실제전부원가계산과 실제변동원가계산에 의한 20×1년도 1월과 2월의 영업이익을 구하시오.

(물음 2) (물음 1)에서 실제전부원가계산과 실제변동원가계산의 20×1년도 1월과 2월의 영업이익을 구하는 과정에서 비용으로 인식한 고정제조간접원가를 구하고, 그 금액을 사용하여 두 가지 원가계산에 의한 영업이익의 차이를 설명하시오.

(물음 3) 가중평균법을 사용하여 재고자산을 평가하는 경우 실제전부원가계산에 의한 20×1년도의 2월의 영업이익을 구하시오.

(물음 4) (주)세무는 정상원가계산(평준화원가계산, normal costing)과 원가차이 조정 시 매출원가 조정법을 사용한다. 이 경우 제조간접원가 배부기준은 기계작업시간이며 20×1년도 제조간접원가 예정배부율 산정을 위한 연간 제조간접원가 예산금액은 조업도는 9,600시간(제품 4,800단위)이다. 월 예정기계작업시간은 1월에 800시간, 2월에 1,000시간이 발생하였다. 한편 고정제조간접원가의 월 예산금액은 실제발생액과 동일한 ₩12,000이다. 정상전부원가계산과 정상변동원가계산에 의한 20×1년도 1월과 2월의 원가차이 조정 후 영업이익을 구하시오.

| 정답 및 해설 |

(물음 1)

(1) 전부원가계산에 의한 영업이익

I/S	1월		2월	
매출액	300단위 × ₩400 =	₩120,000	300단위 × ₩400 =	₩120,000
매출원가	300단위 × ₩190*1 =	(57,000)		(55,800)*2
매출총이익		₩63,000		₩64,200
판매관리비		(5,000)		(5,000)
영업이익		₩58,000		₩59,200

*1 (1) 단위당 매출원가: ₩100 + ₩40 + ₩20 + ₩30 = ₩190(1월)
　 (2) 월별 단위당 고정제조간접원가
　　　① 1월: ₩12,000 ÷ 400단위 = ₩30
　　　② 2월: ₩12,000 ÷ 500단위 = ₩24
*2 (1) 단위당 매출원가: ₩100 + ₩40 + ₩20 + ₩24 = ₩184(2월)
　 (2) 매출원가: 100단위 × ₩190 + 200단위 × ₩184 = ₩55,800

(2) 변동원가계산에 의한 영업이익

I/S	1월		2월	
매출액	300단위 × ₩400 =	₩120,000	300단위 × ₩400 =	₩120,000
변동원가	300단위 × ₩170 =	(51,000)	300단위 × ₩170 =	(51,000)
공헌이익		₩69,000		₩69,000
고정원가		(14,000)		(14,000)
영업이익		₩55,000		₩55,000

(물음 2) 비용으로 인식되는 고정제조간접원가에 의한 이익차이

제품원가계산	1월		2월	
전부원가계산	300단위 × ₩30 =	₩9,000		₩7,800*
변동원가계산		12,000		12,000
이익차이		₩3,000		₩4,200

* 100단위 × ₩30 + 200단위 × ₩24 = ₩7,800

(물음 3) 2월의 영업이익

I/S	2월	
매출액	300단위 × ₩400 =	₩120,000
매출원가	300단위 × ₩185* =	(55,500)
매출총이익		₩64,500
판매관리비		(5,000)
영업이익		₩59,500

* (100단위 × ₩190 + 500단위 × ₩184) ÷ 600단위 = ₩185

(물음 4)

(1) 예정배부율

　① 변동제조간접원가 배부율: ₩76,800 ÷ 9,600시간 = ₩8/시간

　② 고정제조간접원가 배부율: ₩144,000 ÷ 9,600시간 = ₩15/시간

(2) 배부차이

　① 1월 배부차이

	변동제조간접원가		고정제조간접원가	
예정배부액	800시간 × ₩8 =	₩6,400	800시간 × ₩15 =	₩12,000
실제발생액	400단위 × ₩20 =	8,000		12,000
배부차이		₩1,600(과소)		-

　② 2월 배부차이

	변동제조간접원가		고정제조간접원가	
예정배부액	1,000시간 × ₩8 =	₩8,000	1,000시간 × ₩15 =	₩15,000
실제발생액	500단위 × ₩20 =	10,000		12,000
배부차이		₩2,000(과소)		₩3,000(과대)

(3) 전부원가계산에 의한 영업이익

I/S	1월		2월	
매출액	300단위 × ₩400 =	₩120,000	300단위 × ₩400 =	₩120,000
정상매출원가	300단위 × ₩186* =	(55,800)	300단위 × ₩186* =	(55,800)
배부차이		(1,600)		1,000
매출총이익		₩62,600		₩65,200
판매관리비		(5,000)		(5,000)
영업이익		₩57,600		₩60,200

* 단위당 정상전부제조원가: ₩140 + ₩8 × 2h + ₩15 × 2h = ₩186

(4) 변동원가계산에 의한 영업이익

I/S	1월		2월	
매출액	300단위 × ₩400 =	₩120,000	300단위 × ₩400 =	₩120,000
정상변동원가	300단위 × ₩166* =	(49,800)	300단위 × ₩166* =	(49,800)
배부차이		(1,600)		(2,000)
공헌이익		₩68,600		₩68,200
고정원가		(14,000)		(14,000)
영업이익		₩54,600		₩54,200

* 단위당 정상변동원가: ₩140 + ₩8 × 2h + ₩10 = ₩166

실전문제 04 표준원가계산하에서의 비교

CMA 응용

(주)한국은 20×1년 초에 영업을 개시하였으며 표준원가계산을 채택하고 있다. (주)한국의 원가자료는 다음과 같다. (주)한국의 결산일은 매년 12월 31일이다.

---

(1) 20×1년과 20×2년의 판매 및 기말재고에 관한 자료는 다음과 같다.

	20×1년	20×2년
판매량	1,500개	1,500개
기말제품	500	0

(2) 회사의 생산 및 판매활동과 관련한 2개년도의 자료는 다음과 같다.

	20×1년	20×2년
단위당 판매가격	₩80	₩80
단위당 표준직접재료원가	20	20
단위당 표준직접노무원가	12	12
단위당 표준변동제조간접원가	8	8
단위당 변동판매비	6	6
연간 고정제조간접원가	20,000*	20,000*
연간 고정판매비	5,000	5,000
직접재료원가차이	2,000 유리	2,000 유리
직접노무원가차이	4,000 불리	4,000 불리
변동제조간접원가차이	1,000 유리	1,000 유리

* 실제 및 예산금액임

(3) 고정제조간접원가배부율을 산정하는 데 사용된 기준조업도는 연간 2,000개이며 모든 원가차이는 매출원가에서 조정한다.

(물음 1) 전부원가계산에 의한 20×1년과 20×2년의 포괄손익계산서를 작성하시오.

(물음 2) 변동원가계산에 의한 20×1년과 20×2년의 포괄손익계산서를 작성하시오.

(물음 3) 두 원가계산제도에 의한 20×1년과 20×2년 영업이익의 차이를 조정하시오.

(물음 4) 초변동원가계산에 의한 20×1년과 20×2년의 포괄손익계산서를 작성하시오.

(물음 5) (물음 1과 4)의 20×1년과 20×2년 영업이익의 차이를 조정하시오.

(물음 6) 전부원가계산에 의하면 생산량이 많을수록 이익이 높게 나타나므로 생산과잉으로 인한 바람직하지 못한 재고의 누적을 초래하기 쉽다. 이를 방지하기 위한 방안에 대하여 설명하시오.

(물음 7) 초변동원가계산의 유용성(장점)과 한계점(단점)에 대하여 설명하시오.

| 정답 및 해설 |

(물음 1) 전부원가계산

	20×1년		20×2년	
매출액	1,500개 × @80 =	₩120,000	1,500개 × @80 =	₩120,000
매출원가		76,000		86,000
표준매출원가	1,500개 × @50[*1] = ₩75,000		1,500개 × @50[*1] = ₩75,000	
원가차이	1,000[*2]		11,000[*2]	
매출총이익		₩44,000		₩34,000
판매관리비	1,500개 × @6 + ₩5,000 =	14,000	1,500개 × @6 + ₩5,000 =	14,000
영업이익		₩30,000		₩20,000

*1 제품 단위당 원가(표준원가)

	20×1년	20×2년
변동제조원가	₩40	₩40
고정제조간접원가	₩20,000 ÷ 2,000개 = 10	₩20,000 ÷ 2,000개 = 10
계	₩50	₩50

*2 원가차이

	20×1년	20×2년
변동원가차이	₩1,000 U	₩1,000 U
고정제조간접원가차이	₩20,000 - ₩20,000 = 0	₩20,000 - ₩10,000 = 10,000 U
계	₩1,000 U	₩11,000 U

(20×1년과 20×2년의 생산량이 각각 2,000개, 1,000개이므로 고정제조간접원가배부액은 각각 2,000개 × @10 = ₩20,000, 1,000개 × @10 = ₩10,000이다)

(물음 2) 변동원가계산

	20×1년		20×2년	
매출액	1,500개 × @80 =	₩120,000	1,500개 × @80 =	₩120,000
변동원가		70,000		70,000
표준변동매출가	1,500개 × @40[*] = ₩60,000		1,500개 × @40[*] = ₩60,000	
변동원가차이	1,000		1,000	
변동매출원가	₩61,000		₩61,000	
변동판매관리비	1,500개 × @6 = 9,000		1,500개 × @6 = 9,000	
공헌이익		₩50,000		₩50,000
고정원가	₩20,000 + ₩5,000 =	25,000	₩20,000 + ₩5,000 =	25,000
영업이익		₩25,000		₩25,000

* 제품 단위당 원가(표준원가)

	20×1년	20×2년
변동제조원가	₩40	₩40

(물음 3)

	20×1년		20×2년	
변동원가계산에 의한 영업이익		₩25,000		₩25,000
(+) 기말재고에 포함된 고정제조간접원가	500개 × @10 =	5,000		0
(-) 기초재고에 포함된 고정제조간접원가		(0)	500개 × @10 =	(5,000)
전부원가계산에 의한 영업이익		₩30,000		₩20,000

(물음 4) 초변동원가계산

	20×1년			20×2년		
매출액	1,500개 × @80 =		₩120,000	1,500개 × @80 =		₩120,000
직접재료원가			28,000			28,000
표준재료매출원가	1,500개 × @20*1 =	₩30,000		1,500개 × @20*1 =	₩30,000	
직접재료원가차이		(2,000)			(2,000)	
재료처리량공헌이익			₩92,000			₩92,000
운영비						
직접노무원가	2,000개*2 × @12 + ₩4,000 =		₩28,000	1,000개*2 × @12 + ₩4,000 =		₩16,000
제조간접원가	2,000개*2 × @8 - ₩1,000 + ₩20,000 =		35,000	1,000개*2 × @8 - ₩1,000 + ₩20,000 =		27,000
판매관리비	1,500개 × @6 + ₩5,000 =		14,000	1,500개 × @6 + ₩5,000 =		14,000
계			₩77,000			₩57,000
영업이익			₩15,000			₩35,000

*1 제품 단위당 원가(표준원가)

	20×1년	20×2년
직접재료원가	₩20	₩20

*2 변동제조원가는 생산량에 비례하여 발생한다(실제직접노무원가와 실제제조간접원가는 전액 기간비용으로 처리한다).

(물음 5)

	20×1년		20×2년	
초변동원가계산에 의한 영업이익		₩15,000		₩35,000
(+) 기말재고에 포함된 가공원가	500개 × @30* =	15,000		0
(-) 기초재고에 포함된 가공원가		(0)	500개 × @30* =	(15,000)
전부원가계산에 의한 영업이익		₩30,000		₩20,000

* 20×1년 제품 단위당 표준가공원가: ₩12 + ₩8 + ₩10 = ₩30

(물음 6) 불필요한 재고의 누적을 방지하기 위한 방안

① 변동원가계산이나 초변동원가계산에 의하여 경영성과를 평가한다.
② 전부원가계산의 역기능적인 측면을 감소시키기 위하여 재고자산에 투여된 자금에 대한 기회비용을 성과평가에 반영한다.
③ 적정재고수준을 정하여 이를 초과하지 않도록 하는 등의 비재무적 성과목표를 정한다.
④ 경영자가 단기적인 성과에 집착하지 않도록 여러 해 동안의 장기적인 평균이익을 기초로 보상을 하거나 스톡옵션 등을 활용한다(단기적인 이익을 기초로 보상하는 것은 바람직하지 않음).

(물음 7)

(1) 초변동원가계산의 유용성(장점)

① 초변동원가계산하에서는 판매가 수반되지 않는 상황에서 생산량이 많을수록 이익이 오히려 낮게 나타나므로 불필요한 재고의 누적에 대한 방지효과가 변동원가계산보다 훨씬 크다(변동원가계산의 극단적인 형태임).
② 사용하기가 매우 쉽고 간단하다. 변동원가계산에서는 모든 원가를 변동원가와 고정원가로 구분하여야 하는데 이것이 현실적으로 쉽지 않다. 반면에 초변동원가계산에서는 직접재료원가와 그 이외의 다른 원가만 구분하면 되므로 매우 간단하다.

(2) 초변동원가계산의 한계점(단점)

① 초변동원가계산은 재고의 누적에 대하여 지나치게 부정적이다. 현실적으로 미래의 수요에 대한 불확실성이 크거나 규모의 경제가 존재하는 경우에는 적정수준의 재고가 불가피하지만 초변동원가계산은 이점을 간과하고 있다.
② 초변동원가계산은 재고의 누적에 대하여 일종의 벌금(penalty)을 부과하는 효과가 있으므로 이를 피하기 위해 기말에 지나치게 낮은 가격으로 덤핑판매를 하는 등의 부작용이 발생할 가능성이 있다.
③ 초변동원가계산은 외부보고나 법인세계산에서 인정되지 않으므로 전부원가계산과 동시에 사용해야 하는 이중부담이 있다.

정상원가계산하에서의 비교(손익분기분석)

(주)영은산업은 2008년도 초에 영업활동을 개시한 우편엽서 제조업체이다. (주)영은산업의 결산일은 매년 12월 31일이다.

(1) 회사는 평준화(정상)원가계산(normal costing)과 전부원가계산(absorption costing)을 사용하고 있으며, 기말에는 내부보고 목적으로 실제원가계산(actual costing)과의 차이를 조정하여 재무제표를 작성한다. 이 회사에서 매년 변동제조간접원가 배부차이는 발생하지 않으며, 고정제조간접원가 배부차이 중에는 조업도차이만 발생한다. 기말 차이조정 시, 조업도차이는 전액 매출원가 항목에서 조정한다. 고정제조간접원가는 기준조업도 25,000개를 기준으로 배부한다 (조업도: 생산량).

(2) 2009년도 기말에 실제원가와의 차이를 조정하여 작성한 포괄손익계산서의 일부 및 관련 자료는 다음 표와 같다. 선입선출법을 적용하며, 기초 및 기말재공품은 없는 것으로 가정한다.

	금액		수량	단가
매출		₩380,000	19,000개	₩20
매출원가				
기초제품재고액	₩10,000*		1,000	10
당기제품제조원가	200,000*		20,000	10
판매가능액	210,000		21,000	10
기말제품재고액	(20,000)		2,000	10
매출원가(조정 전)	190,000		19,000	10
불리한 조업도차이	20,000	(210,000)		
매출총이익		₩170,000		
변동 판매비와관리비		(57,000)	19,000	3
고정 판매비와관리비		(43,000)		
법인세비용차감전순이익		₩70,000		

* 전기, 당기 제품 단위당 고정제조간접원가 동일함

(물음 1) 다음 물음에 답하시오.

(1) 고정제조간접원가 차이분석의 일반적인 틀을 도식화하여 나타내고, 조업도차이를 계산하는 식을 제시하시오. (숫자를 제시하지 말고 설명할 것)

(2) 2009년도 (주)영은산업의 실제발생 고정제조간접원가는 얼마인가? (계산근거를 제시할 것)

(물음 2) 다음 물음에 답하시오.

(1) 2009년도 (주)영은산업의 평준화전부원가계산 포괄손익계산서를 변동원가계산(variable costing)하에서의 손익계산서로 변환하되, 공헌이익손익계산서 형태로 작성하시오. (문제에 있는 표와 마찬가지로 수량과 단가를 반드시 표시할 것)

(2) (주)영은산업의 2008년도 생산량은 20,000개이며, 고정제조간접원가 발생액은 2009년도와 동일하다. 만약 이 회사가 고정제조간접원가 배부차이를 전액 매출원가에서 조정하지 않고 매년 안분법(비례배분법)을 사용하여 조정한다면, 2009년도에 평준화전부원가계산(기말조정 후)하에서 비용화되는 고정제조간접원가는 얼마인가?

(물음 3) 법인세비용차감전순이익이 0이 되는 손익분기점(BEP) 판매량과 관련된 다음 물음에 답하시오.

(1) 2009년도 (주)영은산업의 생산량이 20,000개일 때, 변동원가계산 방식과 평준화전부원가계산 방식(기말조정 후 기준)하에서의 손익분기점(BEP) 판매량은 각각 몇 개인가?

(2) 두 방식에서 BEP 판매량의 차이가 왜 발생하는지를 설명하고, 의사결정목적상으로 볼 때 어느 방식이 왜 문제가 있는지 설명하시오.

(3) 일반적으로 제조기업들은 불황으로 인한 판매감소가 예상되는 경우 기존의 원가구조를 변경하여 BEP를 낮추고자 하는 경우가 있다. 어떤 방법을 추진할 수 있는지 가장 중요하다고 생각하는 방법을 두 개만 쓰시오. 그 경우 고정원가와 관련하여 선결되어야 하는 조건이 무엇인지도 설명하시오.

정답 및 해설

(물음 1)

(1) 고정제조간접원가 차이분석의 일반적인 틀

실제발생액	예산	표준배부액(SQ × SP)
고정제조간접원가 실제발생액	기준조업도 × SP(표준배부율)	실제생산량에 허용된 표준조업도 × SP(표준배부액)

예산차이(소비차이)   조업도차이

∴ 조업도차이 = (기준조업도 - 표준조업도) × SP

(2) 고정제조간접원가 차이분석

실제발생액	예산	표준배부액
₩100,000*²	25,000개 × SP*¹ = ₩100,000	20,000개 × SP*¹ = ₩80,000

₩0   ₩20,000 U

*1 (25,000개 - 20,000개) × SP = ₩20,000, SP = @4
*2 예산차이는 없으므로 실제발생액은 예산과 동일한 ₩100,000이다.

(물음 2)

(1) 공헌이익손익계산서

	금액	수량	단가
매출액	₩380,000	19,000개	₩20
변동원가			
변동매출원가	114,000	19,000	6
변동판매관리비	57,000	19,000	3
공헌이익	₩209,000		
고정원가			
고정제조간접원가	(100,000)		
고정판매관리비	(43,000)		
영업이익	₩66,000		

(2) 비용화되는 고정제조간접원가

배부차이를 비례배분법에 의해서 조정하므로 비용화되는 매출원가는 판매량에 실제단위당 고정제조간접원가만큼 비용처리된다.

선입선출법이므로 총 판매량 19,000개의 고정제조간접원가는 다음과 같다.

기초: 1,000개 × @5*¹ =	₩5,000
당기: 18,000개 × @5*² =	90,000
계	₩95,000

*1 ₩100,000 ÷ 20,000개 = @5
*2 ₩100,000 ÷ 20,000개 = @5

(물음 3)

(1) 손익분기점 판매량

    ① 변동원가계산

        영업이익 = 단위당 공헌이익[*] × 판매량 - 고정원가

        * ₩20 - (₩6 + ₩3) = ₩11
        ∴ 손익분기점 판매량: (₩100,000 + ₩43,000) ÷ ₩11 = 13,000개

    ② 전부원가계산(조업도차이 매출원가 조정 시)

        영업이익 = (단위당 공헌이익 - 단위당 고정제조간접원가)[*] × 판매량 - 고정판관비 - 조업도차이

        * ₩11 - ₩4 = ₩7
        ∴ 손익분기점 판매량: (₩43,000 + ₩20,000[*]) ÷ ₩7 = 9,000개

            * 조업도차이

(2) 전부원가계산과 변동원가계산에서의 손익분기점 차이

    변동원가계산에서는 영업이익이 판매량에 의해서만 결정되므로 BEP판매량은 생산량에 따라 변동하지 않지만 전부원가계산에서는 동일한 판매량하에서도 고정제조간접원가가 제품원가에 포함되므로 생산량따라 단위당 원가가 달라지고 따라서 영업이익은 달라지게 된다. 따라서 BEP판매량도 생산량에 따라 달라지게 된다. 고정제조간접원가를 제품원가에 포함시키면 생산량에 따라서 이익이 왜곡될 수 있고 단기적 관점에서 보면 고정제조간접원가는 제품생산과 무관하므로 기간비용처리하는 변동원가계산이 경영자 의사결정에 좀 더 적합하다.

(3) 원가구조 변경을 통한 BEP변화

    불황이 예상되는 경우 기업의 입장에서 적극적 대체전략으로 우선 ① 제품의 가격을 인상하여 단위당 공헌이익을 증가시킴으로써 BEP를 낮추는 방법을 고려할 수 있으며 방어전략을 쓴다면 보수적으로 매출액변동에 따른 영업이익의 감소폭을 줄이려면 영업레버리지에 변화를 주는 전략을 사용할 수도 있을 것이다. 즉, ② 원가구조를 고정원가의 상대적 비율을 낮추고 변동원가의 상대적 비율을 높이는 방향으로 변화시키는 것이다. 이 경우 고정원가가 감소하여 BEP를 낮추는 효과가 단위당 변동원가가 증가하여 BEP를 증가시키는 효과보다 커야 할 것이며 보통 단기적인 관점에서 고정원가는 대부분 설비원가와 관련하여 발생하므로 현실적으로 조정하기가 어려운 경우가 많다.

활동자원모형의 부분전부원가계산손익계산서

(주)한국은 A, B 두 종류의 제품을 생산하고 있는 회사이다. (주)한국의 결산일은 매년 12월 31일이다.

(1) 판매 및 생산자료는 다음과 같다.

	A	B
판매량	1,000개	2,000개
판매가격	₩360	₩120
단위당 부품수량	2개	1개
단위당 조립작업시간	2시간	1시간
배치당 작업준비시간	4시간	2시간
작업준비뱃치크기	20개	25개
코팅뱃치크기	20개	

(2) 작업준비활동은 A, B제품을 생산할 때 모두 수행한다. 작업준비활동은 구속자원으로 수행되며 당해 연도가 시작될 때 400시간을 수행할 수 있도록 자원을 확보하였으며 ₩150,000이 발생하였다.

(3) 코팅작업활동은 A제품에 대해서만 이루어지는데 당해 연도가 시작될 때 75회 코팅작업을 수행할 수 있는 구속자원을 확보하였으며 ₩90,000이 발생하였다.

(4) 부품단위당 원가는 ₩5이고 직접노무원가는 조립활동에서 나타나며 조립시간당 ₩10이 발생한다.

(5) 설비수준활동과 관련되는 원가는 ₩100,000이 발생하였다.

(물음 1) 추적가능한 원가를 기준으로 각 제품별 수익성을 파악하시오.

(물음 2) 경영자에게 유용한 정보를 제공하기 위해 손익보고서를 작성하시오. (단, 추적가능여부를 구분하여 작성하시오)

| 정답 및 해설 |

(물음 1) 제품별 수익성분석

(1) 미사용활동원가 파악

① 작업준비활동
- 활동원가동인당 배분율: ₩150,000 ÷ 400작업준비시간 = 작업준비시간당 ₩375
- 사용된 활동: $\underbrace{1,000개 ÷ 20개 × 4시간}_{\text{A제품 생산}}$ + $\underbrace{2,000개 ÷ 25개 × 2시간}_{\text{B제품 생산}}$ = 360시간
- 미사용활동원가: (400시간 - 360시간) × @375 = ₩15,000

② 코팅작업활동
- 활동원가동인당 배부율: ₩90,000 ÷ 75회 = 회당 ₩1,200
- 사용된 활동: 1,000개 ÷ 20개 = 50회
- 미사용활동원가: (75회 - 50회) × @1,200 = ₩30,000

(2) 제품별 수익성분석

	제품 A		제품 B	
총수익		₩360,000		₩240,000
추적가능원가				
직접재료원가	1,000개 × 2개 × @5 =	10,000	2,000개 × 1개 × @5 =	10,000
직접노무원가	1,000개 × 2시간 × @10 =	20,000	2,000개 × 1시간 × @10 =	20,000
작업준비활동원가	1,000개 ÷ 20개 × 4시간 × @375 =	75,000	2,000개 ÷ 25개 × 2시간 × @375 =	60,000
코팅작업활동원가	1,000개 ÷ 20개 × @1,200 =	60,000		
미사용활동원가	(75회 - 50회) × @1,200 =	30,000		
제품별 이익		₩165,000		₩150,000

(물음 2) 손익보고서

	제품 A	제품 B	합계
총수익	₩360,000	₩240,000	₩600,000
직접원가	30,000	30,000	60,000
직접이익	₩330,000	₩210,000	₩540,000
추적가능 간접원가			
작업준비활동원가	75,000	60,000	135,000
코팅작업활동원가	60,000		60,000
미사용활동원가	30,000[*1]		30,000
제품별 이익	₩165,000	₩150,000	₩315,000
추적불가능 간접원가			
공통미사용활동원가			15,000[*2]
설비수준활동원가			100,000
순이익			₩200,000

[*1] 코팅작업활동은 A제품 생산 시에만 수행되므로 미사용활동일지라도 추적가능하다.

[*2] 작업준비활동은 A, B 두 제품 모두 수행되므로 미사용활동은 추적이 불가능하다.

> **📖 참고**
>
> 일반적인 전부원가계산은 고정제조간접원가를 모두 제품원가에 포함시키나, 위 문제의 경우 사용된 활동과 관련된 고정제조간접원가만을 제품원가에 포함시키며, 미사용된 활동과 관련된 고정제조간접원가는 기간비용으로 처리한다. 이와 같은 원가계산을 부분적 전부원가계산(partial absorption costing)이라고 한다. 이 원가계산에 의할 경우 미사용생산에 대한 정보를 제공하고, 생산량에 따라 단위당 제조원가가 달라지는 전부원가계산의 문제점이 해결되나, 재고과잉 유인은 여전히 존재한다.

(주)TM은 선풍기 모터를 생산·판매하고 있는 회사이다. (주)TM의 결산일은 매년 12월 31일이다.

> (1) 20×1년에는 2,800대를 생산하였고, 20×2년에는 3,584대를 생산하였다. 두 개 연도 모두 단위당 판매가격은 ₩800, 단위당 직접재료원가는 ₩135으로 동일하다.
>
> (2) 다음은 20×1년과 20×2년 실제원가에 기초한 선풍기 모터의 포괄손익계산서를 일부 요약한 것이다. 선입선출법을 가정한다.

	20×1년	20×2년
매출액	₩2,400,000	₩2,467,200
변동원가		
변동매출원가		
기초재고	145,500	85,500
당기제품제조원가	798,000	1,021,440
기말재고	(85,500)	(228,000)
변동판매관리비	180,000	185,040
공헌이익	₩1,362,000	₩1,403,220
고정원가		
고정제조간접원가	459,200	459,200
고정판매관리비	720,000	720,000
영업이익	₩182,800	₩224,020

※ 각 (물음)은 서로 독립적이다.

(물음 1) 20×2년 변동원가계산에 의한 영업이익을 전부원가계산에 의한 영업이익으로 전환하시오.

(물음 2) 20×2년 변동원가계산에 의한 영업이익을 초변동원가계산(super-variable costing)에 의한 영업이익으로 전환하시오.

(물음 3) 최근의 기업환경을 고려하여 초변동원가계산이 대두되는 중요한 이유를 두 가지만 기술하시오. (2줄 이내로 답하시오)

(물음 4) (주)TM이 20×2년 초에 표준원가계산제도를 시행하였다고 하자. 차이분석결과 제조간접원가의 조업도차이는 ₩39,360(F), 예산차이는 ₩87,000(U)으로 나타났다. 20×2년의 기준조업도는 3,200대이다. 변동제조간접원가는 직접작업시간을 기준으로 배부한다. 변동제조간접원가의 수량표준은 1.5시간, 표준배부율은 ₩17이다.

    (1) 20×2년의 고정제조간접원가 예산은 얼마인가?

    (2) 20×2년 변동제조간접원가 실제 발생액은 얼마인가?

(물음 5) 20×2년 말 (주)TM은 선풍기 모터 850대를 단위당 ₩450에 구입하겠다는 특별주문을 받았다. 이 주문의 수락여부를 판단하기 위하여 생산 및 판매활동을 분석한 결과 다음과 같은 사실이 밝혀졌다.

---

① 고정제조간접원가 가운데 ₩84,000은 뱃치(batch)원가이며, 고정판매관리비 가운데 ₩415,400도 뱃치원가이다. 뱃치크기는 다음과 같다.

항목	뱃치당 제품수량
고정제조간접원가	224대
고정판매관리비	50

② 이와 같은 특별주문의 경우 고정판매관리비의 뱃치크기는 150대이다. 이 주문으로부터 발생하는 변동판매관리비는 정상 판매 시보다 단위당 ₩20씩 절감할 수 있다. 이 주문을 수락하면 그에 대한 반발로 일부 고객(수요량 30대)이 이탈한다.

(주)TM은 이 주문을 수락할 수 있는 여유생산능력이 충분하다. (주)TM의 경영진은 이 주문으로부터 총 ₩50,000 이상의 이익이 있으면 수락하려고 한다. 이 주문의 수락여부를 결정하시오. (소수점 넷째 자리에서 반올림함)

(물음 6) (주)TM의 경영진은 20×2년 말 선풍기 모터와 유사한 성능의 제품을 경쟁사에서 개당 ₩650에 출시한다는 정보를 입수하였다. (주)TM의 경영진은 당사의 선풍기 모터가 경쟁사의 예상판매가격을 달성하지 못한다면 가격경쟁력을 상실할 것으로 판단하였다. (주)TM의 경영진은 선풍기 모터에서 최소한 20×2년도 변동원가계산에 의한 제품단위당 영업이익만큼은 유지하고 싶어한다. (주)TM의 경영진은 20×2년의 생산 및 판매과정에서 발생하는 각종 원가들을 분석한 결과 다음과 같은 정보를 얻었다.

고정제조간접원가는 두 개의 활동, 즉 공장건물감가상각비와 생산계획활동으로 구성되어 있으며, 실제 발생한 금액은 각각 ₩131,200, ₩328,000이었다. 고정판매관리비는 제품배달활동과 인사관리활동으로 구성되어 있으며, 실제발생금액은 각각 ₩446,400, ₩273,600이었다. 각 활동들에 대한 분석결과는 다음과 같다.

활동	원가동인	부가가치표준수량	실제수량
생산계획	가동횟수	56회	64회
제품배달	운행횟수	50	62

나머지 모든 활동들은 부가가치활동으로 간주한다.

(1) 20×2년의 자료를 이용할 때 선풍기 모터의 단위당 목표원가는 얼마인가? (소수점 이하 버림)

(2) 제품 단위당 비부가가치원가는 얼마인가? (소수점 넷째 자리에서 반올림함)

(3) 비부가가치활동을 모두 제거할 수 있다면 그 목표원가를 달성할 수 있는지 판매관리비를 포함한 전부원가와 비교하여 평가하시오. 비부가가치원가를 이용하시오. (소수점 넷째 자리에서 반올림함)

| 정답 및 해설 |

(물음 1) 변동원가계산과 전부원가계산의 이익차이조정

	변동원가계산에 의한 영업이익	₩224,020
(+)	기말재고에 포함된 고정제조간접원가: 800대 × @128.125 =	102,500
(-)	기초재고에 포함된 고정제조간접원가: 300대 × @164 =	(49,200)
	전부원가계산에 의한 영업이익	₩277,320

(1) 기말재고수량

선입선출법이므로 기말재고는 당기생산량으로 구성되어 있다.

즉, 기말재고의 단가는 당기생산량의 단가와 같다.

① 20×1년: ₩798,000 ÷ 2,800대 = ₩285/대(단위당 변동제조원가) ∴ ₩85,500 ÷ @285 = 300대

② 20×2년: ₩1,021,440 ÷ 3,584대 = ₩285/대(단위당 변동제조원가) ∴ ₩228,000 ÷ @285 = 800대

(2) 연도별 단위당 고정제조간접원가

① 20×1년: ₩459,200 ÷ 2,800대 = ₩164/대

② 20×2년: ₩459,200 ÷ 3,584대 = ₩128.125/대

(물음 2) 변동원가계산과 초변동원가계산의 이익차이조정

	초변동원가계산에 의한 영업이익	₩X
(+)	기말재고에 포함된 변동가공원가: 800대 × @150* =	120,000
(-)	기초재고에 포함된 변동가공원가: 300대 × @150* =	(45,000)
	변동원가계산에 의한 영업이익	₩224,020

* 연도별 단위당 변동가공원가 = 단위당 변동제조원가 - 단위당 직접재료원가

  20×1년: ₩285 - ₩135 = ₩150/대

  20×2년: ₩285 - ₩135 = ₩150/대

따라서, X = ₩149,020이다.

(물음 3) 초변동원가계산이 대두되는 이유

① 불필요한 재고자산의 보유 억제

② 공장자동화로 인한 변동가공원가의 고정원가화

(물음 4) 제조간접원가 차이분석-2분법

(1) 20×2년의 고정제조간접원가 예산

$(3{,}200\text{대} \times 1.5\text{시간}) \times @68.33^* = ₩328{,}000$

* 고정제조간접원가 표준배부율(SP_f)

  조업도차이: $(3{,}200\text{대} \times 1.5\text{시간}) \times SP_f - (3{,}584\text{대} \times 1.5\text{시간}) \times SP_f = ₩(39{,}360)$ F

  $\therefore SP_f = ₩68.33/\text{시간}$

참고

<고정제조간접원가>

실제	예산	SQ × SP_f
	3,200대 × 1.5시간 × @68.33	(3,584대 × 1.5시간) × @68.33
₩459,200	= ₩328,000	= ₩367,360

조업도차이 ₩39,360(유리)

---

(2) 20×2년의 변동제조간접원가 실제 발생액

변동제조간접원가 실제 발생액(y)을 제조간접원가 예산차이를 이용하여 구하면 다음과 같다.

$(y + ₩459{,}200) - \{(3{,}584\text{대} \times 1.5\text{시간}) \times @17 + ₩328{,}000\} = ₩87{,}000(U)$ $\therefore y = ₩47{,}192$

(물음 5) 특별주문의 수락 의사결정

고정제조원가와 고정판매관리비 중 뱃치원가는 관련원가이다.

[특별주문을 수락할 경우]

증분수익		
특별주문 공헌이익: 850대 × (₩450 - ₩285 - ₩40) =		₩106,250
증분비용		74,850
기존판매분 공헌이익감소: 30대 × (₩800 - ₩285*1 - ₩60*2) =	₩13,650	
특별주문 뱃치원가: 4뱃치*3 × @5,250*4 + 6뱃치*3 × @6,700*4 =	61,200	
증분이익		₩31,400

*1 단위당 변동제조원가

*2 정상주문 단위당 변동판매관리비: ₩185,040(변동판매관리비) ÷ 3,084대(판매량*5) = ₩60

*3 고정제조간접원가 뱃치수량: 850대 ÷ 224대 = 4뱃치, 고정판매관리비 뱃치수량: 850대 ÷ 150대 = 6뱃치

*4 고정제조간접원가 뱃치원가: ₩84,000, 총뱃치수: 3,584대(생산량) ÷ 224대 = 16뱃치

   ∴ 고정제조간접원가 뱃치단위당 원가: ₩84,000 ÷ 16뱃치 = ₩5,250/뱃치

   고정판매관리비 뱃치원가: ₩415,400, 총뱃치수: 3,084대(판매량*5) ÷ 50대 = 62뱃치

   ∴ 고정판매관리비 뱃치단위당 원가: ₩415,400 ÷ 62뱃치 = ₩6,700/뱃치

*5 매출액 ÷ 단위당 판매가격 = 판매량: ₩2,467,200 ÷ @800 = 3,084대

따라서 특별주문을 수락할 경우 증분이익이 ₩50,000보다 작으므로 특별주문을 거절한다.

(물음 6) 목표원가와 비부가가치원가

(1) 단위당 목표원가

₩650 - ₩72* = ₩578

* 단위당 목표이익: ₩224,020 ÷ 3,084대 = ₩72/대

(2) 단위당 비부가가치원가

① 활동별 배부율
- 생산계획활동: ₩328,000 ÷ 64회 = ₩5,125/회
- 제품배달활동: ₩446,400 ÷ 62회 = ₩7,200/회

② 비부가가치원가
- 생산계획활동: (64회 - 56회) × @5,125 = ₩41,000
- 제품배달활동: (62회 - 50회) × @7,200 = ₩86,400

③ 제품 단위당 비부가가치원가
- 생산계획활동: ₩41,000 ÷ 3,584대 = ₩11.440/대
- 제품배달활동: ₩86,400 ÷ 3,084대 = ₩28.016/대

(3) 목표원가 달성 여부

변동원가: ₩285 + ₩60 =	₩345
고정제조간접원가: (₩459,200 - ₩41,000) ÷ 3,584대 =	116.685
고정판매관리비: (₩720,000 - ₩86,400) ÷ 3,084대 =	205.447
	₩667.132

그러므로, 비부가가치활동을 모두 제거하여도 목표원가를 달성할 수 없다.

회계사 · 세무사 · 경영지도사 단번에 합격!
해커스 경영아카데미 cpa.Hackers.com

제3부

관리회계

제8장 | 원가(Cost) · 조업도(Volume) · 이익(Profit)분석

기본문제 01 CVP분석 종합문제 Ⅰ

(주)한국은 핸드폰을 제작하는 회사로서 신제품 '잘걸린다' 폰의 신규출시를 앞두고 있다. 현재 (주)한국의 재무분석팀은 신규핸드폰의 이익을 예측하려고 한다. 신규핸드폰의 개당 판매가격은 ₩1,000이며 원가자료가 다음과 같을 경우 (물음)에 답하시오.

	변동원가	고정원가
직접재료원가	₩100	
직접노무원가	200	
제조간접원가	300	₩1,000,000
판매비와관리비	100	500,000
계	₩700	₩1,500,000

(물음 1) 손익분기점 판매량과 손익분기점 매출액을 구하시오.

(물음 2) 판매가격이 ₩150 하락할 경우, 손익분기점 판매량을 구하시오.

(물음 3) 변동원가가 ₩100 상승할 경우, 손익분기점 판매량을 구하시오.

(물음 4) 판매수량이 10,000개인 경우에 순이익, 안전한계(margin of safety)와 안전한계율을 구하시오.

(물음 5) (주)한국이 ₩1,200,000의 이익을 얻기 위한 판매량을 구하시오.

(물음 6) 총고정원가 중 감가상각비가 ₩300,000, 법인세율이 없는 경우 현금흐름손익분기점 판매량을 구하시오.

(물음 7) 총고정원가 중 감가상각비가 ₩300,000, 법인세율이 50%인 경우 현금흐름손익분기점 판매량을 구하시오. (단, 법인세는 환급신청이 가능하다)

| 정답 및 해설 |

(물음 1)

① 손익분기점 판매량

　고정원가 ÷ 단위당 공헌이익

　Q × (₩1,000 - ₩700) - (₩1,000,000 + ₩500,000) = ₩0

　Q = ₩1,500,000 ÷ ₩300 = 5,000개

② 손익분기점 매출액: ₩1,000 × 5,000개 = ₩5,000,000

(물음 2)

판매가격이 ₩150 하락하면 새로운 판매가격은 ₩1,000 - ₩150 = ₩850이 되고, 새로운 공헌이익은 ₩850 - ₩700 = ₩150이 된다. 손익분기점 판매량을 Q라고 하면, Q = ₩1,500,000 ÷ ₩150 = 10,000개이다.

(물음 3)

변동원가가 ₩100 상승하면 새로운 변동원가는 ₩700 + ₩100 = ₩800이 되고, 새로운 공헌이익은 ₩1,000 - ₩800 = ₩200이 된다. 손익분기점 판매량을 Q라고 하면, Q = ₩1,500,000 ÷ ₩200 = 7,500개이다.

(물음 4)

① 순이익: 10,000대 × @300 - ₩1,500,000 = ₩1,500,000

　　　　　　공헌이익　　　　고정원가

② 안전한계: 10,000대 × @1,000 - ₩5,000,000 = ₩5,000,000

　　　　　　　매출액　　　　　BEP 매출액

③ 안전한계율: $\dfrac{\text{안전한계}}{\text{매출액}} = \dfrac{₩5,000,000}{₩10,000,000} = 0.5(50\%)$

(물음 5)

필요 판매량을 Q라고 하면,

$$\underbrace{Q \times @300}_{\text{공헌이익}} - \underbrace{₩1,500,000}_{\text{고정원가}} = \underbrace{₩1,200,000}_{\text{목표이익}}$$

∴ Q = 9,000개

(물음 6)

현금흐름손익분기점 판매량을 Q라고 하면,

$$\underbrace{Q \times @1,000}_{\text{매출액}} = \underbrace{Q \times @700}_{\text{변동원가}} + (\underbrace{₩1,500,000}_{\text{고정원가}} - \underbrace{₩300,000}_{\text{감가상각비}})$$

∴ Q = 4,000개

(물음 7)

현금흐름손익분기점 판매량을 Q, 법인세를 T라고 하면,

$$\underbrace{Q \times @1,000}_{\text{매출액}} = \underbrace{Q \times @700}_{\text{변동원가}} + (\underbrace{₩1,500,000}_{\text{고정원가}} - \underbrace{₩300,000}_{\text{감가상각비}}) + \underbrace{T}_{\text{법인세}} \cdots\cdots ①$$

$$T = (\underbrace{Q \times @1,000}_{\text{매출액}} - \underbrace{Q \times @700}_{\text{변동원가}} - \underbrace{₩1,500,000}_{\text{고정원가}}) \times \underbrace{50\%}_{\text{법인세율}} \cdots\cdots\cdots\cdots ②$$

∴ ①, ②에서 Q = 3,000개

(주)한국항공은 서울과 제주 간을 이동하는 승객을 운송하는 항공사로 수익과 원가자료는 다음과 같다.

> (1) 서울과 제주 간을 매주 35회 왕복운항하고 있으며, 승객당 편도운임은 ₩140이다.
>
> (2) 비행기의 좌석수는 150석이며, 연료비는 1회 편도비행당 ₩5,000이다.
>
> (3) 승객 1인당 음식료비는 ₩5이고, 매출액의 5%가 여행사에 수수료로 지급된다.
>
> (4) 승무원 급여, 지상직원 급여, 광고비, 기타 관리비는 매주 ₩400,000이다.

(물음 1) 매주 70회의 편도비행으로 ₩146,000의 이익을 얻기 위한 1회 편도비행당 평균 승객수를 구하시오.

(물음 2) 평균 탑승률이 80%라고 가정하자. 매주 ₩377,000의 이익을 얻기 위한 주당 편도비행 횟수를 구하시오.

(물음 3) 연료비의 원가행태에 대하여 설명하시오.

| 정답 및 해설 |

(물음 1)

1회 편도비행당 평균 승객수를 x라 하면 총승객수는 70회 × x = $70x$이다.

$$\underbrace{70x \times ₩140}_{\text{매출액}} = \underbrace{70x \times ₩5}_{\text{음식료비}} + \underbrace{70x \times ₩140 \times 5\%}_{\text{여행사수수료}} + \underbrace{70회 \times ₩5,000}_{\text{연료비}} + \underbrace{₩400,000}_{\text{승무원급여 등}} + \underbrace{₩146,000}_{\text{이익}}$$

$9,800x = 840x + ₩896,000$

$\therefore\ x = 100$명

(물음 2)

주당 편도비행횟수를 x라 하면 총승객수는 x회 × 150석 × 80% = $120x$이다.

$$\underbrace{120x \times ₩140}_{\text{매출액}} = \underbrace{120x \times ₩5}_{\text{음식료비}} + \underbrace{120x \times ₩140 \times 5\%}_{\text{여행사수수료}} + \underbrace{x회 \times ₩5,000}_{\text{연료비}} + \underbrace{₩400,000}_{\text{승무원급여 등}} + \underbrace{₩377,000}_{\text{이익}}$$

$16,800x = 6,440x + ₩777,000$

$\therefore\ x = 75$회

(물음 3)

연료비는 편도비행횟수에 비례하여 발생하지만, 일단 운항계획이 수립되고 나면 승객수와는 관계없는 고정원가이다.

(주)국세는 A, B 두 가지 제품을 생산·판매하고 있으며, 두 제품의 수익과 원가자료는 다음과 같다.

	A제품		B제품	
	수량	금액	수량	금액
수익	330개	₩165,000	165개	₩165,000
비용				
고정원가		33,000		92,400
변동원가		99,000		49,500
세전이익		₩33,000		₩23,100

(물음 1) B제품만을 생산·판매할 경우 손익분기수량을 구하시오.

(물음 2) A와 B를 수량기준 2 : 3으로 결합하여 판매할 경우 다음을 구하시오.

    (1) 가중평균 단위당 공헌이익

    (2) 각각의 손익분기수량

(물음 3) A와 B를 수량기준 1 : 1로 결합하여 판매할 경우 다음을 구하시오.

    (1) 가중평균공헌이익률

    (2) 각각의 손익분기매출액

(물음 4) 위의 자료에서 법인세율이 40%일 경우 (물음 1)에서 손익분기수량을 구하시오.

| 정답 및 해설 |

🔍 자료분석

	A	B
P	₩500	₩1,000
V	300	300
UCM	₩200	₩700
FC	₩33,000	₩92,400

(물음 1)

B제품의 손익분기수량(Q^*): $\dfrac{FC}{P - V} = \dfrac{₩92,000}{₩700} = 132$개

(물음 2)

① 가중평균 단위당 공헌이익: $\dfrac{₩200 \times 2 + ₩700 \times 3}{2 + 3} = ₩500$

② BEP Q: $\dfrac{₩33,000 + ₩92,400}{₩500} = 251$개

  • A제품: 251개 × 2/5 = 100개
  • B제품: 251개 × 3/5 = 151개

(물음 3)

① A제품 CMR: $\dfrac{₩165,000 - ₩99,000}{₩165,000} = 40\%$

② B제품 CMR: $\dfrac{₩165,000 - ₩49,500}{₩165,000} = 70\%$

③ 매출액 구성비

$S_A : S_B = 1 \times \dfrac{₩165,000}{330개} : 1 \times \dfrac{₩165,000}{165개} = 500 : 1,000 = 1 : 2$

④ 가중평균공헌이익률: $\dfrac{40\% \times 1 + 70\% \times 2}{1 + 2} = 60\%$

⑤ BEP S: $\dfrac{₩33,000 + ₩92,400}{60\%} = ₩209,000$

  • A제품: ₩209,000 × 1/3 = ₩69,667
  • B제품: ₩209,000 × 2/3 = ₩139,333

(물음 4)

손익분기점에서는 이익이 없기 때문에 법인세를 납부하지 않는다. 즉, 법인세를 고려하는 경우와 고려하지 않은 경우의 손익분기점은 동일하다.

CVP분석과 의사결정

풍년사는 A제품을 연간 24,000단위 생산판매하는 중견제조업체이다. 당사의 제품단위당 판매단가는 ₩7,000이며 원가 자료는 다음과 같다.

직접재료원가	₩1,000
직접노무원가	1,200
변동제조간접원가	800
변동판매관리비	1,500
고정제조간접원가	12,000,000
고정판매관리비	21,600,000

(물음 1) 현재 회사는 ₩7,000의 판매가격으로 연간 24,000단위를 판매하고 있다. 회사는 가격을 ₩6,000으로 낮출 경우 판매량이 10%는 늘어난다고 할 때 가격인하여부를 결정하시오.

(물음 2) 풍년사는 A제품을 정부에 2,000단위를 납품하기로 하였다. 정부는 전부제조원가에 10%의 이익을 가산한 가격을 지불한다고 한다. 주문의 수락여부를 결정하시오. (단, 판매관리비는 발생하지 않는다)

(물음 3) 풍년사는 협력업체에 대하여 OEM방식으로 A제품의 외부구입여부를 검토하고 있다. 조건은 A제품을 제조하여 풍년사의 고객에게 직접 배달하는 조건이며, 외부구입가격은 계속 협상 중이다. 원가관리부서의 분석결과에 따르면 외부구입 시 변동판매비 중 변동운반비 20%는 절감될 것이며 유휴생산설비로 인하여 고정제조간접원가 중 50%는 계속 발생될 것이다. 외부구입을 수락하기 위한 최대가격을 구하시오.

| 정답 및 해설 |

🔍 자료분석

단위당 판매가격	₩7,000
단위당 변동원가: ₩1,000 + ₩1,200 + ₩800 + ₩1,500 =	4,500
단위당 공헌이익	₩2,500
고정원가: ₩12,000,000 + ₩21,600,000 =	₩33,600,000

(물음 1) 가격인하 시

증분수익		₩(9,600,000)
└ 증가: 24,000단위 × 110% × ₩6,000 =	₩158,400,000	
└ 감소: 24,000단위 × ₩7,000 =	(168,000,000)	
증분비용		10,800,000
└ 증가: 24,000단위 × 110% × ₩4,500 =	₩118,800,000	
└ 감소: 24,000단위 × ₩4,500 =	(108,000,000)	
증분이익(손실)		₩(20,400,000) < 0

따라서 가격유지안이 유리하다.

📑 참고

[가격인하 시]

증분수익공헌이익	24,000단위 × 110% × (₩6,000 - ₩4,500) =	₩39,600,000
증분비용기회비용	24,000단위 × (₩7,000 - ₩4,500) =	60,000,000
증분이익(손실)		₩(20,400,000) < 0

(물음 2) 수락 시

증분수익	매출액	2,000단위 × ₩3,850* =	₩7,700,000
증분비용	변동제조원가	2,000단위 × ₩3,000 =	6,000,000
증분이익			₩1,700,000 > 0

따라서 정부납품안을 수락하는 것이 유리하다.

* 단위당 판매가격

변동제조원가: ₩1,000 + ₩1,200 + ₩800 =	₩3,000
고정제조원가: ₩12,000,000/24,000단위 =	500
단위당 전부제조원가	₩3,500
	× 110%
단위당 판매가격	₩3,850

(물음 3) 자가제조 시 의사결정

증분수익	외부구입원가절감액		₩24,000P
증분비용			
회피가능원가	변동제조원가	24,000단위 × ₩3,000 =	72,000,000
	변동운반비	24,000단위 × ₩1,500 × 0.2 =	7,200,000
	고정제조간접원가	₩12,000,000 × 0.5 =	6,000,000
증분이익			₩24,000P - ₩85,200,000

그러므로, 외부구입안이 유리하기 위해서는 ₩24,000P - ₩85,200,000 ≤ 0이므로, P ≤ ₩3,550이다.

📑 참고

[외부구입 시 단위당 원가절감액]

$$P = ₩3,000 + ₩1,500 × 20\% + \frac{₩12,000,000 × 50\%}{24,000단위} = ₩3,550/단위$$

(주)한국은 연간 60,000시간을 사용할 수 있는 기계장치를 이용해서 제품을 생산하고 있으며, 1시간의 기계시간을 이용하면 18개의 제품을 생산할 수 있다.

(1) 예상원가자료

단위당 제조원가		단위당 판매관리비	
직접재료원가	₩1,500	변동원가	₩2,250
직접노무원가	1,800	고정원가	1,350
변동제조간접원가	1,200		
고정제조간접원가	₩50		

(2) 변동판매관리비에는 매출액의 10%에 해당하는 판매수수료가 포함되어 있다.

(3) 회사는 생산능력의 75%에 해당하는 제품을 생산할 예정이며 생산량의 90%를 판매한다는 계획을 기준으로 원가예상자료를 만들었다.

다음 질문은 각각 독립적이며, 질문에 특별한 언급이 없다면 판매단가는 ₩9,000을 가정하시오.

(물음 1) 변동원가계산에 의한 손익분기점을 계산하시오.

(물음 2) 최대생산능력으로 생산하는 경우에 전부원가계산 손익분기점을 계산하시오.

(물음 3) 현재의 예상판매량을 유지하면서 전부원가계산을 적용하는 경우에 손익분기점이 달성되기 위해서는 생산량을 몇 단위로 결정해야 하는지 계산하시오.

(물음 4) 고정제조간접원가와 고정판매관리비 중에는 감가상각비가 ₩60,000,000과 ₩26,400,000만큼 포함되어 있다. 법인세율이 40%인 경우에 다음의 현금흐름분기점을 계산하시오.

　(1) 생산량과 판매량이 일치하는 경우 현금흐름분기점 판매량

　(2) 현재의 예상생산량에서 현금흐름분기점 판매량

(물음 5) (주)한국은 시장조사결과 판매단가를 ₩8,800으로 인하하면 예상판매수량이 10% 증가할 것으로 예측하고 있다. 판매가격을 인하한 경우에 변동원가계산에 의한 영업이익이 얼마나 달라지는지 계산하시오.

(물음 6) (주)한국은 외국 바이어로부터 20,000단위에 대한 특별주문이 접수되어 가격을 협상중이다. 상기 시장에 공급 시 단위당 운반비 ₩800과 ₩6,000,000의 고정원가가 추가로 발생한다. 그러나 정규시장판매경로를 거치지 않으므로 변동판매관리비는 발생하지 않는다고 한다. 이 경우 최소의 특별주문단가는 얼마인가?

정답 및 해설

(물음 1) 변동원가계산 손익분기점

① 고정제조간접원가: ₩750 × (60,000시간 × 18개 × 75%) = ₩607,500,000
② 고정판매관리비: ₩1,350 × (60,000시간 × 18개 × 75% × 90%) = ₩984,150,000
③ 손익분기점 판매량(x)

$(₩9,000 - ₩6,750^*) × x = ₩607,500,000 + ₩984,150,000$

∴ $x = 707,400$개

* 단위당 변동원가: ₩1,500 + ₩1,800 + ₩1,200 + ₩2,250 = ₩6,750

(물음 2) 전부원가계산 손익분기점

① 단위당 고정제조간접원가: ₩607,500,000 ÷ (60,000시간 × 18개) = ₩562.5
② 손익분기점 판매량(x)

$\underline{(₩9,000 - ₩6,750 - ₩562.5)} × x = ₩984,150,000$
　단위당 공헌이익

∴ $x = 583,200$개

(물음 3) 전부원가계산 손익분기점 생산량

① 현재 예상판매량: 60,000시간 × 18개 × 75% × 90% = 729,000개
② 손익분기점을 달성하기 위한 단위당 고정제조간접원가(x)

$\underline{(₩9,000 - ₩6,750 - ₩x)} × 729,000개 = ₩984,150,000$
　단위당 공헌이익

∴ $x = ₩900$

③ 단위당 고정제조간접원가가 ₩900이 되기 위한 생산량은 675,000개(= ₩607,500,000 ÷ ₩900)이다.

(물음 4) 현금흐름분기점

① 생산량과 판매량이 일치하는 경우 현금흐름분기점 판매량(x)

$(₩9,000 - ₩6,750) × x = ₩1,591,650,000 - ₩86,400,000 + (₩2,250 × x - ₩1,591,650,000) × 40\%$

∴ $x = 643,400$개

② 현재의 예상생산량에서 현금흐름분기점 판매량(x)

$(₩9,000 - ₩2,250^{*1}) × x = ₩4,500 × 810,000개 + ₩1,505,250,000^{*2} + (₩1,500^{*3} × x - ₩984,150,000) × 40\%$

*1 단위당 변동판매관리비
*2 현금지출 고정원가: ₩1,591,650,000 - ₩86,400,000 = ₩1,505,250,000
*3 단위당 영업이익 증가액: ₩2,250 - ₩750 = ₩1,500

∴ $x = 773,429$개

(물음 5) 영업이익 변화

(1) 기존 예상판매량하의 영업이익

(₩9,000 - ₩6,750) × 729,000개 - ₩1,591,650,000 = ₩48,600,000

(2) 판매단가 인하한 경우 영업이익

(₩8,800 - ₩6,730*) × 729,000개 × 110% - ₩1,591,650,000 = ₩68,283,000

　　* 단위당 변동원가: ₩1,500 + ₩1,800 + ₩1,200 + $\underbrace{₩880}_{\text{판매수수료}}$ + $\underbrace{₩1,350}_{\text{기타변동판관비}}$ = ₩6,730

　　변동판매관리비 중 판매가격에 비례하는 판매수수료가 존재하므로 단위당 변동원가계산 시 고려해야 한다.

∴ 판매가격을 인하하는 경우 영업이익이 ₩19,683,000(= ₩68,283,000 - ₩48,600,000)만큼 증가한다.

(물음 6)

특별주문을 수락하는 경우 판매가격을 p라고 하면

증분수익	20,000개 × p =	20,000p
증분비용		
변동원가	20,000개 × ₩5,300* = ₩106,000,000	
고정원가	6,000,000	₩112,000,000
증분이익		20,000p - ₩112,000,000

* 특별주문 단위당 변동원가: ₩1,500 + ₩1,800 + ₩1,200 + ₩800 = ₩5,300

특별주문을 수락하기 위해서는 증분이익 20,000p - ₩112,000,000 > 0이어야 하므로, p > ₩5,600이다.
즉, 특별주문을 수락하기 위한 최소가격은 ₩5,600이다.

기본문제 06 ABC하의 CVP분석 Ⅰ

(주)한국은 두 종류의 제품 A, B를 생산하고 있으며, 회사의 결산일은 매년 12월 31일이다.

(1) 두 제품의 생산 · 판매에 관한 자료는 다음과 같다.

	제품 A	제품 B
예상판매량	25,000개	5,000개
판매가격	₩300	₩250
노무시간	25,000시간	10,000시간
기계시간	10,000	4,000
주문처리횟수	100회	50회
품질검사횟수	200	100
단위당 재료원가	₩70	₩60
단위당 노무원가	30	20

(2) 회사는 현재 노무시간을 기준으로 제조간접원가를 제품에 배부하고 있다. 당기 중 발생한 제조간접원가는 다음과 같으며 노무시간을 원가동인으로 변동원가와 고정원가로 구분된다.

	고정원가	변동원가
복리후생	-	₩420,000
기계관련원가	₩218,000	280,000
주문처리부서	315,000	-
품질관리부서	187,500	-
계	₩721,000	₩700,000

(물음 1) 전통적 원가계산시스템에서 손익분기점을 계산하시오.

(물음 2) 활동원가계산에서 제조간접원가를 추정할 수 있도록 각 활동의 원가동인을 변수로 하는 원가식을 추정하시오. (단, 자원확보단위는 활동사용량 1단위당 확보할 수 있다고 가정한다)

(물음 3) 묶음수준활동원가가 모두 고착자원인 것으로 가정하고 활동기준원가계산에서 손익분기점을 계산하시오.

(물음 4) 묶음수준활동원가는 활동의 사용량에 비례해서 발생하는 유동자원으로 가정하고 활동기준원가계산에서 손실이 발생하지 않기 위한 최소판매량을 계산하시오.

(물음 5) (물음 4)의 손익분기점에 기초해서 보다 정확한 손익분기점을 계산하시오.

| 정답 및 해설 |

(물음 1) 전통적 원가계산에 의한 손익분기점

	제품 A		제품 B	
단위당 판매가격		₩300		₩250
단위당 변동원가				
재료원가		70		60
노무원가		30		20
제조간접원가	₩20* × 25,000시간 ÷ 25,000개 =	20	₩20* × 10,000시간 ÷ 5,000개 =	40
단위당 공헌이익		₩180		₩130

* 노무시간당 변동제조간접원가: ₩700,000 ÷ (25,000시간 + 10,000시간) = ₩20

두 제품의 매출배합은 5 : 1(25,000개 : 5,000개)이므로, 손익분기점을 달성하는 제품 A, 제품 B의 판매량을 5x, x라고 하면,

$5x × ₩180 + x × ₩130 = ₩721,000$　　∴　$x = 700$개

따라서, 손익분기점을 달성하기 위한 제품 A, 제품 B의 판매량은 3,500개, 700개이다.

(물음 2) 활동원가계산 원가함수식 추정

① 노무시간당 복리후생활동원가 배부율(x_1): ₩420,000 ÷ (25,000시간 + 10,000시간) = ₩12

② 기계시간당 기계작업활동원가 배부율(x_2): ₩280,000 ÷ (10,000시간 + 4,000시간) = ₩20

③ 주문처리활동의 처리횟수당 배부율(x_3): ₩315,000 ÷ 150회 = ₩2,100

④ 품질검사활동의 검사횟수당 배부율(x_4): ₩187,500 ÷ 300회 = ₩625

⑤ 활동원가함수 = ₩12x_1 + ₩20x_2 + ₩2,100x_3 + ₩625x_4 + ₩218,500

(물음 3) 활동기준원가계산 손익분기점 – 묶음수준활동원가 고정원가 가정

	제품 A		제품 B	
단위당 판매가격		₩300		₩250
단위당 변동원가				
재료원가		70		60
노무원가		30		20
복리후생	₩12 × 25,000시간 ÷ 25,000개 =	12	₩12 × 10,000시간 ÷ 5,000개 =	24
기계작업	₩20 × 10,000시간 ÷ 25,000개 =	8	₩20 × 4,000시간 ÷ 5,000개 =	16
단위당 공헌이익		₩180		₩130

두 제품의 매출배합은 5 : 1이므로, 손익분기점을 달성하는 제품 A, 제품 B의 판매량을 5x, x 라고 하면,

$5x × ₩180 + x × ₩130 = ₩2,100 × 150회 + ₩625 × 300회 + ₩218,500$　　∴　$x = 700$개

따라서, 손익분기점을 달성하기 위한 제품 A, 제품 B의 판매량은 (물음 1)과 동일하게 3,500개, 700개이다.

(물음 4) 활동기준원가계산 손익분기점 - 묶음수준활동원가 변동원가 가정

	제품 A		제품 B	
단위당 판매가격		₩300		₩250
단위당 변동원가				
재료원가		70		60
노무원가		30		20
복리후생	₩12 × 25,000시간 ÷ 25,000개 =	12	₩12 × 10,000시간 ÷ 5,000개 =	24
기계작업	₩20 × 10,000시간 ÷ 25,000개 =	8	₩20 × 4,000시간 ÷ 5,000개 =	16
주문처리	₩2,100 ÷ 250회[*1] =	8.4	₩2,100 ÷ 100회[*1] =	21
검사활동	₩625 ÷ 125회[*2] =	5	₩625 ÷ 50회[*2] =	12.5
단위당 공헌이익		₩166.6		₩96.5

*1 주문처리 1회당 처리되는 제품수
*2 검사활동 1회당 처리되는 제품수

두 제품의 매출배합은 5 : 1이므로, 손익분기점을 달성하는 제품 A, 제품 B의 판매량을 $5x$, x라고 하면,

$5x × ₩166.6 + x × ₩96.5 = ₩218,500$ ∴ $x = 236$개

따라서, 손익분기점을 달성하기 위한 제품 A, 제품 B의 판매량은 1,180개, 236개이다.

(물음 5)

묶음수준활동을 고려해서 정확한 손익분기점을 계산하면 다음과 같다.

(1) $x = 236$개에서 주문처리횟수와 검사활동횟수

　① 주문처리횟수: $\dfrac{1,180개}{250개} + \dfrac{236개}{100개} = 8회$

　② 검사활동횟수: $\dfrac{1,180개}{125개} + \dfrac{236개}{50개} = 15회$

(2) 주문처리횟수 8회, 검사활동횟수 15회의 손익분기점

　$5x × ₩180 + x × ₩130 = ₩2,100 × 8회 + ₩625 × 15회 + ₩218,500$ ∴ $x = 238$개(모순)

(3) $x = 238$개에서 주문처리횟수와 검사활동횟수

　① 주문처리횟수: $\dfrac{1,190개}{250개} + \dfrac{238개}{100개} = 8회$

　② 검사활동횟수: $\dfrac{1,190개}{125개} + \dfrac{238개}{50개} = 15회$

∴ $x = 238$개는 묶음수준까지 고려한 손익분기점으로 적합하며, 이때 제품 A, 제품 B의 판매량은 1,190개, 238개이다.

(주)세무는 부산에서 공장을 운영하고 있는데, 사업확장을 위해 이번 달부터 대구에서도 공장을 운영하기로 했다. 부산공장은 한 종류의 제품인 곰 인형을 생산·판매하고 있으나, 대구공장은 세 종류의 제품인 토끼 인형, 거북이 인형, 그리고 호랑이 인형을 생산·판매하고자 한다. 대구공장에서 예상되는 월간 판매량은 토끼 인형 200,000단위, 거북이 인형 160,000단위, 그리고 호랑이 인형 40,000단위이다. 부산공장의 월간 원가자료와 대구공장의 월간 예산자료는 다음과 같다.

<부산공장>

	곰 인형
판매량	4,000단위
공헌이익률	60%
단위당 변동원가	₩110
고정제조간접원가	₩340,000
고정판매비와 관리비	₩200,000

<대구공장 - 예산자료>

	토끼 인형	거북이 인형	호랑이 인형
매출액	₩2,000,000	₩354,600	₩171,400
총변동원가	1,600,000	194,600	51,400

대구공장의 월간 총고정원가 예산은 ₩510,000이다.

다음의 각 물음은 상호 독립적이며, 재공품은 없고 생산량과 판매량이 동일하다고 가정한다.

(물음 1) 부산공장은 곰 인형에 들어가는 재료를 한 등급 낮추려고 고민 중이다. 재료를 변경하면 단위당 변동원가는 ₩15이 절감되지만, 제품의 품질이 다소 떨어질 가능성이 있으므로 판매량이 500단위 감소할 것으로 예상된다. 이러한 상황에서 재료를 변경하는 것과 그대로 유지하는 것 중 어느 것이 유리한지를 분석하고, 재료를 변경할 경우 부산공장의 안전한계율을 구하시오. (단, 안전한계율(%)은 소수점 셋째 자리에서 반올림하시오)

(물음 2) 부산공장은 새로운 기계 도입을 검토하고 있다. 새로운 기계를 도입하게 되면 단위당 변동원가는 ₩20이 절감되지만, 총고정원가는 추가로 월 ₩10,000 증가된다. 또한 이 변화로 인해 월 매출액이 추가로 12% 증가할 것으로 기대된다. 새로운 기계 도입 시 부산공장의 월간 영업이익 증가(감소)액을 구하시오.

(물음 3) 위의 대구공장에서 주어진 매출배합하에서 대구공장의 월간 손익분기점 매출액을 구하시오. (단, 공헌이익률 계산 시 소수점 셋째 자리에서 반올림하고, 매출액은 소수점 이하 절사하시오)

(물음 4) 대구공장에서 월간 500,000단위가 판매될 경우, 이 공장의 각 제품별 공헌이익을 구하시오. (단, 대구공장의 매출배합은 변동이 없다)

제8장

원가(Cost)·조업도(Volume)·이익(Profit)분석

| 정답 및 해설 |

(물음 1)

(1) 재료변경 여부 의사결정

① 유지하는 경우 공헌이익 = (₩275[*] - ₩110) × 4,000단위 = ₩660,000

     * 판매가격을 P라 하면 (P - ₩110)/P = 0.6 ∴ P = ₩275

② 변경하는 경우 공헌이익 = (₩275 - ₩95) × 3,500단위 = ₩630,000

∴ 유지하는 것이 유리하다.

(2) 안전한계율

영업이익/공헌이익 = (3,500단위 × ₩180 - ₩540,000) ÷ (3,500단위 × ₩180) = 0.1429(14.29%)

(물음 2) 새로운 기계 도입 의사결정

새로운 기계 도입 시 영업이익: (₩275 - ₩90) × 4,000단위 × 1.12 - (₩540,000 + ₩10,000) = ₩278,800

∴ 월간 영업이익 증가액: ₩278,800 - ₩120,000 = ₩158,800

(물음 3) 손익분기점 매출액

$0.27^* × S - ₩510,000 = ₩0$ ∴ S = ₩1,888,888

* 가중평균공헌이익률: (₩400,000 + ₩160,000 + ₩120,000)/(₩2,000,000 + ₩354,000 + ₩171,400) = 0.27

(물음 4) 각 제품별 공헌이익

500,000단위일 경우 토끼, 거북이, 호랑이의 판매량은 각각 250,000단위(= 500,000단위 × 50%), 200,000단위, 50,000단위이고, 단위당 공헌이익이 각각 ₩2, ₩1, ₩3이다. 따라서 각 제품별 공헌이익은 다음과 같다.

① 토끼: 250,000단위 × ₩2 = ₩500,000

② 거북이: 200,000단위 × ₩1 = ₩200,000

③ 호랑이: 50,000단위 × ₩3 = ₩150,000

한국여행사는 여의도 주위를 운행하는 유람선 사업을 고려 중이며, 동 사업에 대하여 수집한 정보는 다음과 같다.

(1) 한국여행사가 유람선을 월 단위로 임차하는 데 예상되는 대당 임차료는 ₩2,200,000이다.

(2) 각 유람선의 경우 최대 70명의 승객이 승선할 수 있다.

(3) 한국여행사는 각 유람선을 월 30일간 운행할 계획이며, 각 유람선은 하루에 6회까지 운행이 가능하다.

(4) 유람선의 일별 운행횟수는 월 30일 동안 동일하게 유지된다.

(5) 한국여행사는 유람선 운행 시마다 승객 1인당 ₩5,000의 요금을 부과하고자 한다. 이와 관련하여 발생할 것으로 예상되는 원가는 다음과 같다.

발권 및 기타비용:	승객 1인당	₩1,000
연료비:	운행 1회당	100,000
승무원급여:	운행 1회당	70,000
청소비용:	운행 1회당	20,000

(6) 매월 발생하게 될 정박시설 사용료는 임차한 유람선의 수에 따라 다르며, 다음과 같다.

임차한 유람선 수	정박시설 사용료(총계)
1대	월 ₩11,000,000
2	12,000,000
3	15,000,000
4	16,000,000

(7) 유람선 서비스에 대한 수요는 불확실하지만, 일별 운행횟수가 주어졌을 경우 예상되는 승객수는 다음과 같다.

일별 유람선 운행횟수	유람선 1회 운행 시 예상승객의 평균인원
1회 ~ 6회	65명
7회 ~ 12회	64
13회 ~ 16회	61
17회 ~ 24회	58

유람선 서비스에 대한 실제 수요는 위의 표에 기술된 예상 수요와 동일하다고 가정하고 다음 각 (물음)에 답하시오.

(물음 1) 문제의 표에 기술된 각 활동범위(즉, 일별 유람선 운행횟수)에 대해 유람선 운행 회당 공헌이익은 각각 얼마인가?

(물음 2) 손익분기점에 도달하기 위해 한국여행사는 유람선을 최소한 월 몇 회 운행해야 하는가? (정수로 답하시오)

(물음 3) 한국여행사는 한 달 동안 유람선 2대를 임차하여 하루에 12회씩 운행하기로 하였다고 가정하자.

   (1) 이 경우 손익분기점에 도달하기 위해 유람선을 월 며칠 운행해야 하는가? (정수로 답하시오)

   (2) 이 경우 손익분기점에 도달하기 위해 한 달 동안 유람선에 승선하여야 하는 승객 수는 몇 명인가?

(물음 4) 한국여행사가 유람선 3대를 임차하여 한 달 동안 운행하기로 하였다고 하자. 이 경우 이익을 극대화하기 위해서 한국여행사는 유람선 3대를 이용하여 하루에 총 몇 회 운행하여야 하는가?

(물음 5) 한국여행사는 유람선을 몇 대 임차할 것인지 아직 결정하지 못하고 있다. 그러나 유람선 사업의 신속한 추진을 위해 한국여행사는 유람선을 월 2대 임차할 것인지, 아니면 3대 임차할 것인지 고민 중이다. 이 경우 최적 의사결정은 무엇이며, 그 이유를 설명하시오.

| 정답 및 해설 |

(물음 1) 유람선 운행 1회당 공헌이익

일별 운행횟수	회당 수익	회당 변동원가	회당 공헌이익
1회 ~ 6회	65명 × ₩5,000 = ₩325,000	65명 × ₩1,000 + ₩190,000[*] = ₩255,000	₩70,000
7회 ~ 12회	64명 × ₩5,000 = ₩320,000	64명 × ₩1,000 + ₩190,000[*] = ₩254,000	66,000
13회 ~ 16회	61명 × ₩5,000 = ₩305,000	61명 × ₩1,000 + ₩190,000[*] = ₩251,000	54,000
17회 ~ 24회	58명 × ₩5,000 = ₩290,000	58명 × ₩1,000 + ₩190,000[*] = ₩248,000	42,000

[*] 운행 1회당 단위수준 이외의 변동원가

연료비	₩100,000
승무원급여	70,000
청소비용	20,000
	₩190,000

(물음 2) 손익분기점

(1) 관련범위가 월 30회 ~ 180회(일별 1회 ~ 6회)인 경우

손익분기점 판매량을 x라고 하면 다음 식이 성립한다.

$$\underbrace{₩70,000 × x}_{\text{공헌이익}} = \underbrace{₩2,200,000 × 1\text{대}}_{\text{유람선 임차료}} + \underbrace{₩11,000,000}_{\text{정박료}} \qquad ∴ \ x = 189회(모순)$$

(2) 관련범위가 월 210회 ~ 360회(일별 7회 ~ 12회)인 경우

손익분기점 판매량을 x라고 하면 다음 식이 성립한다.

$$\underbrace{₩66,000 × x}_{\text{공헌이익}} = \underbrace{₩2,200,000 × 2\text{대}}_{\text{유람선 임차료}} + \underbrace{₩12,000,000}_{\text{정박료}} \qquad ∴ \ x = 249회(적합)$$

(3) 관련범위가 월 390회 ~ 480회(일별 13회 ~ 16회)인 경우

손익분기점 판매량을 x라고 하면 다음 식이 성립한다.

$$\underbrace{₩54,000 × x}_{\text{공헌이익}} = \underbrace{₩2,200,000 × 3\text{대}}_{\text{유람선 임차료}} + \underbrace{₩15,000,000}_{\text{정박료}} \qquad ∴ \ x = 400회(적합)$$

(4) 관련범위가 월 510회 ~ 540회(일별 17회 ~ 18회)인 경우

손익분기점 판매량을 x라고 하면 다음 식이 성립한다.

$$\underbrace{₩42,000 × x}_{\text{공헌이익}} = \underbrace{₩2,200,000 × 3\text{대}}_{\text{유람선 임차료}} + \underbrace{₩15,000,000}_{\text{정박료}} \qquad ∴ \ x = 515회(적합)$$

(5) 관련범위가 월 570회 ~ 720회(일별 19회 ~ 24회)인 경우

　　손익분기점 판매량을 x라고 하면 다음 식이 성립한다.

　　$\underbrace{\text{₩42,000} \times x}_{\text{공헌이익}} = \underbrace{\text{₩2,200,000} \times \text{4대}}_{\text{유람선 임차료}} + \underbrace{\text{₩16,000,000}}_{\text{정박료}}$　　　∴ x = 591회(적합)

(물음 3) 조업도유형의 변화에 따른 손익분기점

(1) 손익분기점에 도달하기 위한 월 운행일

　　손익분기점에 도달하기 위한 월 운행일을 x라고 하면 다음 식이 성립한다.

　　$\underbrace{\text{₩66,000} \times \text{12회} \times x}_{\text{공헌이익}} = \underbrace{\text{₩2,200,000} \times \text{2대}}_{\text{유람선 임차료}} + \underbrace{\text{₩12,000,000}}_{\text{정박료}}$　∴ x = 21일

(2) 손익분기점에 도달하기 위한 승객 수

　　손익분기점에 도달하기 위한 승객 수를 x라고 하면 다음 식이 성립한다.

　　$\underbrace{\text{(₩5,000 - ₩1,000)} \times x}_{\text{공헌이익}} = \underbrace{\text{₩190,000} \times \text{12회} \times \text{30일}}_{\text{운행 1회당 고정원가}} + \underbrace{\text{₩2,200,000} \times \text{2대}}_{\text{유람선 임차료}} + \underbrace{\text{₩12,000,000}}_{\text{정박료}}$

　　∴ 한달의 승객 수(x) = 21,200명

(물음 4) 이익극대화를 위한 조업도 결정

유람선을 3대 임차하면 운항 1회당 공헌이익이 달라지므로 관련범위별로 분석해야 한다.

(1) 관련범위가 일별 13회 ~ 16회인 경우

　　일별 운항횟수가 많을수록 이익이 커지므로 일일 운항횟수가 16회인 경우 이익이 가장 크다.

　　$\underbrace{\text{₩54,000} \times \text{16회} \times \text{30일}}_{\text{공헌이익}} - (\underbrace{\text{₩2,200,000} \times \text{3대}}_{\text{유람선 임차료}} + \underbrace{\text{₩15,000,000}}_{\text{정박료}}) = \text{₩4,320,000}$

(2) 관련범위가 일별 17회 ~ 18회인 경우

　　일별 운항횟수가 많을수록 이익이 커지므로 일일 운항횟수가 18회인 경우 이익이 가장 크다.

　　$\underbrace{\text{₩42,000} \times \text{18회} \times \text{30일}}_{\text{공헌이익}} - (\underbrace{\text{₩2,200,000} \times \text{3대}}_{\text{유람선 임차료}} + \underbrace{\text{₩15,000,000}}_{\text{정박료}}) = \text{₩1,080,000}$

따라서 일일 운항횟수가 16회일 때 이익이 가장 크며 그때의 이익은 ₩4,320,000이다.

(물음 5) 이익극대화를 위한 유람선 수

(1) 2대를 임차한 경우(관련범위가 일별 7회 ~ 12회인 경우)

일별 운항횟수가 많을수록 이익이 커지므로 일일 운항횟수 12회인 경우 이익이 가장 크다.

$$\underbrace{\text{₩}66,000 \times 12회 \times 30일}_{\text{공헌이익}} - (\underbrace{\text{₩}2,200,000 \times 2대}_{\text{유람선 임차료}} + \underbrace{\text{₩}12,000,000}_{\text{정박료}}) = \text{₩}7,360,000$$

(2) 이익극대화 유람선 수

(물음 4)에서 3대를 임차하는 경우 얻을 수 있는 최대이익은 ₩4,320,000으로 계산되었다. 2대의 경우 최대이익이 ₩7,360,000이므로 이익을 극대화하기 위해서는 2대를 임차해야 한다.

> 📑 참고
>
> 유람선을 3대 임차할 경우 일별 18회까지 가능한데 일별 유람선 운행횟수 17~18회는 3대만으로 운행 가능하지만 19~24회는 4대를 임차해야 운행 가능하므로 문제에서 주어진 일별 유람선 운행횟수 17~24회를 분할하여 고려해 주어야 한다.

한국회사는 녹음기와 전자계산기를 생산하여 판매한다.

(1) 올해의 제품별 생산·판매량은 녹음기 70,000대, 전자계산기 140,000대였다.

(2) 다음은 올해의 제품별 포괄손익계산서이다.

포괄손익계산서

	녹음기		전자계산기		합계
	단위당	총액	단위당	총액	
매출액	₩15	₩1,050,000	₩22.5	₩3,150,000	₩4,200,000
매출원가					
직접재료원가	4	280,000	4.5	630,000	910,000
직접노무원가	2	140,000	3	420,000	560,000
변동제조간접원가	2	140,000	2	280,000	420,000
고정제조간접원가	1	70,000	1.5	210,000	280,000
계	₩9	₩630,000	₩11	₩1,540,000	₩2,170,000
매출총이익	₩6	₩420,000	₩11.5	₩1,610,000	₩2,030,000
고정판매관리비					1,040,000
세전이익					₩990,000
법인세(55%)					544,500
세후이익					₩445,500

(3) 위의 포괄손익계산서에 의하면 회사의 법인세차감후 매출액순이익률이 목표이익률인 9%를 넘어서고 있음을 알 수 있다.

(4) 녹음기의 판매량은 과거 수년 동안 매우 안정적이었으며, 한국회사는 현재 녹음기의 단위당 판매가격을 인하할 필요를 느끼지 않고 있다. 그러나 전자계산기의 경우에는 점점 심화되는 경쟁상태를 고려하여 내년부터 단위당 판매가격을 ₩22.5에서 ₩20으로 인하하고자 한다.

(5) 한국회사는 내년부터 전자계산기에 대한 광고선전비를 ₩57,000 늘릴 계획을 세우고 있다. 이러한 광고선전비의 증가로 인하여 총매출액에 대한 전자계산기의 매출액구성비율이 올해의 75%에서 내년에는 80%로 늘어날 것으로 예상하고 있다.

(6) 내년의 총고정제조간접원가와 변동제조간접원가배부율(직접노무시간을 기준으로 배부된다)은 올해와 동일할 것으로 예상된다.

(7) 직접재료원가는 녹음기가 10%, 전자계산기가 20% 인하될 것으로 보인다.

(8) 단위당 직접노무원가는 올해에 비하여 두 제품 모두 10%씩 인상될 것이다.

(물음 1) 올해의 제품별 손익분기점 판매량을 구하시오.

(물음 2) 내년에 9%의 법인세차감후 매출액순이익률을 달성하기 위한 총매출액을 구하시오.

(물음 3) 내년의 제품별 손익분기점 판매량을 구하시오.

| 정답 및 해설 |

(물음 1)

🔍 **자료분석**

	녹음기	전자계산기
단위당 판매가격	₩15	₩22.5
단위당 변동원가	8	9.5
단위당 공헌이익	₩7	₩13
고정원가	₩1,320,000	
생산·판매량	70,000대	140,000대
수량비율	1 :	2

---

① 가중평균공헌이익: $\dfrac{₩7 \times 1 + ₩13 \times 2}{1 + 2} = ₩11$

② BEP Q: $\dfrac{₩1,320,000}{₩11} = 120,000$대

- 녹음기 BEP Q: $120,000$대 $\times \dfrac{1}{3} = 40,000$대

- 전자계산기 BEP Q: $120,000$대 $\times \dfrac{2}{3} = 80,000$대

(물음 2)

🔍 **자료분석**

		녹음기		전자계산기
단위당 판매가격		₩15		₩20
단위당 변동원가	₩8 - ₩0.4 + ₩0.2 =	7.8	₩9.5 - ₩0.9 + ₩0.3 =	8.9
단위당 공헌이익		₩7.2		₩11.1
공헌이익률		48%		55.5%
고정원가		₩1,377,000		
매출액비율		20%		80%

---

① 가중평균공헌이익률: $\dfrac{48\% \times 20\% + 55.5\% \times 80\%}{20\% + 80\%} = 54\%$

② 목표매출액을 S라고 하면, 세전이익은 $\dfrac{S \times 9\%}{1 - 0.55} = 0.2S$이다.

③ 목표매출액(S)을 구하면 다음과 같다.

$S = \dfrac{₩1,377,000 + 0.2S}{54\%}$

∴ $S = ₩4,050,000$

(물음 3)

$$BEP \ S = \frac{\text{₩}1,377,000}{54\%} = \text{₩}2,550,000$$

따라서 녹음기   BEP S = ₩2,550,000 × 20% = ₩510,000,   BEP Q = ₩510,000 ÷ ₩15 = 34,000대

       전자계산기   BEP S = ₩2,550,000 × 80% = ₩2,040,000,   BEP Q = ₩2,040,000 ÷ ₩20 = 102,000대

📝 참고

녹음기매출액 : 전자계산기매출액 = 1 : 4

녹음기판매량 : 전자계산기판매량 = $\dfrac{1}{\text{₩}15}$: $\dfrac{4}{\text{₩}20}$ = 1 : 3이므로

가중평균공헌이익: $\dfrac{\text{₩}7.2 \times 1 + \text{₩}11.1 \times 3}{1 + 3}$ = ₩10.125

$BEP \ Q = \dfrac{\text{₩}1,377,000}{\text{₩}10.125}$ = 136,000대

따라서   녹음기   BEP Q = 136,000대 × $\dfrac{1}{4}$ = 34,000대

        전자계산기   BEP Q = 136,000대 × $\dfrac{3}{4}$ = 102,000대

(주)한국은 20×1년 초 영업을 시작하였으며, 다음과 같은 세 종류의 제품을 생산·판매하고 있다.

	A	B	C
생산량	450개	300개	150개
판매량	300	180	120
단위당 판매가격	₩100	₩200	₩200
단위당 제조원가			
직접재료원가	30	30	20
직접노무원가	20	20	40

(1) 제품 한 단위당 생산에 소요되는 직접노무시간은 제품 A가 1시간, 제품 B가 1시간, 제품 C가 2시간이다.

(2) 제조간접원가 중 변동제조간접원가는 직접노무시간당 ₩5로 예정배부되고, 당기총제조간접원가 실제발생액은 ₩15,750이었으며, 실제의 모든 생산판매활동은 예산과 일치하였다.

(3) 판매비는 매출액의 5%에 해당하는 변동판매비와 고정판매비 ₩6,400이 발생하였다.

(물음 1) 20×1년도의 손익분기점 판매량을 각 제품별로 구하라.

(물음 2) 법인세차감전순이익이 ₩10,000 이하일 경우는 법인세율 10%, ₩10,000을 초과하는 부분은 20%의 법인세율이 적용된다고 할 때, 당기순이익 ₩28,040을 얻기 위한 매출액은 얼마인가? (단, 매출배합은 20×1년도 실제 매출배합이 유지되고, 법인세에서 변동원가계산을 인정하는 것으로 가정한다)

(물음 3) (주)한국은 20×1년 초 광고회사인 (주)금촌에 광고 제작 의뢰를 고려하고 있다. 광고를 하는 경우에 제품생산에 소요되는 재료와 직접노무시간을 10%씩 절감하여 제품을 생산하더라도 총판매수량은 유지할 수 있으며 A, B, C의 매출배합을 2 : 6 : 2로 변화시킬 수 있을 것으로 판단하였다. 이 경우 (주)한국이 (주)금촌에 광고비로 지불할 수 있는 최대금액은 얼마이겠는가?

(물음 4) (주)한국이 20×1년 가동할 수 있는 기계시간이 2,250시간으로 제한되어 있고, 제품 1단위 생산 시 기계시간이 A제품은 2시간, B제품은 5시간, C제품은 7시간이 소요된다면, (주)한국의 이익을 극대화시키는 각 제품의 생산·판매량은 얼마인가? (단, (물음 3)의 광고를 수행해서 수요는 충분히 증가하였으며, 제품 간 상호관련성이 있어 두 번째로 많이 판매되는 제품이 가장 많이 판매되는 첫 번째 제품의 60%가 판매되고 가장 적게 판매되는 제품은 첫 번째 제품의 40%가 판매된다)

| 정답 및 해설 |

(물음 1) 손익분기점 판매량

(1) 변동제조간접원가 예산

(450개 × 1시간 + 300개 × 1시간 + 150개 × 2시간) × ₩5 = ₩5,250

(2) 고정원가

고정제조간접원가: ₩15,750 - ₩5,250 =	₩10,500
고정판매관리비	6,400
	₩16,900

(3) 단위당 공헌이익

	제품 A	제품 B	제품 C
단위당 판매가격	₩100	₩200	₩200
단위당 변동원가			
직접재료원가	30	30	20
직접노무원가	20	20	40
변동제조간접원가	5	5	10
변동판매비	5	10	10
단위당 공헌이익	₩40	₩135	₩120

(4) 손익분기점 판매량

	제품 A	제품 B	제품 C
매출배합	5	3	2
단위당 공헌이익	₩40	₩135	₩120

손익분기점을 달성하는 제품 A, 제품 B, 제품 C의 판매량을 $5x$, $3x$, $2x$라고 하면,

$$\underbrace{₩40 \times 5x + ₩135 \times 3x + ₩120 \times 2x}_{\text{총공헌이익}} = \underbrace{₩16,900}_{\text{고정원가}} \quad \therefore x = 20개$$

따라서, 손익분기점을 달성하는 제품 A, 제품 B, 제품 C의 판매량은 100개, 60개, 40개이다.

(물음 2) 목표이익 달성 매출액

(1) 세후 목표이익 ₩28,040을 달성하는 세전이익(x)

₩10,000 × (1 - 0.1) + (x - ₩10,000) × (1 - 0.2) = ₩28,040 　 $\therefore x$ = ₩33,800

(2) 목표이익 달성 매출액

제품 매출배합은 (물음 1)과 동일하므로 세전 목표이익 ₩33,800을 달성하기 위한 제품 A, 제품 B, 제품 C의 판매량을 $5x$, $3x$, $2x$라고 하면, 다음과 같다.

$$\underbrace{₩40 \times 5x + ₩135 \times 3x + ₩120 \times 2x}_{\text{총공헌이익}} = \underbrace{₩16,900 + ₩33,800}_{\text{고정원가 \ 세전 목표이익}} \quad \therefore x = 60개$$

따라서, 목표이익을 달성하는 제품 A, 제품 B, 제품 C의 판매량은 300개, 180개, 120개이며, 이때의 매출액은 ₩90,000(= ₩100 × 300개 + ₩200 × 180개 + ₩200 × 120개)이다.

(물음 3) 최대광고비 지출가능금액

(1) 광고하지 않는 경우 영업이익

    ₩40 × 300개 + ₩135 × 180개 + ₩120 × 120개 - ₩16,900 = ₩33,800

(2) 광고를 하는 경우 영업이익

	제품 A	제품 B	제품 C
단위당 판매가격	₩100	₩200	₩200
단위당 변동원가			
직접재료원가	27	27	18
직접노무원가	18	18	36
변동제조간접원가	4.5	4.5	9
변동판매비	5	10	10
단위당 공헌이익	₩45.5	₩140.5	₩127

	제품 A		제품 B		제품 C	합계
매출배합	2	:	6	:	2	
판매수량	120개		360개		120개	600개

① 광고비 지출 시 광고비를 차감하기 전 영업이익

    ₩45.5 × 120개 + ₩140.5 × 360개 + ₩127 × 120개 - ₩16,900 = ₩54,380

② 회사가 광고비로 지출할 수 있는 최대금액

광고하는 경우 광고비 차감 전 영업이익	₩54,380
광고하지 않는 경우 영업이익	(33,800)
	₩20,580

(물음 4)

	제품 A	제품 B	제품 C
단위당 공헌이익	₩45.5	₩140.5	₩127
단위당 기계시간	÷ 2시간	÷ 5시간	÷ 7시간
기계시간당 공헌이익	₩22.75	₩28.1	₩18.14
생산순위	2순위	1순위	3순위
필요시간	2시간 × x × 60%	5시간 × x	7시간 × x × 40%

2시간 × x × 60% + 5시간 × x + 7시간 × x × 40% = 2,250시간　　∴ x = 250개

따라서 이익극대화를 위한 제품 A, 제품 B, 제품 C의 생산량은 150개, 250개, 100개이다.

(주)한국은 2014년도 초에 설립된 화장품제조회사이다. 지난해(2014년도)와 올해(2015년도) 초까지 (주)한국은 외부의 판매 대리점을 통해서 제품을 판매해 오고 있으며 매출액의 20%를 외부의 판매 대리점에 수수료로 지급하고 있다. 설립 2년째를 맞이하여 (주)한국은 자사의 영업사원을 통한 판매 방법의 도입을 고려하고 있다. 이 경우 (주)한국은 자사의 영업사원에게 연간 고정급여 ₩5,000,000 과 매출액의 10%에 해당하는 수수료를 지급할 예정이다. (주)한국의 회계부서에서 작성한 판매방법별 당해 연도(2015년도)의 예상손익계산서는 다음과 같다. 물음에 답하시오.

예상손익계산서
2015년 1월 1일 ~ 2015년 12월 31일

	판매 대리점을 통한 판매		영업사원을 통한 판매	
매출액		₩50,000,000		₩50,000,000
매출원가				
변동원가	₩20,000,000		₩20,000,000	
고정원가	5,500,000	25,500,000	5,500,000	25,500,000
매출총이익		₩24,500,000		₩24,500,000
판매관리비				
판매수수료	₩10,000,000		₩5,000,000	
고정원가	6,500,000	16,500,000	11,500,000	16,500,000
영업이익		₩8,000,000		₩8,000,000

(물음 1) 위의 예상손익계산서에 기초하여 2015년도의 공헌이익률, 손익분기점 매출액, 영업레버리지도, 안전한계매출액, 안전한계비율을 판매방법별로 각각 구하시오.

(물음 2) ① 영업레버리지의 개념, ② 원가구조와 영업레버리지의 관계에 대해서 설명하시오. ③ 위의 (물음 1)에서 구한 영업레버리지도에 기초할 때 영업이익을 극대화하기 위해서 (주)한국은 어느 판매방법을 선택하여야 하는가?

(물음 3) (주)한국은 2016년도에 자사의 영업사원을 통해 제품을 판매하고자 한다. 이 경우 영업사원은 연간 ₩5,000,000의 고정급여 이외에 매출액의 20%에 해당하는 수수료를 (주)한국에 요구할 것으로 예상된다. (주)한국은 비록 영업사원에게 지급하여야 하는 수수료율이 2015년도에 비해 증가하더라도 자사 영업사원을 통한 제품판매방법이 외부의 판매 대리점을 통한 방법보다 많은 이점이 기대되므로 이 방법을 활용하고자 한다. 2016년도에 자사의 영업사원에게 지급하는 매출액에 대한 수수료율이 2015년도에 비해 증가하는 것 이외에 다른 모든 원가행태가 2015년도와 동일하다면 (주)한국이 2015년도의 영업이익 (₩8,000,000)과 동일한 영업이익을 획득하기 위해서 2016년도에 달성해야 하는 매출액을 계산하시오.

| 정답 및 해설 |

(물음 1)

🔍 **자료분석**

	판매 대리점		영업사원	
매출액		₩50,000,000		₩50,000,000
변동원가		₩30,000,000		₩25,000,000
변동제조원가	₩20,000,000		₩20,000,000	
판매수수료	10,000,000		5,000,000	
공헌이익		₩20,000,000		₩25,000,000
고정원가		₩12,000,000		₩17,000,000
고정판매관리비	₩5,500,000		₩5,500,000	
고정제조간접원가	6,500,000		11,500,000	
영업이익		₩8,000,000		₩8,000,000

	판매 대리점	영업사원
공헌이익률	₩20,000,000/₩50,000,000 = 0.4	₩25,000,000/₩50,000,000 = 0.5
손익분기점 매출액	₩12,000,000/0.4 = ₩30,000,000	₩17,000,000/0.5 = ₩34,000,000
영업레버리지도	₩20,000,000/₩8,000,000 = 2.5	₩25,000,000/₩8,000,000 = 3.125
안전한계매출액	₩50,000,000 - ₩30,000,000 = ₩20,000,000	₩50,000,000 - ₩34,000,000 = ₩16,000,000
안전한계비율	₩20,000,000/₩50,000,000 = 0.4	₩16,000,000/₩50,000,000 = 0.32

(물음 2)

① 기업이 감가상각비 등의 고정영업비용을 유발하는 비유동자산을 보유하고 있는 정도 또는 고정영업비용을 부담하는 정도를 영업레버리지라고 하며, 고정영업비용이 차지하는 비중이 클수록 동일한 매출액의 변동에 따른 영업이익의 변동 정도가 심화되는 효과를 영업레버리지 효과라고 한다.

② 변동원가와 고정원가의 상대적 구성비율을 원가구조라고 하는데, 고정원가의 비중이 클수록 영업레버리지가 커진다.

③ 현 매출액 ₩50,000,000에서 영업이익이 동일하므로, 매출액이 ₩50,000,000 초과 시 영업레버리지도가 큰 영업사원을 통한 판매를 통해서, 미만 시 영업레버리지도가 작은 대리점을 통한 판매를 통해 영업이익을 극대화할 수 있다.

(물음 3)

매출액을 S라고 하면, 0.4 × S - ₩17,000,000 = ₩8,000,000이다.
∴ S = ₩62,500,000

실전문제 06 비선형함수하의 CVP분석 I

AICPA

김 씨는 종합병원에서 산부인과를 임차하여 경영하고 있다. 병원 측은 산부인과 이외에도 신경외과, 소아과 등과 같은 전문분야별로 나누어 여러 사람에게 임대해 주고 있다. 매년 초, 이 병원은 전년도에 발생한 제반비용을 정산하여 각 과에 청구하는데, 환자의 식비, 세탁비, 약품비, 입원료청구 및 회수비용 등은 각 과별 연간 환자입원일수에 따라 부과하며 병실의 임차료 및 관리비는 병원 측에서 임대해 준 병상수에 따라 부과한다.

(1) 20×2년 1월초, 김 씨가 병원 측으로부터 받은 청구서는 다음과 같다.

청구서

부과대상: 산부인과   기간: 20×1. 1. 1. ~ 20×1. 12. 31.

	부과기준	
	연간 환자입원일수	병상수
식비	₩60,800	
세탁비	50,000	
약품비	90,000	
입원료청구 및 회수비용	62,000	
임차료		₩300,000
관리비		153,000
계	₩262,800	₩453,000

(2) 산부인과는 최소한 60개의 병상을 임차하기로 병원과 계약을 했기 때문에, 이제까지 병원으로부터 60개의 병상을 임차하여 사용하여 왔다.

(3) 산부인과에서 환자에게 청구한 병상 1개당 하루의 입원료는 ₩65이었으며 산부인과의 20×1년 총입원료수익은 ₩1,138,800이었으며 연중 쉬지 않고 진료하였다.

(4) 산부인과에서는 수간호사, 간호사 및 보조원에 대하여 직접 급여를 지급하고 있는데, 연간 환자입원일수에 따라 필요한 최소한의 인원수는 다음과 같다.

연간 환자입원일수	수간호사	간호사	보조원
0 ~ 17,100일	4명	12명	22명
17,101 ~ 18,900일	5	14	24
18,901 ~ 21,900일	6	17	27
21,901 ~ 29,200일	8	24	38

(5) 산부인과에서 연간 환자입원일수에 따라 필요한 최소인원만 고용하려고 한다. 따라서 연간 환자입원일수의 일정범위 내에서 수간호사, 간호사 및 보조원의 급여는 고정원가이다. 각 직책별 1인당 연간 급여는 수간호사가 ₩18,000, 간호사가 ₩13,000, 보조원이 ₩5,000이다.

(6) 산부인과에서 20×1년 중에 병상의 100%로 입원환자를 수용한 날은 90일이었는데, 이 90일 동안에는 수용능력을 넘는 초과환자수가 매일 20명 이상이었다(매년의 환자수, 환자의 내원형태, 환자입원일당 입원료, 환자입원일당 원가, 간호담당직원의 급여수준은 일정하다고 가정하시오).

(물음 1) 산부인과의 20×1년 예상 공헌이익 손익계산서를 작성하시오.

(물음 2) 산부인과의 20×1년 손익분기점 환자입원일수를 구하시오.

(물음 3) 20×2년 초, 김 씨는 병원 측으로부터 병상 20개를 추가로 임대해 줄 수 있다는 제의를 받았다. 추가적인 임차는 병상수에 따라 병원 측에서 부과하는 임차료와 관리비를 증가시킬 것이다. 병상 20개를 추가적으로 임차할 경우 산부인과의 20×2년 손익분기점 환자입원일수를 구하시오.

| 정답 및 해설 |

(물음 1)

매출액: 17,520일 × @65 =		₩1,138,800
변동원가: 17,520일 × @15 =		262,800
공헌이익		₩876,000
고정원가: ₩453,000 + ₩392,000[*] =		845,000
영업이익		₩31,000

[*] 17,520일에 해당하는 간호담당직원의 급여
  5명 × @18,000 + 14명 × @13,000 + 24명 × @5,000 = ₩392,000

(물음 2)

🔍 **자료분석**

단위당 판매가격	₩65
단위당 변동원가: ₩262,800 ÷ 17,520일 =	15
단위당 공헌이익	₩50

※ 환자입원일수를 Q라고 하고 정리하면 다음과 같다.

① 0일 ≤ Q ≤ 17,100일
  - FC = ₩453,000 + 4명 × ₩18,000 + 12명 × ₩13,000 + 22명 × ₩5,000 = ₩791,000

  - BEP $Q = \dfrac{₩791,000}{₩50} = 15,820$일(적합)

② 17,101일 ≤ Q ≤ 18,900일
  - FC = ₩453,000 + 5명 × ₩18,000 + 14명 × ₩13,000 + 24명 × ₩5,000 = ₩845,000

  - BEP $Q = \dfrac{₩845,000}{₩50} = 16,900$일(부적합)

③ 18,901일 ≤ Q ≤ 21,900일
  - FC = ₩453,000 + 6명 × ₩18,000 + 17명 × ₩13,000 + 27명 × ₩5,000 = ₩917,000

  - BEP $Q = \dfrac{₩917,000}{₩50} = 18,340$일(부적합)

∴ 손익분기점 환자입원일수는 15,820일이다.

(물음 3)

병상이 80개일 때, 연간 최대환자입원일수는 80개 × 365일 = 29,200일이다. 병상수당 임차료와 관리비는 ₩453,000 ÷ 60개 = ₩7,550/개이므로, 병상수가 80개일 때 고정원가는 80개 × ₩7,550 = ₩604,000이다.

환자입원일수를 Q라고 하고 정리하면 다음과 같다.

① 0일 ≤ Q ≤ 17,100일
- FC = ₩604,000 + ₩338,000 = ₩942,000
- BEP $Q = \dfrac{₩942,000}{₩50}$ = 18,840일(부적합)

② 17,101일 ≤ Q ≤ 18,900일
- FC = ₩604,000 + ₩392,000 = ₩996,000
- BEP $Q = \dfrac{₩996,000}{₩50}$ = 19,920일(부적합)

③ 18,901일 ≤ Q ≤ 21,900일
- FC = ₩604,000 + ₩464,000 = ₩1,068,000
- BEP $Q = \dfrac{₩1,068,000}{₩50}$ = 21,360일(적합)

④ 21,901일 ≤ Q ≤ 29,200일
- FC = ₩604,000 + ₩646,000 = ₩1,250,000
- BEP $Q = \dfrac{₩1,250,000}{₩50}$ = 25,000일(적합)

∴ 손익분기점 환자입원일수는 21,360일과 25,000일이다.

(주)한국 CATV는 성남시에서 유선방송을 운영하고 있는데, 회사의 각종 자료는 다음과 같다.

(1) 회사가 유선방송의 가입자로부터 받는 월간 시청료는 가입자당 ₩20이다.

(2) 회사가 사용하고 있는 방송설비의 소유권은 시에 있으며, 회사는 시와의 방송설비 사용계약에 따라 10,000명의 가입자로부터 받는 시청료에 대해서는 10%, 10,000명을 초과하는 가입자로부터 받는 시청료에 대해서는 5%를 시에 지불하고 있다. 그 외에도 매월 ₩50,000을 기본사용료로 지급하고 있다.

(3) 회사는 채널공급업자로부터 여러 채널을 공급받아 방송하고 있다. 회사는 채널공급업자와의 계약에 따라 20,000명의 가입자까지는 가입자당 ₩8, 20,000명을 초과하는 가입자에 대하여는 가입자당 ₩6을 지불하고 있다. 그 외에도 매월 일정하게 ₩20,000을 채널공급업자에게 지급하고 있다.

(4) 매월 ₩60,000의 고정원가와 가입자당 매월 ₩2의 변동원가가 영업비용으로 발생하고 있다.

(물음 1) 0 ~ 30,000명까지의 범위 내에서 매월 가입자당 공헌이익을 구하시오.

(물음 2) 매월 손익분기점이 되는 가입자수를 구하시오.

(물음 3) 가입자가 10,000명, 20,000명, 30,000명일 때 각각 월 영업이익을 구하시오.

🔍 **자료분석**

가입자수	0명 ~ 10,000명	10,001명 ~ 20,000명	20,001명 ~ 30,000명
가입자당 매출액	₩20	₩20	₩20
가입자당 변동원가	12	11	9
시에 지불	₩2	₩1	₩1
채널공급업자에 지불	8	8	6
영업비용	2	2	2
가입자당 공헌이익	₩8	₩9	₩11

고정원가: ₩50,000 + ₩20,000 + ₩60,000 = ₩130,000

(물음 1)

가입자당 공헌이익은 각각 ₩8(0명 $\leq Q \leq$ 10,000명), ₩9(10,001명 $\leq Q \leq$ 20,000명), ₩11(20,001명 $\leq Q \leq$ 30,000명)이다.

(물음 2)

① 0명 $\leq Q \leq$ 10,000명

$$\text{BEP } Q = \frac{₩130,000}{₩8} = 16,250명(부적합)$$

② 10,001명 $\leq Q \leq$ 20,000명

10,000명 × ₩8 + (Q - 10,000) × ₩9 = ₩130,000

∴ BEP Q = 15,556명(적합)

③ 20,001명 $\leq Q \leq$ 30,000명

10,000명 × ₩8 + 10,000명 × ₩9 + (Q - 20,000명) × ₩11 = ₩130,000

∴ BEP Q = 16,364명(부적합)

따라서 손익분기점 가입자수는 15,556명이다.

(물음 3)

가입자수	10,000명	20,000명	30,000명
매출액(@20)	₩200,000	₩400,000	₩600,000
변동원가	120,000[*1]	230,000[*2]	320,000[*3]
공헌이익	80,000	170,000	280,000
고정원가	130,000	130,000	130,000
영업이익(손실)	₩(50,000)	₩40,000	₩150,000

[*1] 10,000명 × @12 = ₩120,000

[*2] 10,000명 × @12 + 10,000명 × @11 = ₩230,000

[*3] 10,000명 × @12 + 10,000명 × @11 + 10,000명 × @9 = ₩320,000

실전문제 08 비선형함수하의 CVP분석 Ⅲ

Morse

한국회사는 수작업으로 고품질의 담배파이프를 제조하고 있다. 현재 7명의 숙련공이 연간 총 14,000 직접노무시간의 정규작업으로 28,000개의 파이프를 생산하고 있다. 회사의 고용계약조건은 다음과 같다.

(1) 상여금을 포함한 정규적인 총급여는 시간당 ₩15이다.

(2) 1인당 연간 2,000시간의 정규작업시간을 초과하여 작업하는 경우에는 시간당 ₩7.5의 시간 외 수당을 지급해야 한다.

(3) 숙련공들은 1인당 연간 1,000시간 이상의 작업을 해야 한다. 그러나 연간 1,000시간 이하의 작업을 한다 해도 최소한 1인당 연간 ₩15,000의 기본임금을 지급해야 한다.

재료원가는 파이프 1개당 ₩4, 변동제조간접원가는 직접노무시간당 ₩3, 그리고 고정제조간접원가는 연간 ₩10,000이다. 관리비는 연간 ₩30,000이며, 파이프의 판매가격은 1개당 ₩15이다.

(물음 1) 연간 생산 · 판매량 10,500개, 24,500개, 35,000개일 경우 각각에 대하여 공헌이익 손익 계산서를 작성하시오.

(물음 2) 손익분기점 판매량 및 매출액을 구하시오.

| 정답 및 해설 |

🔍 **자료분석**

작업시간 N, 생산량 Q라고 하면,

	0 ≤ N ≤ 7,000시간	0 ≤ N ≤ 14,000시간	14,001시간 ≤ N
	0 ≤ Q ≤ 14,000개	0 ≤ Q ≤ 28,000개	28,001개 ≤ Q
단위당 판매가격	₩15	₩15	₩15
단위당 변동원가	@4 + @1.5[*1] = 5.5	@4 + @7.5[*2] + @1.5 = 13	@4 + @11.25[*3] + @1.5 = 16.75
단위당 공헌이익	₩9.5	₩2	₩(1.75)
고정원가	₩145,000	₩40,000	₩40,000

*1 0.5시간 × ₩3 = @1.5
*2 0.5시간 × ₩15 = @7.5
*3 0.5시간 × (₩15 + ₩7.5) = @11.25

(물음 1)

생산 · 판매량	10,500개	24,500개	35,000개
매출액	₩157,500	₩367,500	₩525,000
변동원가	57,750[*1]	318,500[*2]	481,250[*3]
공헌이익	₩99,750	₩49,000	₩43,750
고정원가	145,000	40,000	40,000
영업이익(손익)	₩(45,250)	₩9,000	₩3,750

*1 10,500개 × @5.5 = ₩57,750
*2 24,500개 × @13 = ₩318,500
*3 28,000개 × @13 + 7,000개 × @16.75 = ₩481,250

(물음 2)

① 0개 ≤ Q ≤ 14,000개

$$BEP \ Q = \frac{₩145,000}{@9.5} = 15,263개(부적합)$$

② 0개 ≤ Q ≤ 28,000개(단, N > 7,000시간)

$$BEP \ Q = \frac{₩40,000}{@2} = 20,000개(적합)$$

BEP S = 20,000개 × @15 = ₩300,000

③ 28,001개 ≤ Q

28,000개 × @2 + (Q - 28,000개) × @(1.75) = ₩40,000

BEP Q = 37,143개(적합)

BEP S = 37,143개 × @15 = ₩557,145

∴ BEP Q는 20,000개와 37,143개이고, BEP S는 ₩300,000과 ₩557,145이다.

실전문제 09   비선형함수하의 CVP분석과 최적생산계획 Ⅰ   CMA 수정

(주)ET는 제품 A를 생산하여 판매하고 있다. 제품 A의 생산구간별 추정 변동원가(평균단가)는 <자료 1>, 제품 A의 생산구간별 추정 총고정원가는 <자료 2>와 같다.

<자료 1> 제품 A의 생산구간별 추정 변동원가

생산구간	1개 ~ 1,000개	1,001개 ~ 3,000개	3,001개 ~ 5,000개
변동원가 (평균단가)	₩15	₩20	₩25

<자료 2> 제품 A의 생산구간별 추정 총고정원가

생산구간	1개 ~ 2,000개	2,001개 ~ 5,000개
총고정원가	₩170,000	₩200,000

(물음 1) 제품 A의 판매가격별 제품 판매(수요)량은 아래와 같다고 예상한다. (주)ET는 이익을 극대화하기 위해 단위당 제품 판매가격을 얼마로 설정해야 하는가?

<제품 A의 판매가격별 판매(수요)량>

개당 판매가격	판매(수요)량
₩200	1,000개
150	2,000
120	3,000
95	4,000
80	5,000

(물음 2) (주)ET가 제품 A의 개당 판매가격을 ₩140으로 책정할 경우, 제품 A에 대한 제품 판매(수요)는 최대 5,000개라고 가정한다. 목표이익 ₩90,000을 달성하기 위해서는 제품 A를 몇 개 판매해야 하는가? (소수점 이하는 반올림하시오)

| 정답 및 해설 |

(물음 1) 이익극대화 판매가격

개당 판매가격	₩200	₩150	₩120	₩95	₩80
판매량	× 1,000개	× 2,000개	× 3,000개	× 4,000개	× 5,000개
매출액	₩200,000	₩300,000	₩360,000	₩380,000	₩400,000
변동원가	15,000	35,000	55,000	80,000	105,000
고정원가	170,000	170,000	200,000	200,000	200,000
영업이익	₩15,000	₩95,000	₩105,000	₩100,000	₩95,000

∴ 영업이익을 극대화하기 위해 단위당 제품의 판매가격을 ₩120으로 설정하여야 한다.

(물음 2) 목표판매량

목표이익 ₩90,000을 달성하기 위한 제품 A의 판매량(Q)

(1) 판매량(Q) 1개 ~ 1,000개

영업이익(π): (₩140 - ₩15) × Q - ₩170,000 = ₩90,000

∴ 목표이익 ₩90,000을 달성하기 위한 판매량 Q = 2,080개(×)

(2) 판매량(Q) 1,001개 ~ 2,000개

영업이익(π) = ₩140 × Q - ₩15,000 - (Q - 1,000개) × ₩20 - ₩170,000 = ₩90,000

∴ 목표이익 ₩90,000을 달성하기 위한 판매량 Q = 2,125개(×)

(3) 판매량(Q) 2,001개 ~ 3,000개

영업이익(π): ₩140 × Q - ₩35,000 - (Q - 2,000개) × ₩20 - ₩200,000 = ₩90,000

∴ 목표이익 ₩90,000을 달성하기 위한 판매량 Q = 2,375개(○)

(4) 판매량(Q) 3,001개 ~ 4,000개

영업이익(π): ₩140 × Q - ₩55,000 - (Q - 3,000개) × ₩25 - ₩200,000 = ₩90,000

∴ 목표이익 ₩90,000을 달성하기 위한 판매량 Q = 2,347개(×)

(5) 판매량(Q) 4,001개 ~ 5,000개

영업이익(π): ₩140 × Q - ₩80,000 - (Q - 4,000개) × ₩25 - ₩200,000 = ₩90,000

∴ 목표이익 ₩90,000을 달성하기 위한 판매량 Q = 2,347개(×)

(주)한국은 A, B의 두 공장에서 동일한 제품을 생산하는데, A공장은 공정의 자동화가 많이 이루어져 있으나 B공장은 주로 수작업에 의존하고 있다. 회사는 올해에 192,000개의 제품을 생산·판매할 계획이다. 두 공장의 수익과 원가자료는 다음과 같다.

	A공장		B공장	
단위당 판매가격		₩150		₩150
단위당 비용				
변동제조원가	₩72		₩88	
고정제조간접원가	30		20	
판매수수료(매출액의 5%)	7.5		7.5	
기타의 변동판매비	6.5		6.5	
고정판매관리비	19	135	25	147
단위당 영업이익		₩15		₩3
1일 생산량		400개		320개

위의 원가자료는 연간 240일의 정상조업도를 기준으로 하여 산정한 것이다. 연간 240일을 초과하여 작업하는 경우에는 휴일근무수당을 지급해야 하므로 A, B 두 공장의 변동제조원가가 각각 단위당 ₩24, ₩63씩 증가한다. 두 공장 모두 연간 최대조업일수는 300일이다. 생산이사는 A공장의 단위당 영업이익이 B공장보다 더 크다는 점을 감안하여 다음과 같이 생산계획을 수립하였다.

$$
\begin{array}{ll}
\text{A공장: } 300\text{일} \times 400\text{개} = & 120,000\text{개} \\
\text{B공장: } 225\text{일} \times 320\text{개} = & \underline{72,000} \\
\text{계} & \underline{192,000\text{개}}
\end{array}
$$

《물음 1》 A, B 두 공장의 손익분기점 판매량을 각각 구하시오.

《물음 2》 생산이사가 수립한 생산계획에 의할 경우 회사의 영업이익을 구하시오.

《물음 3》 회사가 두 공장의 총생산량을 지금처럼 연간 192,000개로 유지하려고 한다면 회사의 영업이익을 극대화하기 위한 최적생산계획은 무엇인가? 이때 회사가 얻을 수 있는 최대의 영업이익을 구하시오.

| 정답 및 해설 |

(물음 1)

	A공장		B공장	
정상조업도	240일 × 400개 =	96,000개	240일 × 320개 =	76,800개
고정제조간접원가	96,000개 × @30 =	₩2,880,000	76,800개 × @20 =	₩1,536,000
고정판관비	96,000개 × @19 =	1,824,000	76,800개 × @25 =	1,920,000
고정원가합계		₩4,704,000		₩3,456,000

(1) A공장

	0개 ≤ Q ≤ 96,000개		96,001개 ≤ Q ≤ 120,000개	
단위당 판매가격		₩150		₩150
단위당 변동원가	@72 + @7.5 + @6.5 =	86	@86 + @24 =	110
단위당 공헌이익		₩64		₩40

① 0개 ≤ Q ≤ 96,000개일 때 손익분기점 매출수량

$$\frac{₩4,704,000}{₩64} = 73,500개(적합)$$

② 96,001개 ≤ Q ≤ 120,000개일 때 손익분기점 매출수량

96,000개 × ₩64 + (Q - 96,000개) × ₩40 = ₩4,704,000 ∴ Q = 60,000개(부적합)

(2) B공장

	0개 ≤ Q ≤ 76,800개		76,801개 ≤ Q ≤ 96,000개	
단위당 판매가격		₩150		₩150
단위당 변동원가	@88 + @7.5 + @6.5 =	102	@102 + @63 =	165
단위당 공헌이익		₩48		₩(15)

① 0개 ≤ Q ≤ 76,800개일 때 손익분기점 매출수량

$$\frac{₩3,456,000}{₩48} = 72,000개(적합)$$

② 76,801개 ≤ Q ≤ 96,000개일 때 손익분기점 매출수량

76,800개 × ₩48 + (Q - 76,800개) × ₩(15) = ₩3,456,000 ∴ Q = 92,160개(적합)

(물음 2)

	A공장		B공장	
매출액	120,000개 × @150 =	₩18,000,000	72,000개 × @150 =	₩10,800,000
변동원가	96,000개 × @86 + 24,000개 × @110 =	10,896,000	72,000개 × @102 =	7,344,000
공헌이익		₩7,104,000		₩3,456,000
고정원가		4,704,000		3,456,000
영업이익		₩2,400,000		₩0

∴ 총영업이익: ₩2,400,000 + ₩0 = ₩2,400,000

(물음 3)

(1) 최적생산계획

단위당 판매가격과 총고정원가는 조업도에 관계없이 일정하므로 제품 단위당 변동원가가 낮은 공장에서 먼저 생산하도록 생산계획을 수립해야 한다.

	연간 생산량	단위당 변동원가	생산우선순위	최적생산계획
A공장	0개 ~ 96,000개	₩86	①	96,000개
	96,001개 ~ 120,000개	110	③	19,200
B공장	0개 ~ 76,800개	102	②	76,800
	76,801개 ~ 96,000개	165	-	-
계				192,000개

따라서, 최적생산계획은 A공장 115,200개, B공장 76,800개이다.

(2) 최대 영업이익

A공장: 115,200개 × ₩150 - (96,000개 × ₩86 + 19,200개 × ₩110) - ₩4,704,000 =	₩2,208,000
B공장: 76,800개 × ₩150 - 76,800개 × ₩102 - ₩3,456,000 =	230,400
계	₩2,438,400

다음은 일간신문 기사의 일부분이다.

서울메트로 "손님 한 명 탈 때마다 ₩284 적자 발생"

한동안 지속됐던 고유가와 고질적인 경기 불황으로 부쩍 사랑받고 있는 '시민의 발' 서울의 지하철, 하지만 손님 한 사람 더 탈 때마다 오히려 적자가 더 발생하는 취약한 재무구조인 것으로 조사됐다. 지하철 1~4호선을 운영하는 서울메트로는 4일 "올해 손님 한 사람을 태울 때마다 ₩284 꼴로 적자가 발생하고 있다"고 밝혔다. 이 수치는 1~4호선의 1인당 탑승운임(₩723)에서 수송원가(₩1,007)를 빼서 계산한 것이다.

위의 기사에서 1인당 수송원가의 계산방법 및 기타 자료는 다음과 같고 원가행태도 일정하다고 가정한다.

- 1인당 수송원가 = $\dfrac{\text{연간 총 실제발생원가}}{\text{연간 총 실제수송인원}}$

- 연간 총 실제수송인원: 20,000,000명

- 실제원가: 1인당 변동원가 ₩7

- 연간 총 고정원가: ₩20,000,000,000

- 연간 총 수송가능인원: 30,000,000명

(물음 1) 서울메트로에 대한 수익성 분석의 문제점을 지적하시오. (3줄 이내로 답하시오)

(물음 2) 서울메트로는 올해 수송인원이 28,000,000명이 되어 이익이 ₩48,000,000 발생할 것으로 예상하였으나 예상치 못한 수요의 감소로 실제 수송인원(20,000,000명)이 예상 수송인원(28,000,000명)에 비해서 약 28.57% 감소하였고 손실 ₩5,680,000,000이 발생하였다. 서울메트로의 담당부장은 매출이 28.57% 감소하였는데 이익이 그 이상으로 감소하다 못해 손실이 발생한 사실에 대해서 의아해하고 있다. 담당직원의 입장에서 영업레버리지도(DOL)를 이용하여 부장의 의구심을 해소할 수 있는 설명을 제시하시오. 계산근거를 반드시 보이시오.

정답 및 해설

(물음 1) 수익성 분석 시 고정원가 고려할 경우의 문제점

1인당 수송원가 계산 시 사용한 연간 총 실제발생원가에는 연간 총 고정원가도 포함되어 있어 이를 근거로 수익성을 분석한 결과인 "손님 한 명 탈 때마다 ₩284 적자 발생"은 잘못된 것이며 손익분기점인 27,932,961명 = $\left(\dfrac{\text{₩}20{,}000{,}000{,}000}{\text{₩}723 - \text{₩}7}\right)$까지는 적자가 발생하지만 이후로는 손님 한 명 탈 때마다 ₩716의 이익이 발생한다.

(물음 2) 영업레버리지

영업레버리지도(DOL)란 고정원가가 지레 역할을 하여 매출액변화율보다 영업이익변화율이 확대되는 효과인 영업레버리지의 측정지표이다. 예상 수송인원(28,000,000명) 수준에서 DOL은 다음과 같다.

$$\text{DOL} = \frac{\text{공헌이익}}{\text{영업이익}} = \frac{28{,}000{,}000\text{명} \times (\text{₩}723 - \text{₩}7)}{\text{₩}48{,}000{,}000} = 417.7$$

실제 매출이 예상 매출에 비해 28.57% 감소하였으므로 실제이익은 예상이익에 비해 11,933.7%(= 28.57% × 417.7) 감소하게 되었다.

따라서 손실이 ₩5,680,000,000{= ₩48,000,000 × (1 - 11,933.7%)} 발생하였다.

오~꼬레아 항공은 신설된 양양공항과 김포공항 간에 순항할 여객기 종류와 항공운항편수를 결정하려
한다.

> (1) 비행기의 격납고가 서울에만 있으므로 모든 운항편은 서울을 출발하여 40분 후에 양양공항
>   에 도착한 후 청소와 점검을 하고 다시 서울로 출발한다. 즉, 1대의 비행기로 매일 왕복운항
>   을 한다.
>
> (2) 여객기 종류와 운항편수와 무관하게 조종사급여, 승무원(조종사 제외) 1인당 급여, 지상직원총
>   급여, 공항시설사용료, 승객 1인당 소모품비, 승객 1인당 항공요금은 다음과 같이 일정하며, 1
>   일 편도 최대 승객수요가 총 460명(각 방향당 230명씩)이다.
>
> | | | 원가와 요금 |
> | --- | --- | ---: |
> | 조종사급여 | 1일당 | ₩1,000,000 |
> | 승무원급여(조종사 제외) | 1일 1인당 | 100,000 |
> | 지상직원총급여 | 1일당 | 600,000 |
> | 공항시설사용료 | 1일당 | 400,000 |
> | 소모품비 | 승객 1인당 | 2,000 |
> | 항공요금 | 승객 1인당 편도요금 | 30,000 |

(물음 1) 중형 여객기로 운항할 경우, 연료비는 왕복 1회당 ₩2,000,000이며 여객기 리스료는 1일
₩2,000,000이다. 중형 여객기 승객좌석수는 100석이고, 승무원(조종사 제외)이 좌석 20
석당 1명씩 총 5명이 필요하다. 중형 여객기로 1일 몇 회 왕복운항을 하여야 1일 이익을
최대화할 수 있는가? 이때 이익을 구하시오.

(물음 2) 중형 여객기 대신에 대형 여객기를 사용한다면 연료비는 왕복 1회당 ₩2,500,000이며 여
객기 리스료는 1일 ₩2,500,000이다. 대형 여객기의 좌석수는 150석이며 승무원(조종사
제외) 8명이 필요하다. 중형 여객기 대신에 대형 여객기를 사용하는 경우 얻을 수 있는 1
일 최대이익을 구하시오.

(물음 3) 위에서 계산한 중형 여객기 사용 시와 대형 여객기 사용 시 최대이익의 차액을 수익/원
가항목별로 분리한 후, 수익/원가 형태의 관점에서 차액 발생원인을 설명하시오.

정답 및 해설

🔍 **자료분석**

승객 1인당 편도요금	₩30,000
승객 1인당 변동원가	2,000
승객 1인당 공헌이익	₩28,000

(물음 1)

조종사급여	₩1,000,000
승무원급여: ₩100,000 × 5명 =	500,000
지상직원총급여	600,000
공항시설사용료	400,000
리스료	2,000,000
계	₩4,500,000

① 왕복 1회 운행 시 영업이익 = 100명 × 2회 × ₩28,000 - ₩4,500,000 - ₩2,000,000 = ₩(900,000)
② 왕복 2회 운행 시 영업이익 = 200명 × 2회 × ₩28,000 - ₩4,500,000 - ₩2,000,000 × 2회 = ₩2,700,000
③ 왕복 3회 운행 시 영업이익 = 230명 × 2회 × ₩28,000 - ₩4,500,000 - ₩2,000,000 × 3회 = ₩2,380,000
∴ 왕복 2회 운행 시 이익이 최대화된다.

(물음 2)

조종사급여	₩1,000,000
승무원급여: ₩100,000 × 8명 =	800,000
지상직원총급여	600,000
공항시설사용료	400,000
리스료	2,500,000
계	₩5,300,000

① 왕복 1회 운행 시 영업이익 = 150명 × 2회 × ₩28,000 - ₩5,300,000 - ₩2,500,000 × 1회 = ₩600,000
② 왕복 2회 운행 시 영업이익 = 230명 × 2회 × ₩28,000 - ₩5,300,000 - ₩2,500,000 × 2회 = ₩2,580,000
∴ 왕복 2회 운행 시 이익이 최대화된다.

(물음 3) 중형 여객기 기준

증분수익: (460명 - 400명) × @30,000 =		₩1,800,000
증분비용		1,920,000
소모품비: (460명 - 400명) × @2,000 =	₩120,000	
승무원급여: (8명 - 5명) × @100,000 =	300,000	
연료비: (₩2,500,000 - ₩2,000,000) × 2회 =	1,000,000	
리스료: ₩2,500,000 - ₩2,000,000 =	500,000	
증분이익(손실)		₩(120,000)

실전문제 13 CVP분석 종합문제 Ⅱ

(주)강남은 (주)강북과 동일한 제품을 생산하여 판매하고 있다. 올해에 상당한 호경기를 맞이하여 두 기업은 매출과 이익이 상당히 호전되고 있다.

> (1) (주)강남의 이익 전망이 (주)강북에 비하여 어떠한 지가 궁금한 (주)강남의 사장은 재무담당자에게 두 회사를 분석하도록 지시했다.
>
> (2) 재무담당자는 우선 전년도 결산자료를 이용하여 직접재료원가, 직접노무원가 등을 변동원가(VC)로 분류하는 등 '전형적인' 시각에서 전년도 (주)강남과 (주)강북의 원가구조와 영업이익 등에 대하여 분석했다.

(물음 1) 분석의 결과, (주)강남의 변동원가(VC)는 ₩900, 고정원가(FC)는 ₩200, 그리고 운영레버리지도(degree of operating leverage; DOL)는 5로 파악되었다. (주)강남의 전년도 매출액(S)과 영업이익(OI)을 각각 구하시오.

(물음 2) 전년도 (주)강북에 대한 분석의 결과, DOL = 8, OI = ₩40으로 파악되었다. 올해 호경기로 인하여 (주)강남과 (주)강북의 매출 수량 및 매출액이 공히 30% 늘어날 것으로 예상된다. 재무담당자가 파악한 두 회사의 원가구조가 올해에도 적용된다면, (주)강남의 올해 영업이익이 (주)강북에 비하여 높을지 또는 낮을지를 평가하고(즉, 두 회사의 올해 영업이익을 계산하고), 이러한 영업이익 전망의 차이가 무엇 때문인지를 운영레버리지 개념을 이용하여 사장에게 간결히 설명해 보시오.

※ 이하에서는 (물음 1)과 (물음 2)에서 상정했던 수치를 일부 수정하여, 재무담당자가 파악한 두 회사의 전년도 매출과 원가구조가 (주)강남은 S = ₩2,000, VC = ₩1,600, FC = ₩300, 그리고 (주)강북은 S = ₩2,000, VC = ₩1,300, FC = ₩600이었다고 하고, 두 회사의 이러한 원가구조가 올해에도 적용되는 것으로 상정하자.

(물음 3) 두 회사는 올해 특별 판촉활동을 계획하고 있다. 두 회사의 제품들은 품질 및 가격 등에서 비슷하기 때문에 판촉활동 한 단위당 매출의 증가효과가 동일하다고 가정하자. 이번 기의 매출은 손익분기점을 확실히 초과할 것이다. 이번 기의 판촉활동 한 단위에 대해 보다 높은 가격을 지불할 유인을 갖는 회사는 둘 중 어디인지를 그 근거와 함께 보이시오.

(물음 4) (주)강남은 앞에서 언급한 재무담당자의 분석 후에 외부전문가에게 두 기업의 원가구조에 대한 전반적인 평가를 의뢰했다. 그 전문가는 원가구조 측면에서 제품에 대한 수요와 연계하여 공장의 생산용량(capacity)을 분석했다. 그는 '필요하지 않을 때, 단기적으로 조정 가능한 원가'를 단기적 원가(short-run cost)라고 설명하면서, 올해 중에 전반적으로 (주)강북은 단기적 원가의 증가가 많았던 반면에, (주)강남은 비단기적 원가의 증가가 많았다고 진단했다. 그 예로써, (주)강남의 모든 인력은 장기고용계약으로 모집되는데, (주)강남은 작년에도 직접노무원가의 비중이 (주)강북에 비해 높았고, 올해 중에도 제품 수요 증가에 따라 작업자의 신규채용이 많았음을 들었다. 이외에, 작년에 (주)강남이 (주)강북에 비해 비단기적 원가의 비중이 높았다고 진단했다.

(1) 재무담당자가 (주)강남의 원가구조를 파악하면서, 직접노무원가와 관련하여 범한 오류는 무엇인가?

(2) 내년에 경기가 나빠져서 두 회사 모두 비슷한 매출감소율을 보일 것으로 예상된다. 외부전문가의 진단이 옳다면, 이 경우 매출감소로 인한 타격이 어느 회사에게 더 클지를 논리적으로 밝히시오.

(3) (주)강남이 앞으로 영업이익을 개선하기 위해 취하여야 할 접근방법을 외부전문가의 지적에 바탕을 두어 간단히 제시하시오. 본 문제와 관련이 없는 일반론적인 제안은 삼가시오.

정답 및 해설

(물음 1)

운영레버리지도 = 공헌이익 ÷ 영업이익 = (매출액 - ₩900)/(매출액 - ₩900 - ₩200) = 5
그러므로, 전년도 매출액은 ₩1,150이고, 영업이익은 ₩1,150 - ₩900 - ₩200 = ₩50가 된다.

(물음 2)

(1) 올해 영업이익

	(주)강남	(주)강북
전년도 영업이익	₩50	₩40
금년도 영업이익	₩50 × (1 + 0.3 × 5) = ₩125	₩40 × (1 + 0.3 × 8) = ₩136

따라서 (주)강남은 (주)강북에 비하여 올해 영업이익이 낮을 전망이다.

(2) 영업이익 전망의 차이

운영레버리지도는 매출액의 증가율에 대한 영업이익의 증가율의 비율인데 (주)강북의 운영레버리지가 (주)강남의 운영레버리지보다 높게 나타나고 이는 (주)강북의 원가구조가 (주)강남의 원가구조에 비하여 고정원가의 비중이 높고 변동원가의 비중이 낮기 때문이다. 그러므로 운영레버리지도가 5인 (주)강남은 매출액이 현재보다 30% 증가할 때 영업이익은 현재보다 150%(= 30% × 5) 증가하고 운영레버리지도가 8인 (주)강북은 현재 영업이익보다 240%(= 30% × 8) 증가하게 된다.

(물음 3)

(1) 회사별 운영레버리지도

① (주)강남: (₩2,000 - ₩1,600)/(₩2,000 - ₩1,600 - ₩300) = 4
② (주)강북: (₩2,000 - ₩1,300)/(₩2,000 - ₩1,300 - ₩600) = 7

(2) 회사별 영업이익 증가액

현재 두 회사의 영업이익은 ₩100으로 동일하지만 (주)강북은 운영레버리지가 (주)강남보다 높기 때문에 판촉활동으로 매출이 증대된다면 (주)강북의 영업이익이 (주)강남의 영업이익보다 더 크게 증가한다. 예를 들어, 판촉활동으로 매출이 10% 증가될 때 각 회사의 영업이익의 증가액은 다음과 같다.

① (주)강남: ₩100 × 10% × 4 = ₩40 증가
② (주)강북: ₩100 × 10% × 7 = ₩70 증가
∴ (주)강북이 운영레버리지가 높기 때문에 판촉활동에 대해 보다 높은 가격을 지불할 유인을 갖는다.

(물음 4)

(1) **직접노무원가와 관련하여 범한 오류**

회사의 재무담당자는 직접노무원가를 변동원가로 파악하고 조업도에 따른 영업이익을 분석하였으나 장기고용계약으로 인하여 직접노무원가를 단기적으로 조업도에 따라 조정할 수 없는 고정원가의 성격을 띠므로 직접노무원가를 변동원가로 파악한 재무담당자의 분석은 오류가 발생하였다.

(2) **매출감소로 인한 타격**

외부전문가의 진단대로 (주)강남이 (주)강북에 비해 비단기적 원가의 비중이 높았다면, (주)강남의 운영레버리지가 (주)강북에 비해 높기 때문에 매출감소로 인한 영업이익의 감소가 (주)강남에서 더 크게 나타난다. 그 이유는 매출감소로 조업수준이 감소하여도 고정적인 비단기적 원가는 감소되지 않기 때문이다.

(3) **영업이익을 개선하기 위한 접근방법**

회사의 매출수준이 감소될 것으로 예상되면 직접노무원가와 같은 비단기적 원가의 비중을 줄이기 위한 방안을 강구해야 한다. 예를 들면 장기고용계약 인원의 비중을 줄이고 단기고용계약 내지는 시간제 인력을 확보해야 한다.

실전문제 14 ABC하의 CVP분석 II

세무사 07

(주)국민은 자동차 부품을 생산하는 중소제조업체이다. 회사의 제조원가 구성내역을 살펴보면 직접재료원가, 직접노무원가, 제조간접원가로 구성되어 있다.

---

(1) 제조간접원가의 배부기준은 직접노무시간을 사용해왔으며 2007년도 제조간접원가예산은 ₩30,000이다.

(2) 연간 직접노무시간은 총 400시간으로 예상한다.

(3) 회사는 원가 시스템 정교화를 통하여 활동기준원가계산을 적용하려고 계획하였다. 제조원가 집합은 다음과 같은 다섯 가지 활동으로 구분하였다.

활동구분	원가동인	원가동인당 배부율
기계관련	기계시간	5.00
가동준비	생산준비횟수	3.00
검사	검사시간	8.00
조립	조립시간	6.00
재료처리	부속품개수	12.00

(4) 연간 생산되는 자동차 부품은 두 종류 A, B로서 생산 및 판매자료는 다음과 같다.

	자동차 부품 A	자동차 부품 B
판매단가	₩500	₩400
연간 자동차생산수량	200단위	400단위
직접재료원가	₩40,250	₩60,000
직접노무원가	10,290	11,460
직접노무시간	220시간	180시간
기계시간	760	600
생산준비횟수	1,980회	2,500회
검사시간	150시간	350시간
조립시간	400	500
부속품총개수	10개	20개

(물음 1) 기존의 제조간접원가배부방법을 사용하여 자동차 부품 A의 단위당 원가와 자동차 부품 B의 단위당 원가를 구하시오.

(물음 2) 제조간접원가 ₩30,000 중 10%가 변동제조간접원가이고 나머지 90%가 고정제조간접원가라고 할 경우 (주)국민의 손익분기점 매출수량을 구하시오. (자동차 부품 A와 자동차 부품 B의 매출비율은 1 : 2로 유지된다고 가정한다)

(물음 3) 활동기준원가시스템을 채택할 경우 자동차 부품 A와 자동차 부품 B의 단위당 원가를 계산하시오.

| 정답 및 해설 |

(물음 1) 부품의 단위당 원가

구분	자동차 부품 A	자동차 부품 B
직접재료원가	₩40,250	₩60,000
직접노무원가	10,290	11,460
제조간접원가	16,500[*1]	13,500[*2]
총제조원가	₩67,040	₩84,960
생산수량	200단위	400단위
단위당 원가	₩335.2	₩212.4

*1 ₩30,000 × 220/400 = ₩16,500
*2 ₩30,000 × 180/400 = ₩13,500

(물음 2) 손익분기점 매출수량(수량배합 가정)

(1) 제품별 공헌이익

구분	자동차 부품 A		자동차 부품 B	
판매단가		₩500.00		₩400.00
단위당 직접재료원가	₩40,250 ÷ 200단위 =	201.25	₩60,000 ÷ 400단위 =	150.00
단위당 직접노무원가	₩10,290 ÷ 200단위 =	51.45	₩11,460 ÷ 400단위 =	28.65
단위당 변동제조간접원가	₩16,500 × 0.1 ÷ 200단위 =	8.25	₩13,500 × 0.1 ÷ 400단위 =	3.375
단위당 공헌이익		₩239.05		₩217.975

고정제조간접원가: ₩30,000 × 0.9 = ₩27,000

(2) 손익분기점 매출수량

① 꾸러미 구성: A = 1단위, B = 2단위
② 꾸러미 가중평균공헌이익: ₩239.05 × 1 + ₩217.975 × 2 = ₩675
③ 손익분기점 꾸러미수: ₩27,000 ÷ ₩675 = 40단위
④ 손익분기점 매출수량
  • A: 40단위 × 1 = 40단위
  • B: 40단위 × 2 = 80단위

(물음 3) 활동기준원가계산에 의한 부품의 단위당 원가

(1) 제조간접원가

구분	자동차 부품 A		자동차 부품 B	
기계관련	₩5 × 760시간 =	₩3,800	₩5 × 600시간 =	₩3,000
가동준비	₩3 × 1,980회 =	5,940	₩3 × 2,500회 =	7,500
검사	₩8 × 150시간 =	1,200	₩8 × 350시간 =	2,800
조립	₩6 × 400시간 =	2,400	₩6 × 500시간 =	3,000
재료처리	₩12 × 10개 =	120	₩12 × 20개 =	240
총제조간접원가		₩13,460		₩16,540

(2) 단위당 원가

구분	자동차 부품 A	자동차 부품 B
직접재료원가	₩40,250	₩60,000
직접노무원가	10,290	11,460
제조간접원가	13,460	16,540
총제조원가	₩64,000	₩88,000
생산수량	200단위	400단위
단위당 원가	₩320	₩220

(주)국세는 자동화 가공기계를 이용한 가공공정을 통하여 제품 A와 제품 B를 생산·판매하고 있다. 회사는 제품 A와 제품 B에 대한 수요량을 각각 800단위와 1,200단위로 예측하고 있다. 자동화 가공기계의 가동시간은 연간 20,000시간으로 제한되어 있으며, 제품생산과 관련한 고정제조간접원가는 발생하지 않으나 자동화 가공기계 소요시간당 ₩5의 변동가공원가가 발생한다. 다음은 각 제품과 관련된 예산자료이다.

	제품 A	제품 B
단위당 판매가격	₩1,000	₩800
단위당 직접재료원가	200	250
단위당 변동가공원가	100	50
단위당 변동판매관리비	100	100
고정판매관리비	₩576,000	

모든 제품이 생산 즉시 판매되어, 생산량과 판매량이 동일하며 재공품은 존재하지 않는다.

다음 각 물음은 독립적이다.

(물음 1) 제품 A와 제품 B의 매출배합이 수요량 예측과 일치된다고 가정할 경우, 각 제품의 손익분기점 수량을 계산하시오.

(물음 2) 이익을 극대화하기 위한 각 제품의 판매수량과 총공헌이익을 계산하시오.

(물음 3) 회사는 최근 자동화 세척기계를 구입, 가공공정에서 생산된 제품을 세척공정에서 세척하여 판매하고 있다. 제품 1단위 세척에 소요되는 기계가동시간은 제품 A와 제품 B가 각각 10시간과 30시간이며, 자동화 세척기계는 연간 최대 39,000시간을 가동할 수 있다. 추가적으로 세척공정에서 발생하는 원가는 세척기계와 관련한 고정제조간접원가 ₩100,000이 유일하다. 이익을 극대화하기 위한 각 제품의 판매수량과 총공헌이익을 계산하시오.

《물음 4) 최근 제품 A와 제품 B에 대한 수요가 급격하게 증가하여 회사는 추가로 자동화 가공기계를 도입하였다. 이에 따라 자동화 가공기계의 가동시간은 연간 최대 40,000시간으로 확대되었고, 제품 A와 제품 B의 예산판매량은 각각 1,000단위와 1,500단위로 수립되었다. 다음은 실제 성과와 관련한 자료이다.

	제품 A	제품 B
단위당 판매가격	₩960	₩850
단위당 직접재료원가	180	200
단위당 변동가공원가	100	50
단위당 변동판매관리비	70	70
고정판매관리비	₩576,000	
실제판매량	970단위	1,580단위

《물음 4-1) 매출총차이를 계산하고, 이를 매출가격차이와 매출조업도차이로 세분하여 계산하시오. (단, 유리한 차이 또는 불리한 차이를 표시하시오)

《물음 4-2) (물음 4-1)에서 계산한 매출조업도차이를 매출수량차이와 매출배합차이로 세분하여 계산하시오. (단, 유리한 차이 또는 불리한 차이를 표시하시오)

| 정답 및 해설 |

(물음 1)

(1) 매출배합

$Q_A : Q_B = 2 : 3$

(2) 단위당 공헌이익

① 제품 A: ₩1,000 - (₩200 + ₩100 + ₩100) = ₩600

② 제품 B: ₩800 - (₩250 + ₩50 + ₩100) = ₩400

(3) 가중평균공헌이익(WACM)

₩600 × 0.4 + ₩400 × 0.6 = ₩480

(4) 손익분기점 수량(BEQ)

₩480 × BEQ - ₩576,000 = 0 → BEQ = 1,200단위

∴ 제품 A = 480단위, 제품 B = 720단위

(물음 2)

(1) 제품의 판매수량

	제품 A	제품 B	계
단위당 공헌이익	₩600	₩400	
단위당 기계시간	÷ 20시간*	÷ 10시간*	
기계시간당 공헌이익	₩30	₩40	
생산순위	2순위	1순위	
필요한 기계시간	800 × 20시간 = 16,000시간	1,200 × 10시간 = 12,000시간	28,000시간
기계시간 투입량	8,000시간	12,000시간	20,000시간
생산량	$\dfrac{8,000시간}{20시간}$ = 400단위	1,200단위	

* 제품 A: $\dfrac{₩100}{5}$ = 20시간 , 제품 B: $\dfrac{₩50}{5}$ = 10시간

(2) 총공헌이익

400단위 × ₩600 + 1,200단위 × ₩400 = ₩720,000

(물음 3)

(1) 이익을 극대화하기 위한 각 제품의 판매수량

목적함수식 Max Z = ₩600 × A + ₩400 × B - ₩676,000

제약조건식 20 × A + 10 × B ≤ 20,000(가공공정)

$\quad\quad\quad\quad\quad$ 10 × A + 30 × B ≤ 39,000(세척공정)

$\quad\quad\quad\quad\quad$ 0 ≤ A ≤ 800

$\quad\quad\quad\quad\quad$ 0 ≤ B ≤ 1,200

최적해: 목적함수식의 기울기가 $-\dfrac{3}{2}$ 이므로 교차점에서 이익이 최대가 된다.

20 · A + 10 · B = 20,000 ······ ㉠

10 · A + 30 · B = 39,000 ······ ㉡

㉠과 ㉡을 연립해서 풀면,

A = 420단위, B = 1,160단위

(2) 총공헌이익

420단위 × ₩600 + 1,160단위 × ₩400 = ₩716,000

(물음 4)

(물음 4-1) 매출가격차이와 매출조업도차이

	실제성과 AQ × (AP - SV)	변동예산 AQ × (BP - SV)	고정예산 BQ × (BP - SV)
A	970단위 × ₩560* = ₩543,200	970단위 × ₩600 = ₩582,000	1,000단위 × ₩600 = ₩600,000
B	1,580단위 × ₩450* = ₩711,000	1,580단위 × ₩400 = ₩632,000	1,500단위 × ₩400 = ₩600,000
계	₩1,254,200	₩1,214,000	₩1,200,000

* 제품 A: ₩960 - ₩400 = ₩560
  제품 B: ₩850 - ₩400 = ₩450

∴ 매출총차이 = ₩1,254,200 - ₩1,200,000 = ₩54,200 유리

$\quad$ 매출가격차이 = ₩40,200 유리

$\quad$ 매출조업도차이 = ₩14,000 유리

(물음 4-2) 매출배합차이와 매출수량차이

	변동예산 AQ × (BP - SV)	Total AQ × BM × (BP - SV)	고정예산 BQ × (BP - SV)
A	970단위 × ₩600 = ₩582,000	2,550단위 × 0.4 × ₩600 = ₩612,000	1,000단위 × ₩600 = ₩600,000
B	1,580단위 × ₩400 = ₩632,000	2,550단위 × 0.6 × ₩400 = ₩612,000	1,500단위 × ₩400 = ₩600,000
계	₩1,214,000	₩1,214,000	₩1,200,000

∴ 매출배합차이 = ₩10,000 불리

$\quad$ 매출수량차이 = ₩24,000 유리

(주)파주는 A, B, C 세 제품을 생산하는 제조업체로 거래 중 A는 3,750단위, B는 3,600단위, C는 2,850단위 생산하였다.

---

(1) (주)파주의 직접원가의 제조원가 함수(단, 미지수 A, B, C는 각 제품의 생산량을 의미한다)

   ① 직접재료원가 DM = ₩30A + ₩375B + ₩750C

   ② 직접노무원가 DL = ₩15 × (4시간 × A + 10시간 × B + 24시간 × C)

(2) 기타제조간접원가

   ① OH_1은 직접재료와 관련하여 발생되는 제조간접원가로 다음과 같은 원가함수를 가진다.

     OH_1 = ₩900,000 + 0.2DM + 2O

     (단, O는 재료와 관련된 거래횟수를 말한다. O = 6A + 3B + 10C)

   ② OH_2는 엔지니어링 비용으로 각 제품의 복잡성에 의하여 배부하며 다음과 같은 원가함수를 가진다.

     OH_2 = ₩3,150,000 + 0U

     (단, U는 복잡성을 의미한다, U = A + B + 4C)

   ③ OH_3은 생산작업준비와 관련된 비용으로 다음과 같은 원가함수를 가진다.

     OH_3 = ₩2,250 × S

     (S는 작업준비횟수이며, 1회 작업준비당 A는 750단위, B는 450단위, C는 150단위를 처리할 수 있다)

(물음 1) 총제조원가는 얼마인가?

(물음 2) 현재 제조간접원가가 직접재료원가에 의하여 배부되고 있을 때 전부원가계산에 의한 A, B, C의 단위당 제조원가는 얼마인가? (배부율은 소수점 셋째 자리에서 반올림한다)

(물음 3) 제조간접원가 직접재료원가를 직접노무시간에 의하여 배부되고 있을 때 전부원가계산에 의한 A, B, C의 단위당 제조원가는 얼마인가? (배부율은 소수점 셋째 자리에서 반올림한다)

(물음 4) 제품 A의 단위당 원가는 (물음 2)와 (물음 3)에서 상당한 차이를 보인다. 그 원인이 무엇인가? 그리고 어느 것을 A의 원가로 말할 수 있는가? 3줄로 요약하시오.

(물음 5) 활동기준원가계산에 의하여 전부원가계산에서의 A, B, C의 단위당 제조원가를 계산하시오. (배부율은 소수점 셋째 자리에서 반올림한다)

| 정답 및 해설 |

(물음 1) 총제조원가

직접재료원가	DM = ₩30 × 3,750개 + ₩375 × 3,600개 + ₩750 × 2,850개 =	₩3,600,000
직접노무원가	DL = ₩15 × (4시간 × 3,750개 + 10시간 × 3,600개 + 24시간 × 2,850개) =	1,791,000
제조간접원가	OH_1 = ₩900,000 + 0.2 × ₩3,600,000 + ₩2 × 61,800회[*1] =	1,743,600
	OH_2 = ₩3,150,000 + 0 × U =	3,150,000
	OH_3 = ₩2,250 × 32회[*2] =	72,000
총제조원가		₩10,356,600

[*1] O = 6회 × 3,750개 + 3회 × 3,600개 + 10회 × 2,850개 = 61,800회

[*2] 작업횟수 S = $\dfrac{3,750개}{750개}$ + $\dfrac{3,600개}{450개}$ + $\dfrac{2,850개}{150개}$ = 32회

(물음 2)

	제품 A	제품 B	제품 C
직접재료원가	₩30	₩375	₩750
직접노무원가	60	150	360
제조간접원가	₩30 × 138%[*] = 41.4	₩375 × 138% = 517.5	₩750 × 138% = 1,035
단위당 원가	₩131.4	₩1,042.5	₩2,145

[*] 제조간접원가배부율: ₩4,965,600 ÷ ₩3,600,000 = 138%

(물음 3)

	제품 A	제품 B	제품 C
직접재료원가	₩30	₩375	₩750
직접노무원가	60	150	360
제조간접원가	4시간 × ₩41.59[*] = 166.36	10시간 × ₩41.59[*] = 415.9	24시간 × ₩41.59[*] = 998.16
단위당 원가	₩256.36	₩940.9	₩2,108.16

[*] 총노무시간: 4시간 × 3,750개 + 10시간 × 3,600개 + 24시간 × 2,850개 = 119,400시간

제조간접원가배부율: ₩4,965,600 ÷ 119,400시간 = ₩41.59

(물음 4)

A는 상대적으로 직접재료원가의 비중이 직접노무시간에 비하여 적다. 따라서 (물음 2)에서 구한 제조원가가 (물음 3)에서 구한 제조원가보다 낮아진다. 두 경우 모두 제조간접원가 배부 시 원가의 발생과 인과관계가 높은 원가동인을 사용했다 할 수 없으므로, 어느 것도 A의 원가라 말하기 어렵다.

(물음 5) 활동기준원가계산하의 단위당 제조원가

(1) OH₁의 단위당 배부액

① A: $₩30 × 25\%^* + ₩30 × 0.2 + ₩2 × 6회 = ₩25.5$

② B: $₩375 × 25\%^* + ₩375 × 0.2 + ₩2 × 3회 = ₩174.75$

③ C: $₩750 × 25\%^* + ₩750 × 0.2 + ₩2 × 10회 = ₩357.5$

* 고정제조간접원가배부율: $₩900,000 ÷ ₩3,600,000 = $ 재료원가의 25%

(2) OH₂의 단위당 배부액

① 복잡성 U의 합계: $3,750개 + 3,600개 + 4 × 2,850개 = 18,750$ U

② U당 단위당 배부율: $₩3,150,000 ÷ 18,750$ U $= ₩168/$U

(3) 단위당 제조원가

	제품 A		제품 B		제품 C	
직접재료원가		₩30		₩375		₩750
직접노무원가		60		150		360
제조간접원가						
OH₁		25.5		174.75		357.5
OH₂	₩168 × 1 =	168	₩168 × 1 =	168	₩168 × 4 =	672
OH₃	₩2,250 ÷ 750개 =	3	₩2,250 ÷ 450개 =	5	₩2,250 ÷ 150개 =	15
단위당 제조원가		₩286.5		₩872.75		₩2,154.5

실전문제 17 | ABC하의 복수제품 CVP분석

(주)한국은 고객에게 수주한 건물 등을 건설하는 건설사업부와 선박을 제조하는 조선사업부, 건물관리
용역 등을 제공하는 기타 사업부로 구성되어 있다.

(1) 조선사업부는 선박제조와 관련하여 특화된 기술과 노하우로 전문성을 확보하고 있으며 시장
    에서 수요가 많은 상황이다.

(2) 회사는 지난 몇 년간 조선사업부의 매출은 성장하고 있음에도, 이익은 감소하고 있음을 파악
    하고, 다음과 같이 사업부별 수익과 직접원가를 집계하였다.

	건설	조선	기타	합계
수익	₩431,250	₩328,125	₩468,750	₩1,228,125
직접원가	234,375	105,000	271,875	611,250
공헌이익	₩196,875	₩223,125	₩196,875	₩616,875

(3) 각 사업부의 직접비용은 재료원가와 노무원가이며, 간접원가의 대부분은 작업장비와 관련된
    비용이지만 약간의 사무지원부서의 비용도 존재한다. (주)한국은 수익이 기계사용의 척도라고
    판단하고 ₩562,500의 간접원가를 수익기준으로 각 사업부에 배분하기로 결정하였다.

(물음 1) 간접원가를 배부해서 사업부별 손익계산서를 작성하시오.

(물음 2) 발생된 간접원가를 상세하게 분석하면 다음과 같다. 일반관리비 ₩75,000을 제외한 나머
지 ₩487,500은 작업장비와 관련된 비용이며, 장비 A는 전 사업부에 공통으로 균등하게
사용되나 다른 작업장비들은 각각 하나의 사업부에 의하여 사용된다.

		원가	확보능력	사용된 능력
장비 A	트럭 관련비용	₩75,000	1,200	900
장비 B(건설)	잔디깎기장비	56,250	2,250	1,800
장비 C(조선)	정원설계장비	225,000	600	600
장비 D(기타)	기타사업장비	131,250	1,050	750
		₩487,500		

자원원가가 적절하게 배분되고 미사용활동원가를 파악할 수 있도록 사업부별 손익계산서
를 작성하라.

(물음 3) (물음 1)의 손익계산서에 따르면 회사는 어떤 사업부에 더욱 집중하겠는가? 또한, (물음
2)의 손익계산서를 기초로 회사에게 어떤 조언을 하겠는가?

(물음 4) 회사가 현재 8,625건의 건설, 675건의 선박제조, 2,250건의 기타사업을 하고 있고 매출배
합은 일정하다고 가정하면, 손익분기점상태에서 제공하는 전체 용역의 수는 몇 건인가?

| 정답 및 해설 |

(물음 1) 전통적 손익계산서

	건설	조선	기타	합계
수익	₩431,250	₩328,125	₩468,750	₩1,228,125
직접원가	234,375	105,000	271,875	611,250
공헌이익	₩196,875	₩223,125	₩196,875	₩616,875
고정원가(배분 후)	197,519*	150,286	214,695	562,500
이익	₩(644)	₩72,839	₩(17,820)	₩54,375

* 매출액기준 배부: ₩562,500 ÷ ₩1,228,125 × ₩431,250 = ₩197,519

(물음 2) 활동기준 손익계산서

(1) 자원사용내용

	원가	생산능력	배부율	사용분	배부액	미사용액
장비 A	₩75,000	1,200	62.5	900	₩56,250	₩18,750
장비 B	56,250	2,250	25.0	1,800	45,000	11,250
장비 C	225,000	600	375.0	600	225,000	
장비 D	131,250	1,050	125.0	750	93,750	37,500
	₩487,500				₩420,000	₩67,500

(2) 사업부별 손익계산서

	건설	조선	기타	합계
수익	₩431,250	₩328,125	₩468,750	₩1,228,125
직접원가	234,375	105,000	271,875	611,250
이익	₩196,875	₩223,125	₩196,875	₩616,875
사용능력원가				
전용장비	45,000	225,000	93,750	363,750
장비 A	18,750	18,750	18,750	56,250
미사용 전용장비원가	11,250		37,500	48,750
제품라인이익	₩121,875	₩(20,625)	₩46,875	₩148,125
미사용 장비 A 원가				18,750
일반관리비				75,000
기업전체이익				₩54,375

사업부별 이익에는 ₩75,000의 일반관리비와 ₩18,750의 장비 A의 미사용원가는 합리적으로 배분할 기준이 없으므로 배분하지 않는다.

(물음 3)

(물음 1)의 손익계산서에 따르면 회사는 조선사업부가 가장 많은 이익을 창출한다고 판단하여 해당 사업부에 더욱 집중할 것이다. 그러나 (물음 2)의 손익계산서에 따르면, 건설사업부와 기타사업부의 경우 미사용 생산능력이 존재하고, 조선사업부는 이익이 감소하고 있다.

조선사업부에 충분한 수요가 있고 경쟁력이 있는 상황임에도 이익이 감소하고 있는 것은 조선사업부가 관련 장비의 원가를 충당하지 못할 정도로 선박을 낮은 가격에 공급하고 있기 때문이다. 따라서 선박의 공급가격을 인상하고 건설과 기타 사업부의 미사용 생산능력을 사용할 수 있도록 해당 사업부의 규모를 확장하는 것이 바람직하다.

(물음 4) 손익분기점

(1) 각 사업부의 서비스 단위당 공헌이익

	건설	조선	기타	합계
공헌이익	₩196,875	₩223,125	₩196,875	₩616,875
서비스횟수	÷8,625건	÷675건	÷2,250건	÷11,550건
단위당 공헌이익	₩22.83	₩330.56	₩87.5	₩53.41

(2) 손익분기점상태에서 제공하는 전체 용역의 수

$x \times$ ₩53.41 $=$ ₩562,500 $\therefore$ $x = 10,531.74$건
가중평균 단위당 공헌이익

제9장 │ 관련원가와 의사결정

기본문제 01 부품의 자가제조 또는 외부구입

회계사 97

인영(주)는 완제품 생산에 필요한 부품 A를 단위당 ₩300에 전량 하청생산해 주겠다는 제의를 명조(주)로부터 받았다.

> (1) 그동안 인영(주)는 부품 A를 매년 10,000단위 자가생산하여 이를 완제품 생산에 사용해 왔다.
>
> (2) 부품 A의 생산과 관련된 원가자료는 다음과 같다.
>
> | | 원가 |
> |---|---|
> | 직접재료원가 | ₩350,000 |
> | 직접노무원가 | 1,800,000 |
> | 제조간접원가 | |
> | 변동원가 | 450,000 |
> | 고정원가 | 550,000 |
> | | ₩3,150,000 |
>
> (3) 만일 명조(주)의 제안을 받아들인다면 그동안 부품 A를 생산하던 공간을 부품 B 생산에 이용하여 부품 B의 생산원가 감소액이 연간 ₩220,000에 달할 것으로 예측된다.
>
> (4) 부품 A는 위험한 주조작업에 의해 생산되므로 그동안 특별 산재보험에 가입하여 매년 ₩100,000의 보험료를 지불하여 왔었다.
>
> (5) 명조(주)의 제의를 받아들인다면 보험료는 지출할 필요가 없게 된다.

자가제조와 외부구입의 대안 중 하나를 선택하시오.

(1) 총액접근법

수익		₩2,920,000
생산원가: 10,000개 × (₩35 + ₩180 + ₩45) =	₩2,600,000	
부품 B의 생산원가 감소액	220,000	
보험료 감소액	100,000	
비용: 외부구입가격		3,000,000
이익(손실)		₩(80,000) < 0 ∴ 기각

(2) 순액접근법

외부구입 시

증분수익		₩0
증분비용		80,000
┌증가: 외부구입비용 10,000개 × ₩300 =	₩3,000,000	
└감소: ① 변동제조원가	(2,600,000)	
② 부품 B 생산원가 감소	(220,000)	
③ 특별 산재보험료	(100,000)	
증분이익(손실)		₩(80,000) < 0 ∴ 기각

> **참고**
>
> 최대지불가능 단위당 금액을 x라 하면,
>
> $$x \leq \frac{₩2,600,000 + ₩220,000 + ₩100,000}{10,000개}$$
>
> $$\leq ₩292(= \underset{\text{단위당 변동제조원가}}{₩260} + \underset{\text{단위당 기타원가절감액}}{₩32})$$

다음 자료를 보고 (물음)에 답하시오.

| 사용부문 | 제조부문 | | 보조부문 | |
제공부문	P1	P2	동력부문	수선부문
동력부문	0.4	0.3	-	0.3
수선부문	0.5	0.3	0.2	-

	변동원가	고정원가
동력부문	₩100,000	₩50,000
수선부문	440,000	?
계	₩540,000	?

(물음 1) (주)경주는 20×7년 11월부터 동력부문에서 제공하던 용역을 외부로부터 구입하고자 한다. 11월에도 10월과 동일한 생산수준을 유지하기 위해서 외부로부터 구입해야 하는 동력부문의 용역량을 구하시오. (단, 10월에 동력부문이 각 부문에 제공한 총용역량은 1,000kwh 이다)

(물음 2) 동력부분에서 제공하던 용역을 외부로부터 구입할 경우 지불할 수 있는 최대 단위당 금액을 구하시오.

정답 및 해설 │

◀물음 1)

1,000kwh × (1 - 0.3 × 0.2) = 940kwh

◀물음 2)

동력을 외부에서 구입할 경우에 지불할 수 있는 최대금액은 외부구입 시 원가절감액이다.

$\underset{\text{동력부문의 변동원가}}{\underline{₩100,000}}$ + $\underset{\text{수선부문의 변동원가}}{\underline{₩440,000 × 0.2}}$ = ₩188,000

∴ 외부 구입 시 지불할 수 있는 최대 단위당 금액 = ₩188,000 ÷ 940kwh = ₩200/kwh

(주)인천의 11월 약식 손익계산서가 다음과 같다.

	甲부문	乙부문	합계
매출액	₩80,000	₩120,000	₩200,000
변동원가	32,000	84,000	116,000
공헌이익	₩48,000	₩36,000	₩84,000
추적가능고정비용	20,000	40,000	60,000
부문이익	₩28,000	₩(4,000)	₩24,000
공통고정원가	4,000	6,000	10,000
영업이익	₩24,000	₩(10,000)	₩14,000

각 부문이 폐쇄된다면 각 부문의 추적가능 고정비용의 3/4은 회피가능하다. 이 회사는 공통고정원가를 각 부문의 매출액에 비례하여 배분하고 있다.

이 회사는 乙부문을 폐쇄할 경우 甲부문의 매출이 10% 감소할 것으로 예측하고 있으나 甲부문을 폐쇄할 경우 乙부문의 매출에는 영향이 없을 것으로 예측하고 있다.

이 회사가 乙부문을 폐쇄하기로 결정할 경우 회사 전체의 영업이익을 구하시오.

| 정답 및 해설 |

(1) 총액접근법

공헌이익: ₩48,000 × (1 - 10%) =	₩43,200
추적가능 고정원가: ₩20,000 + ₩40,000 × 1/4 =	(30,000)
공통고정원가(불변)	(10,000)
영업이익	₩3,200

(2) 증분접근법

증분수익		₩(128,000)
매출액 감소　乙	₩(120,000)	
甲	(8,000)	
증분비용		(117,200)
변동원가　乙	₩(84,000)	
甲	(3,200)	
고정원가	(30,000)	
증분이익(손실)		₩(10,800)

∴ 폐쇄 전 영업이익	₩14,000
증분이익(손실)	(10,800)
폐쇄 후 영업이익	₩3,200

(주)세무는 국내에서 대형램프와 소형램프를 판매하는 기업이다. 다음은 판매 및 생산과 관련된 자료이다.

	대형	소형
단위당 판매가격	₩32,000	₩21,000
단위당 변동제조원가		
직접재료원가	12,000	10,000
직접노무원가	6,000	2,000
변동제조간접원가	2,000	1,000
단위당 고정제조간접원가	3,000	3,000
단위당 총원가	23,000	16,000
연간예상 수요량	15,000단위	25,000단위

대형램프는 100단위씩, 소형램프는 200단위씩 뱃치(batch)단위로 생산되며 1뱃치당 소요되는 기계시간은 10시간이다. 회사가 이용가능한 기계시간은 연 3,000시간이다.

(물음 1) 회사의 이익극대화를 위한 최적생산량을 구하시오.

(물음 2) 대형램프 5,000단위에 대한 특별수분 제의가 들어왔나. 이들 수락 시 기회비용을 구하시오.

(물음 3) 대형램프 5,000단위를 단위당 ₩37,000에 특별주문을 받은 경우 특별주문 수락 시 증가 또는 감소이익을 계산하여 특별주문 수락여부를 결정하시오.

(물음 4) (물음 3)에서 추가적으로 고려하여야 할 질적요소에 대해서 설명하시오.

| 정답 및 해설 |

(물음 1) 최적생산량

	대형	소형
단위당 판매가격	₩32,000	₩21,000
단위당 변동원가		
직접재료원가	12,000	10,000
직접노무원가	6,000	2,000
변동제조간접원가	2,000	1,000
단위당 공헌이익	₩12,000	₩8,000
단위당 기계시간	0.1시간[*1]	0.05시간[*2]
기계시간당 공헌이익	₩120,000	₩160,000
뱃치당 공헌이익	₩1,200,000[*3]	₩1,600,000[*4]

*1 10시간/100개 = 0.1시간
*2 10시간/200개 = 0.05시간
*3 ₩12,000 × 100개 = ₩1,200,000
*4 ₩8,000 × 200개 = ₩1,600,000

소형의 기계시간당 공헌이익이 대형보다 크므로 먼저 소형을 생산하고 남은 기계시간으로 대형을 생산한다. 회사의 총기계시간 3,000시간이 소형 25,000개, 대형 15,000개를 생산하기에 충분하다.

총기계시간		3,000시간
소형	25,000개 × 0.05시간 =	1,250시간[*1]
대형	15,000개 × 0.1시간 =	1,500시간[*2]
유휴시간		250시간

*1 125뱃치(= 25,000개/200개) × 10시간 = 1,250시간
*2 150뱃치(= 15,000개/100개) × 10시간 = 1,500시간

해커스 세무사 眞원가관리회계연습

제9장

관련원가와 의사결정

(물음 2) 기회비용

특별주문 대형 5,000개는 50뱃치(= 5,000개/100개)이며 소요시간은 500시간(= 50뱃치 × 10시간)이며 단위당 공헌이익은 ₩17,000(= ₩37,000 - ₩20,000)이다. 기계시간당 공헌이익이 소형보다 크므로 가장 우선적으로 생산되어야 한다. 유휴기계시간 250시간이 특별주문을 수락하기에 250시간만큼 부족하므로 기존 제품 중 기계시간당 공헌이익이 적은 대형을 250시간, 수량으로는 2,500개(= 250시간 × 10개/시간), 뱃치수로는 25뱃치를 우선적으로 감소시켜야 한다. 이때 감소하는 공헌이익 ₩30,000,000이 기회비용이 된다.

	대형(기존)	소형(기존)	대형(특별)
단위당 공헌이익	₩12,000	₩8,000	₩17,000
단위당 기계시간	0.1시간	0.05시간	0.1시간
기계시간당 공헌이익	₩120,000	₩160,000	₩170,000
우선순위	③	②	①

총기계시간	3,000시간
소형(국내생산)	1,250
대형(국내생산)	1,500
유휴시간	250시간
대형(특별주문): 5,000개 × 0.1시간 =	500
대형(국내생산)기계시간 감소분	250시간

(물음 3) 특별주문 수락 시

증분수익	공헌이익 증가	또는	5,000개 × @17,000 =	₩85,000,000
	(대형-특별주문)		500시간 × @170,000 =	
증분비용	공헌이익 감소	또는	2,500개 × @12,000 =	30,000,000
	(기존-대형)		250시간 × @120,000 =	
증분이익				₩55,000,000

증분이익이 ₩55,000,000이므로 특별주문을 수락한다.

(물음 4) 추가적으로 고려해야 할 질적요소

특별할인이 기존 고객과의 마찰가능성, 장기적인 가격구조 및 미래 판매량에 미치는 잠재적인 영향을 기회원가로서 고려하여야 한다. 즉, 특별주문의 수락이 정규(기존)시장에서 가격인하를 요구하는 압력으로 작용하거나, 특별주문의 수락을 불쾌하게 여기는 기존 고객이 이탈하는 요인으로 작용한다면 특별주문을 거절하는 것이 타당하다.

기본문제 05 제한된 자원의 사용

(주)한국은 두 가지 제품 A, B를 생산하고 있으며 두 제품에 대한 정보는 다음과 같다.

	제품 A	제품 B
단위당 변동원가		
직접재료원가	₩24	₩20
직접노무원가	12	4
변동제조간접원가	4	2
단위당 고정원가	6	6
단위당 총원가	₩46	₩32
단위당 판매가격	₩55	₩34
예상 판매량	20,000단위	30,000단위

(1) 제품 A는 100단위의 뱃치크기로, 제품 B는 200단위의 뱃치크기로 생산된다.

(2) 각 뱃치생산은 10기계시간이 소요되며, 총 4,000기계시간의 생산능력은 적어도 다음 1년 동안에는 증가시킬 수 없다.

(물음 1) 제품 A와 B의 제약자원 단위당 공헌이익을 계산하시오.

(물음 2) 어느 제품을 생산하는 것이 보다 수익성이 높은지를 결정하라. 또한 각 제품의 생산량을 계산하시오.

(물음 3) (주)청송이 제품 A를 단위당 ₩58에 10,000단위를 특별주문하였다.

(1) 이 특별주문과 관련된 기회원가를 계산하시오.

(2) 이 특별주문에 대한 수락여부를 결정하시오.

| 정답 및 해설 |

🔍 자료분석

	제품 A	제품 B	특별주문 A
단위당 판매가격	₩55	₩34	₩58
단위당 변동원가	40(= ₩24 + ₩12 + ₩4)	26(= ₩20 + ₩4 + ₩2)	40(= ₩24 + ₩12 + ₩4)
단위당 공헌이익	₩15	₩8	₩18
뱃치당 공헌이익	100개/뱃치 × ₩15 = ₩1,500	200개/뱃치 × ₩8 = ₩1,600	100개/뱃치 × ₩18 = ₩1,800
기계시간당 공헌이익	₩1,500/10기계시간 = ₩150/기계시간	₩1,600/10기계시간 = ₩160/기계시간	₩1,800/10기계시간 = ₩180/기계시간
생산우선순위	②순위	①순위	-
특별주문 A 생산 시 생산우선순위	③순위	②순위	①순위

(물음 1)

(주)한국의 제약자원은 기계시간이므로 기계시간당 공헌이익이 제약자원 단위당 공헌이익이다.

① 제품 A = ₩150/기계시간

② 제품 B = ₩160/기계시간

(물음 2)

① 제품 B: 30,000단위 × 0.05기계시간 = 1,500기계시간

② 제품 A: 20,000단위 × 0.1기계시간 = 2,000기계시간

∴ 제품 B의 기계시간당 공헌이익이 제품 A보다 크므로 제품 B를 우선 생산하며, 각 제품의 생산량은 제품 B = 30,000단위, 제품 A = 20,000단위이다. 제품 A와 제품 B를 모두 생산하여도 여유조업도 500기계시간이 있다(여유조업도: 4,000기계시간 - 3,500기계시간 = 500기계시간).

(물음 3)

특별주문 A의 공헌이익이 가장 크므로 우선생산하고 제품 B와 제품 A의 순서로 제품을 생산한다(기계시간이 4,000기계시간*이므로 최대 4,000기계시간까지 생산가능하다).

	제품 A	제품 B	특별주문 A
기존 생산수량	20,000단위	30,000단위	-
새로운 생산수량	15,000	30,000	10,000단위
증분수량	(5,000)단위	-	10,000단위

* 특별주문 A: 10,000단위 × 0.1기계시간 =   1,000기계시간
  제품 B: 30,000단위 × 0.05기계시간 =   1,500
  제품 A: 15,000단위 × 0.1기계시간 =   1,500
  조업도(제약자원)   4,000기계시간

(1) 특별주문의 기회원가

제품 A의 판매량 5,000단위 감소분: 5,000단위 × ₩15 = ₩75,000

(2) 특별주문의 수락여부

[증분접근법]

증분수익	특별주문 A 공헌이익 증가 10,000단위 × ₩18 =	₩180,000
증분비용	제품 A 공헌이익 감소 5,000단위 × ₩15 =	75,000
증분이익		₩105,000

특별주문 수락 시 증분이익이 ₩105,000(= ₩180,000 - ₩75,000)이므로 특별주문을 수락한다.

(주)한국은 수도권에 위치한 기업으로 고품질의 팩스기계를 제작판매하고 있다.

이 회사는 두 가지의 모델 FM12와 FM34를 생산하고 있으며, 2005년 7월 중 예상되는 생산 및 판매와 관련된 자료는 다음과 같다.
직접노무시간의 평균임률은 시간당 ₩20이다. 이 회사의 매월 최대조업도는 14,000직접노무시간 이다.

	FM12	FM34
단위당 원가		
직접재료원가	₩300	₩375
직접노무원가(시간당 ₩20)	400	500
변동제조간접원가와 판관비	500	625
고정제조간접원가와 판관비	400	500
계	₩1,600	₩2,000
단위당 판매가격	₩2,000	₩2,500
2005년 7월 예상판매량	400단위	200단위

※ 다음 각 문항은 독립적이며 각 (물음)에 답에 대한 계산근거를 밝히시오.

(물음 1) 2005년 7월 중 예상하지 못했던 새로운 고객이 (주)한국에 FM34를 단위당 ₩2,000의 할인가격에 40단위를 구입할 수 있는지를 제안해 왔다. 만약 (주)한국이 이 고객의 제안을 수락한다면, 이로 인해 (주)한국의 이익은 얼마만큼 증가 혹은 감소하겠는가?

(물음 2) 2005년 7월 중 예상하지 못했던 새로운 고객이 (주)한국에 FM34를 단위당 ₩2,000의 할인가격에 60단위를 구입할 수 있는지를 제안해 왔다. 만약 (주)한국이 이 고객의 제안을 수락한다면, 이로 인해 (주)한국의 이익은 얼마만큼 증가 혹은 감소하겠는가? (단, 월 최대조업도를 증가시킬 수 없다고 가정하시오)

(물음 3) 2005월 7월 중 예상하지 못했던 새로운 고객이 (주)한국에 FM34를 단위당 ₩2,000의 할인가격에 60단위를 구입할 수 있는지를 제안해 왔다. 만약 (주)한국이 이 고객의 제안을 수락한다면 이로 인해 (주)한국의 이익은 얼마만큼 증가 혹은 감소하겠는가? (주)한국은 정규시간 이외의 초과시간을 이용하여 작업을 수행함으로써 월 최대조업도를 증가시킬 수 있다고 가정하시오. 정규시간 이외의 초과시간을 이용하여 작업을 수행하는 경우 직접 노무원가는 시간당 ₩30으로 증가하며 변동제조간접원가와 판관비 또한 정상생산 시보다 50% 더 많이 발생한다.

| 정답 및·해설 |

(물음 1)

① 여유시간

구분	단위당 직접노무시간		예상판매량에 따른 직접노무시간	
FM12	₩400/₩20 =	₩20	₩20 × 400단위 =	8,000H
FM34	₩500/₩20 =	25	₩25 × 200단위 =	5,000
				13,000H

∴ 여유시간: 14,000H - 13,000H = 1,000H

② 단위당 변동원가와 공헌이익

구분	단위당 변동원가	단위당 공헌이익	시간당 공헌이익
FM12	₩300 + ₩400 + ₩500 = ₩1,200	₩2,000 - ₩1,200 = ₩800	₩800/20시간 = ₩40
FM34	₩375 + ₩500 + ₩625 = 1,500	₩2,500 - ₩1,500 = 1,000	₩1,000/25시간 = 40

③ FM34 40단위 특별주문 수락 시 증분이익(직접노무시간: 40단위 × 25H = 1,000H)

증분수익: ₩2,000 × 40단위 =		₩80,000
증분비용(변동원가): ₩1,500 × 40단위 =		60,000
증분이익		₩20,000

∴ 수락하는 경우 이익이 ₩20,000 증가한다.

(물음 2)

① 직접노무시간당 공헌이익

	FM12	FM34
단위당 판매가격	₩2,000	₩2,500
단위당 변동원가	1,200	1,500
단위당 공헌이익	₩800	₩1,000
직접노무시간	÷ 20시간	÷ 25시간
직접노무시간당 공헌이익	₩40	₩40

② FM34 60단위 특별주문 수락 시 증분이익

증분수익: 특별주문공헌이익 60개 × (₩2,000 - ₩1,500) =		₩30,000
증분비용: 기회비용 500시간 × ₩40 =		20,000
증분이익(손실)		₩10,000

∴ 수락하는 경우 이익이 ₩10,000 증가한다.

(물음 3)

① 초과작업 직접노무시간당 공헌이익

		FM12		FM34
정규작업 공헌이익		₩800		₩1,000
단위당 직접노무원가 증가	20시간 × ₩10 =	200	25시간 × ₩10 =	250
단위당 변동원가	₩500 × 50% =	250	₩625 × 50% =	312.5
초과작업 공헌이익		₩350		₩437.5
직접노무시간		÷ 20시간		÷ 25시간
초과작업 직접노무시간당 공헌이익		₩17.5		₩17.5

② FM34 60단위 특별주문 수락 시 증분이익

	정규작업	초과작업
FM34 공헌이익	₩1,000	₩437.5
가격인하	(500)	(500)
	₩500	₩(62.5)

따라서 특별주문은 정규작업을 통해 생산하고 FM12 또는 FM34는 초과작업으로 돌려 생산하면, 증분이익은 다음과 같다.

증분수익: 60단위 × ₩500 =	₩30,000
증분비용: 500시간 × (₩40 - ₩17.5) =	11,250
증분이익	₩18,750

∴ 수락하는 경우 이익이 ₩18,750 증가한다.

다음 물음은 독립적인 상황이다. 각 물음에 답하시오.

> (주)세무는 제품 A와 제품 B를 생산하여 판매한다. (주)세무는 제품의 종류에 관계없이 연간 최대 40,000단위의 제품을 생산할 수 있는 능력을 가지고 있다. 20×1년도 생산량과 판매량은 각각 30,000단위(제품 A: 15,000단위, 제품 B: 15,000단위)이다. (주)세무의 단위당 판매가격은 제품 A ₩1,000, 제품 B ₩1,200이며, 단위당 변동판매비와관리비는 제품 A와 제품 B 각각 ₩100이다. (주)세무의 고정판매비와관리비는 ₩2,000,000이다. 유휴설비의 대체적 용도는 없다.
>
> | 단위당 제조원가 | 제품 A | 제품 B |
> |---|---|---|
> | 직접재료원가 | ₩400 | ₩500 |
> | 직접노무원가 | 100 | 100 |
> | 변동제조간접원가 | 50 | 50 |
> | 고정제조간접원가 | 40 | 40 |
> | 합계 | ₩590 | ₩690 |

(물음 1) (주)국세가 제품 A를 단위당 ₩800에 2,000단위를 특별주문하였다. (주)세무가 이 특별주문을 수락할 경우, 이 특별주문에 대한 단위당 변동판매비와관리비가 50% 절감된다. (주)세무가 특별주문을 수락하였을 경우, 총공헌이익이 얼마나 증가 또는 감소하는지를 계산하시오. (단, 총공헌이익이 증가하는 경우에는 금액 앞에 '(+)'를, 감소하는 경우에는 금액 앞에 '(-)'를 표시하시오)

(물음 2) (주)국세는 제품 B 10,000단위를 특별주문하였다. (주)세무가 이 특별주문을 수락할 경우, (주)국세가 (주)세무의 고정판매비와관리비 ₩1,000,000을 부담하기로 하였다. (주)세무가 특별주문을 수락하여 ₩1,500,000의 이익을 얻기 위한 특별주문에 대한 단위당 판매가격을 계산하시오.

(물음 3) (주)세무는 (주)국세로부터 제품 B 12,000단위를 단위당 ₩900에 구입하겠다는 특별주문을 받았다. (주)세무가 동 특별주문을 수락하면 이 특별주문에 대한 (주)세무의 단위당 변동판매비와관리비 40%가 절감되며, 기존시장에서의 제품 A 판매량 2,000단위를 포기해야 한다. (주)세무가 특별주문 수량을 모두 수락할 경우, 이익이 얼마나 증가 또는 감소하는지를 계산하시오. (단, 이익이 증가하는 경우에는 금액 앞에 '(+)'를, 감소하는 경우에는 금액 앞에 '(-)'를 표시하시오)

(물음 4) (주)세무는 (주)국세로부터 제품 B 15,000단위를 단위당 ₩1,000에 구입하겠다는 특별주문을 받았다. (주)세무는 5,000단위를 추가 생산할 수 있는 기계를 취득원가 ₩1,000,000에 구입하여 사용하고 사용 후 즉시 ₩700,000에 처분할 계획이다. 또한 특별주문 제품 B의 로고 인쇄비용으로 단위당 ₩10의 추가비용이 발생될 것으로 예상된다. (주)세무가 특별주문을 수락할 경우, (주)세무의 이익에 미치는 영향을 계산하시오. (단, 이익이 증가하는 경우에는 금액 앞에 '(+)'를, 감소하는 경우에는 금액 앞에 '(-)'를 표시하시오)

(물음 5) (주)세무는 (주)국세로부터 제품 A 1,000단위와 제품 B 2,000단위의 묶음주문을 받았다. (주)국세는 제품 A와 제품 B 모두 단위당 ₩1,000의 가격을 제시하고 있다. (주)국세는 (주)세무에게 묶음주문에 대해서 추가 디자인 작업을 요청하였으며 이를 반영하기 위해서는 제품 A 단위당 ₩50, 제품 B 단위당 ₩25의 추가비용이 발생될 것으로 예상된다. (주)세무의 입장에서, 이 묶음주문의 가중평균공헌이익률을 계산하시오.

| 정답 및 해설 |

(물음 1)

증분수익	매출액 증가	2,000단위 × ₩800 =	₩1,600,000(+)
증분비용	변동제조원가 증가	2,000단위 × ₩550 =	1,100,000(-)
	변동판매관리비 증가	2,000단위 × ₩50 =	100,000(-)
증분이익			(+)₩400,000

∴ 총공헌이익이 ₩400,000 증가한다.

(물음 2)

증분수익	매출액 증가	10,000단위 × P =	₩10,000P(+)
증분비용	변동제조원가 증가	10,000단위 × ₩650 =	6,500,000(-)
	변동판매관리비 증가	10,000단위 × ₩100 =	1,000,000(-)
	고정판매관리비 감소		1,000,000(+)
증분이익			(+)₩1,500,000

∴ 특별주문에 대한 단위당 판매가격(P)은 ₩800이다.

(물음 3)

증분수익	매출액 증가	12,000단위 × ₩900 =	₩10,800,000(+)
증분비용	변동제조원가 증가	12,000단위 × ₩650 =	7,800,000(-)
	변동판매관리비 증가	12,000단위 × ₩60 =	720,000(-)
	제품 A 포기 공헌이익 감소	2,000단위 × ₩350* =	700,000(-)
증분이익			(+)₩1,580,000

∴ 이익이 ₩1,580,000 증가한다.

* ₩1,000 - ₩650 = ₩350

(물음 4)

증분수익	매출액 증가	15,000단위 × ₩1,000 =	₩15,000,000(+)
증분비용	변동제조원가 증가	15,000단위 × ₩650 =	9,750,000(-)
	변동판매관리비 증가	15,000단위 × ₩100 =	1,500,000(-)
	인쇄비용	15,000단위 × ₩10 =	150,000(-)
	기계구입 후 처분	₩1,000,000 - ₩700,000 =	300,000(-)
증분이익			(+)₩3,300,000

∴ 이익이 ₩3,300,000 증가한다.

(물음 5)

(1) 각 제품별 매출액 구성비율

    ① 제품 A: 1,000단위 × ₩1,000 = ₩1,000,000

    ② 제품 B: 2,000단위 × ₩1,000 = ₩2,000,000

    ③ 매출액 구성비율

        $S_A : S_B = 1 : 2$

(2) 가중평균공헌이익률

	제품 A	제품 B
단위당 판매가격	₩1,000	₩1,000
단위당 변동원가	(700)	(725)
단위당 공헌이익	₩300	₩225
공헌이익률	30%	22.5%

∴ 가중평균공헌이익률 = 0.3 × 1/3 + 0.225 × 2/3 = 0.25(25%)

(주)한국은 A제품을 1lot(50개)단위로 생산하며, 누적평균시간 학습모형이 적용되고 있다. A제품은 단위당 ₩100,000에 판매되고, 단위당 직접재료원가는 ₩15,000, 직접노무시간당 임금은 ₩500이며 변동제조간접원가는 직접노무원가의 80%를 배부한다. 회사는 A제품과 관련하여 품질검사기계 1대를 임차하여 보유하고 있는데 필요한 경우 품질검사기계를 월당 1대를 추가로 더 임차할 수 있으며, 이 경우 임차료는 ₩2,000,000이다. 품질검사기계의 월 최대 가동시간은 200시간이며, 단위당 부품검사에 소요되는 시간은 2시간이다.

※ 각 (물음)은 독립적이다.

(물음 1) A사업부는 1월에 2lot를 생산·판매하였고 2월에 2lot를 생산·판매할 계획이다. 1월에 생산한 2lot의 누적평균노무시간은 800시간이었고 3월에는 4lot를 생산·판매할 예정인데, 이 경우 누적평균노무시간은 512시간이다. 1월과 2월의 매출총이익의 차이를 구하시오.

(물음 2) A사업부의 학습률이 90%일 때 다음 자료를 이용하여 (물음)에 답하시오.

x	x^{-b}	x	x^{-b}
1	1.0000	6	0.7612
2	0.9000	7	0.7435
3	0.8459	8	0.7290
4	0.8100	9	0.7156
5	0.7826	10	0.7042

회사는 1월에 2lot를 생산·판매했고 2월의 시장수요는 80개로 예상되며, 특별주문 50개를 받았다. 회사의 정책은 외부판매분을 먼저 생산한 후 특별주문분을 생산하는 것이다. lot 내 단위당 작업시간은 동일하며 분할생산도 가능하다. 2lot 생산 시 누적노무시간이 1,800시간이었을 경우 특별주문을 수락하기 위한 최소가격은 얼마인가?

(물음 3) 학습효과의 중요성이 감소하는 이유를 간단히 설명하시오.

| 정답 및 해설 |

(물음 1) 매출총이익 차이

(1) 학습률

제품 생산 시 누적평균시간 학습모형이 적용되므로, 학습률을 k라 하고 정리하면 다음과 같다.

누적생산량	×	lot당 누적평균시간	=	누적총시간
2lot(1월)		800시간		1,600시간
4lot(2월)	800시간 × k =	?		?
8lot(3월)	800시간 × k^2 =	512		4,096시간

∴ 학습률(k) = 0.8

(2) 2월의 추가노무시간

학습률이 80%이므로 최초 1lot 생산시간은 1,000시간이다.

누적생산량	×	lot당 누적평균시간	=	누적총시간
1lot(1월)		1,000시간		1,000시간
2lot(1월)	1,000시간 × 0.8 =	800		1,600
4lot(2월)	1,000시간 × 0.8^2 =	640		2,560
8lot(3월)	1,000시간 × 0.8^3 =	512		4,096

∴ 2월의 추가노무시간: 2,560시간 - 1,600시간 = 960시간

(3) 1월과 2월의 매출총이익 차이

1월과 2월 동일하게 2lot를 생산하여 판매하였으나, 학습효과에 의하여 2월의 노무시간이 1월보다 감소하였으므로, 노무시간 감소에 따른 직접노무원가와 변동제조간접원가의 차이만큼 매출총이익이 달라지게 된다.

	1월	2월	차이
직접노무원가	1,600시간 × ₩500 = ₩800,000	960시간 × ₩500 = ₩480,000	₩320,000
변동제조간접원가	1,600시간 × ₩500 × 80% = 640,000	960시간 × ₩500 × 80% = 384,000	256,000
	₩1,440,000	₩864,000	₩576,000

∴ 2월의 가공원가가 1월의 가공원가보다 ₩576,000만큼 적으므로 매출총이익은 2월이 1월보다 ₩576,000만큼 크다.

(물음 2) 특별주문 수락을 위한 최소가격

(1) 특별주문 수락을 위한 필요시간

학습률이 90%이고 2lot 생산 시 누적평균노무시간이 900시간(= 1,800시간 ÷ 2lot)이므로, 첫 lot를 생산하는데 소요된 시간은 1,000시간이다.

누적생산량	×	lot당 누적평균시간		=	누적총시간	lot당 증분시간
1lot			1,000시간		1,000시간	1,000시간
2lot	1,000시간 × 0.9000 =		900		1,800	800
3lot	1,000시간 × 0.8459 =		845.9		2,537.7	737.7
4lot	1,000시간 × 0.8100 =		810		3,240	702.3
5lot	1,000시간 × 0.7826 =		782.6		3,913	673

정규시장 판매분을 위해 2월에 3번째 lot를 투입하여 50개를 생산하고 4번째 lot 중 30개를 생산할 것이다. 만약 특별주문 50개를 받아들인다면 4번째 lot에서 20개를, 5번째 lot에서 30개를 생산할 것이므로 특별주문과 관련하여 684.72시간(= 702.3시간 × 40% + 673시간 × 60%)이 추가로 발생한다.

(2) 특별주문을 수락하기 위한 최소가격

품질검사기계 1대는 1개월에 200시간을 사용할 수 있으며, 제품 1단위당 검사시간이 2시간 소요되므로 1개월에 검사가능한 제품수는 100단위이다. 특별주문을 수락할 경우 품질검사기계 1대가 추가로 필요하며, 이를 위해 임차료 ₩2,000,000이 추가로 발생한다.

따라서 특별주문을 수락하는 경우 판매가격을 p라고 하면,

증분수익	50개 × p =		50p
증분비용			
직접재료원가	50개 × ₩15,000 =	₩750,000	
직접노무원가	684.72시간 × ₩500 =	342,360	
변동제조간접원가	684.72시간 × ₩500 × 80% =	273,888	
검사기계 임차료		2,000,000	₩3,366,248
증분이익			50p - ₩3,366,248

특별주문을 수락하기 위해서는 증분이익 50p - ₩3,366,248 > 0이어야 하므로, p > ₩67,324.96이다.

즉, 특별주문을 수락하기 위한 최소가격은 ₩67,324.96이다.

(물음 3)

최근 공정이 자동화됨에 따라 노무원가가 전체 제조원가에서 차지하는 비중이 감소하고 있으며, 노무원가 자체도 학습효과를 통해 절감할 수 있는 여지가 줄어들고 있기 때문에 학습효과의 중요성이 줄어들고 있다.

무선이어폰을 생산·판매하고 있는 (주)세무는 무선이어폰에 장착되는 주요부품인 음성수신장치를 자체 생산하고 있다. (주)세무는 20×1년도에 무선이어폰 생산 및 판매량을 1,000단위로 예상하고 음성수신장치 1,000단위를 자체 생산할 계획에 있으며, 1,000단위의 음성수신장치 생산과 관련된 원가를 다음과 같이 예상하고 있다. 물음에 답하시오. (단, 각 물음은 독립적이다)

구분	총원가
직접재료원가(₩600/단위)	₩600,000
직접노무원가(₩900/시간)	900,000
변동제조간접원가(₩900/직접노무시간)	900,000
고정제조간접원가	500,000
합계	₩2,900,000

(물음 1) (주)세무는 외부공급업자로부터 무선이어폰에 장착되는 음성수신장치 1,000단위 전량을 공급해 주겠다는 제안을 받았다. (주)세무가 이 공급제안을 수용하는 경우, 고정제조간접원가 중 ₩100,000을 절감할 수 있으며, 기존 생산설비를 임대하여 연간 ₩200,000의 수익을 창출할 수 있다. (주)세무가 외부공급업자로의 제안을 수용하기 위해서 지불할 수 있는 단위당 최대구입가격을 계산하시오.

(물음 2) (주)세무는 무선이어폰에 장착되는 음성수신장치의 생산방식을 기존의 생산방식에서 1묶음(batch)의 크기를 5단위로 하는 묶음생산방식으로의 변경을 검토하고 있다.

(주)세무는 생산방식으로 묶음생산방식으로 변경하는 경우, 기존 생산방식에서 발생하는 고정제조간접원가 중 ₩100,000과 변동가공원가(variable conversion cost)의 30%를 절감할 수 있고 생산설비의 일부를 임대하여 연간 ₩150,000의 수익을 창출할 수 있으나, 작업준비와 관련하여 묶음당 ₩4,000의 변동제조간접원가가 추가적으로 발생할 것으로 예상하고 있다. (주)세무가 생산방식을 묶음생산방식으로 변경하는 경우, 기존 생산방식과 비교하여 영업이익이 얼마나 증가 또는 감소하는지를 계산하시오. (단, 영업이익이 증가하는 경우에는 금액 앞에 '(+)'를 감소하는 경우에는 금액 앞에 '(-)'를 표시하시오)

(물음 3) (주)세무는 무선이어폰에 장착되는 음성수신장치를 자체 생산하지 않고 외부공급업자로부터 공급받는 것을 검토하던 중, (주)국세로부터 20×1년도에 소요될 음성수신장치 1,000단위 전량을 단위당 ₩3,500에 공급하겠다는 제안을 받았다. (주)국세의 제안을 수용하는 경우에 (주)세무는 기존 생산설비를 이용, 외부공급업자로부터 공급받은 음성수신장치를 추가적으로 가공하여 음성송신기능을 갖춘 고급사양의 음성송수신장치를 생산할 수 있으며, 무선이어폰에 해당 음성송수신장치를 장착하게 되면 무선이어폰의 단위당 판매가격을 ₩1,500 인상할 수 있다. 고급사양의 음성송수신장치 생산으로 위한 추가가공은 묶음생산방식에 의해 가공이 이루어지며, 추가가공과 관련된 원가는 묶음(batch)수에 비례하여 발생하는 변동가공원가(variable conversion cost)로서 묶음당 ₩10,000이 발생한다. (주)세무가 (주)국세의 제안을 수용하려면 추가가공을 위한 1묶음의 크기는 최소 몇 단위가 되어야 하는지 계산하시오. (단, 고급사양의 음성송수신장치를 무선이어폰의 생산·판매량은 1,000단위로 동일하다)

(물음 4) (주)세무는 20×1년도에 무선이어폰 1,000단위 생산에 소요되는 음성수신장치 1,000단위를 기존 생산방식에서 250단위를 1묶음(batch)으로 하는 묶음생산방식으로 변경하는 것을 검토하고 있다. (주)세무가 음성수신장치를 묶음생산방식으로 생산할 경우, 직접노무시간은 90%의 누적평균시간 학습곡선모형을 따르며, 음성수신장치 250단위 생산과 관련한 원가는 다음과 같다.

구분	총원가
직접재료원가(₩600/단위)	₩150,000
직접노무원가(₩900/시간)	225,000
변동제조간접원가(₩900/직접노무시간)	225,000
고정제조간접원가	500,000
합계	₩1,100,000

(주)세무는 무선이어폰에 장착되는 음성수신장치를 묶음생산방식으로 생산하기로 결정하고 연간 생산계획을 수립하던 중, 무선이어폰에 장착이 가능한 동일한 사양의 음성수신장치를 외부공급업자로부터 단위당 ₩2,100에 구입이 가능하다는 사실을 파악하였다. (주)세무가 20×1년도 무선이어폰 생산에 필요한 음성수신장치 1,000단위 전량을 외부공급업자로부터 구입할 경우, 묶음생산방식에 의해 자체 생산하는 경우에 비하여 영업이익이 얼마나 증가 또는 감소하는지를 계산하시오. (단, 영업이익이 증가하는 경우에는 금액 앞에 '(+)'를 감소하는 경우에는 금액 앞에 '(-)'를 표시하시오)

| 정답 및 해설 |

(물음 1)

<외부구입 시>

증분수익	임대수익		₩200,000(+)
증분비용	변동제조원가 감소	1,000단위 × ₩2,400[*] =	2,400,000(+)
	고정제조간접원가 감소		100,000(+)
	외부구입원가		1,000P(-)
증분이익			₩2,700,000 - 1,000P ≥ 0

∴ (주)세무가 외부공급업자의 제안을 수용하기 위해서 지불할 수 있는 최대구입가격(P)은 ₩2,700이다.

[*] ₩600 + ₩900 + ₩900 = ₩2,400

(물음 2)

<생산방식 변경 시>

증분수익	임대수익		₩150,000(+)
증분비용	변동가공원가 감소	1,000단위 × ₩1,800[*] × 0.3 =	540,000(+)
	고정제조간접원가 감소		100,000(+)
	변동제조간접원가 증가	(1,000단위 ÷ 5단위) × ₩4,000 =	800,000(-)
증분손실			(-)₩10,000

∴ (주)세무는 생산방식 변경 시 이익이 ₩10,000 감소한다.

[*] ₩900 + ₩900 = ₩1,800

(물음 3)

<외부구입 시>

증분수익	매출액 증가	1,000단위 × ₩1,500 =	₩1,500,000(+)
증분비용	변동제조원가 감소	1,000단위 × ₩2,400 =	2,400,000(+)
	변동가공원가 증가		10,000Q(-)
	외부구입원가	1,000단위 × ₩3,500 =	3,500,000(-)
증분이익			₩400,000 - 10,000Q ≥ 0

∴ 묶음 수(Q)는 40묶음이므로 (주)세무가 (주)국세의 제안을 수용하려면 추가가공을 위한 최소한의 1묶음의 크기는 25단위(= 1,000단위 ÷ 40묶음)이다.

(물음 4)

(1) 학습효과(학습률 90%)

생산량	평균시간	누적총시간
1묶음	250[*]	250
1묶음	225	450
1묶음	202.5	810

* ₩225,000 ÷ ₩900 = 250시간

(2) 자체 생산 시 변동제조원가

직접재료원가	₩150,000 × 4묶음 =	₩600,000
직접노무원가	₩900 × 810시간 =	729,000
변동제조간접원가	₩900 × 810시간 =	729,000
		₩2,058,000

(3) 외부구입가격

1,000단위 × ₩2,100 = ₩2,100,000

(4) 외부구입 시 영업이익 증감

₩2,058,000 - ₩2,100,000 = (-)₩42,000

∴ 외부구입 시 ₩42,000만큼 증분손실이 발생한다.

한국회사는 X, Y, Z의 세 가지 제품을 생산하여 판매하고 있다. 이들 제품은 영등포 공장 내의 부문 A, B, C, D에서 종업원들의 수작업과 기계작업을 거쳐 완성된다. 각 부문 내에서 이루어지는 수작업과 기계작업은 매우 전문화되어 있기 때문에 각 부문의 노동력과 기계는 다른 부문에 서로 대체될 수 없다. 회사의 경영자는 생산계획을 수립하려고 하는데, 노동력의 부족과 일부 기계의 수리작업으로 인하여 매우 난감해하고 있다. 다음은 생산계획을 수립하기 위해 경영자가 수집한 자료이다.

① 부문별로 월간 이용가능한 직접노무시간과 기계시간은 다음과 같다.

	부문 A	부문 B	부문 C	부문 D
정상적인 기계시간	3,500시간	3,500시간	3,000시간	3,500시간
수리 중인 기계로 인한 유휴기계시간	500	400	300	200
이용가능한 기계시간	3,000시간	3,100시간	2,700시간	3,300시간
이용가능한 직접노무시간	3,700	4,500	2,750	2,600

② 각 제품 1단위를 생산하는 데 필요한 각 부문의 직접노무시간과 기계시간은 다음과 같다.

	부문 A	부문 B	부문 C	부문 D
제품 X				
직접노무시간	2시간	3시간	3시간	1시간
기계시간	1	1	2	2
제품 Y				
직접노무시간	1	2	-	2
기계시간	1	1	-	2
제품 Z				
직접노무시간	2	2	2	1
기계시간	2	2	1	1

③ 제품 X, Y, Z의 수요량은 각각 월간 500단위, 400단위, 1,000단위이며, 단위당 판매가격은 각각 ₩196, ₩123, ₩167이다. 또한 제품 X, Y, Z의 단위당 변동판매비는 각각 ₩3, ₩2, ₩4이다.

④ 각 제품의 단위당 제조원가는 다음과 같다.

	제품 X	제품 Y	제품 Z
직접재료원가	₩7	₩13	₩17
직접노무원가			
부문 A	12	6	12
부문 B	21	14	14
부문 C	24	–	16
부문 D	9	18	9
변동제조간접원가	27	20	25
고정제조간접원가	15	10	32
계	₩115	₩81	₩125

이익을 극대화하기 위한 최적생산계획을 수립하시오. 달성가능한 월간 최대의 공헌이익은 얼마인가?

| 정답 및 해설 |

(1) 제한된 자원의 파악

제품 X, Y, Z의 수요량을 모두 충족시키기 위하여 필요한 각 부문의 월간 기계시간 및 직접노무시간을 계산하여 보면 다음과 같다.

	부문 A	부문 B	부문 C	부문 D
기계시간				
제품 X(500개)	500시간	500시간	1,000시간	1,000시간
제품 Y(400개)	400	400	-	800
제품 Z(1,000개)	2,000	2,000	1,000	1,000
계	2,900시간	2,900시간	2,000시간	2,800시간
직접노무시간				
제품 X(500개)	1,000시간	1,500시간	1,500시간	500시간
제품 Y(400개)	400	800	-	800
제품 Z(1,000개)	2,000	2,000	2,000	1,000
계	3,400시간	4,300시간	3,500시간	2,300시간

앞에서 계산된 총필요시간과 문제에서 주어진 이용가능한 시간을 비교하여 보면 부문 C의 직접노무시간을 제외하고는 생산능력이 충분함을 알 수 있다(수요량을 모두 충족시키기 위해서 필요한 부문 C의 직접노무시간이 3,500시간인 데 반하여 이용가능한 부문 C의 직접노무시간은 2,750시간이므로 월간 750시간이 부족하다).

(2) 최적생산계획의 수립

이용가능한 부문 C의 직접노무시간이 수요량을 모두 충족시키기 위해서 필요한 시간에 비하여 제한되어 있으므로, 부문 C의 제한된 자원인 부문 C의 직접노무시간당 공헌이익이 큰 제품부터 생산하여야 한다.

	제품 X	제품 Y	제품 Z
단위당 판매가격	₩196	₩123	₩167
단위당 변동원가			
변동제조원가	100	71	93
변동판매비	3	2	4
계	₩103	₩73	₩97
단위당 공헌이익	₩93	₩50	₩70
단위당 부문 C의 직접노무시간	÷ 3시간		÷ 2시간
부문 C의 직접노무시간당 공헌이익	₩31	N/A	₩35

부문 C를 제외한 나머지 부문 A, B, D의 생산능력은 충분하므로 부문 C의 가공을 거치지 않는 제품 Y는 수요량 400개를 모두 생산하며, 나머지 제품은 부문 C의 직접노무시간당 공헌이익이 큰 제품 Z, X의 순으로 생산하여야 한다.

제품	생산량	소요시간	소요시간누계
Y	400개	-	-
Z	1,000	1,000개 × 2시간 = 2,000시간	2,000시간
X	250	250개 × 3시간 = 750	2,750

그러므로 회사의 최적생산계획은 월간 X 250개, Y 400개, Z 1,000개이며, 이때 월간 공헌이익은 250개 × @93 + 400개 × @50 + 1,000개 × @70 = ₩113,250으로 최대이다.

(주)다양사는 사무용 가방을 생산하고 있다. 사무용 가방은 최대 6,000개를 판매할 수 있다. 회사는 현재 이용가능한 직접노무시간을 모두 활용하여 사무용 가방을 연간 4,000개 생산할 수 있으며 단위당 판매가격 및 원가자료는 다음과 같다.

판매가격	₩90
직접재료원가	15.25
직접노무원가	18.75(시간당 ₩15)
제조간접원가	9
변동판매비	10
총고정판매비	16,000

회사는 사무용 가방을 외부에서 개당 ₩68에 구입할 수 있는 기회가 생겼다. 이때 외부에서 주문한 사무용 가방의 단위당 변동판매비는 ₩5이다.

한편, 사무용 가방 대신에 이동용 가방을 생산하는 경우에는 이동용 가방의 외부 판매시장은 8,750개이며 다음과 같은 원가구조를 갖는다고 한다.

판매가격	₩54
직접재료원가	10
직접노무원가	7.5(시간당 ₩15)
제조간접원가	6.5
변동판매비	5
총고정판매비	35,000

제조간접원가는 직접노무시간기준으로 배부하며 기준조업도로는 최대 직접노무시간을 사용하며 고정제조간접원가예산은 ₩20,000이다.

(물음 1) 사무용 가방만을 생산한다면 얻을 수 있는 총공헌이익을 구하시오.

(물음 2) 사무용 가방과 이동용 가방을 함께 생산할 경우 최적 생산계획과 구매계획을 설정하시오. 이때 사무용 가방만을 생산하는 것보다 얼마만큼의 공헌이익이 증가하는가?

(물음 3) 외국에서 한 무역상이 이동용 가방 200개를 개당 ₩50에 구입할 것을 주문하였다. 이 주문을 수락하기로 결정한 경우 다음 (물음)에 답하시오.

    (1) 제품별 최적 생산계획이 어떻게 달라지는가?

    (2) 이때 기회비용은 얼마인가?

    (3) 주문량에 대한 최소 판매가격은 얼마인가?

(물음 4) 사무용 가방(자가제조), 사무용 가방(외부구입), 이동용 가방(자가제조)의 단위당 공헌이익이 각각 ₩35, ₩15, ₩20이라고 하자. 이때 최적 생산 및 제품구매계획을 설정하시오.

정답 및 해설

(물음 1) 사무용 가방만을 생산할 경우

(1) 자가제조 4,000단위

    ① 변동제조간접원가

        a. 총직접노무시간: 4,000개 × 1.25시간[*] = 5,000시간

            [*] ₩18.75 ÷ ₩15 = 1.25시간

        b. 노무시간당 고정제조간접원가: ₩20,000 ÷ 5,000시간 = ₩4

           단위당 고정제조간접원가: ₩4 × 1.25시간 = ₩5

        c. 단위당 변동제조간접원가: ₩9 - ₩5 = ₩4

    ② 단위당 공헌이익

        ₩90 - ₩15.25 - ₩18.75 - ₩4 - ₩10 = ₩42

(2) 외부구입 사무용 가방의 단위당 공헌이익

    ₩90 - ₩68 - ₩5 = ₩17

(3) 총공헌이익

    ₩42 × 4,000개 + ₩17 × 2,000개 = ₩202,000

(물음 2) 이동용 가방을 생산할 경우

(1) 이동용 가방의 단위당 총공헌이익

    ① 변동제조간접원가

        a. 단위당 노무시간: ₩7.5 ÷ ₩15 = 0.5시간

           ※ 외부판매량에 대한 총직접노무시간: 8,750개 × 0.5시간 = 4,375시간

        b. 단위당 고정제조간접원가: ₩4 × 0.5시간 = ₩2

        c. 단위당 변동제조간접원가: ₩6.5 - ₩2 = ₩4.5

    ② 단위당 공헌이익

        ₩54 - ₩10 - ₩7.5 - ₩4.5 - ₩5 = ₩27

(2) 외부구입 사무용 가방의 단위당 공헌이익

    ₩90 - ₩68 - ₩5 = ₩17

(3) 최적 생산계획

총이용가능 직접노무시간	5,000시간
이동용 가방의 직접노무시간: 8,750개 × 0.5시간 =	4,375
생산여력	625시간
사무용 가방 생산가능단위: 625시간 ÷ 1.25시간 =	500개

    ∴ 이동용 가방 8,750개, 사무용 가방 500개를 생산한다.

(4) 최적 구매계획(사무용 가방)

최대수요량	6,000개
자가생산량	500
	5,500개

따라서, 사무용 가방을 5,500개 구입하여 판매한다.

(5) 공헌이익 증가액

₩27 × 8,750개 + ₩42 × 500개 + ₩17 × 5,500개 - ₩202,000 = ₩148,750

(물음 3) 특별주문

(1) 제품별 최적 생산계획

특별주문의 공헌이익(변동판매비도 발생한다는 가정): ₩50 - ₩10 - ₩7.5 - ₩4.5 - ₩5 = ₩23

① 직접노무시간당 공헌이익

	이동용 가방 (자가제조)	이동용 가방 (특별주문)	사무용 가방 (자가제조)
단위당 공헌이익	₩27	₩23	₩42
단위당 직접노무시간	0.5시간	0.5시간	1.25시간
직접노무시간당 공헌이익	₩54	₩46	₩33.6

② 최적 생산계획

총이용가능 직접노무시간	5,000시간
이동용 가방(특별주문)의 직접노무시간: 200개 × 0.5시간 =	100시간
	4,900시간
이동용 가방(자가제조)의 직접노무시간: 8,750개 × 0.5시간 =	4,375시간
	525시간
	÷ 1.25시간
사무용 가방 생산량	420개

따라서, 이동용 가방(특별주문) 200개, 이동용 가방(자가제조) 8,750개와 사무용 가방 420개를 생산한다.

(2) 기회비용

이동용 가방(특별주문) 200개를 생산하기 위해서는 사무용 가방 80개를 자가생산할 수 없으므로 외부구입하여 판매하여야 한다. 따라서, 기회비용은 (₩42 - ₩17) × 80개 = ₩2,000이 된다.

(3) 주문량에 대한 최소 판매가격

최소판매가격 = 특별주문 변동원가 + 단위당 기회비용

$$= ₩27/개 + \frac{₩2,000}{200개}$$

$$= ₩37/개$$

(물음 4) 최적 생산계획과 구매계획

(1) 제품별 최적 생산계획

① 직접노무시간당 공헌이익

	이동용 가방 (자가제조)	사무용 가방 (자가제조)	사무용 가방 (외부구입)
단위당 공헌이익	₩20	₩35	₩15
단위당 직접노무시간	0.5시간	1.25시간	
직접노무시간당 공헌이익	₩40	₩28	

② 최적 생산계획

총이용가능 직접노무시간	5,000시간
이동용 가방(자가제조)의 직접노무시간: 8,750개 × 0.5시간 =	4,375시간
	625시간
	÷ 1.25시간
사무용 가방 생산량	500개

∴ 이동용 가방(자가제조) 8,750개와 사무용 가방 500개를 생산한다.

(2) 최적 구매계획(사무용 가방)

6,000개 - 500개 = 5,500개

∴ 사무용 가방을 5,500개 구입하여 판매한다.

한라회사는 수요가 무한한 제품을 다음의 두 단계를 걸쳐서 생산한다.

SA공정에서는 수요가 무한하므로 최대생산량을 생산하고 있으며, SB공정에서는 최대생산량이 SA 생산량을 모두 수용할 수 있으므로 SA에서 가공된 것을 모두 추가가공한다.

완성품 판매가격: ₩320/단위

구분	SA공정	SB공정
최대생산량	5,000개	7,000개
단위당 변동원가	₩120	₩30
고정제조간접원가	₩700,000	₩120,000
공손율(투입량기준)	4%	5%

공손품은 종점에서만 분리되며 모든 공손원가는 비정상공손으로 처리한다.

(물음 1) 각 공정의 공손품원가를 구하시오.

(물음 2) SA의 반제품을 외부에서 2,000개를 개당 ₩200에 구입할 수 있다면 이 대안을 수락할 것인가 답하시오.

(물음 3) SA공정의 공손율을 4%에서 2%로 낮추는 프로그램을 실행하는 데 ₩15,000이 소요된다. 프로그램 도입여부를 결정하시오.

(물음 4) SB공정의 공손율을 5%에서 2%로 낮추는 프로그램을 실행하는 데 ₩20,000이 소요된다. 프로그램 도입여부를 결정하시오.

| 정답 및 해설 |

(물음 1) 각 공정의 공손품원가

(1) SA공정

　　① 공손수량: 5,000개 × 4% = 200개

　　② 단위당 고정제조간접원가: ₩700,000 ÷ 5,000개 = ₩140

　　③ 공손품원가: 200개 × ₩120 + 200개 × ₩140 = ₩52,000

(2) SB공정

　　① 공손수량: 5,000개 × (1 - 4%) × 5% = 240개

　　② 공손품원가: 240개 × (₩260 + ₩30 + ₩25[*]) = ₩75,600

　　　　* 단위당 고정제조간접원가: ₩120,000 ÷ {5,000개 × (1 - 4%)} = ₩25

(물음 2) 외부구입하여 증량생산 시

증분수익		₩608,000
추가생산에 따른 매출: 2,000단위 × (1 - 5%) × @320 =	₩608,000	
증분비용		460,000
외부구입원가: 2,000단위 × @200 =	₩400,000	
추가가공원가: 2,000단위 × @30 =	60,000	
증분이익		₩148,000

∴ 증분이익 > 0이므로 외부구입하여 증량생산(병목공정의 병목현상을 완화)하는 것이 유리하다.

(물음 3) SA공정의 공손율인하 프로그램 도입 시

증분수익		₩30,400
추가생산에 따른 매출: 5,000단위 × (4% - 2%) × (1 - 5%) × @320 =	₩30,400	
증분비용		18,000
프로그램비용	₩15,000	
추가가공원가: 5,000단위 × (4% - 2%) × @30 =	3,000	
증분이익		₩12,400

∴ 증분이익 > 0이므로(SB공정의 병목현상이 없으므로) 공손율인하 프로그램을 도입하는 것이 유리하다.

(물음 4) SB공정의 공손율인하 프로그램 도입 시

증분수익	추가생산에 따른 매출 5,000단위 × (1 - 4%) × (5% - 2%) × @320 =	₩46,080
증분비용	프로그램비용	20,000
증분이익		₩26,080

∴ 증분이익 > 0이므로 SB공정의 공손율인하 프로그램을 도입하는 것이 유리하다.

대한회사는 성인용 인라인 스케이트를 생산하고 있다. 운동기구점에서부터 인라인 스케이트 전문매장까지 다양한 유통망을 통해 전국으로 판매하고 있다.

(1) 대한회사는 유통업자들에게 인라인 스케이트를 단위당 ₩74,000에 판매하고 유통업자들은 이를 최종소비자들에게 단위당 ₩139,600에 판매한다.

(2) 지난 3년 동안 대한회사의 매출은 연평균 16,000단위로 매우 부진하였다. 이는 생산능력의 70%에 불과한 수준이다. 이 회사의 자사제품 시장 수요는 향후 몇 년 동안 이 수준에 머물 것으로 예상되고 있다.

(3) 전국적인 소매할인매장 (주)한국마트는 최근 대한회사 인라인 스케이트의 구입의사타진을 해왔다. (주)한국마트는 향후 3년 동안 연간 4,000켤레의 인라인 스케이트를 단위당 ₩50,000에 구입하겠다고 제안해왔다. (주)한국마트는 인라인 스케이트를 소비자들에게 ₩80,000에 판매계획을 가지고 있고 이보다 높은 가격을 지불할 수 없다고 한다.

(4) (주)한국마트가 대한회사의 정상판매가격보다 훨씬 낮은 가격의 제의를 해왔지만 대한회사는 현재 충분한 유휴설비가 존재하기 때문에 이 제의에 대해 대단히 관심이 많다. 대한회사는 이 특별주문 수락 시 예상되는 단위당 변동제조원가에 관한 자료를 다음과 같이 수집하였다.

직접재료원가	₩20,000
직접노무원가	12,000
변동제조간접원가	10,000
	₩42,000

대한회사가 예상한 단위당 직접재료원가 ₩20,000은 (주)한국마트 상표를 부착하는 데 필요한 추가원가 ₩800을 포함한 금액이다.

(5) 대한회사의 연간 고정제조간접원가는 ₩80,000,000이다.

(6) 대한회사는 통상 판매가격의 10%에 해당하는 금액을 판매사원들에게 판매수당으로 지급하고 있다. 그러나 특별주문 매출은 판매수당을 지급할 필요가 없다.

(7) (주)한국의 특별주문 제안을 수락하는 경우 이로 인한 연간 재고수준의 증가는 다음과 같을 것으로 예상된다.

· 원재료: 1개월분 공급량

· 재공품: 1.5개월분 공급량(재공품은 원재료의 경우 100% 투입이 완료된 상태이고 반면 변동가공원가는 50%가 투입된 상태)

· 제품: 0.5개월분 공급량

(8) 연간 재고관련원가는 재고자산가액의 10%로 예상된다. (주)한국마트는 대한회사가 인라인 스케이트를 자사의 창고에 보관해두었다가 시장수요변화에 따라 (주)한국마트가 요청할 때마다 즉시 인도하여 줄 것을 요구하였다.

(9) 대한회사가 (주)한국마트의 제안을 받아들이면 현행 연간 판매량의 5%정도가 감소될 것으로 예상된다.

(물음 1) 대한회사는 (주)한국마트의 제안을 받아들여야 할 것인지를 고려 중이다.

주어진 자료의 다음 (물음)에 답하시오. (소수점 첫째 자리에서 반올림하여 계산)

(1) 특별주문 수락 시 증가하게 될 연간 총공헌이익은 얼마인가?

(2) 특별주문 수락 시 기존 제품의 판매량 감소에 따른 연간 총공헌이익 감소액은 얼마인가?

(3) 특별주문 수락 시 추가하여 발생할 것으로 예상되는 연간 재고자산유지비용은 얼마인가?

(4) 특별주문 제안에 대한 합리적인 의사결정과 그 근거를 서술하시오.

(물음 2) 대한회사가 (주)한국마트의 특별주문에 대한 수락여부 결정 시 (물음 1)과 같은 계량적 요소 외에 추가적으로 고려해야 할 요건을 열거하시오.

| 정답 및 해설 |

(물음 1)

(1) 증가하게 될 연간 총공헌이익

(₩50,000 - ₩42,000) × 4,000켤레 = ₩32,000,000

(2) 연간 총공헌이익 감소액

① 기존판매량 감소수량: 16,000켤레 × 5% = 800켤레

② 기존판매의 단위당 공헌이익

단위당 판매가격		₩74,000
단위당 변동원가		48,600
단위당 직접재료원가: ₩20,000 - ₩800* =	₩19,200	
단위당 직접노무원가	12,000	
단위당 변동제조간접원가	10,000	
단위당 판매수수료: ₩74,000 × 10% =	7,400	
단위당 공헌이익		₩25,400

* 한국마크 부착 추가원가 차감

∴ 특별주문 수락 시 800켤레 × ₩25,400 = ₩20,320,000만큼 공헌이익이 감소한다.

(3) 연간 재고자산유지비용

원재료: 4,000켤레 × 1/12 × ₩20,000 × 10% =	₩666,667
재공품: 4,000켤레 × 1.5/12 × [₩20,000 + (₩12,000 + ₩10,000) × 50%] × 10% =	1,550,000
제품: 4,000켤레 × 0.5/12 × ₩42,000 × 10% =	700,000
재고자산유지비용	₩2,916,667

∴ 특별주문 수락 시 추가발생하는 재고자산유지비용은 ₩2,916,667이다.

(4) 특별주문 수락 여부

증분수익 공헌이익 증가분		₩32,000,000
증분원가		23,236,667
재고자산유지비용	₩2,916,667	
기존제품 판매량감소에 따른 공헌이익감소액	20,320,000	
증분이익		₩8,763,333

∴ 특별주문을 수락한다.

해커스 세무사 真원가관리회계연습

제9장

관련원가와 의사결정

(물음 2)

특별주문이 기업의 장기적인 가격구조와 미래 판매량에 미치는 잠재적 영향을 고려하여야 한다. 특별주문시장의 할인판매가 정규시장에서의 판매가격을 인하시키는 압력으로 작용하여 정규시장의 판매가격 인하요인이 될 수 있다.

(주)강북은 A와 B제품을 생산·판매하고 있다. 원가부서와 판매부서에서 제시한 A와 B제품 생산 및 판매와 관련된 원가자료는 다음과 같다.

구분	A	B
단위당 직접재료원가	₩1,500	₩2,000
단위당 직접노무원가	1,000	3,000
단위당 변동제조간접원가	600	1,000
연간 고정제조간접원가	12,000,000	20,000,000
단위당 변동판매비	1,500	2,000
연간 고정판매비	16,000,000	23,000,000
단위당 판매가격	8,500	14,000

(주)강북의 생산설비의 연간 생산능력은 70,000기계시간이다. A제품 1단위 생산에 소요되는 기계시간은 1시간이며, B제품 1단위 생산 시 소요되는 기계시간은 1.5시간이다. A제품의 연간 수요량은 21,500단위이며 B제품에 대한 연간 수요량은 36,500단위이다. A와 B제품 각각의 최대 생산량은 연간 수요량을 초과하지 않는다.

최근에 (주)강북이 생산설비를 확장하여 기계시간을 20,000시간 늘렸다. 생산설비 확장으로 인해 고정제조간접원가가 ₩10,000,000 증가하였으나 제품별 단위당 변동제조간접원가는 변화가 없었다. 생산설비 확장이후, (주)경성에서 (주)강북이 생산하는 B제품을 단위당 ₩10,000에 구입하겠다는 의사를 표시하여 왔다. 그러나 구입수량은 정해지지 않았으며 상당히 유동적이다. (주)경성의 특별주문에 따른 구입수량은 다음과 같은 확률분포를 갖는 것으로 추정된다.

구입수량	10,000개	20,000개	30,000개
구입수량별 확률	0.3	0.5	0.2

(주)경성의 특별주문에 의해 B제품을 판매하는 경우 특별주문에 따른 판매로 인해 고정판매비가 ₩1,000,000 추가로 발생될 것이다. 특별주문에 대한 수락여부를 분석하고 가부를 설명하시오. (기회원가 개념을 이용)

| 정답 및 해설 |

(1) 생산여력

최대 조업도 70,000시간 + 20,000시간 = 90,000시간

현 조업도

A: 21,500단위 × 1시간 =		21,500시간
B: 36,500단위 × 1.5시간 =		54,750
계		76,250시간

∴ 생산여력(유휴설비): 90,000시간 - 76,250시간 = 13,750시간

(2) 생산우선순위 결정

	A(21,500단위)	B 정규(36,500단위)	특별주문(Q)
단위당 판매가격	₩8,500	₩14,000	₩10,000
단위당 변동원가	4,600[*1]	8,000[*2]	8,000[*2]
단위당 공헌이익	₩3,900	₩6,000	₩2,000
기계시간	÷ 1시간	÷ 1.5시간	
기계시간당 공헌이익	₩3,900/시간	₩4,000/시간	
생산우선순위	②	①	

*1 ₩1,500 + ₩1,000 + ₩600 + ₩1,500 = ₩4,600
*2 ₩2,000 + ₩3,000 + ₩1,000 + ₩2,000 = ₩8,000

(3) 특별주문 의사결정

B제품 특별주문수량	10,000개	20,000개	30,000개
필요기계시간	15,000시간	30,000시간	45,000시간
생산여력	13,750	13,750	13,750
부족한 기계시간	1,250시간	16,250시간	31,250시간
포기한 정규판매 ┌ A제품	1,250단위	16,250단위	21,500단위
└ B제품	0	0	6,500

(4) 특별주문 수락 시

증분수익			
공헌이익 증가(@2,000)	₩20,000,000	₩40,000,000	₩60,000,000
증분비용			
기회원가*: A제품(@3,900)	4,875,000	63,375,000	83,850,000
B제품(@6,000)	0	0	39,000,000
고정판매비	1,000,000	1,000,000	1,000,000
증분이익(손실)	₩14,125,000	(24,375,000)	(63,850,000)
확률	0.3	0.5	0.2
기대증분이익(손실)	₩4,237,500	₩(12,187,500)	₩(12,770,000)

* 정규판매 포기수량 × 단위당 공헌이익

∴ 기대증분이익(손실): ₩(20,720,000) < 0으로 기각한다.

한일기업에서는 제품 X와 제품 Y를 생산·판매하고 있다. 이들 제품을 생산하기 위해서 절단, 조립, 검사 활동을 각각 책임지고 있는 세 제조부서로 생산인력을 조직화하였다. 각 제품의 생산관련정보는 다음과 같다.

	제품 X	제품 Y
제품단위당 직접재료원가	₩1,400	₩1,800
직접노무시간		
절단활동(제품단위당)	0.5시간	0.5시간
조립활동(제품단위당)	0.3	0.6
검사활동(생산 뱃치당)	5	4
생산뱃치 크기	50개	20개
운반뱃치 크기	50	10

기타 생산 및 판매 관련정보는 다음과 같다.

① 제품 X와 Y의 제품단위당 판매가격은 각각 ₩5,000, ₩7,000이다.

② 제품 X와 Y의 최대수요량은 각각 6,000개, 5,000개이다.

③ 3개의 제조부서가 이용가능한 총 직접노무시간은 9,300시간이다.

④ 직접노무시간당 임률은 ₩500이다.

⑤ 제품 X와 Y의 운반 뱃치당 운반비는 각각 ₩22,500, ₩13,000이다.

⑥ 이 회사에서는 수요에 맞게 제품을 생산하고 있으며, 따라서 재고를 보유하지 않는다.

⑦ 설비수준원가(고정원가) 총계는 ₩18,000,000이다.

⑧ 생산 뱃치 내 부분생산은 가능하지 않다. 즉, 제품 X와 Y는 뱃치 단위로만 생산한다.

(물음 1) 다음 (물음)에 답하시오.

(1) 현재의 직접노무시간으로 최대수요량을 충족할 수 있는지 여부를 답하시오.

(2) 생산과 판매에 따른 제품별 생산 뱃치당 공헌이익을 구하시오.

(3) 기업의 이익을 극대화하기 위해서는 각 제품을 몇 뱃치씩 생산·판매하여야 하는가?

(물음 2) 한일기업의 원가분석팀에서 설비수준원가를 분석한 결과, 설비수준원가는 사실상 제품 X와 Y의 제품수준원가(회피가능고정원가)로서 각각 ₩13,000,000, ₩5,000,000으로 밝혀졌다. 이 경우 기업의 이익을 극대화하기 위해서는 각 제품을 몇 뱃치씩 생산·판매하여야 하는가?

(물음 3) (물음 1), (물음 2)를 무시하고 다음 (물음)에 답하시오.

한일기업에서는 현재 제품 X와 Y를 각각 6,000개, 3,000개씩 생산·판매하고 있다고 가정하자. 그런데 최근에 외국에서 제품 Y를 구입하겠다는 특별주문이 들어왔다. 이 주문의 생산 뱃치 크기는 40개이며, 운반 뱃치 크기도 40개이다. 운반 뱃치당 운반비는 ₩13,000으로 기존과 동일하다. 생산 뱃치당 검사시간은 4시간이다. 특별주문은 기존 시장을 교란하지 않으며, 부분 수락을 할 수 없다. 특별주문 수락 여부에 관계없이 이용가능한 총 직접노무시간은 고정되어 있다.

(1) 제품 Y에 대한 특별주문량이 1,000개라고 가정하자. 특별주문을 수락하기 위한 제품 단위당 최소가격은 얼마인가?

(2) 위 (1)과 무관하게 제품 Y에 대한 특별주문량이 4,000개라고 가정할 경우, 특별주문을 수락하기 위한 제품단위당 최소가격은 얼마인가?

| 정답 및 해설 |

(물음 1)

(1) 현재의 직접노무시간으로 최대수요량을 충족할 수 있는지 여부

<제품별 소요시간>

	제품 X	제품 Y	합계
절단활동	0.5시간 × 6,000개 = 3,000시간	0.5시간 × 5,000개 = 2,500시간	5,500시간
조립활동	0.3시간 × 6,000개 = 1,800	0.6시간 × 5,000개 = 3,000	4,800
검사활동	6,000개 ÷ 50개 × 5시간 = 600	5,000개 ÷ 20개 × 4시간 = 1,000	1,600
계	5,400시간	6,500시간	11,900시간

따라서, 현재 이용가능시간(9,300시간)으로 최대수요량을 충족하지 못한다.

(2) 제품별 생산 뱃치당 공헌이익

		제품 X	제품 Y
판매가격		₩5,000 × 50개 = ₩250,000	₩7,000 × 20개 = ₩140,000
변동원가	재료원가	₩1,400 × 50개 = (70,000)	₩1,800 × 20개 = (36,000)
	노무원가	45시간 × ₩500 = (22,500)	26시간 × ₩500 = (13,000)
	운반비	(22,500)	₩13,000 × 2뱃치 = (26,000)
공헌이익		₩135,000	₩65,000

(3) 이익 극대화 생산·판매량

	제품 X	제품 Y
뱃치당 공헌이익	₩135,000	₩65,000
뱃치당 노무시간	÷ 45시간	÷ 26시간
	₩3,000	₩2,500
우선순위	①	②

노무시간당 공헌이익이 큰 제품 X를 우선 생산하고 남은 시간에 제품 Y를 생산한다.

① 제품 X: 120뱃치 × 45시간 = 5,400시간

② 제품 Y: 9,300시간 - 5,400시간 = 3,900시간

∴ 제품 X와 제품 Y를 각각 120뱃치(= 5,400시간 ÷ 45시간), 150뱃치(= 3,900시간 ÷ 26시간) 생산한다.

(물음 2)

(1) 이익 극대화 생산량으로 제품 X(120뱃치)와 제품 Y(150뱃치) 모두 생산하는 경우

제품 X: 120뱃치 × ₩135,000 - ₩13,000,000 =	₩3,200,000
제품 Y: 150뱃치 × ₩65,000 - ₩5,000,000 =	4,750,000
계	₩7,950,000

(2) 제품 X만 생산하는 경우

120뱃치 × ₩135,000 - ₩13,000,000 = ₩3,200,000

(3) 제품 Y만 생산하는 경우

최대수요까지 생산가능하므로 생산뱃치수량은 5,000개 ÷ 20개 = 250뱃치이다.

250뱃치 × ₩65,000 - ₩5,000,000 = ₩11,250,000

∴ 제품 Y만 생산한다.

(물음 3)

(1) 특별주문 1,000개를 수락하기 위한 제품단위당 최소가격(P)

① 특별주문품 1,000개를 생산하기 위한 시간

1,000개 × 0.5시간 + 1,000개 × 0.6시간 + 1,000개 ÷ 40개 × 4시간 = 1,200시간

② 기존 판매 감소량

유휴설비가 없으므로 기존 판매량 중 노무시간당 공헌이익이 작은 제품 Y를 감소시킨다. 감소시켜야 할 뱃치는 1,200시간 ÷ 26시간 = 46.15뱃치이나 뱃치 내 부분생산을 할 수 없으므로 제품 Y 47뱃치를 감소시켜야 한다.

증분수익	
특별주문매출	1,000개 × P
증분비용	
직접재료원가: 1,000개 × ₩1,800 =	₩1,800,000
직접노무원가: 1,200시간 × ₩500 =	600,000
운반비: 1,000개 ÷ 40개 × ₩13,000 =	325,000
기회비용[*]	3,055,000
증분이익	1,000P - ₩5,780,000 ≥ 0

[*] ₩65,000 × 47뱃치 = ₩3,055,000

따라서, P ≥ ₩5,780이다.

(2) 특별주문 4,000개를 수락하기 위한 제품단위당 최소가격(P)

① 특별주문품 4,000개를 생산하기 위한 시간

4,000개 × 0.5시간 + 4,000개 × 0.6시간 + 4,000개 ÷ 40개 × 4시간 = 4,800시간

② 기존 판매 감소량

유휴설비가 없으므로 기존 판매량 중 제품 Y를 150뱃치(150뱃치 × 26시간 = 3,900시간) 먼저 감소시키키고 제품 X를 20뱃치(20뱃치 × 45시간 = 900시간) 감소시킨다.

증분수익	
특별주문매출	4,000개 × P
증분비용	
직접재료원가: 4,000개 × ₩1,800 =	₩7,200,000
직접노무원가: 4,800시간 × ₩500 =	2,400,000
운반비: 4,000개 ÷ 40개 × ₩13,000 =	1,300,000
기회비용[*]	12,450,000
증분이익	4,000P - ₩23,350,000 ≥ 0

[*] 150뱃치 × ₩65,000 + 20뱃치 × ₩135,000 = ₩12,450,000

따라서, P ≥ ₩5,837.5이다.

수원회사는 두 개의 공장으로 구성되어 있으며, 각 공장의 수익과 원가자료는 다음과 같다.

(1) P공장에서는 AA제품을 생산하여 곧바로 판매하면 시장에서 단위당 ₩660을 받을 수 있다. 또한 P공장에서 생산된 AA제품은 Q공장에서 추가로 원재료를 투입한 후 가공되어 보다 높은 부가가치를 창출해 주는 BB제품 또는 CC제품을 만들어 판매할 수 있다.

(2) BB제품은 시장에서 단위당 ₩1,445, CC제품은 단위당 ₩1,735에 판매된다. 당사의 제품에 대한 시장조사 결과, 매월 예상되는 제품별 최대 시장수요량은 AA제품 1,000단위, BB제품 1,000단위, CC제품 400단위로 파악되었다.

(3) 수원회사의 공장별 월 최대조업도는 P공장의 경우 2,400기계시간, Q공장은 1,600기계시간으로 제한되어 있다.

(4) P공장에서 AA제품을 한 단위 생산하는 데는 3시간의 기계시간이 소요된다. P공장에서 생산된 AA제품 한 단위에 대해 Q공장에서 원재료를 추가한 후 가공하여 BB제품 한 단위를 생산하는 데는 2시간의 기계시간, CC제품을 한 단위 생산하는 데는 4시간의 기계시간이 필요하다.

(5) 수원회사가 Q공장에서 BB제품 또는 CC제품 한 단위를 생산하기 위해 필요한 AA제품 한 단위를 외부 납품업체로부터 구입하여야 한다면, AA제품의 단위당 시장가격인 ₩660 이외에 추가로 톤당 ₩10의 운송료를 지불하여야 한다.

(6) 제품에 대한 생산 및 판매계획과 관련하여 최근에 개최된 중역회의에서 마케팅담당 부사장은 2005년 8월 중 P공장에서 800단위의 AA제품을 생산하여 그 중 300단위를 시장에 판매하고, 나머지 500단위는 Q공장에서 원재료를 추가로 투입한 후 가공하여 BB제품 200단위와 CC제품 300단위를 생산·판매할 것을 제안하였다. 이와 같은 제안에 기초하여 원가회계 담당자는 2005년 8월 중 세 가지 제품에 대해 예상되는 단위당 원가 자료를 다음과 같이 보고하였다.

구분	단위당 원가		
	AA제품	BB제품	CC제품
직접재료원가			
원재료	₩330	₩300	₩420
AA제품	-	600	600
직접노무원가	60	40	80
제조간접원가			
변동제조간접원가	45	30	60
고정제조간접원가	165	110	220
총제조원가	₩600	₩1,080	₩1,380
판매관리비			
변동판매관리비	30	45	45
고정판매관리비	20	20	20
총원가	₩650	₩1,145	₩1,445

(7) 마케팅담당 부사장이 제안한 각 제품의 예상 생산·판매량에 입각하여, 2005년 8월 P공장의 예산고정제조간접원가 ₩132,000은 AA제품의 예상 생산량에 비례하여 배부하였으며, Q공장의 예산고정제조간접원가 ₩88,000은 기계시간을 배부기준으로 하여 각 제품에 배부하였다. 이 회사의 2005년 8월 예산고정판매관리비는 각 제품의 예상 판매량에 비례하여 배부하였다.

(물음 1) 수원회사의 두 공장의 조업도에 관한 제약조건을 고려하여, 2005년 8월 당사의 총공헌이익을 극대화할 수 있는 각 제품의 최적 판매량을 계산하시오. 모든 제품배합에 대해 고정원가는 변하지 않는다고 가정하라.

(물음 2) 수원회사의 주 고객 중 하나인 충북회사는 2005년 8월 중 CC제품 400단위를 구입할 수 있는지 타진해 왔다. 만약 당사가 충북회사의 주문을 수락하고자 한다면, Q공장의 조업도 전부를 이용하여 CC제품만을 생산하여야 할 것이다. 수원회사가 충북회사의 주문에 대해 수락가능한 단위당 최저가격을 계산하시오.

(물음 3) (물음 2)에서 언급한 충북회사의 주문을 무시하고서 다음 (물음)에 답하시오. P공장은 정규외 시간을 활용할 수 없는 반면, Q공장은 정규외 시간을 활용하여 추가 작업을 수행함으로써 조업도를 일시적으로 월 400기계시간만큼 증가시킬 수 있다. 정규외 시간을 이용하여 BB제품 또는 CC제품을 생산하는 경우, 직접노무원가는 단위당 50%만큼 그리고 변동제조간접원가는 단위당 40%만큼 증가할 것으로 예상된다. 이외의 모든 원가는 변화하지 않는다고 가정하고서, Q공장의 경우 정규외 시간을 이용하여 추가로 가동하는 것이 타당한 것인지를 평가하라. 만약 정규외 시간을 이용하여 Q공장에서 400기계시간을 추가로 가동한다면, 이 경우 BB제품과 CC제품에 대한 최적생산량을 결정하시오.

정답 및 해설

(물음 1) 상황별 공헌이익

구분	AA 자가제조			AA 외부구입	
	AA	BB	CC	BB	CC
단위당 판매가격	₩660	₩1,445	₩1,735	₩1,445	₩1,735
변동원가					
직접재료원가	330	300	420	300	420
AA원가	-	465	465	670	670
직접노무원가	60	40	80	40	80
제조간접원가	45	30	60	30	60
판관비	30	45	45	45	45
총변동원가	₩465	₩880	₩1,070	₩1,085	₩1,275
공헌이익	₩195	₩565	₩665	₩360	₩460
제약조건		÷2시간	÷4시간		
제약요소당 공헌이익		₩282.5	₩166.25		
		1순위	2순위		

최대공헌이익을 얻기 위해서는 P공장을 완전가동하여 AA를 2,400시간 ÷ 3시간 = 800단위를 생산하고 이를 Q공장으로 대체하여 BB제품을 생산한다.

최대공헌이익: 800단위 × ₩565 = ₩452,000

(물음 2)

최대가격을 P라고 하면,

증분수익	400P - ₩350,000
CC공헌이익: 400개 × (P - @1,070) =	
AA공헌이익: 400개 × @195 =	
증분비용	452,000
BB판매포기로 인한 공헌이익 감소: @565 × 800단위 =	
증분이익	400P - ₩802,000

∴ P ≥ ₩2,005

(물음 3)

초과시간에 대한 우선순위도 기계시간당 공헌이익의 크기로 결정한다. 다만 현재 P공장이 완전가동 상태이므로 초과생산에 소요되는 AA는 모두 외부구입하여야 한다.

구분	BB	CC
단위당 판매가격	₩1,445	₩1,735
단위당 추가변동원가		
직접재료원가	300	420
AA원가	670	670
직접노무원가	60	120
제조간접원가	42	84
판관비	45	45
총변동원가	₩1,117	₩1,339
공헌이익	₩328	₩396
제약조건	÷ 2시간	÷ 4시간
제약요소당공헌이익	₩164	₩99
우선순위	1순위	2순위

그러므로, BB제품을 우선하여 생산판매한다. 400시간을 초과 가동한다면 400시간 ÷ 2시간 = 200단위의 BB제품을 추가 생산할 수 있다.

(주)예당은 다양한 악기를 생산·판매하는 회사이다.

(1) (주)예당의 목관악기 부문은 유일한 영업자산인 생산기계 한 대를 사용하여 대한교향악단에 제품 A와 제품 B를 생산·판매하여 왔다. 목관악기 생산기계 한 대의 구매가격은 ₩120,000 으로 감가상각을 하지 않으며, 연간 최대 기계가동시간은 150시간이다.

(2) 2009년 말 목관악기 부문장은 원재료 구입 및 노무시간에 별다른 제약이 없다는 가정하에 제품 A와 제품 B에 대한 2010년도 예산자료를 다음의 표와 같이 수집하였다. 목관악기 부문의 원가는 직접재료원가와 직접노무원가로 이루어져있고 여타 제조간접원가와 판매관리비는 존재하지 않는다. 재고 및 공손품도 발생하지 않는다.

구분	제품 A	제품 B
예상수요량	100개	50개
제품단위당 예상판매가격	₩200	₩300
제품단위당 표준원재료수량	3kg	4kg
kg당 원재료 표준구매가격	₩15	₩20
제품단위당 표준직접재료원가	45	80
제품단위당 표준노무시간	2시간	4시간
노무시간당 표준임률	₩10	₩10
제품단위당 표준직접노무원가	20	40
제품단위당 표준기계가동시간	1시간	2시간

(물음 1) 목관악기 부문장이 수집한 예산자료에 근거하여 2010년도 해당 부문의 이익을 극대화할 수 있는 제품 A와 제품 B 각각의 생산 및 판매량을 결정하고 이로부터 예상되는 부문이익을 계산하시오.

(물음 2) 2010년 1월초 대한교향악단은 (주)예당에 제품 A 100개를 우선 공급해줄 것을 요청하는 한편, 2010년에 한해 제품 B 대신 제품 C 10개를 구매하겠다는 특별주문을 해왔다. (주)예당이 동 특별주문을 수용할 경우 2010년도 목관악기 부문의 예산자료 및 제품 C에 대한 다음의 기초자료에 근거하여 제품 C에 대해 책정해야 하는 단위당 최소가격을 계산하시오.

구분	제품 C
판매수량	10개
제품단위당 직접재료원가	₩60
제품단위당 직접노무원가	10
제품단위당 기계가동시간	5시간

(물음 3) (물음 1) 및 (물음 2)와 관계없이 대한교향악단은 제품 A 100개와 (주)예당이 공급할 수 있는 만큼 최대 50개까지 제품 B를 구매하기로 (주)예당과 계약하였다. 2010년 1월초 한국교향악단은 (주)예당에 2010년에 한정하여 제품 D를 25개 구매하겠다는 특별주문을 보내왔다. (주)예당의 목관악기 부문장은 현재 사용하고 있는 목관악기 생산기계와 구입가격 및 기계가동시간이 동일한 생산기계를 한 대 추가로 도입함으로써 동 특별주문을 수용할지 여부를 검토하기로 하였다. 2010년 12월말 퇴직 예정인 목관악기 부문장의 성과 및 보상은 해당 부문의 연간 투자수익률(ROI)에 의해 결정되고 있다. 2010년도 목관악기 부문의 예산자료 및 제품 D에 대한 다음의 기초자료에 근거하여, 목관악기 부문장이 새로운 생산기계를 한 대 추가로 도입하고자 할 자발적 유인을 가질 수 있는 제품 D의 단위당 최소가격을 계산하시오.

구분	제품 D
판매수량	25개
제품단위당 직접재료원가	₩40
제품단위당 직접노무원가	20
제품단위당 기계가동시간	2시간

(물음 4) (주)예당의 목관악기 부문장의 성과 및 보상이 연간 투자수익률(ROI) 대신 연 5%의 최소 필요수익률하에서 산출된 연간 경제저 부가가치(EVA)에 의해 결정된다고 가정하고 (물음 3)의 질문에 반복하여 답하시오.

(물음 5) 2010년 1월말 (주)예당은 (물음 4)의 답에 근거한 제품 D의 가격조건에서 한국교향악단과 계약을 체결하였다. 이에 따라 (주)예당은 목관악기 생산기계를 총 두 대 가동하여 대한교향악단 및 한국교향악단에게 제품을 공급하게 되었다. 한편, 2010년 10월 목관악기 부문장이 조기 은퇴하였고 (주)예당의 주식을 100% 보유하고 있는 대표이사가 해당 부문장을 겸임하게 되었다. 2010년 11월 한류교향악단이 2010년도에 한해 제품 E를 5단위 구매하겠다는 특별주문을 보내왔다. 2010년도 목관악기 부문의 예산자료 및 제품 E에 대한 다음의 기초자료에 근거하여 (주)예당의 대표이사가 해당 특별주문을 수용할 수 있는 제품 E의 단위당 최소가격을 계산하시오.

구분	제품 E
판매수량	5개
제품단위당 직접재료원가	₩90
제품단위당 직접노무원가	10
제품단위당 기계가동시간	10시간

(물음 6) 2010년도 영업활동이 종료된 후 (주)예당은 목관악기 부문에 대한 실적평가를 실시하였다. 2010년도 목관악기 부문의 제품 A 및 제품 B에 대한 실적평가 및 차이분석 결과의 일부 정보는 다음의 표와 같다. 그 결과 목관악기 부문은 2010년도 예산에 비해 저렴한 원재료를 사용함으로써 제품단위당 직접재료원가를 대폭 절감하였으나, 품질이 낮은 원재료의 사용으로 인해 제품단위당 직접노무원가는 오히려 증가한 것으로 나타났다. 한편, 품질이 낮은 원재료에 실망한 장인들이 2010년 말 대거 퇴직함으로써 2011년도에는 이용 가능한 총 노무시간이 200시간으로 감소되었다. (주)예당이 2011년도에 두 대의 목관악기 생산기계를 가동하여 제품 A 및 제품 B를 생산·판매하고 이들 제품에 대한 2010년도 실적치가 2011년도 예산 및 표준원가에 그대로 적용된다고 가정할 때, 2011년도 목관악기 부문의 이익을 극대화할 수 있는 제품 A와 제품 B 각각의 생산 및 판매량을 결정하고 이로부터 예상되는 부문이익을 계산하시오.

구분	제품 A	제품 B
실제 판매수량	100개	50개
제품단위당 실제 판매가격	₩200	₩300
제품단위당 실제 원재료수량	3kg	4kg
kg당 원재료 실제 구매가격	₩5	₩16
제품단위당 실제 직접재료원가	15	64
차이분석 시 노무시간차이에 따른 제품단위당 직접노무원가 증가액	20	0
제품단위당 실제 직접노무원가	48	48
제품단위당 실제 기계가동시간	1시간	2시간

(물음 7) (물음 6)에서 제시한 2010년도 목관악기 부문 실적에 내포된 기업 장기성과에 대한 잠재적인 문제점을 (물음 3) 및 (물음 4)에서 제시한 목관악기 부문장의 실적평가시스템과 관련하여 서술하고 아울러 이를 해결할 수 있는 방안을 제시하시오. (4줄 이내로 서술할 것)

| 정답 및 해설 |

(물음 1) 제품별 최적생산량

	제품 A	제품 B
단위당 공헌이익	₩135	₩180
단위당 기계시간	1시간	2시간
기계시간당 공헌이익	₩135	₩90
우선순위	①	②
생산·판매량	100개	25개
소요기계시간	100시간	50시간

∴ 예상부문이익: 100개 × ₩135 + 25개 × ₩180 = ₩18,000

(물음 2) 제품 C 단위당 최소가격

① 제품 C 생산필요시간: 10개 × 5시간 = 50시간
  따라서 제품 C 생산을 위해서는 기존의 제품 B 판매량 25개를 감소시켜야 함
② 제품 B 판매감소로 인한 총기회비용: 25개 × ₩180 = ₩4,500
③ 제품 C 단위당 최소가격
  단위당 변동원가 + 단위당 기회비용 = ₩70 + (₩4,500 ÷ 10단위) = ₩520

(물음 3) 제품 D 단위딩 최소가걱(싱과평가 ROI)

① 추가 기계 구입 전 ROI: ₩18,000 ÷ ₩120,000 = 0.15(15%)
② 기계 1대 추가 구입에 따라 기계시간 150시간이 추가로 확보되므로 제품 B 25개, 제품 D 25개의 추가생산이 가능해지고 목관악기 부문장은 ROI에 의해 성과평가를 받으므로 추가 기계 1대 구입 후 ROI가 기존보다 낮지 않기 위해서는 추가 기계 구입으로 인해 발생하는 증분이익이 ₩18,000 이상이 되어야 한다.
③ 증분이익

제품 B 판매로 인한 공헌이익 증가	25개 × ₩180 = ₩4,500
제품 D 판매로 인한 공헌이익 증가	25개 × (P - ₩60)
계	₩4,500 + 25개 × (P - ₩60)

④ 제품 D 단위당 최소가격
  ₩4,500 + ₩25 × (P - ₩60) ≥ ₩18,000, P ≥ ₩600

(물음 4) 제품 D 단위당 최소가격(성과평가 EVA)

① 목관악기 부문장이 EVA에 의해 성과평가를 받으므로 추가 기계 1대 구입으로 인한 증분 EVA ≥ ₩0이어야 한다.
② 증분 EVA: [₩4,500 + ₩25 × (P - ₩60)] - ₩120,000 × 0.05
③ 제품 D 단위당 최소가격
  [₩4,500 + ₩25 × (P - ₩60)] - ₩120,000 × 0.05 ≥ ₩0, P ≥ ₩120

(물음 5) 제품 E 단위당 최소가격

① 여유조업도: 300시간 - 250시간(A, B, D에 소요된 시간) = 50시간

　제품 E 생산에 소요되는 시간 = 50시간

　따라서 기회비용은 발생하지 않는다.

② 대표이사가 해당 부문장을 겸임하고 제품 D가 (물음 4)에서 제시한 가격으로 계약이 체결되었으므로 이미 최소필수수익률만큼 추가 기계를 통하여 이익을 창출하고 있으므로 제품 E와 관련해서 추가로 증분이익이 발생하면 특별주문을 수락한다.

∴ 제품 E의 단위당 최소가격 = 단위당 변동원가 = ₩100

(물음 6) 제품별 최적생산량

① 기계시간의 제약여부 판단

　두 대의 생산기계로 이용가능한 시간은 300시간이고 이 시간으로 제품 A와 B의 예상수요량 100개와 50개를 (필요시간 200시간) 충분히 생산할 수 있으므로 더 이상 제약자원이 아니다.

② 노무시간의 제약여부 판단

　2011년에 이용할 수 있는 노무시간 200시간으로 감소하였고 제품 A의 단위당 노무시간은 2010년 노무시간 차이로 인한 단위당 직접노무원가의 증가액이 ₩20이므로 노무시간당 표준임률 ₩10이면 단위당 2시간이 예산보다 증가하였으므로 단위당 4시간이 된다.

　따라서 제품 A와 B의 예상수요량 100개와 50개(필요시간 = 100개 × 4시간 + 50개 × 4시간 = 600시간)를 충분히 생산할 수 없으므로 노무시간이 새로운 제약자원이 된다.

③ 노무시간 제약하에 제품별 최적생산량

	제품 A	제품 B
예상 수요량	100개	50개
단위당 공헌이익	₩137	₩188
단위당 노무시간	4시간	4시간 ≤ 200시간
노무시간당 공헌이익	₩34.25	₩47
생산·판매 우선순위	②	①
판매량	-	50개
소요노무시간	-	200시간

∴ 예상부문이익: 50개 × ₩188 = ₩9,400

(물음 7) 성과평가의 문제점

부문장이 단기적 성과만 고려하여 기계를 구입하였으나 실제성과는 2010년 기계를 충분히 활용하지 못하였고 또한 단기적으로 성과를 극대화하는 과정에서 값싼 원재료를 구입하여 이로 인해 장인들이 2010년 말 대거 퇴사하여서 이용가능한 노무시간이 감소하여 노무시간이 새로운 제약이 되어 2011년 예산상 공헌이익이 오히려 감소하는 결과를 초래하였다. 기본적으로 ROI, RI 등 회계상이익을 근거로 하는 단기적 성과평가시스템은 설비투자와 같은 장기투자와 관련한 적절한 성과평가시스템이 아니며 적절한 성과평가는 설비의 수명동안 창출된 현금흐름(이익)을 근거로 이루어지는 것이 바람직하다.

제10장 │ 책임회계와 성과평가

복수제품의 매출차이분석

(주)경희는 제품 A와 B를 생산하여 판매하고 있다. 20×1년의 원가 및 판매와 관련된 자료는 다음과 같다.

	종합예산	
	제품 A	제품 B
매출수량	360개	240개
단위당 판매가격	₩400	₩500
단위당 변동원가	200	350
고정원가	45,000	

	실제판매상황	
	제품 A	제품 B
매출수량	270개	405개
단위당 판매가격	₩450	₩480
단위당 변동원가	210	330
고정원가	48,000	

제품 A와 B는 동일한 산업 내에서 판매되는 제품이다. 그리고 예산상의 시장규모는 7,500개였으나, 실제의 시장규모는 9,000개였다.

(물음 1) 매출총차이를 매출가격차이와 매출조업도차이로 분리하시오.

(물음 2) 매출조업도차이를 매출배합차이와 매출수량차이로 분리하시오.

(물음 3) 매출수량차이를 시장점유율차이와 시장규모차이로 세분하시오.

(물음 4) 차이발생원인을 설명하시오.

정답 및 해설

🔍 **자료분석**

	Acm(= AP - SV)	Bcm(= BP - SV)
제품 A	₩250(= ₩450 - ₩200)	₩200(= ₩400 - ₩200)
제품 B	₩130(= ₩480 - ₩350)	₩150(= ₩500 - ₩350)

(물음 1) 매출가격차이와 매출조업도차이

	AQ × Acm	AQ × Bcm	BQ × Bcm
제품 A	270개 × @250 = ₩67,500	270개 × @200 = ₩54,000	360개 × @200 = ₩72,000
제품 B	405개 × @130 = 52,650	405개 × @150 = 60,750	240개 × @150 = 36,000
계	₩120,150	₩114,750	₩108,000

매출가격차이 ₩5,400 F | 매출조업도차이 ₩6,750 F

매출총차이 ₩12,150 F

(물음 2) 매출배합차이와 매출수량차이

	AQ × Bcm	Total AQ × BM × Bcm	BQ × Bcm
제품 A	270개 × @200 = ₩54,000	675개 × 0.6* × @200 = ₩81,000	360개 × @200 = ₩72,000
제품 B	405개 × @150 = 60,750	675개 × 0.4 × @150 = 40,500	240개 × @150 = 36,000
계	₩114,750	₩121,500	₩108,000

매출배합차이 ₩6,750 U | 매출수량차이 ₩13,500 F

매출조업도차이 ₩6,750 F

* BM(예산매출배합): 360개 ÷ (360개 + 240개) = 0.6

(물음 3) 시장점유율차이와 시장규모차이

실제규모 × 실제점유율 × BACM	실제규모 × 예산점유율 × BACM	예산규모 × 예산점유율 × BACM
9,000개 × 0.075[*1] × @180[*2]	9,000개 × 0.08[*3] × @180[*2]	7,500개 × 0.08[*3] × @180[*2]
= ₩121,500	= ₩129,600	= ₩108,000

시장점유율차이 ₩8,100 U ‖ 시장규모차이 ₩21,600 F

매출수량차이 ₩13,500 F

*1 (270개 + 405개) ÷ 9,000개 = 0.075
*2 ₩200 × 0.6 + ₩150 × 0.4 = ₩180
*3 (360개 + 240개) ÷ 7,500개 = 0.08

> **참고**
>
> 매출총차이 ┌ 매출가격차이(₩5,400 F)
> (₩12,150 F) └ 매출조업도차이(₩6,750 F) ┌ 매출배합차이(₩6,750 U)
> └ 매출수량차이(₩13,500 F) ┌ 시장점유율차이(₩8,100 U)
> └ 시장규모차이(₩21,600 F)

(물음 4) 차이발생원인

매출총차이가 유리하게 나타난 것은 상대적으로 공헌이익이 높은 제품 A의 매출배합비율이 예산보다 감소하고 실제점유율도 예산점유율보다 낮아져서 불리한 차이가 발생하였다. 그러나 실제시장규모가 예산시장규모보다 상당히 커진 결과 기업 전체적으로는 유리한 매출총차이가 발생한 것이다.

> **참고**
>
> 여러 종류의 제품을 판매하는 경우에는 개별제품의 매출가격차이를 구하여 모두 합하면 기업 전체의 매출가격 차이가 계산된다. 단위당 실제공헌이익은 단위당 실제판매가격에서 단위당 표준변동원가를 차감하여 계산하며, 단위당 예산공헌이익은 단위당 예산판매가격에서 단위당 표준변동원가를 차감하여 계산한다. 이와 같이 단위 당 실제공헌이익 계산 시에 표준변동원가를 차감하는 이유는 생산부문의 비능률을 제거하여 순수한 판매부문 의 차이만을 분석하기 위해서이다.

한국회사는 X사업부와 Y사업부로 구성되어 있으며 당기 자료는 다음과 같다. (단, 자산은 모두 영업자산이고 고정부채는 모두 이자발생부채이다)

	X사업부	Y사업부	합계
유동자산	₩20,000	₩40,000	₩60,000
고정자산	30,000	160,000	190,000
계	₩50,000	₩200,000	₩250,000
유동부채	₩10,000	₩40,000	₩50,000
고정부채	-	-	100,000
자본	-	-	100,000
계			₩250,000

	X사업부	Y사업부	합계
매출액	₩200,000	₩500,000	₩700,000
변동원가	100,000	200,000	300,000
공헌이익	₩100,000	₩300,000	₩400,000
고정원가	80,000	260,000	340,000
영업이익	₩20,000	₩40,000	₩60,000
이자비용(10%)			10,000
세전이익			₩50,000
법인세(40%)			20,000
당기순이익			₩30,000

[추가자료]

① 고정부채의 장부가액과 시장가치는 동일하며 이자율은 10%이다.

② 자본의 시장가치는 ₩150,000이며 자기자본비용은 11%이다.

③ 법인세율은 40%이다.

(물음 1) 각 사업부의 투자수익률을 구하시오.

(물음 2) 각 사업부의 잔여이익을 구하시오. (단, 각 사업부에 대하여 요구되는 최저필수수익률은 10%라고 가정한다)

(물음 3) 각 사업부의 경제적 부가가치를 구하시오.

| 정답 및 해설 |

(물음 1) 투자수익률(ROI)

$$\text{ROI}_X = \frac{\text{₩}20,000}{\text{₩}50,000} = 40\%$$

$$\text{ROI}_Y = \frac{\text{₩}40,000}{\text{₩}200,000} = 20\%$$

(물음 2) 잔여이익(RI)

$\text{RI}_X = \text{₩}20,000 - \text{₩}50,000 \times 10\% = \text{₩}15,000$
$\text{RI}_Y = \text{₩}40,000 - \text{₩}200,000 \times 10\% = \text{₩}20,000$

(물음 3) 경제적 부가가치(EVA)

(1) 가중평균자본비용(WACC)

$$\frac{\text{₩}150,000}{\text{₩}150,000 + \text{₩}100,000} \times 11\% + \frac{\text{₩}100,000}{\text{₩}150,000 + \text{₩}100,000} \times 10\% \times (1 - 0.4) = 9\%$$

자본구성비율을 구할 때에는 장부가액이 아닌 시장가치를 기준으로 하는 것이 타당하다.
왜냐하면 시장가치는 여러 투자자들에 의하여 시장에서 형성된 객관적 가치이므로 경제적 가치를 보다 잘 반영하기 때문이다.

(2) 경제적 부가가치(EVA)

$\text{EVA}_X = \text{₩}20,000 \times (1 - 0.4) - (\text{₩}50,000 - \text{₩}10,000) \times 9\% = \text{₩}8,400$
$\text{EVA}_Y = \text{₩}40,000 \times (1 - 0.4) - (\text{₩}200,000 - \text{₩}40,000) \times 9\% = \text{₩}9,600$

(주)What는 20×1년 1월의 예산을 편성하고자 하며 20×1년 1월 1일 현재의 재무상태표는 다음과 같다. 회사는 재고자산의 평가방법으로 선입선출법을 택하고 있다.

	재무상태표 20×1년 1월 1일		
현금	₩150,000	매입채무	₩60,000
매출채권	375,000	자본금	600,000
원재료(4,800kg × ₩4)	19,200	이익잉여금	759,600
제품(4,050개 × ₩68)	275,400		
유형자산	1,500,000		
감가상각누계액	(900,000)		
	₩1,419,600		₩1,419,600

(1) 제품의 단위당 판매가격은 ₩90이며, 예상판매량은 1월에 13,500개, 2월에 18,000개, 3월에 24,000개이며 매월 기초제품재고는 당월 예상판매량의 30% 수준으로 유지하려 한다.

(2) 매월 기초원재료재고는 당월 제품생산에 필요한 원재료의 15% 수준으로 유지하려 한다.

(3) 제품 단위당 변동제조원가는 다음과 같으며 1월의 예상고정제조간접원가는 ₩48,000으로 감가상각비 ₩74,250을 포함한 금액이다. 월초 및 월말의 재공품재고는 없다.

직접재료원가: 7kg × ₩4 =	₩28
직접노무원가: 1시간 × ₩15 =	15
변동제조간접원가: 1시간 × ₩20 =	20
	₩63

(4) 1월의 예상판매관리비는 임차료 ₩90,000, 리스료 ₩60,000이며, 판매수수료는 제품 단위당 ₩8이다.

(5) 모든 매출은 외상으로 이뤄지며 매출채권의 90%는 당월에 회수되고, 나머지는 다음 달에 회수된다. 원재료의 매입은 외상으로 이뤄지며 매입액 중 3/4는 당월에 지급되고, 나머지는 다음 달에 지급된다.

(6) 직접노무원가, 변동제조간접원가, 감가상각비를 제외한 고정제조간접원가는 발생한 달에 전액 지급된다.

(물음 1) 1월의 원재료 매입예산을 작성하시오.

(물음 2) 1월의 예산손익계산서를 작성하시오.

(물음 3) 1월의 현금예산을 작성하시오.

| 정답 및 해설 |

(물음 1) 1월의 원재료 매입예산

(1) 제조예산(제품계정)

	1월				2월		
기초	4,050개	판매	13,500개	기초	5,400개	판매	18,000개
생산	14,850	기말[*1]	5,400	생산	19,800	기말[*2]	7,200
	18,900개		18,900개		25,200개		25,200개

*1 18,000개 × 30% = 5,400개
*2 24,000개 × 30% = 7,200개

(2) 원재료예산(원재료계정)

	1월		
기초	4,800kg	투입[*1]	103,950kg
구입	119,940	기말[*2]	20,790
	124,740kg		124,740kg

*1 14,850개 × 7kg = 103,950kg
*2 19,800개 × 7kg × 15% = 20,790kg

1월 원재료 매입예산: 119,940kg × ₩4 = ₩479,760

(물음 2) 1월의 예산손익계산서

(1) 예산매출원가계산서

직접재료원가: 14,850개 × 7kg × ₩4 =	₩415,800
직접노무원가: 14,850개 × 1시간 × ₩15 =	222,750
변동제조간접원가: 14,850개 × 1시간 × ₩20 =	297,000
고정제조간접원가	74,250
당기총제조원가(= 당기제품제조원가)	₩1,009,800
기초제품: 4,050개 × ₩68[*] =	275,400
(-) 기말제품: 5,400개 × ₩68[*] =	(367,200)
매출원가	₩918,000

* 당기 제품 단위당 제조원가: ₩1,009,800 ÷ 14,850개 = ₩68

(2) 예산손익계산서

매출액: 13,500개 × ₩90 =		₩1,215,000
매출원가		(918,000)
매출총이익		₩297,000
판매관리비		
임차료	₩90,000	
리스료	60,000	
판매수수료: 13,500개 × ₩8 =	108,000	(258,000)
영업이익		₩39,000

(물음 3) 1월의 현금예산

현금수입

매출채권회수액: ₩375,000 + ₩1,215,000 × 90% =		₩1,468,500
기초매출채권		

현금지출

매입채무지급액: ₩60,000 + ₩479,760 × 3/4 =	₩419,820	
기초매입채무		
직접노무원가	222,750	
변동제조간접원가	297,000	
고정제조간접원가: ₩74,250 - ₩15,000 =	59,250	
판매관리비	258,000	(1,256,820)
월초현금잔액		150,000
월말현금잔액		₩361,680

해커스 세무사 **眞원가관리회계연습**

제10장

책임회계와 성과평가

(1) (주)한국은 한 종류의 제품을 생산하여 판매하고 있으며 제품의 단위당 표준변동제조원가는 다음과 같다.

직접재료원가		
A: ₩2 × 2kg =	₩4	
B: ₩1 × 3kg =	3	₩7
직접노무원가: ₩30 × 0.1시간 =		3
변동제조간접원가: ₩10 × 0.1시간 =		1
단위당 변동제조원가		₩11

(2) 20×1년에 (주)한국의 변동원가계산에 의한 예산손익계산서는 다음과 같다.

예산공헌이익 손익계산서

매출: 30,000단위 × ₩30 =		₩900,000
변동원가		
변동제조원가	₩330,000	
변동판매관리비	30,000	360,000
공헌이익		₩540,000
고정원가		
고정제조원가	₩90,000	
고정판매관리비	50,000	140,000
영업이익		₩400,000

(3) 20×1년 제품의 (주)한국의 실제생산 및 판매수량은 40,000단위이다. 제품의 실제판매가격은 단위당 ₩31이었고, 실제 발생한 원가는 다음과 같다.

직접재료원가 A(100,000kg)	₩200,000
직접재료원가 B(150,000kg)	300,000
직접노무원가(12,000시간)	384,000
변동제조간접원가	55,000
변동판매관리비	40,000
고정제조간접원가	80,000
고정관리비	60,000
계	₩1,119,000

(물음 1) (주)한국의 20×1년의 변동원가계산에 의한 실제영업이익을 계산하시오.

(물음 2) (주)한국의 20×1년 성과보고서를 작성하고 변동예산차이와 매출조업도차이를 계산하시오.

(물음 3) (주)한국의 원가중심점 성과를 평가하여 다음에 답하시오.

    (1) 직접재료원가 가격차이와 능률차이

    (2) 직접재료원가 배합차이와 수율차이

    (3) 직접노무원가 가격차이와 능률차이

    (4) 변동제조간접원가 소비차이와 능률차이

    (5) 고정제조간접원가 예산차이와 조업도차이

    (6) 제조간접원가 변동예산차이

    (7) 제조간접원가 소비차이

(물음 4) (주)한국이 판매하고 있는 제품 A의 예상시장규모는 300,000단위였으며 실제시장규모는 500,000단위였다. 이를 기초로 미래의 수익중심점 성과를 평가하여 다음에 답하시오.

    (1) 매출가격차이와 매출조업도차이

    (2) 시장점유율차이와 시장규모차이

| 정답 및 해설 |

(물음 1)

매출액: 40,000단위 × ₩31 =		₩1,240,000
변동원가		
변동제조원가	₩939,000	
변동판매관리비	40,000	979,000
공헌이익		₩261,000
고정원가		
고정제조원가	80,000	
고정판매관리비	60,000	140,000
영업이익		₩121,000

(물음 2)

	실제성과	차이	변동예산	차이	고정예산
매출액	₩1,240,000	₩40,000 F	₩1,200,000		₩900,000
변동원가					
변동제조원가	939,000	499,000 U	440,000[*1]		330,000
변동판관비	40,000	0	40,000[*2]		30,000
공헌이익	₩261,000	459,000 U	₩720,000	₩180,000 F	₩540,000
고정원가					
고정제조원가	80,000	10,000 F	90,000		90,000
고정판관비	60,000	10,000 U	50,000		50,000
영업이익	₩121,000	459,000 U	₩580,000	180,000 F	₩400,000

*1 40,000개 × ₩11 = ₩440,000
*2 40,000개 × ₩1 = ₩40,000

변동예산차이 ₩459,000 불리, 매출조업도차이 ₩180,000 유리

(물음 3)

(1) 직접재료원가 가격차이와 능률차이

	AQ × AP	AQ × SP	SQ × SP
A	100,000kg × @2	100,000kg × @2	40,000개 × 2kg × @2
B	150,000kg × @2	150,000kg × @1	40,000개 × 3kg × @1
계	₩500,000	₩350,000	₩280,000

가격차이 ₩150,000 U 능률차이 ₩70,000 U

(2) 직접재료원가 배합차이와 수율차이

	AQ × SP	Total AQ × BM × SP	SQ × SP
A	100,000kg × @2	100,000kg[*1] × @2	40,000개 × 2kg × @2
B	150,000kg × @1	150,000kg[*2] × @1	40,000개 × 3kg × @1
계	₩350,000	₩350,000	₩280,000

배합차이 ₩0 수율차이 ₩70,000 U

*1 250,000kg × 40% = 100,000kg
*2 250,000kg × 60% = 150,000kg

(3) 직접노무원가 가격차이와 능률차이

AQ × AP	AQ × SP	SQ × SP
12,000시간 × @32	12,000시간 × @30	40,000개 × 0.1시간 × @30
= ₩384,000	= ₩360,000	= ₩120,000

가격차이 ₩24,000 U 능률차이 ₩240,000 U

(4) 변동제조간접원가 소비차이와 능률차이

실제	AQ × SP	SQ × SP
	12,000시간 × @10	40,000개 × 0.1시간 × @10
₩55,000	= ₩120,000	= ₩40,000

소비차이 ₩65,000 F 능률차이 ₩80,000 U

(5) 고정제조간접원가 예산차이와 조업도차이

실제	예산	SQ × SP
	3,000시간* × @30	40,000개 × 0.1시간 × @30
₩80,000	= ₩90,000	= ₩120,000

예산차이 ₩10,000 F 조업도차이 ₩30,000 F

* 기준조업도 30,000개 × 0.1시간 = 3,000시간

(6) 제조간접원가 변동예산차이

실제	산출량기준 제조간접원가(변동예산)
₩55,000 + ₩80,000	40,000개 × 0.1시간 × @10 + ₩90,000
= ₩135,000	= ₩130,000

변동예산차이 ₩5,000 U

(7) 제조간접원가 소비차이

실제	투입량기준 제조간접원가(변동예산)
₩55,000 + ₩80,000	12,000시간 × @10 + ₩90,000
= ₩135,000	= ₩210,000

소비차이 ₩75,000 F

(물음 4)

(1) 매출가격차이와 매출조업도차이

실제성과	변동예산	고정예산
AQ × (AP - SV)	AQ × (BP - SV)	BQ × (BP - SV)
40,000개 × (@31 - @12*)	40,000개 × (@30 - @12*)	30,000개 × (@30 - @12*)
= ₩760,000	= ₩720,000	= ₩540,000

매출가격차이 ₩40,000 F | 매출조업도차이 ₩180,000 F

* 표준변동원가: ₩360,000 ÷ 30,000개 = @12

(2) 시장점유율차이와 시장규모차이

실제성과	변동예산	고정예산
실제규모 × 실제점유율 × (BP - SV)	실제규모 × 예산점유율 × (BP - SV)	예산규모 × 예산점유율 × (BP - SV)
500,000개 × 8% × (@30 - @12)	500,000개 × 10% × (@30 - @12)	300,000개 × 10% × (@30 - @12)
= ₩720,000	= ₩900,000	= ₩540,000

시장점유율차이 ₩180,000 U | 시장규모차이 ₩360,000 F

속초회사는 의약품을 제조하여 판매하고 있다. 20×1년 실제성과와 최초예산을 비교하여 작성한 성과보고서는 다음과 같다.

	실제		최초예산		차이
생산량		15,000개		10,000개	
직접재료원가	12,000g × @25 =	₩300,000	10,000g × @20 =	₩200,000	₩100,000 U
직접노무원가	2,100시간 × @30 =	63,000	2,000시간 × @30 =	60,000	3,000 U
변동제조간접원가		58,000	4,000시간 × @10 =	40,000	18,000 U
고정제조간접원가		50,000		40,000	10,000 U
계		₩471,000		₩340,000	₩131,000 U

(1) 기초 및 기말재고는 없다고 가정한다.

(2) 제품원가계산을 하기 위하여 고정제조간접원가는 1개당 ₩4씩 배부되며, 당기의 실제기계시간은 6,200시간이다.

(3) 위의 성과보고서를 본 사장은 원가를 통제하지 못했다는 이유로 생산관리자를 해고시켰다.

(물음 1) 20×1년의 실제성과와 변동예산을 비교하는 변동예산 성과보고서를 작성하시오.

(물음 2) 원가차이분석을 하시오.

(물음 3) 생산관리자가 해고된 것이 타당한지에 대해서 논평하시오.

| 정답 및 해설 |

(물음 1)

	실제	변동예산	차이
생산량	15,000개	15,000개	
직접재료원가	12,000g × @25 = ₩300,000	15,000개 × 1g[*] × @20 = ₩300,000	₩0
직접노무원가	2,100시간 × @30 = 63,000	15,000개 × 0.2시간[*] × @30 = 90,000	27,000 F
변동제조간접원가	58,000	15,000개 × 0.4시간[*] × @10 = 60,000	2,000 F
고정제조간접원가	50,000	40,000	10,000 U
계	₩471,000	₩490,000	₩19,000 F

* 허용된 표준투입량은 다음과 같이 계산된다.
  원재료: 10,000g ÷ 10,000개 = 1g/개
  직접노무시간: 2,000시간 ÷ 10,000개 = 0.2시간/개
  기계시간: 4,000시간 ÷ 10,000개 = 0.4시간/개

(물음 2)

	실제 AQ × AP	AQ × SP	변동예산 SQ × SP
직접재료원가	12,000g × @25 = ₩300,000	12,000g × @20 = ₩240,000	15,000개 × 1g × @20 = ₩300,000

가격차이 ₩60,000 U │ 능률차이 ₩60,000 F
변동예산차이 ₩0

직접노무원가	2,100시간 × @30 = ₩63,000	2,100시간 × @30 = ₩63,000	15,000개 × 0.2시간 × @30 = ₩90,000

가격차이 ₩0 │ 능률차이 ₩27,000 F
변동예산차이 ₩27,000 F

변동제조간접원가	₩58,000	6,200기계시간 × @10 = ₩62,000	15,000개 × 0.4기계시간 × @10 = ₩60,000

소비차이 ₩4,000 F │ 능률차이 ₩2,000 U
변동예산차이 ₩2,000 F

	실제	예산	배부
고정제조간접원가	₩50,000	₩40,000	15,000개 × @4 = ₩60,000

예산차이 ₩10,000 U │ 조업도차이 ₩20,000 F
변동예산차이 ₩10,000 F

(물음 3)

10,000개에 대한 최초예산과 15,000개의 실제성과를 비교하여 생산관리자를 해고한 것은 잘못이다. 왜냐하면 예산보다 실제생산량을 5,000개 증가시켰기 때문에 올바른 성과평가를 위해서는 실제생산량 15,000개에 대한 예산(변동예산)과 15,000개에 대한 실제성과를 비교하여 성과평가를 하는 것이 타당하기 때문이다. 따라서 생산관리자는 직접재료원가 가격차이, 직접노무원가 가격차이 및 고정제조간접원가 조업도차이를 제외한 나머지 차이 ₩79,000 F(= ₩60,000 F + ₩27,000 F + ₩2,000 F − ₩10,000 U)에 대해서만 책임이 있다. 그러므로 생산관리자가 능률적으로 제조활동을 수행하여 유리한 차이가 발생하였는데도 불구하고 생산관리자를 해고한 것은 잘못이다.

당사는 전자계산기를 제조하는 회사로서 제품 D와 T를 생산하고 있다. 올해 시장규모는 D제품 200,000 개, T제품 300,000개, 총 500,000개로 예상하고 있다. 두 제품에 대한 당기 예산자료는 다음과 같다.

	D	T
기초재고	1,500개	1,000개
단위당 판매가격	₩38	₩35
단위당 직접재료원가	10	12
단위당 변동가공원가	5	6
단위당 변동판매비	3	4
판매량	18,000개	27,000개
기말재고	1,000	2,500

그러나 당기의 실제 시장규모는 D제품이 180,000개, T제품이 270,000개로 전체 시장규모가 총 450,000개에 그쳤다. 실제 판매자료는 다음과 같다.

	D	T
기초재고	1,500개	1,000개
단위당 판매가격	₩36	₩40
단위당 직접재료원가	9	10
단위당 변동가공원가	5	6
단위당 변동판매비	3	4
판매량	15,300개	22,950개
기말재고	1,000	2,500

고정가공원가와 고정판매비 발생액은 ₩300,000이고, 전기 및 당기의 단위당 원가는 동일하다.

(물음 1) 매출조업도차이 계산 시 회사의 실제공헌이익이 아닌 예산공헌이익을 사용하는 이유를 2 줄 이내로 쓰시오.

(물음 2) 매출수량차이를 구하고 이를 시장점유율차이와 시장규모차이로 세분하시오. 이 중에서 영 업담당 부장이 통제가능한 차이가 무엇인지 설명하시오.

(물음 3) 회사가 시장규모에 미치는 영향이 미미하다고 할 때 시장규모차이에 대한 책임은 누가 져야 하는가?

(물음 4) 초변동원가계산에 의하면 직접재료원가만이 재고가능원가에 포함되며, 나머지는 모두 당기비용으로 처리된다. T제품의 기초재고가 1,000개인 경우와 3,000개인 경우 각각에 대하여 T제품의 실제 영업이익을 구하시오. 그리고 이러한 차이가 나는 이유가 무엇인지 설명하시오. (단, 판매량 및 기말재고는 두 가지 경우 모두 22,950개와 2,500개라고 가정한다)

(물음 5) 초변동원가계산에 의한 영업이익과 변동원가계산에 의한 영업이익이 차이가 발생하는 이유를 설명하시오. (변동원가계산에 의한 영업이익을 구할 필요는 없음)

| 정답 및 해설 |

(물음 1)

매출조업도차이란 변동예산과 고정예산의 차이로 이는 실제 판매량과 예산상 판매량의 차이를 말하므로, 판매부문의 성과평가인 매출조업도차이 분석 시 가격효과를 배제하기 위해 예산공헌이익을 사용한다.

(물음 2)

🔍 자료분석

	D	T	합계
Bcm = BP - SV	₩38 - ₩18 = ₩20	₩35 - ₩22 = ₩13	
BQ	18,000개	27,000개	45,000개
AQ	15,300	22,950	38,250

① 예산점유율: $\dfrac{45,000개}{500,000개}$ = 9%

② 실제점유율: $\dfrac{38,250개}{450,000개}$ = 8.5%

③ BACM(예산평균공헌이익): $\dfrac{18,000개 \times @20 + 27,000개 \times @13}{18,000개 + 27,000개}$ = @15.8

변동예산	변동예산(예산점유율화)	고정예산
38,250개 × @15.8	450,000개 × 9% × @15.8	45,000개 × @15.8
= ₩604,350	= ₩639,900	= ₩711,000

시장점유율차이 ₩35,550 U | 시장규모차이 ₩71,100 U

매출수량차이 ₩106,650 U

영업담당 부장 입장에서 통제가능한 차이는 시장점유율차이이다.

(물음 3)

회사가 시장선도자가 아니라면 시장규모차이에 대해서 책임지는 부서는 없다.

(물음 4)

① 기초재고 1,000개인 경우

매출: 22,950개 × ₩40 =	₩918,000
직접재료원가: 22,950개 × ₩10 =	229,500
공헌이익	₩668,500
변동가공원가: 24,450개 × ₩6 =	146,700
변동판매비: 22,950개 × ₩4 =	91,800
고정원가	300,000
영업이익	₩150,000

② 기초재고 3,000개인 경우

매출: 22,950개 × ₩40 =	₩918,000
직접재료원가: 22,950개 × ₩10 =	229,500
공헌이익	₩668,500
변동가공원가: 22,450개 × ₩6 =	134,700
변동판매비: 22,950개 × ₩4 =	91,800
고정원가	300,000
영업이익	₩162,000

③ 초변동원가계산에서는 직접재료원가만이 제품원가가 되고 변동가공원가 발생액은 전액 당기비용처리되므로 위의 차이는 생산량차이에 따른 변동가공원가의 차이이다.

(물음 5)

초변동원가계산에서는 변동원가계산의 차이는 변동가공원가의 자산화 여부에 있다.

(주)한국의 밸브부문은 소형 밸브를 생산하고 있다. (주)한국은 부문을 자율적인 단위로 운영하고 부문 경영자에게 가격결정을 비롯한 제반 의사결정에 대해서 대폭적인 재량권을 주고 있으며 각 부문은 적어도 10% 투자수익률을 얻어야만 하고 밸브부문의 전기 투자수익률은 12%였다. 밸브부문의 평균영업이용자산은 다음과 같다.

현금	₩4,310,000
매출채권	48,600,000
재고자산	100,000,000
공장 및 생산설비(장부가액)	167,000,000
자산총계	₩320,000,000

밸브는 단위당 ₩2,500에 판매된다. 밸브의 단위당 변동원가는 ₩1,500이고, 고정원가는 연간 ₩200,000,000이다. 부문은 연간 300,000단위의 밸브를 생산할 수 있다.

※ 다음 (물음)은 각각 독립적이다.

(물음 1) 밸브부문이 전기 투자수익률을 달성하기 위해서 매년 몇 단위의 밸브를 판매하여야 하는가?

(물음 2) 밸브부문은 현재 12%의 투자수익률을 달성하고 있다. 부문의 투자수익률을 높이기 위해 부문경영자는 밸브당 판매가격을 4% 올리려고 한다. 시장조사에 의하면 판매가격을 인상하면 매년 판매량이 20,000단위 감소할 것으로 예상된다. 한편, 판매량 감소와 함께 매출채권과 재고자산도 감소하여 ₩30,000,000의 영업자산이 감소될 것으로 예상된다. 부문경영자가 판매가격을 인상한 경우에 영업이익률, 자산회전율, 투자수익률을 계산하시오.

(물음 3) 밸브부문의 정상적인 매출수준이 연간 240,000단위라고 가정하자. (주)한국의 해외고객이 밸브부문이 생산하고 있는 밸브를 단위당 ₩2,000의 가격에 20,000단위 공급해 달라는 주문을 하였다. 밸브부문의 경영자는 밸브 한 단위의 원가가 다음과 같다는 것을 지적하면서 이 가격에 밸브를 공급하는 것을 거부하고 있다.
밸브부문 경영자는 정상판매가격인 ₩2,500이 유지되어야만 밸브부문의 수익률이 12%를 넘을 수 있다고 지적하면서 다음과 같은 말을 했다.
"우리가 단위당 ₩2,000에 밸브를 공급하게 되면 투자수익률은 감소하게 될 것입니다. 이 밸브를 생산하게 되면 재고자산이 증가하여 ₩30,000,000의 영업용 자산이 증가하게 되므로 특별주문을 수락할 수 없습니다."
당신은 밸브부문의 경영자가 주장하고 있는 의견에 동의하는가? 그 계산근거를 제시하시오.

(물음 4) (물음 3)에서 밸브부문의 경영자가 관련 자료를 정확하게 분석한 경우에 전기 수익률을 달성하기 위해 이 주문을 수락할 수 있는 최소판매가격은 얼마인가?

(물음 5) 투자수익률(ROI)만을 이용하여 사업부장의 성과평가를 하는 경우 발생할 수 있는 대표적인 문제점을 간략하게 지적하시오.

(물음 6) (주)한국이 경영자의 성과평가를 잔여이익(residual income)에 입각하여 평가하는 것으로 수정하는 경우에 (물음 3)에서 밸브부문의 경영자가 불리한 평가를 받지 않기 위해 부과해야 하는 특별주문의 최소판매가격은 얼마인가?

(물음 7) 최근 들어 투자중심점의 성과평가를 위한 재무측정치로서 경제적 부가가치(EVA)가 자주 사용되고 있다. (주)한국은 이자발생부채 70억원과 자본 30억원으로 구성되어 있으며 부채에 대한 연이자율은 10%이고, 자기자본비용은 20%이며 법인세율은 30%이다. (주)한국이 경영자의 성과평가를 경제적 부가가치에 입각하여 평가하는 것으로 수정하는 경우에 (물음 3)에서 밸브부문의 경영자가 불리한 평가를 받지 않기 위해 부과해야 하는 특별주문의 최소판매가격은 얼마인가?

| 정답 및 해설 |

> **참고**
>
> 투자중심점이란 수익 및 원가뿐만 아니라 그 책임중심점의 투자효율성에 대해서도 책임을 지는 가장 포괄적인 책임중심점을 말한다.
> 투자중심점의 평가방법은 다음 3가지가 있다.
> ① 투자수익률(ROI) = 영업이익/투자액(영업자산)
> ② 잔여이익(RI) = 영업이익 - 투자액(영업자산) × 최저필수수익률
> ③ 경제적 부가가치(EVA) = 세후영업이익 - 투하자본 × 가중평균자본비용

(물음 1)

① 12%의 투자수익률을 달성하기 위한 목표이익: ₩320,000,000 × 12% = ₩38,400,000
② 전기 투자수익률을 달성하기 위한 최소판매량(x)

x × ₩2,500 = x × ₩1,500 + ₩200,000,000 + ₩38,400,000

∴ x = 238,400개

(물음 2)

> **자료분석**
>
> | | |
> |---|---|
> | 매출액: (238,400단위 - 20,000단위) × ₩2,500 × 1.04 = | ₩567,840,000 |
> | 변동원가: (238,400단위 - 20,000단위) × ₩1,500 = | 327,600,000 |
> | 공헌이익 | ₩240,240,000 |
> | 고정원가 | 200,000,000 |
> | 영업이익 | ₩40,240,000 |

(1) 판매가격 인상 시 영업이익률

₩40,240,000 ÷ ₩567,840,000 = 7.09%

(2) 판매가격 인상 시 자산회전율

₩567,840,000 ÷ (₩320,000,000 - ₩30,000,000) = 1.96회

(3) 판매가격 인상 시 투자수익률

₩40,240,000 ÷ (₩320,000,000 - ₩30,000,000) = 13.88%

(물음 3)

<특별주문을 수락하는 경우>

증분수익: 20,000단위 × ₩2,000 =   ₩40,000,000

증분비용: 20,000단위 × ₩1,500 =   (30,000,000)

증분이익   ₩10,000,000

투자수익률: (₩40,000,000* + ₩10,000,000) ÷ (₩320,000,000 + ₩30,000,000) = 14.3%

* 매출수준이 240,000단위일 경우 영업이익

특별주문을 수락하는 경우에 투자수익률은 14.3%로 수락하지 않는 경우의 투자수익률 12%보다 높게 나타난다. 따라서 밸브부문 경영자의 주장에 동의할 수 없다.

(물음 4)

(₩40,000,000 + 20,000단위 × P - 20,000단위 × ₩1,500) ÷ (₩320,000,000 + ₩30,000,000) ≥ 12%

∴ P ≥ ₩1,600

(물음 5)

투자수익률(ROI)에 의해 성과평가를 받는 사업부장은 투자대상으로 고려 중인 투자안이 회사 전체적인 입장에서 유리한 것일지라도 그 투자안으로부터 예상되는 수익률이 현행 사업부의 투자수익률(ROI)보다 낮아서 자신의 사업부의 현행 투자수익률을 낮추는 투자안을 기각하게 된다. 이러한 목표불일치문제로 인하여 회사 전체의 이익에 불리한 영향을 미치게 된다.

(물음 6)

(20,000단위 × P - 20,000단위 × ₩1,500) - ₩30,000,000 × 10% ≥ ₩0

∴ P ≥ ₩1,650

(물음 7)

① 가중평균자본비용: $10\% \times (1 - 0.3) \times \dfrac{70억원}{100억원} + 20\% \times \dfrac{30억원}{100억원} = 10.9\%$

② 특별주문의 최소판매가격

   (20,000단위 × P - 20,000단위 × ₩1,500) × (1 - 0.3) - ₩30,000,000 × 10.9% ≥ ₩0

   ∴ P ≥ ₩1,734

(주)한국의 호주지점에 근무하는 조 부장은 경영전략회의를 준비 중이다. 조 부장은 아래와 같은 자료를 김 과장에게 주었다.

(1) 20×1년 12월 31일로 종료된 회계연도의 호주지점 예산손익계산서

매출액(X: 2,000단위, Y: 3,000단위)	₩100,000
매출원가	74,000
매출총이익	₩26,000
판매비와 관리비	10,000
영업이익	₩16,000

(2) 단위당 표준변동원가

	제품 X		제품 Y	
직접재료원가	10조각 × ₩0.3 =	₩3	5파운드 × ₩0.8 =	₩4
직접노무원가	1시간 × ₩3 =	3	0.3시간 × ₩10 =	3
변동제조간접원가	1시간 × ₩2 =	2	0.3시간 × ₩10 =	3
계		₩8		₩10

(3) 모든 예산상의 판매비와 관리비는 일반적이고 고정된 비용이다. 이 중의 60%는 재량적인 비용이다

(4) 20×1년 12월 31일자로 종료된 회계연도의 실제손익계산서

매출액(X: 1,000단위, Y: 2,500단위)	₩70,000
매출원가	88,190
매출총이익	₩(18,190)
판매비와 관리비	(5,000)
영업이익	₩(23,190)

(5) 실제 판매가격은 예산 판매가격과 같았으며 실제 변동매출원가(실제 수량)는 다음과 같다.

제품 X	재료원가	₩10,240	(32,000조각)
	노무원가	5,000	(2,000시간)
	간접원가	5,000	(2,000시간)
제품 Y	재료원가	13,450	(53,800파운드)
	노무원가	15,635	(5,300시간)
	간접원가	10,865	(5,300시간)
계		₩60,190	

(6) 제품 X와 제품 Y는 서로 분리된 설비에서 생산된다. 예산상 고정제조간접원가 ₩13,000은 제품 X에 ₩4,500 제품 Y에 ₩8,500로 각각 추적 가능하다. 추적가능한 고정제조간접원가의 10%는 재량적인 원가이며 그 외의 고정제조간접원가는 구속(committed)되어 있다.

(7) 기초, 기말의 재고는 없었으며 구속된 원가는 실제발생액과 예산이 일치하였다. 다가오는 경영전략회의에서 조 부장이 준 자료의 내용이 논의될 것으로 보인다. 질문 가능한 내용들에 대해서 당신의 답안을 예상하여 준비하고자 한다.

(물음 1) 제품 X와 Y의 수익성을 분석할 수 있는 예산손익계산서를 작성하시오. (단, 제품관리자가 통제가능한 이익과 제품별로 추적가능한 이익을 구분하여 표시하시오)

(물음 2) 회사의 예산상의 공헌이익률, 손익분기점, 제품별 단위당 공헌이익을 계산하라.

(물음 3) 20×1년 12월 31일로 종료되는 회계연도의 실제 공헌이익과 사업부 관리자에 의해 통제가능한 이익을 계산하시오.

(물음 4) 20×1년 12월 31일로 종료되는 회계연도의 판매 활동에 대해 매출배합차이와 매출수량차이를 계산하시오.

(물음 5) 20×1년 12월 31일로 종료되는 회계연도의 변동제조원가에 대해 제품 X의 원가차이를 분석하시오.

| 정답 및 해설 |

> **📑 참고**
>
> 책임회계란 기업조직 내에 여러 가지 종류의 책임중심점을 설정하고, 계획과 실적에 관련된 회계수치를 책임중심점별로 집계, 분석 및 보고함으로써 책임중심점의 관리자에 대한 성과평가를 행하려는 원가회계제도이다.
> 책임회계를 통해서 각 사업부 경영자의 성과를 적절하게 평가하여 동기부여를 할 수 있도록 하기 위해서는 통제가능성과 추적가능성을 기준으로 책임중심점별로 수익과 비용을 집계하여야 한다.

(물음 1)

(1) 제품별 판매가격

실제 판매가격은 예산 판매가격과 같으므로 제품 X의 판매가격을 x, 제품 Y의 판매가격을 y라고 하면 다음 식이 성립한다.

① 예산매출: 2,000개 × x + 3,000개 × y = ₩100,000
② 실제매출: 1,000개 × x + 2,500개 × y = ₩70,000
①과 ② 연립식을 풀면 x = ₩20, y = ₩20이다.

(2) 수익성분석 예산손익계산서

	X	Y	사업부
매출액	2,000단위 × ₩20 = ₩40,000	3,000단위 × ₩20 = ₩60,000	₩100,000
변동제조원가	2,000단위 × ₩8 = ₩16,000	3,000단위 × ₩10 = ₩30,000	46,000
공헌이익	₩24,000	₩30,000	₩54,000
고정재량제조원가[*1]	450	850	1,300
제품관리자 통제가능이익	₩23,550	₩29,150	₩52,700
고정구속제조원가[*2]	4,050	7,650	11,700
제품별 추적가능이익	₩19,500	₩21,500	₩41,000
배분할 수 없는 고정원가			
제조원가(구속)[*3]			15,000
판매비와 관리비(재량)[*4]			6,000
판매비와 관리비(구속)			4,000
사업부 영업이익			₩16,000

[*1] 고정재량제조원가 = ₩4,500 × 10% : ₩8,500 × 10% → 경영자가 재량권을 가지고 있으므로 통제가능원가에 해당한다.
[*2] 고정구속제조원가는 제품관리자가 발생액을 변경할 수 없으므로 통제불가능원가이다.
[*3] ₩74,000(예산매출원가) - ₩46,000(예산변동제조원가) - ₩13,000(추적가능 고정제조간접원가) = ₩15,000
[*4] 재량판매비와 관리비는, 사업부 관리자는 재량권이 있지만 제품관리자는 통제할 수 없는 원가이다.

(물음 2)

(1) 공헌이익률: ₩54,000 ÷ ₩100,000 = 0.54

(2) 손익분기점: (₩10,000 + ₩15,000 + ₩13,000) ÷ 0.54 = ₩70,370

(3) 제품별 단위당 공헌이익

  ① 제품 X 단위당 공헌이익: ₩20 - ₩8 = ₩12
  ② 제품 Y 단위당 공헌이익: ₩20 - ₩10 = ₩10

(물음 3)

(1) 통제가능고정원가

	실제발생액	구속원가	통제가능원가
고정제조간접원가: ₩88,190 - ₩60,190	₩28,000	₩26,700*	₩1,300
고정판매관리비	5,000	4,000	1,000
계	₩33,000	₩30,700	₩2,300

* 고정구속제조원가: ₩11,700 + ₩15,000 = ₩26,700

(2) 수익성분석 실제손익계산서

	X	Y	사업부
매출액*	₩20,000	₩50,000	₩70,000
변동제조원가	20,240	39,950	60,190
재료원가	10,240	13,450	
노무원가	5,000	15,635	
간접원가	5,000	10,865	
공헌이익	₩(240)	₩10,050	₩9,810
통제가능 고정원가			1,300
관리자에 의해 통제가능한 이익			₩8,510
통제불가능 고정원가: ₩26,700 + ₩4,000 =			30,700
사업부 영업이익			₩(22,190)

* X 매출액 = 1,000단위 × ₩20 = ₩20,000
  Y 매출액 = 2,500단위 × ₩20 = ₩50,000

(물음 4)

	변동예산 AQ × (BP - SV)	Total AQ × BM × (BP - SV)	고정예산 BQ × (BP - SV)
X	1,000개 × (₩20 - ₩8) = ₩12,000	3,500개 × 2/5 × (₩20 - ₩8) = ₩16,800	2,000개 × (₩20 - ₩8) = ₩24,000
Y	2,500개 × (₩20 - ₩10) = ₩25,000	3,500개 × 3/5 × (₩20 - ₩10) = ₩21,000	3,000개 × (₩20 - ₩10) = ₩30,000
	₩37,000	₩37,800	₩54,000

매출배합차이 ₩800 U | 매출수량차이 ₩16,200 U

매출조업도차이 ₩17,000 U

(물음 5)

(1) 직접재료원가 가격차이와 능률차이

AQ × AP	AQ × SP	SQ × SP
32,000조각 × ₩0.32 = ₩10,240	32,000조각 × ₩0.3 = ₩9,600	1,000개 × 10조각 × ₩0.3 = ₩3,000

가격차이 ₩640 U | 능률차이 ₩6,600 U

(2) 직접노무원가 가격차이와 능률차이

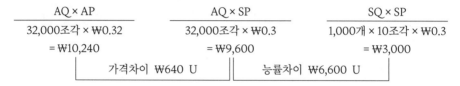

AQ × AP	AQ × SP	SQ × SP
2,000시간 × ₩2.5 = ₩5,000	2,000시간 × ₩3 = ₩6,000	1,000개 × 1시간 × ₩3 = ₩3,000

가격차이 ₩1,000 F | 능률차이 ₩3,000 U

(3) 변동제조간접원가 소비차이와 능률차이

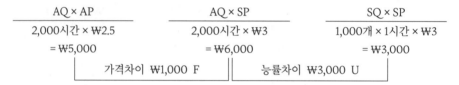

실제	AQ × SP	SQ × SP
₩5,000	2,000시간 × ₩2 = ₩4,000	1,000개 × 1시간 × ₩2 = ₩2,000

소비차이 ₩1,000 U | 능률차이 ₩2,000 U

(주)명성은 교육기자재 도매업을 하고 있다. 지점에 근무하는 사업부장은 고객을 다음과 같이 A, B, C로 구분하여 관리한다(단위: 천원).

	A	B	C	합계
매출액	₩6,000	₩4,000	₩5,000	₩15,000
매출원가(변동원가)	4,500	3,000	3,750	11,250
매출총이익	₩1,500	₩1,000	₩1,250	₩3,750
영업비용	800	950	550	2,300
운반비용	₩70	₩70	₩25	₩165
주문처리비용	80	130	30	240
감가상각비	50	60	40	150
임차료	100	140	160	400
고객유지비	140	150	20	310
포장비용	60	200	25	285
일반관리비	120	80	100	300
본사관리비	180	120	150	450
영업이익	₩700	₩50	₩700	₩1,450
투하자본	₩3,900	₩2,000	₩6,100	₩12,000

[추가자료]

(1) 운반비용의 원가동인은 각 고객에 대한 수송비로서 고객당 선적회수에 비례한다.

(2) 주문처리비는 각 고객으로부터 들어오는 구매주문서수에 비례한다.

(3) 감가상각비는 전액 제품수송을 위한 특수기계의 감가상각비이며, 각 고객별로 각기 다른 기계를 사용하나 해당 고객이 없을 경우 당 기계의 처분가치는 없다.

(4) 지점은 연간 일시불로 창고 임차료를 지불하며, 창고 내의 각 고객에 대한 제품의 점유면적비율로 각 고객에게 배분한다.

(5) 지점은 각 고객에 대한 매출액의 일정비율로 고객유지비를 책정하며, 이 비용은 각 고객별로 각기 사용된다.

(6) 포장비는 각 고객에 대한 제품 발송 시 소요되는 상자수에 비례하여 배분된다.

(7) 일반관리비는 지점영업을 위한 고정지출비용으로 각 고객별 매출액을 기준으로 배부한다.

(8) 본사관리비는 본점 영업비를 각 지점에 일정액을 배부하며 지점에서는 각 고객당 매출액비율로 배분한다.

※ 각 (물음)은 서로 독립적이다.

(물음 1) 고객 B의 영업이익이 타 고객보다 적어서 지점사업부장은 고객 B와의 거래를 중단하려 한다. 이때 고객 B에게 해당하는 창고 임대면적만큼을 당 지점이 임대할 수 있다고 할 때 사업부의 영업이익이 감소하지 않기 위한 최소한의 임대료를 구하시오.

(물음 2) 고객 B와 동일한 수익 및 원가구조를 가지는 고객 D의 추가를 고려하고 있다. 단, 추가적인 기계의 취득은 필요하지 않고 제품보관을 위한 임차료만 추가적으로 ₩120,000이 소요된다고 할 때 고객 D의 추가 여부를 결정하시오.

(물음 3) 고객 B에 대한 의사결정과 관계없이 다른 고객 E를 받아들일 것을 고려하고 있다.

    (1) 사업부의 성과평가가 투하자본에 대한 투자수익률(ROIC: return of invested capital)로 이루어지고 있는데 당 지점은 고객 E를 받아들일 것인가? 고객 E를 받아들이면 지점의 총영업이익은 ₩1,800,000이 되고 고객 E에 대한 투하자본은 ₩3,200,000이다.

    (2) 이 결정이 회사전체에 미치는 영향을 설명하시오. (단, 회사전체의 최저필수수익률은 10%이다)

(물음 4) 각 고객별로 RI를 구하시오. (단, 최저필수수익률은 (물음 3)의 가정을 사용하시오)

(물음 5) 고객 A에 대한 투하자본의 구성은 타인자본비용 12%로 총자본 중 35%를 차지하고 자기자본비용 10%로 총자본 중 65%이다. 법인세율이 40%일 때 고객 A의 매출액 ₩100당 EVA를 구하시오.

(물음 6) RI와 EVA는 개념적으로 유사한데 EVA가 RI에 비해 더 나은 점에 대해서 설명하시오.

정답 및 해설

(물음 1)

고객 B를 포기할 경우, 임대료를 x라고 하면,

증분수익		x - ₩4,000,000
증가 임대료	x	
감소 매출액	₩4,000,000	
증분비용		(3,550,000)
감소 매출원가	₩(3,000,000)	
영업비용절감액: ₩70,000 + ₩130,000 + ₩150,000 + ₩200,000 =	(550,000)	
증분이익(손실)		x - ₩450,000 ≥ 0

∴ x ≥ ₩450,000이므로, 최소임대료는 ₩450,000이다.

(물음 2) 고객 D를 추가할 경우

증분수익		₩1,000,000
증가 매출총이익		
증분비용		670,000
증가 영업비: ₩70,000 + ₩130,000 + ₩150,000 + ₩200,000 =	₩550,000	
증가 임차료	120,000	
증분이익		₩330,000 ≥ 0

∴ 고객 D를 추가하여야 한다.

(물음 3)

(1) 지점사업부장의 의사결정

　① 고객 E 추가 전 ROIC: ₩1,450,000 ÷ ₩12,000,000 = 12.08%

　② 고객 E 추가 후 ROIC: ₩1,800,000 ÷ ₩15,200,000 = 11.84%

　따라서 지점입장에서는 고객 E를 추가할 경우 추가 전보다 ROIC가 하락하므로 고객 E를 받아들이지 않는다.

(2) 회사 전체의 입장

　고객 E의 ROIC는 ₩350,000 ÷ ₩3,200,000 = 10.94%로서 최저필수수익률 10%를 초과하므로 회사 전체의 입장에서는 고객 E를 받아들여야 하나 지점에서는 고객 E를 받아들이지 않는 준최적화현상이 발생한다.

(물음 4)

RI = 영업이익 - 투하자본 × 최저필수수익률

　① 고객 A: ₩700,000 - ₩3,900,000 × 0.1 = ₩310,000

　② 고객 B: ₩50,000 - ₩2,000,000 × 0.1 = ₩(150,000)

　③ 고객 C: ₩700,000 - ₩6,100,000 × 0.1 = ₩90,000

(물음 5)

(1) 가중평균자본비용

$WACC(k_0) = k_e \times S/V + k_d(1-t) \times B/V$

$0.1 \times 0.65 + 0.12 \times (1-0.4) \times 0.35 = 0.0902$

(2) EVA

세후영업이익 - WACC × 투하자본

$= ₩700,000 \times 0.6 - ₩3,900,000 \times 0.0902 = ₩68,220$

(3) 매출액 ₩100당 EVA

$₩68,220 \div ₩6,000,000 \times ₩100 = ₩1.137$

(물음 6)

RI	EVA
① 최저필수수익률을 이용	가중평균 자본비용을 이용
② 세금효과 무시	세금효과도 고려

다음 물음에 답하시오. 특별한 가정이 없는 한 각 물음은 상호 독립적이다.

<기본 자료>

(주)세무는 제품 A를 생산·판매하고 있다. (주)세무는 안정적인 시장환경을 가지고 있어 매년 4,500단위의 제품 A 생산·판매량을 기준으로 예산을 편성하고 있으며, 매 연도에 실제 생산된 제품 A는 각 연도에 모두 판매된다. 다음은 (주)세무의 20×1년 초 예산편성을 위한 기초자료이다.

단위당 판매가격	₩200
단위당 변동매출원가	
직접재료원가	40
직접노무원가	25
변동제조간접원가	15
단위당 변동판매비와관리비	50
고정제조간접원가(총액)	135,000
고정판매비와관리비(총액)	78,000

(물음 1) 다음은 20×1년 변동원가계산을 기준으로 한 (주)세무의 실제 공헌이익손익계산서(일부)이며, 동 기간 동안 제품 A 4,200단위를 생산·판매하였다. ① 매출조업도차이, ② 변동예산차이는 각각 얼마인가? (단, 금액 뒤에 유리 또는 불리를 반드시 표시하시오)

매출액	₩924,000
변동원가	
변동매출원가	344,400
변동판매비와관리비	201,600
공헌이익	378,000
고정원가	
고정제조간접원가	140,000
고정판매비와관리비	80,000
영업이익	158,000

(물음 2) <기본 자료>와 (물음 1)의 자료를 같이 이용했을 때, ① (주)세무의 20×1년 변동원가계산과 전부원가계산에 의한 실제 영업이익의 차이금액은 얼마이며, ② (주)세무에서 그러한 차이금액이 발생한 이유는 무엇인가? (단, 재공품은 없다)

(물음 3) <기본 자료>와 (물음 1)의 자료를 같이 이용한다. (주)세무는 표준원가를 이용하여 예산을 편성하며, 제조간접원가는 직접노무시간을 기준으로 배부한다. 20×1년 제품 A의 단위당 표준직접노무시간은 1시간이다. 20×1년 제조간접원가의 능률차이는 ₩1,500(불리), 소비차이는 ₩3,500(불리)으로 나타났다. 20×1년 ① 실제 발생한 직접노무시간, ② 변동제조간접원가 실제발생액은 각각 얼마인가?

(물음 4) <기본 자료>와 같은 상황에서 20×1년 초 (주)세무는 기존 제품라인에 제품 B를 추가할 것을 고려하고 있다. 제품 B를 추가 생산·판매하더라도 제품 A의 단위당 예산판매가격과 예산변동원가는 동일하게 유지될 것으로 예측된다. 제품 B의 단위당 예산공헌이익은 ₩80 이며, 제품 A와 B의 예산판매량 기준 배합비율은 7 : 3이다. 이 경우 제품 A의 예산상 손익분기점 수량은 4,067단위이다. 제품 B의 추가 생산·판매로 인해 예산상 고정원가는 얼마나 증가하는가?

(물음 5) <기본 자료>와 같은 상황에서 제품 A의 직접재료 수량표준은 2kg이다. 20×1년 초 직접재료의 기초재고는 700kg이며, 기말재고는 차기연도 예산판매량의 10%를 생산할 수 있는 직접재료수량을 보유하고자 한다. 20×1년 초 (주)세무의 기초재공품은 150단위(가공원가 완성도 30%)이다. 기말재공품은 100단위(가공원가 완성도 20%)를 보유하고자 한다. 직접재료는 공정초에 모두 투입되며, 가공원가는 전체공정에 걸쳐 균등하게 발생한다. 20×1년 (주)세무의 직접재료구입예산(금액)은 얼마인가?

| 정답 및 해설 |

(물음 1) 성과보고서

변동원가 손익계산서	실제	변동예산(4,200단위)	고정예산(4,500단위)
매출액	₩924,000	₩840,000	₩900,000
변동원가			
변동매출원가	344,400	336,000	360,000
변동판매비와관리비	201,600	210,000	225,000
공헌이익	₩378,000	₩294,000	₩315,000
고정원가			
고정제조간접원가	140,000	135,000	135,000
고정판매비와관리비	80,000	78,000	78,000
영업이익	₩158,000	₩81,000	₩102,000

① 매출조업도차이: ₩315,000 - ₩294,000 = ₩21,000(불리한 차이)

② 변동예산차이: ₩158,000 - ₩81,000 = ₩77,000(유리한 차이)

(물음 2)

① (주)세무의 20×1년 변동원가계산과 전부원가계산에 의한 실제 영업이익의 차이금액은 0이다.

② 실제 생산된 제품이 모두 판매되었으므로 두 원가계산 시 차이를 가져오는 비용화되는 고정제조간접원가가 동일하다. 따라서 이익차이가 존재하지 않는다. 즉, 전부원가계산 시에는 고정제조간접원가가 모두 매출원가로 비용화되고 변동원가계산 시에는 발생 시 모두 비용처리된다.

(물음 3)

(1) 표준원가

	표준수량(SQ)	표준가격(SP)	표준원가(SQ × SP)
직접재료원가	2kg	₩20	₩40
직접노무원가	1h	25	25
변동제조간접원가	1h	15	15
고정제조간접원가	1h	30[*]	30
합계			₩110

* SP_f = ₩135,000 ÷ 4,500h = ₩30/h

(2) 실제발생한 노무시간과 변동제조간접원가 실제 발생액

	AQ × AP	AQ × SP	SQ × SP
변동제조간접원가		4,300h × ₩15	4,200단위 × 1h × ₩15
	₩63,000	= ₩64,500	= ₩63,000

$$\text{소비차이 ₩1,500 F}^* \qquad \text{능률차이 ₩1,500 U}$$

	실제	예산	SQ × SP
고정제조간접원가	₩140,000	₩135,000	

$$\text{예산차이 ₩5,000 U}$$

* 문제에서의 제조간접원가 소비차이 ₩3,500 불리한 차이는 3분법상의 제조간접원가 소비차이를 의미한다. 따라서 변동제조간접원가 소비차이는 ₩1,500 유리한 차이로 유추할 수 있다.

① 실제발생한 노무시간: 4,300시간

② 변동제조간접원가 실제발생액: ₩63,000

(물음 4)

① 예산가중평균공헌이익(WACM): (₩70 × 7 + ₩80 × 3) ÷ 10 = ₩73

② 손익분기점 판매량: 4,067단위 ÷ 0.7 = 5,810단위

③ 예산상 고정원가 증가액: ₩73 × 5,810단위 - ₩213,000 = ₩211,130

(물음 5)

(1) 원재료 구입량

① 사용량: 4,450단위 × 2kg = 8,900kg

② 기말재고량: 4,500단위 × 2kg × 0.1 = 900kg

③ 구입량: 8,900kg + 900kg - 700kg = 9,100kg

위 내용을 원재료 T계정으로 나타내면 다음과 같다.

원재료

기초	700kg	사용	8,900kg
구입	9,100kg	기말	900kg
합계	9,800kg	합계	9,800kg

(2) 직접재료구입예산(금액)

9,100kg × ₩20 = ₩182,000

(주)한국화공은 제품 A를 생산·판매하는 기업이며, 다음은 2005년 3/4분기 회사의 예산편성을 위한 자료들이다.

(1) 정상조업도 1,000병을 기준으로 한 제품 A의 병당 변동표준원가는 다음과 같다.

직접재료원가(직접재료 2.5ℓ, @1,200)	₩3,000
직접노무원가(노무시간 2시간, @2,500)	5,000
변동제조간접원가	1,800

(2) 회사의 연간 고정제조간접원가는 ₩14,400,000으로 예상되며, 매월 균등하게 발생한다. 월간 고정제조간접원가는 당월 생산량에 균등하게 배부한다. 대손상각비를 포함하지 않은 변동판매비와관리비는 병당 ₩1,500이며, 고정판매비와관리비는 매월 ₩4,500,000으로 예상된다.

(3) 직접재료원가와 변동가공원가는 가공의 과정에서 평균적으로 발생한다. 고정제조간접원가에는 월 ₩400,000의 감가상각비가 포함되어 있으며, 고정판매비와관리비에는 판매촉진비 ₩120,000, 개발비상각비 ₩80,000, 임차료 ₩50,000 등이 포함되어 있다.

(4) 월말 제품재고는 다음 달 예산매출량 10%를 유지하고 있으며, 월말 직접재료의 재고는 다음 달 예산소비량의 20% 수준을 유지하고 있다. 월말재공품은 없는 것으로 한다.

(5) 모든 재고자산의 매입과 매출은 외상거래로 이루어진다. 매출액의 50%는 판매한 달에 회수하고, 매출이 발생한 다음 달에 48%가 회수된다. 나머지는 매출 발생 다음 달에 대손상각비로 인식한다. 외상매입금은 매입한 달에 80%를 지급하여 이중 절반에 대하여 5%의 매입할인을 받는다. 나머지 20%는 다음 달에 지급한다.

(6) 제품 A의 병당 판매가격은 ₩20,000이며, 월별 예산매출량은 다음과 같다.

6월	7월	8월	9월
800병	900병	1,000병	1,200병

(7) 법인세율은 30%이며, 6월말 현금잔액은 ₩254,000이다.

(물음 1) 7월 중 직접재료의 예산매입액은 얼마인가?

(물음 2) 선입선출법을 이용하는 경우, 7월의 예산매출총이익과 예산영업이익은 각각 얼마인가? (단, 매입할인은 영업외비용으로 고려하시오)

(물음 3) 매년 3월에 일괄 납부하는 법인세를 제외하고 모든 비용은 발생한 달에 지급하는 것을 원칙으로 한다. 그러나 7월 중 미지급비용의 잔액은 월초에 비하여 ₩102,880 증가할 것으로 예상된다. 7월말 예상 현금잔액은 얼마인가?

(물음 4) 참여예산제도는 관련 당사자들이 그들 부문의 예산편성에 공동으로 참여하는 공동의 의사결정과정으로 사적정보(private information)를 활용할 수 있고 예산의 자기설정과정을 통하여 목표일치성을 높일 수 있다는 장점을 갖는다. 그러나 참여예산제도가 오히려 권위적 예산제도보다 성과가 높지 않다는 연구 결과도 있다. 참여예산제도 이용 시 나타날 수 있는 문제점들을 3가지만 6줄 정도로 설명하시오.

[추가자료]

7월초 회사는 연구개발의 결과로 고급품인 제품 B를 생산할 수 있게 되었다. 회사는 8월 중 총 ₩50,000,000을 투자하여 제품 B의 생산·판매를 담당할 사업부 B를 설치하였으며, 사업부 B와 관련한 자료는 다음과 같다.

(1) 제품 B의 병당 예상판매가격은 ₩400,000으로 설정하였으며, 월간 최대 판매가능량은 500병으로 예상된다. 500병을 기준으로 한 제품 B의 병당 표준제조원가는 다음과 같다.

직접재료원가(직접재료 4ℓ, @1,200)	₩4,800
직접노무원가(노무시간 6시간, @2,500)	15,000
변동제조간접원가	2,500
고정제조간접원가(월간기준)	4,000
계	₩26,300

(2) 제품 A와 B는 동일한 직접재료와 동일한 노무용역을 이용한다. 다만 회사 전체로 직접재료의 월간 총 이용가능량은 3,400ℓ이고, 일간 총 노무가능시간은 3,560시간이다.

(3) 사업부 B의 판매비와관리비는 제품 B를 500개 판매하는 경우 ₩1,095,000, 300개 판매하는 경우에는 ₩795,000으로 예상된다.

(4) 사업부 B의 투자자본 중 20%는 연 이자율 12%인 은행장기차입금으로 조달하였으며, 나머지는 내부자금으로 충당하였다. 연간 자기자본비용은 15%로 가정한다. 또한 직접재료의 매입할인은 없는 것으로 가정한다.

(물음 5) 회사는 8월 중 제품 A를 우선적으로 예산매출량만큼만 생산한 후 제품 B를 생산하여 판매하고자 한다. 투자자본의 대부분은 생산설비 구축을 위하여 사용하였으며, 순운전자본은 무시한다. 사업부 B의 8월 중 경제적 부가가치(EVA)는 얼마로 예상되는가?

(물음 6) 회사는 8월의 예산을 편성하면서 제품 A와 B가 최대 성과를 얻을 수 있도록 제품 배합을 하려고 한다. 회사가 실현가능한 최대공헌이익은 얼마인가? (단, 직접재료와 제품 A와 B의 8월초와 8월말 재고는 없는 것으로 가정한다)

│ 정답 및 해설 │

(물음 1)

(1) 제조예산

	판매량		월말재고		월초재고		생산량(제조예산)
6월	800병	+	900병 × 10%	-	800병 × 10%	=	810병
7월	900	+	1,000병 × 10%	-	900병 × 10%	=	910
8월	1,000	+	1,200병 × 10%	-	1,000병 × 10%	=	1,020

(2) 원재료 구입예산

	사용량		월말재고		월초재고		구입량
6월	810병 × 2.5ℓ	+	910병 × 2.5ℓ × 20%	-	810병 × 2.5ℓ × 20%	=	2,075ℓ
7월	910병 × 2.5ℓ	+	1,020병 × 2.5ℓ × 20%	-	910병 × 2.5ℓ × 20%	=	2,330ℓ

7월의 원재료 구입량은 2,330ℓ이다.

(3) 직접재료의 예산매입액

2,330ℓ × ₩1,200 = ₩2,796,000

(물음 2) 예산매출총이익과 예산영업이익

(1) 단위당 원가

	6월		7월	
직접재료원가		₩3,000		₩3,000
직접노무원가		5,000		5,000
변동제조간접원가		1,800		1,800
고정제조간접원가	₩1,200,000 ÷ 810병 =	1,481.48	₩1,200,000 ÷ 910병 =	1,318.68
계		₩11,281.48		₩11,118.68

(2) 7월의 예산매출총이익과 예산영업이익

매출		₩20,000 × 900개 =		₩18,000,000
매출원가	월초재고	90병 × ₩11,281.48 =	₩1,015,333	
	당월생산	910병 × ₩11,118.68 =	10,117,999	
	월말재고	100병 × ₩11,118.68 =	(1,111,868)	(10,021,464)
매출총이익				₩7,978,536
변동판매관리비		₩1,500 × 900병 =		(1,350,000)
고정판매관리비				(4,500,000)
대손상각비		800병 × ₩20,000 × 2% =		(320,000)
영업이익				₩1,808,536

(물음 3) 현금예산

Ⅰ. 현금유입액	6월 매출	800병 × ₩20,000 × 48% =	₩7,680,000	
	7월 매출	900병 × ₩20,000 × 50% =	9,000,000	₩16,680,000
Ⅱ. 현금유출액				
매입채무 지급				
6월 매입		2,075ℓ × ₩1,200 × 20% =	₩498,000	
7월 매입		2,330ℓ × ₩1,200 × 80% =	2,236,800	
매입할인		2,330ℓ × ₩1,200 × 40% × 5% =	(55,920)	
직접노무원가 지급		910병 × 2시간 × ₩2,500 =	4,550,000	
변동제조간접원가 지급		910병 × ₩1,800 =	1,638,000	
고정제조간접원가 지급		₩1,200,000 - ₩400,000 =	800,000	
변동판매관리비 지급			1,350,000	
고정판매관리비 지급		₩4,500,000 - ₩80,000 =	4,420,000	(15,436,880)
Ⅲ. 미지급비용의 증가액				102,880
Ⅳ. 현금증가액				₩1,346,000
Ⅴ. 월초현금				254,000
Ⅵ. 월말현금				₩1,600,000

(물음 4) 참여예산의 문제점

① 예산이 성과평가, 보상과 연계되어 있어 예산과 관련된 정보와 목표를 조작하려는 유인을 갖는다.
② 예산편성 시 목표달성을 위해 과잉자원을 요구할 수 있다.
③ 각 부문이 모두 예산편성에 참여하게 되므로 조직 전체적으로는 불리한 자원할당이 이루어질 수도 있다.

(물음 5) 제품 B의 EVA

(1) 생산가능량

제약요소	사용가능량	생산가능량
원재료	3,400ℓ - (1,000병 × 2.5ℓ) = 900ℓ	900ℓ ÷ 4ℓ = 225병
노무시간	3,560시간 - (1,000병 × 2시간) = 1,560시간	1,560시간 ÷ 6시간 = 260병

∴ B의 생산가능량은 225병이다.

(2) 판매관리비의 원가행태 파악

단위당 변동판매관리비를 V라고 하고, 고정판매관리비를 F라고 하면 다음 식이 성립한다.

① 500개 × V + F = ₩1,095,000

② 300개 × V + F = ₩795,000

∴ 단위당 변동판매관리비(V) = ₩1,500, 고정판매관리비(F) = ₩345,000

(3) 영업이익

(₩40,000 - ₩22,300 - ₩1,500) × 225병 - ₩4,000 × 500병 - ₩345,000 = ₩1,300,000

(4) 경제적 부가가치

$$₩1,300,000 × (1 - 0.3) - ₩50,000,000 × 13.68\%^* × \frac{1}{12} = ₩340,000$$

* 가중평균자본비용(WACC): 20% × 12% × (1 - 30%) + 80% × 15% = 13.68%

(물음 6) 최적생산배합의 결정(선형계획법)

목적함수 극대화

Z = ₩8,700* × A + ₩16,200* × B

* 단위당 공헌이익
① 제품 A: ₩20,000 - ₩9,800 - ₩1,500 = ₩8,700
② 제품 B: ₩40,000 - ₩22,300 - ₩1,500 = ₩16,200

제약조건	원재료	2.5A + 4B	≤	3,400ℓ
	노무시간	2A + 6B	≤	3,560시간
	최대판매량	B	≤	500병

최적해(A, B) = (880병, 300병)이다.

∴ 최대공헌이익: 880병 × ₩8,700 + 300병 × ₩16,200 = ₩12,516,000

제11장 │ 대체가격결정

기본문제 01 최소·최대 대체가격결정과 투자수익률

(주)한국은 두 사업부 X와 Y로 구성되어 있다. 사업부 X는 사업부 Y가 사용하는 부품을 생산하고 있다.

(1) 사업부 X의 부품생산과 관련된 원가자료는 다음과 같다.

직접재료원가	₩10
직접노무원가	2
변동제조간접원가	3
고정제조간접원가*	5
단위당 제조원가	₩20

* 조업도 200,000단위 기준

사업부 X에서 발생하는 기타비용은 다음과 같다.

고정판매비와관리비	₩500,000
변동판매비	₩1/단위

(2) 사업부 X가 생산한 부품은 외부시장에 ₩28과 ₩30 사이에서 판매되는데, 현재 사업부 X는 ₩29에 외부고객에게 부품을 판매하고 있다. 사업부 X는 연간 200,000단위까지 부품을 생산할 수 있으나, 경기침체로 인하여 내년도에는 150,000단위의 부품이 판매될 것으로 예상된다. 만일 부품이 내부적으로 판매될 경우, 변동판매비는 회피가능하다.

(3) 사업부 Y는 ₩28에 동일한 부품을 외부공급업자로부터 구입해 왔다. 내년도에는 50,000단위의 부품을 사용할 것으로 예상하고 있다. 사업부 Y의 경영자는 사업부 X로부터 단위당 ₩18에 50,000단위의 부품을 구입하라는 제의를 받았다.

(물음 1) 사업부 X가 수락할 수 있는 최소대체가격을 구하시오.

(물음 2) 사업부 Y의 경영자가 지급할 수 있는 최대대체가격을 구하시오.

(물음 3) 두 사업부 간의 내부대체가 이루어질 수 있는 대체가격을 구하시오.

(물음 4) 사업부 X의 영업자산은 ₩10,000,000이라고 가정하라. 내년도에 50,000단위의 부품이 ₩21으로 사업부 Y에 대체될 경우에 사업부 X의 투자수익률을 구하시오.

│ 정답 및 해설 │

(물음 1)

최소대체가격은 ₩15이다. 사업부 X는 유휴생산능력을 보유하고 있으므로 단지 증분비용인 변동원가만을 회수하면 된다. 왜냐하면 고정원가는 내부대체와 상관없이 동일하며, 변동판매비는 회피가능하기 때문이다.

(물음 2)

최대대체가격은 ₩28이다. 사업부 Y는 부품에 대하여 외부공급업자에게 지급해야 하는 가격보다 높은 가격을 지급하지 않는다.

(물음 3)

두 사업부 간의 내부대체가 이루어질 수 있는 대체가격 범위는 ₩15 ~ ₩28이다. 이때 회사전체의 관점에서는 대체가격에 관계없이 부품을 대체하는 것이 외부구입하는 것보다 단위당 ₩13(= ₩28 - ₩15)만큼 유리하다.

(물음 4) 투자수익률

매출액: ₩29 × 150,000단위 + ₩21 × 50,000단위 =	₩5,400,000
변동제조원가: ₩15 × 200,000단위 =	(3,000,000)
변동판매비: ₩1 × 150,000단위 =	(150,000)
공헌이익	₩2,250,000
고정제조간접원가: ₩5 × 200,000단위 =	(1,000,000)
고정판매비와관리비	(500,000)
영업이익	₩750,000

∴ 투자수익률(ROI): ₩750,000 ÷ ₩10,000,000 = 7.5%

(주)한국은 사업부 A와 B를 이익중심점으로 설정하고 있으며 사업부 A는 부품을 생산하여 사업부 B에 대체하거나 외부시장에 판매할 수 있으며, 사업부 B는 최종제품을 생산하기 위하여 사업부 A와 같은 부품을 내부대체받거나 외부구입할 수 있다. 현재 사업부 A의 최대생산능력은 2,000단위이며, 사업부 B는 현재 1,000단위의 부품을 필요로 하고 있다. 다음 자료를 보고 (물음)에 답하시오.

사업부 A		사업부 B	
제품 갑		제품 을	
판매가격	₩500	판매가격	₩1,000
변동원가	400	부품의 외부구입가격	500
		추가가공원가	600

(물음 1) 부품에 대한 외부수요가 1,000단위라고 할 경우, 대체가격 범위를 구하시오.

(물음 2) 부품에 대한 외부수요가 무한이라고 할 경우, 대체가격 범위를 구하시오.

(물음 3) 사업부 A가 2,000단위 중 1,000단위만 단위당 ₩500의 가격으로 외부시장에 판매할 수 있으며, 생산된 전량을 판매하기 위해서는 1,000단위는 ₩500의 판매가격으로 나머지 1,000단위는 판매가격을 10% 인하하여야 한다고 가정한다. 사업부 A가 2,000단위를 생산하여 이 중 1,000단위를 사업부 B에 대체하고자 할 경우 대체가 이루어지기 위한 대체가격 범위를 구하시오.

정답 및 해설

🔍 자료분석

	사업부 A		사업부 B
	외부판매	내부대체	
단위당 판매가격	₩500	P	₩1,000
단위당 변동원가	400	₩400	Min[P, ₩500] + ₩600
단위당 공헌이익	₩100	P - ₩400	(₩1,000 - P - ₩600) 또는 (₩1,000 - ₩500 - ₩600)

(물음 1) 부품의 외부수요가 1,000단위인 경우

(1) 최대대체가격: ₩400

$$\text{Min} \begin{cases} \text{외부구입가격: ₩500} \\ \text{부품단위당 지출가능원가: ₩1,000 - ₩600 = ₩400} \end{cases}$$

(2) 최소대체가격: 변동원가 = ₩400

(3) 내부대체가격 범위

```
─────────────────●─────────────────────────────────
                ₩400
          최소대체가격 = 최대대체가격
```

∴ 내부대체 시 증분손익: (최대대체가격 - 최소대체가격) × 대체수량
= (₩400 - ₩400) × 1,000단위 = ₩0

(물음 2) 부품의 외부수요가 충분한 경우

(1) 최대대체가격: ₩400

$$\text{Min} \begin{cases} \text{외부구입가격: ₩500} \\ \text{부품단위당 지출가능원가: ₩1,000 - ₩600 = ₩400} \end{cases}$$

(2) 최소대체가격: 변동원가 + 기회비용
= ₩400 + ₩100 = ₩500

(3) 내부대체가격 범위: 존재하지 않음

```
←──────────┐                    ┌──────────→
           ●                    ●
         ₩400                 ₩500
       최대대체가격            최소대체가격
```

∴ 내부대체 시 증분손실: (최대대체가격 - 최소대체가격) × 대체수량
= (₩400 - ₩500) × 1,000단위 = ₩(100,000)

(물음 3) 판매가격이 변동되는 경우

(1) 최대대체가격: ₩400

$$\text{Min} \begin{cases} \text{외부구입가격: } ₩500 \\ \text{부품단위당 지출가능원가: } ₩1,000 - ₩600 = ₩400 \end{cases}$$

(2) 최소대체가격: 변동원가 + 기회비용

$$= ₩400 + \frac{1,000단위 \times ₩50^*}{1,000단위} = ₩450$$

  * 1,000단위 내부대체를 하는 경우 판매가격이 ₩450인 외부판매 1,000단위를 포기하므로 내부대체로 인한 기회비용은 판매가격 ₩450에서 변동원가 ₩400을 차감한 '₩50/단위'이 된다.

(3) 내부대체가격 범위: 존재하지 않음

```
      ₩400                    ₩450
   최대대체가격              최소대체가격
```

  ∴ 내부대체 시 증분손실: (₩400 - ₩450) × 1,000단위 = ₩(50,000)

기본문제 03 대체가격결정과 제한된 자원의 사용 I

한국회사는 두 개의 사업부 A와 B로 구성되어 있으며, 각 사업부는 독립된 이익중심점으로 운영되고 있다. 사업부 A는 두 가지 부품 X, Y를 생산하고 있으며, 이들 두 부품의 원가는 다음과 같다.

	부품 X	부품 Y
직접재료원가	₩400	₩300
직접노무원가(직접노무시간당 ₩30)	300	150
변동제조간접원가*	100	50
고정제조간접원가*	200	100
계	₩1,000	₩600

* 직접노무시간을 기준으로 하여 배부

부품 X, Y의 단위당 판매가격은 각각 ₩1,500, ₩1,000이고, 외부판매 시에 발생하는 단위당 변동판매비는 ₩100, ₩80이다. 시장조사기관이 예측한 자료에 의하면 한국회사가 생산하는 부품 X, Y의 외부시장수요는 각각 연간 1,000단위, 6,000단위인 것으로 알려져 있다.

한편, 사업부 B는 연간 2,000단위의 부품 Z를 외부에서 단위당 ₩900에 구입하여 왔는데, 최근의 연구조사결과 부품 Y로 부품 Z를 대체할 수 있음이 밝혀졌다.

다음 각 경우에 ① 사업부 A와 B가 모두 수용가능한 부품 Y의 대체가격의 범위를 구하고 ② 기업 전체의 관점에서 부품 Y로 부품 Z를 대체하여야 하는가를 결정하시오.

(1) 사업부 A가 이용가능한 직접노무시간이 연간 50,000시간인 경우

(2) 사업부 A가 이용가능한 직접노무시간이 연간 40,000시간인 경우

(3) 사업부 A가 이용가능한 직접노무시간이 연간 30,000시간인 경우

| 정답 및 해설 |

🔍 자료분석

		부품 X		부품 Y
단위당 판매가격		₩1,500		₩1,000
단위당 변동원가	₩800 + ₩100 =	900	₩500 + ₩80 =	580
단위당 공헌이익		₩600		₩420
단위당 필요직접노무시간*		10시간		5시간
시장수요		× 1,000단위		× 6,000단위
총필요직접노무시간		10,000시간		30,000시간

* DL ÷ 시간당 임률

따라서 현재시장수요량을 모두 생산하려면 40,000시간이 필요하다.

(1) 사업부 A가 이용가능한 직접노무시간이 연간 50,000시간인 경우

사업부 A의 생산여력: 50,000시간 - 40,000시간 = 10,000시간

Z로 대체할 수 있는 Y의 단위: 10,000시간 ÷ 5시간 = 2,000단위

① 사업부 A 최소TP = 단위당 변동원가 + 단위당 기회비용 = ₩500 + ₩0 = ₩500

　사업부 B 최대TP = 외부구입가격

　∴ ₩500 ≤ TP ≤ ₩900

② 대체하여야 하며, 이때 기업전체입장에서 증분이익 ₩800,000[= 2,000단위 × (₩900 - ₩500)]을 얻을 수 있다.

(2) 사업부 A가 이용가능한 직접노무시간이 연간 40,000시간인 경우

사업부 A의 생산여력: 40,000시간 - 40,000시간 = 0

직접노무시간당 공헌이익을 구해 보면 다음과 같다.

	부품 X	부품 Y
단위당 공헌이익	₩600	₩420
직접노무시간	÷ 10시간	÷ 5시간
직접노무시간당 공헌이익	₩60/h	₩84/h
	2순위	1순위

따라서 부품 X 1,000단위(= 10,000시간 ÷ 10시간)를 포기해야 한다.

① 사업부 A 최소TP = $₩500 + \dfrac{10,000시간 × @60}{2,000단위} = ₩800$

　사업부 B 최대TP = ₩900

　∴ ₩800 ≤ TP ≤ ₩900

② 대체하여야 하며, 이때 기업전체입장에서 증분이익 ₩200,000[= 2,000단위 × (₩900 - ₩800)]을 얻을 수 있다.

(3) 사업부 A가 이용가능한 직접노무시간이 연간 30,000시간인 경우

최대조업도가 30,000시간이므로 부품 X만 생산·판매한다.

① 사업부 A 최소TP = $\text{₩}500 + \dfrac{10{,}000\text{시간} \times @84}{2{,}000\text{단위}} = \text{₩}920$

　사업부 B 최대TP = ₩900

　∴ 범위가 존재하지 않는다.

② 대체하면 ₩40,000[= 2,000개 × (₩900 - ₩920)]의 증분손실이 발생하므로 대체하지 말아야 한다.

청과사업부와 주스사업부를 두고 있는 회사의 비용관련 자료는 다음과 같다.

	청과사업부	주스사업부
단위당 변동원가	₩100/kg	₩200/ℓ*
총고정원가	₩125,000,000	₩100,000,000

    * 투입되는 청과재료원가는 제외한 금액임

주스 ℓ당 판매가격은 ₩2,100이고 청과세척 후 kg당 시장판매가격은 ₩600이다. 청과사업부는 매년 500,000kg을 매입하여 세척 후 그대로 시장에 팔 수도 있고 주스사업부에 공급하여 kg당 0.5ℓ의 주스생산에도 대체할 수 있다. 회사는 양 사업부 간의 대체가격에 대해서 고민하고 있다.

(물음 1) 청과사업부가 500,000kg 전량을 주스사업부에 대체할 경우 회사전체의 이익을 구하시오.

(물음 2) 회사가 대체가격을 청과사업부의 전부원가의 200%로 하는 경우와 시장가격으로 하는 경우로 구분하여 각 사업부의 관리자에게 영업이익의 5%를 인센티브로 지급하는 정책을 실시하려고 한다. 각 상황별로 각 사업부의 관리자에게 지급할 인센티브를 계산하시오.

(물음 3) (물음 2)에서 각 사업부가 선호하는 대체가격결정방법을 판단하시오.

(물음 4) 회사가 실시하는 정책과 각 사업부에서 실시하는 정책에 있어서 서로 추구하는 바가 다를 때 나타나는 현상은 무엇이며 이것을 해결할 수 있는 방안에 대하여 논하시오.

| 정답 및 해설 |

(물음 1)

수익: (500,000kg ÷ 2) × ₩2,100 =		₩525,000,000
비용		325,000,000
청과사업부 변동원가: 500,000kg × ₩100 =	₩50,000,000	
청과사업부 고정원가	125,000,000	
주스사업부 변동원가: (500,000kg ÷ 2) × ₩200 =	50,000,000	
주스사업부 고정원가	100,000,000	
영업이익		₩200,000,000

(물음 2) 인센티브

(1) 대체가격이 청과사업부의 전부원가의 200%인 경우

① 청과사업부

수익: (₩50,000,000 + ₩125,000,000) × 200% =		₩350,000,000
비용		175,000,000
변동원가: 500,000kg × ₩100 =	₩50,000,000	
고정원가	125,000,000	
영업이익		₩175,000,000
인센티브율		× 5%
인센티브		₩8,750,000

② 주스사업부

수입: 250,000ℓ × ₩2,100 =		₩525,000,000
비용		500,000,000
변동원가: 250,000ℓ × ₩200 =	₩50,000,000	
고정원가	100,000,000	
대체원가: (₩50,000,000 + ₩125,000,000) × 200% =	350,000,000	
영업이익		₩25,000,000
인센티브율		× 5%
인센티브		₩1,250,000

(2) 대체가격이 시장가격인 경우

  ① 청과사업부

    수익: 500,000kg × ₩600 =   ₩300,000,000

    비용   175,000,000

      변동원가: 500,000kg × ₩100 = ₩50,000,000

      고정원가   125,000,000

    영업이익   ₩125,000,000

    인센티브율   × 5%

    인센티브   ₩6,250,000

  ② 주스사업부

    수입: 250,000ℓ × ₩2,100 =   ₩525,000,000

    비용   450,000,000

      변동원가: 250,000ℓ × ₩200 = ₩50,000,000

      고정원가   100,000,000

      대체원가: 500,000kg × ₩600 = 300,000,000

    영업이익   ₩75,000,000

    인센티브율   × 5%

    인센티브   ₩3,750,000

(물음 3)

청과사업부는 전부원가의 200%을 선호하고, 주스사업부는 시장가격을 선호한다.

(물음 4)

회사가 실시하는 정책과 각 사업부에서 실시하는 정책에 있어서 서로 추구하는 바가 다를 때 각 사업부의 의사결정이 전사적 관점에서 최적이 아닐 수 있는 준최적화현상(sub-optimization)이 발생한다. 대체가격에서 발생할 수 있는 준최적화현상을 해결하는 방안으로 이중대체가격(dual transfer pricing)결정방법이 있다. 즉, 공급부서의 대체가격과 구입부서의 대체가격을 각각 다르게 적용하는 방법이다.

기본문제 05 대체가격결정(법인세 최소화) Ⅰ

Horngren 수정

모네이 회사는 오하이오 주 톨레도에서 통신장비를 제조하고, 세계 각국에 마케팅사업부를 두고 있다. 호주의 비엔나 주재 모네이 마케팅사업부는 미국으로부터 4A36이라는 특수장비를 수입한다. 이에 관련된 자료는 다음과 같다.

미국사업부의 영업이익에 대한 미국 세율	40%
호주사업부의 영업이익에 대한 호주 세율	44
호주 관세율	10
제품 4A36 단위당 변동제조원가	₩350
제품 4A36 단위당 전부제조원가	500
호주의 판매가격(마케팅 및 유통 원가 차감액)	750

미국과 호주의 국세청에서는 전부제조원가인 ₩500와 호주에서 수입하는 비교가능한 수입품의 시장가격인 ₩650 범위에서의 대체가격만을 허용하고 있다. 호주의 관세는 호주로 수입되는 제품의 가격에 대해 부과된다. 호주 국세청에 납부하는 관세는 모두 호주의 과세대상 소득을 계산할 때 공제비용이 된다.

(물음 1) 1,000단위의 제품 4A36을 (1) 단위당 전부제조원가와 (2) 비교가능한 수입품의 시장가격으로 대체하였을 경우, 미국과 호주의 사업부에서 획득한 세후이익을 계산하시오(세금은 원가기준 대체가격을 계산할 때 포함되지 않는다).

(물음 2) 모네이는 수입관세와 세금총액을 최소화하기 위해 어떤 대체가격을 선택해야 하는가? 이유를 설명하시오.

| 정답 및 해설 |

(물음 1)

(1) 단위당 전부제조원가 ₩500으로 대체

　① 미국사업부

수익: 1,000단위 × ₩500 =	₩500,000
비용: 1,000단위 × ₩500 =	(500,000)
영업이익	₩0

　② 호주사업부

수익: 1,000단위 × ₩750 =	₩750,000
비용	
수입금액: 1,000단위 × ₩500 =	(500,000)
수입관세: ₩500,000 × 10% =	(50,000)
영업이익	₩200,000
세금: ₩200,000 × 44% =	(88,000)
세후이익	₩112,000

(2) 비교가능한 수입품의 시장가격 ₩650으로 대체

　① 미국사업부

수익: 1,000단위 × ₩650 =	₩650,000
비용: 1,000단위 × ₩500 =	(500,000)
영업이익	₩150,000
세금: ₩150,000 × 40% =	(60,000)
세후이익	₩90,000

　② 호주사업부

수익: 1,000단위 × ₩750 =	₩750,000
비용	
수입금액: 1,000단위 × ₩650 =	(650,000)
수입관세: ₩650,000 × 10% =	(65,000)
영업이익	₩35,000
세금: ₩35,000 × 44% =	(15,400)
세후이익	₩19,600

(물음 2)

※ ₩500 ≤ P ≤ ₩650 범위에서의 대체가격만 허용

① 미국사업부

수익: 1,000단위 × P =	1,000P
비용: 1,000단위 × ₩500 =	(500,000)
영업이익	1,000P - ₩500,000

∴ 세후이익: (1,000P - ₩500,000) × (1 - 40%)
= 600P - ₩300,000

② 호주사업부

수익: 1,000단위 × ₩750 =	₩750,000
비용	
수입금액: 1,000단위 × P =	(1,000P)
수입관세: 1,000P × 10% =	(100P)
영업이익	₩750,000 - 1,100P

∴ 세후이익: (₩750,000 - 1,100P) × (1 - 44%)
= ₩420,000 - 616P

③ 총세후이익: (600P - ₩300,000) + (₩420,000 - 616P)
= ₩120,000 - 16P

∴ P = ₩500일 때, 최대세후이익이 ₩112,000이므로, 수입관세와 세금총액을 최소화하기 위해 ₩500의 대체가격을 선택해야 한다.

한국(주)는 A, B 두 사업부를 가지고 있다. A사업부에서 생산되는 제품 한 단위는 B사업부의 제품 한 단위 생산에 부품으로 사용된다. 다음 자료는 각 사업부의 생산능력을 기준으로 작성한 것이다.

	A사업부	B사업부
생산능력	13,000단위	3,000단위
단위당 원가		
변동제조원가	₩40	₩47
변동판매관리비(외부판매 시에만 발생)	2	6
고정제조원가	3	5
고정판매관리비	0.4	2
단위당 판매가격	70	120

현재 A사업부는 외부에 10,000단위를 판매하고 있으며 B사업부의 변동제조원가에는 A사업부에서 생산되는 부품의 원가가 포함되어 있지 않고, B사업부는 이 부품을 외부에서 단위당 ₩60에 구입할 수 있다.

※ 다음의 (물음)은 서로 독립적이다.

(물음 1) A사업부가 외부시장에 전량을 판매할 수 있다고 가정하고 다음에 답하시오.

(1) A사업부 입장에서 최소대체가격은 얼마인가?

(2) B사업부 입장에서 최대대체가격은 얼마인가?

(3) 대체를 하는 경우 부품을 구입할 수 있는 외부구입시장이 없다고 가정하라. 내부대체하는 것이 목표 일치성 기준에 의한 올바른 의사결정이 되기 위해서는 B사업부에서 만드는 최종제품의 판매가격은 최소한 얼마 이상이 되어야 하는가?

(물음 2) 현재 A사업부의 외부수요가 10,000단위 수준이며 생산량이 10,000단위로 감소된다면 총 고정제조원가를 10% 감소시킬 수 있다. 만약 그렇다면 A사업부의 최소대체가격은 얼마이며 대체거래 성립 여부를 밝혀라.

(물음 3) B사업부가 A사업부에서 만드는 부품을 외부로부터 단위당 ₩43에 구입할 수 있다고 가정하라. A사업부 경영자는 현재의 가격 ₩70에서는 10,000단위가 외부판매되고, 가격을 ₩67로 내리면 외부매출수량을 11,500단위로 증가시킬 수 있다고 판단하고 있다. A사업부는 B사업부 필요물량의 일부만 공급할 수 있다. 다음에 답하시오.

(1) A사업부의 적절한 최소대체가격은 얼마인가?

(2) B사업부의 최대대체가격은 얼마인가?

(3) 기업전체입장에서 최적의사결정을 하는 경우 기업전체의 이익은 어떻게 변하겠는가?

(4) A사업부가 3,000단위를 분할하여 대체할 수 없는 경우 최소대체가격을 계산하고 이때의 기업전체이익이 최적의사결정의 이익과 얼마나 차이 나는지 계산하시오.

(물음 4) A사업부에서 생산하는 제품은 전문적인 제품으로 외부고객은 하나의 거래처밖에 없다고 가정하자. 이 고객은 공급량을 확정해서 계약하는데 10,000단위를 ₩67에 공급하거나 5,000단위를 ₩68의 가격으로 공급하는 두 가지 계약방법을 제시하였다. 또한 B사업부의 외부공급처에서도 2,500단위 이상을 구입하는 경우에만 부품을 공급하겠다고 한다. 다음을 답하시오. (단, B사업부는 ₩43에 외부구입이 가능하다)

(1) A사업부 입장에서 최소대체가격은 얼마인가?

(2) 내부대체 의사결정을 하시오.

(3) 내부대체가 최적의사결정이 되기 위해서는 하나의 외부거래처에서 ₩68에 구입하는 제품수량이 몇 단위 이상이어야 하는지 계산하시오.

| 정답 및 해설 |

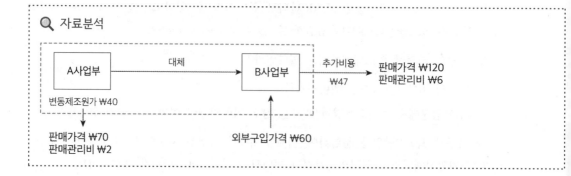

🔍 **자료분석**

A사업부 ──대체──→ B사업부 ──추가비용 ₩47──→ 판매가격 ₩120 / 판매관리비 ₩6

변동제조원가 ₩40
판매가격 ₩70 / 판매관리비 ₩2
외부구입가격 ₩60

📋 **참고**

대체거래란 사업부 간에 이루어지는 재화나 용역의 이전거래를 말하며, 이전되는 재화나 용역의 가격을 대체가격이라고 한다.

(1) 공급사업부 입장에서 대체가격은 수익에 해당되므로 내부대체를 하기 위해서는 최소한 받아야 하는 하한선이 존재하게 되는데, 이를 최소대체가격[*]이라고 한다.

  [*] 최소대체가격 = 단위당 변동원가 + 단위당 기회비용

(2) 구매사업부 입장에서 대체가격은 비용에 해당되므로 내부대체를 하기 위해서는 최대한 지불해야 하는 상한선이 존재하게 되는데, 이를 최대대체가격[*]이라고 한다.

  [*] 최대대체가격 = Min[단위당 외부구입가격, 단위당 지출가능원가(최종판매가격 - 추가가공원가 - 판매비)]

(3) 회사전체 입장
  ① 최소대체가격 < 최대대체가격: 대체유리
  ② 최소대체가격 > 최대대체가격: 대체불리

(물음 1)

(1) **최소대체가격**

  변동원가 + 기회비용
   = ₩40 + (₩70 - ₩42) = ₩68

(2) **최대대체가격**

  Min[₩60, ₩120 - (₩47 + ₩6)] = ₩60

(3) **내부대체 시 증분손실**

  (최대대체가격 - 최소대체가격) × 대체수량
  = (₩60 - ₩68) × 3,000단위 = ₩(24,000)

(4) 최종제품 판매가격

B사업부의 최대대체가격이 A사업부의 최소대체가격보다 큰 경우 내부대체하는 것이 유리하므로 B사업부의 최종제품의 판매가격을 P라고 하면,

P - ₩53 ≥ ₩68

P ≥ ₩121

(물음 2)

최소대체가격 = 변동원가 + 기회비용

= ₩40 + (13,000단위 × ₩3 × 10%) ÷ 3,000단위 = ₩41.3

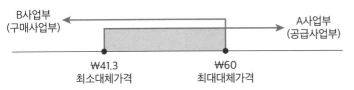

∴ 최대대체가격(₩60)이 최소대체가격(₩41.3)보다 크므로 대체거래는 성립한다.

(물음 3)

(1) 최소대체가격

① 외부수요가 없는 1,500단위

최소대체가격 = 변동원가 + 기회비용

= ₩40 + ₩0 = ₩40

② 외부수요가 있는 1,500단위

최소대체가격 = 변동원가 + 기회비용

= ₩40 + ₩7,500[*] ÷ 1,500단위 = ₩45

[*] 기회비용: 11,500단위 × (₩67 - ₩42) - 10,000단위 × (₩70 - ₩42) = ₩7,500

(2) 최대대체가격

Min[₩43, ₩120 - (₩47 + ₩6)] = ₩43

(3) 기업전체이익 변화

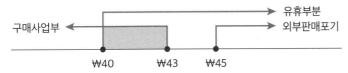

최적의사결정을 하는 경우 외부수요가 없는 1,500단위만 대체된다.

∴ 기업전체이익은 ₩4,500{= 1,500단위 × (₩43 - ₩40)} 증가한다.

(4) 기업전체이익과 최적의사결정의 이익 차이

① 최소대체가격 = 변동원가 + 기회비용

= ₩40 + {11,500단위 × (₩67 - ₩42) - 10,000단위 × (₩70 - ₩42)} ÷ 3,000단위 = ₩42.5

② 전체를 대체하는 경우 증분이익

3,000단위 × (₩43 - ₩42.5) =	₩1,500
최적의사결정 증분이익	4,500
이익감소액	₩(3,000)

(물음 4)

(1) 최소대체가격 = 변동원가 + 기회비용

= ₩40 + {10,000단위 × (₩67 - ₩42) - 5,000단위 × (₩68 - ₩42)} ÷ 3,000단위 = ₩80

(2) 내부대체 의사결정

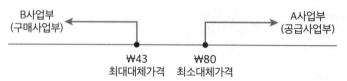

구매사업부의 최대대체가격은 ₩43이고 공급사업부의 최소대체가격은 ₩80이므로 두 사업부가 수락할 수 있는 대체가격의 범위가 존재하지 않기 때문에 대체하지 않는 것이 바람직하다.

(3) 내부대체가 최적의사결정이 되기 위한 외부구입제품수량

B사업부의 최대대체가격이 A사업부의 최소대체가격보다 큰 경우 내부대체하는 것이 유리하므로 외부고객의 ₩70에서의 수요량을 X라고 하면,

₩43 > ₩40 + {10,000단위 × (₩67 - ₩42) - X단위 × (₩68 - ₩42)} ÷ 3,000단위

∴ X > 9,269.23단위

실전문제 01 대체가격결정 I

(주)관정은 밸브 제조업체로서 이제까지 밸브를 외부에 개당 70원에 판매하였으며, 최대 생산능력은 연간 50,000개이다. 표준밸브의 개당 원가자료는 아래와 같으며, 고정원가는 최대 밸브 생산능력을 고려하여 계산하였다.

외부 판매가격		70원
원가		
변동원가	42원	
고정원가	18원	60원
영업이익		10원

(주)관정은 최근에 펌프 제조 기업을 사들여서 밸브 사업부와 펌프 사업부로 조직을 개편하였다. 이 펌프 사업부는 이제까지 해외에서 밸브 5,000개를 개당 63원에 수입하여 펌프를 제조하고 있었다.

(물음 1) 최근까지 밸브 사업부가 최대 생산량 전부를 판매하고 있었다고 가정하자.

(물음 1-1) 본사의 요청에 의하여 밸브 사업부는 펌프 사업부에게 수입가격보다 4원이 싼 59원에 표준밸브 5,000개를 공급하기로 결정하였다. 이 결정이 밸브 사업부, 펌프 사업부, 본사의 총이익에 미치는 영향을 각각 계산하시오.

(물음 1-2) 위의 (물음 1-1)의 상황하에서 펌프 사업부가 추가로 고압밸브 4,000개를 주문하고자 한다. 이 고압밸브를 생산할 경우 고정원가는 20,000원이 증가하며, 표준밸브 생산능력이 40,000개로 감소한다. 밸브 사업부가 받아들일 수 있는 고압밸브의 개당 최저 대체가격은 얼마인가?

(물음 1-3) 펌프 사업부가 협상을 통하여 밸브 사업부로부터 표준밸브를 5,000개 구매하고자 할 때 협상이 가능한 개당 대체가격의 범위는 얼마인가?

(물음 2) 최근까지 밸브 사업부가 43,000개를 판매하고 있었다고 가정하자.

(물음 2-1) 본사의 요청에 의하여 밸브 사업부는 펌프 사업부에게 수입가격보다 4원이 싼 59원에 표준밸브 5,000개를 공급하기로 결정하였다. 이 결정이 밸브 사업부, 펌프 사업부, 본사의 총이익에 미치는 영향을 각각 계산하시오.

(물음 2-2) 위의 (물음 2-1)의 상황하에서 펌프 사업부가 추가로 고압밸브 4,000개를 주문하고자 한다. 이 고압밸브를 생산할 경우 고정원가는 변화가 없지만 변동원가가 4원 증가하며, 표준밸브 생산능력이 40,000개로 감소한다. 밸브 사업부가 받아들일 수 있는 고압밸브의 개당 최저 대체가격은 얼마인가?

(물음 2-3) 펌프 사업부가 협상을 통하여 밸브 사업부로부터 표준밸브를 5,000개 구매하고자 할 때 협상이 가능한 개당 대체가격의 최솟값과 최댓값은 얼마인가?

(물음 2-4) 본사의 총이익 관점에서 볼 때, (물음 2-1)의 본사 결정 대체가격과 (물음 2-3)의 협상 대체가격 중에서 어떤 대체가격이 더 좋은가?

| 정답 및 해설 |

(물음 1) 공급 사업부의 유휴생산능력이 없는 경우

(물음 1-1) 기업전체의 이익효과

① 최저 대체가격 = ₩42 + (₩70 - ₩42) = ₩70

② 최대 대체가격 = Min(63, 자료 없음) = 63

③ 대체 시 각 사업부 및 본사의 총이익 변동
- 밸브 사업부: 5,000개 × (₩70 - ₩59) = ₩55,000 감소
- 펌프 사업부: 5,000개 × (₩63 - ₩59) = ₩20,000 증가
- 본사 전체: 5,000개 × (₩70 - ₩63) = ₩35,000 감소

(물음 1-2) 공급(밸브) 사업부의 고압밸브에 대한 최저 대체가격

① 고압밸브 4,000개를 생산할 경우 추가적 표준밸브 외부판매 감소분 = 45,000개 - 35,000개 = 10,000개

② 고압밸브의 개당 최저 대체가격 = $₩42 + \dfrac{₩20,000}{4,000개} + \dfrac{10,000개 \times (₩70 - ₩42)}{4,000개} = ₩117$

(물음 1-3) 협상가능한 표준밸브의 대체가격범위

'최저 대체가격 > 최대 대체가격'이므로 대체가격의 범위는 존재하지 않는다.

(물음 2) 공급 사업부의 유휴생산능력이 있는 경우

(물음 2-1) 기업전체의 이익효과

① 최저 대체가격 = ₩42 + 0 = ₩42
② 최대 대체가격 = Min(₩63, 자료 없음) = ₩63
③ 대체 시 각 사업부 및 본사의 총이익 변동
 • 밸브 사업부: 5,000개 × (₩59 - ₩42) = ₩85,000 증가
 • 펌프 사업부: 5,000개 × (₩63 - ₩59) = ₩20,000 증가
 • 본사 전체: 5,000개 × (₩63 - ₩42) = ₩105,000 증가

(물음 2-2) 공급(밸브) 사업부의 고압밸브에 대한 최저 대체가격

① 고압밸브 4,000개를 생산할 경우 표준밸브 외부판매 감소 = 43,000개 - 35,000개 = 8,000개

② 고압밸브의 개당 최저 대체가격 = $₩46 + \dfrac{8,000개 \times (₩70 - ₩42)}{4,000개} = ₩102$

(물음 2-3) 협상가능한 표준밸브의 대체가격범위

① 최저 대체가격 = ₩42
② 최대 대체가격 = ₩63

(물음 2-4) 본사이익관짐의 대체가격

'최저 대체가격 < 최대 대체가격'이므로 회사전체적으로 최적의 의사결정은 대체하는 것이다. ₩59이 대체가격의 범위 내(₩42 ~ ₩63)에 속하므로 ₩59을 이용하면, 사업부 간에 대체거래가 이루어지게 되어 회사전체적으로 최적의사결정이다. 따라서, 본사의 총이익 관점에서 볼 때, 본사 결정 대체가격과 협상대체가격은 차이가 없다.

실전문제 02 대체가격결정(협력업체활용)

월드전자(주)는 전기면도기를 생산한다. 현재 모터 생산부문이 제조한 전기면도기용 모터를 면도기 생산부문에 대체하면 면도기 생산부문은 자체생산한 다른 부품과 함께 조립하여 면도기 완성품을 만든다.

(1) 2002년 두 부서의 예상자료는 다음과 같다(면도기 생산부문의 변동제조원가는 모터원가를 제외한 금액이다).

	모터 생산부문	면도기 생산부문
단위당 변동제조원가	₩50,000	₩25,000(모터원가 제외)
총고정제조간접원가	8,000,000	12,000,000
생산량	1,000개	1,000개

(2) 월드전자(주)는 적시재고 생산시스템을 사용하므로 부품재고를 유지하지 않는다. 따라서 매기 모터 생산량과 전기면도기 생산량이 같다.

(3) 2002년도의 생산량을 1,000개로 예상하였으며, 2001년 말에 면도기 생산부분은 2002년도의 전기면도기용 모터를 단위당 ₩58,000에 원하는 수량만큼 납품하겠다는 협력업체 A의 제의를 받았다.

(4) 협력업체 A의 모터 사용 시, 면도기 생산부문은 면도기 내부구조변경을 위해 단위당 ₩1,000의 변동제조원가를 추가하여야 한다.

(5) 또한 2001년 말에 모터 생산부문은 모터 생산의 일부 가공공정을 협력업체 B에 모터 단위당 ₩10,000에 외주가공할 수 있음을 알게 되었다.

(6) 협력업체 B에 외주가공을 주면, 모터 생산부문의 변동제조원가가 단위당 ₩8,000씩 절감되고 고정제조원가는 총 ₩3,000,000이 절감된다. 이에 비해 생산부문을 전면 중단하는 경우, 모든 제조원가가 회피된다.

(물음 1) 모터 생산부문이 2002년 B에 외주가공 시 모터 생산부문의 총 제조원가 변화액을 구하여서, 외주가공 여부를 결정하시오.

(물음 2) 협력업체 A와 B의 이용가능성을 고려하여 2002년의 면도기 생산을 위한 월드전자(주)의 최소 총제조원가를 구하시오.

(물음 3) (물음 2)를 이용하여, 총제조원가를 최소화시키는 사내 대체가격 범위를 구하시오.

| 정답 및 해설 |

(물음 1) 협력업체 B에 외주가공할 경우

증분수익		₩11,000,000
변동제조원가 절감: 1,000개 × ₩8,000 =	₩8,000,000	
고정원가 절감	3,000,000	
증분비용		10,000,000
외주가공원가: 1,000개 × ₩10,000 =	10,000,000	
증분이익		₩1,000,000

∴ 외주가공하여야 한다.

(물음 2)

(1) 협력업체 A를 이용하는 경우 총제조원가

모터	₩0
면도기: (₩58,000 + ₩1,000 + ₩25,000) × 1,000개 + ₩12,000,000 =	96,000,000
계	₩96,000,000

(2) 협력업체 B를 이용하는 경우 총제조원가

모터: (₩50,000 - ₩8,000) × 1,000개 + (₩8,000,000 - ₩3,000,000) + ₩10,000 × 1,000개 =	₩57,000,000
면도기: ₩25,000 × 1,000개 + ₩12,000,000 =	37,000,000
계	₩94,000,000

∴ 회사의 최소 총제조원가는 ₩94,000,000이다.

(물음 3) 회사의 총제조원가를 최소화시키는 사내 대체가격의 범위

(1) 모터사업부의 최소대체가격

외주가공 시 증분단위비용: ₩42,000 + ₩10,000 + ₩5,000 = ₩57,000

> **참고**
> 생산부문을 전면 중단하는 경우, 모든 제조원가가 회피가능하므로 일부 가공공정을 협력업체 B에 외주가 공할 경우에도 고정제조간접원가 ₩5,000,000(단위당 ₩5,000)을 증분비용에 반영하여야 한다.

(2) 면도기사업부의 최대대체가격

외부구입가격: ₩58,000 + ₩1,000 = ₩59,000

∴ ₩57,000 ≤ 사내 대체가격 ≤ ₩59,000

실전문제 03 대체가격결정과 기회비용 II

(주)한국은 사업부 A와 B를 이익중심점으로 운영하고 있다. 사업부 B는 사업부 A의 부품을 사용하여 제품을 만들고 있으며 사업부 B가 부품을 외부구입하는 경우 단위당 ₩100에 구입할 수 있다. 현재 사업부 A의 최대조업도는 10,000단위이며 사업부 B는 부품 5,000단위가 필요한데 부품을 내부대체하는 경우에는 사업부 A의 변동판매비는 발생하지 않는다.

	사업부 A	사업부 B
단위당 판매가격	₩100	₩200
단위당 변동제조원가	50	50(부품비 제외)
단위당 변동판매비	10	
고정제조간접원가	100,000	100,000

(물음 1) 사업부 A가 현재 10,000단위를 생산하여 전량 외부판매하고 있다면 사업부 A가 5,000단위를 내부대체하기 위한 사업부 A와 사업부 B의 대체가격범위와 내부대체로 인한 (주)한국의 증분손익을 구하시오.

(물음 2) 내부대체 시 사업부 A의 고정제조간접원가가 ₩100,000 증가한다고 가정할 경우 (물음 1)에 다시 답하시오.

(물음 3) (물음 2)의 연속이다. ① 사업부 A가 10,000단위를 전량 외부판매하는 경우 ② 사업부 A가 10,000단위를 생산하여 5,000단위는 외부판매, 5,000단위는 내부대체하는 경우 사업부 A의 제품 단위당 전부제조원가를 각각 구하시오.

| 정답 및 해설 |

(물음 1) 부품의 외부수요가 충분한 경우

(1) 최대대체가격: ₩100

$$\text{Min} \begin{cases} \text{외부구입가격: } ₩100 \\ \text{부품단위당 지출가능원가: } ₩200 - ₩50 = ₩150 \end{cases}$$

(2) 최소대체가격

변동원가 + 기회비용
= ₩50 + ₩40 = ₩90

(3) 내부대체가격 범위: ₩90 ≤ TP ≤ ₩100

₩90	₩100
최소대체가격	최대대체가격

(4) 내부대체 시 증분이익: (₩100 - ₩90) × 5,000단위 = ₩50,000

(물음 2) 내부대체 시 고정제조간접원가가 증가하는 경우

(1) 최대대체가격: ₩100

$$\text{Min} \begin{cases} \text{외부구입가격: ₩100} \\ \text{부품단위당 지출가능원가: ₩200 - ₩50 = ₩150} \end{cases}$$

(2) 최소대체가격

변동원가 + 기회비용

$$= ₩50 + \left(₩40 + \frac{₩100,000^*}{5,000단위} \right) = ₩110$$

* 5,000단위 내부대체 시 고정원가 ₩100,000이 증가한다.

(3) 내부대체가격 범위: 존재하지 않음

```
                ●            ●
              ₩100         ₩110
            최대대체가격    최소대체가격
```

(4) 내부대체 시 증분손실: (₩100 - ₩110) × 5,000단위 = ₩(50,000)

(물음 3) 제품 단위당 전부제조원가

① 사업부 A가 10,000단위를 전량 외부판매하는 경우

$$변동제조원가 + \frac{고정원가}{생산수량} = ₩50^* + \frac{₩100,000}{10,000단위} = ₩60/단위$$

* 변동제조원가는 변동원가에서 변동판매비 ₩10을 차감하여야 한다.

② 사업부 A가 10,000단위를 생산하여 5,000단위는 외부판매, 5,000단위는 내부대체하는 경우

$$변동제조원가 + \frac{고정원가}{생산수량} = ₩50 + \frac{₩200,000}{10,000단위} = ₩70/단위$$

(1) 태영통신의 광케이블사업부는 주로 단거리 용도로 사용되는 광케이블을 생산하는 사업부로 연간 1,000,000단위(1단위는 1km)의 광케이블을 생산하여 단위당 ₩2,000의 가격으로 외부에 판매하고 있다. 광케이블사업부는 현재 최대조업도로 생산하고 있으며 변동제조원가는 단위당 ₩1,300이고 외부판매 시 변동판매비는 단위당 ₩450이며, 사내대체 시 변동판매비는 발생하지 않는다.

(2) 태영통신은 연초에 광대역선 사업부를 신설하여 장거리용 광케이블을 생산하여 판매하기 시작하였다. 광대역선 사업부는 최대생산능력이 연간 200,000단위로 투자되어 있으며 현재는 최대조업의 20%를 사용해서 광대역선을 생산하고 있는데 광대역선은 외부에서 구입한 광케이블을 추가가공하여 생산하고 있다. 외부에서 구입하는 광케이블과 고정원가 부담 때문에 현재의 조업도 수준으로는 단위당 제조원가가 ₩4,000으로 판매가격인 ₩3,500보다 높다. 단위당 제조원가에는 태영통신의 연간 총고정제조간접원가 중 광대역선 사업부에 배분된 ₩50,000,000을 실제조업도기준으로 배분한 금액과 외부구입한 광케이블 원가 ₩1,450이 포함되어 있다.

(3) 광대역선 사업부 경영자는 광케이블을 사내대체받아서 충분한 물량을 확보할 수 있으면 최대조업도의 50%까지 시장확보가 가능할 것으로 보고 있으며, 이 경우에 광대역선의 생산판매로 인한 손실이 발생하지 않기 위해서 광케이블의 사내대체가격을 최고 ₩1,700까지 수락할 수 있을 것으로 생각하고 있다.

(물음 1) 광대역선 사업부가 제시한 사내대체가격 ₩1,700의 계산근거를 추정하라.

(물음 2) 광케이블 사업부 경영자는 광대역선 사업부가 제시한 사내대체가격을 수락하겠는가? 또한 사내대체를 위한 최소대체가격은 얼마인가?

(물음 3) 각 사업부가 ROI를 성과평가기준으로 삼고 있다면, 광대역선 사업부가 수락할 수 있는 최대대체가격은 얼마로 되는가? (단, 투자자산은 동일한 것으로 본다)

(물음 4) 회사전체 입장에서 사내대체 여부를 평가하고, 만약 사내대체가 유리하면 목표일치성을 갖기 위한 내부대체가격의 범위를 결정하시오.

| 정답 및 해설 |

(물음 1)

광대역선 사업부의 최대대체가격 ₩1,700의 계산근거
전부원가계산에 의한 부품단위당 지출가능원가
₩3,500 - (₩1,300^{*1} + ₩500^{*2}) = ₩1,700

*1 단위당 변동가공원가: ₩4,000 - ₩1,450 - ₩50,000,000 ÷ (200,000단위 × 20%) = ₩1,300
*2 단위당 고정제조간접원가: ₩50,000,000 ÷ (200,000단위 × 50%) = ₩500

(물음 2)

최소대체가격 = 변동원가 + 기회비용
　　　　　　 = ₩1,300 + (₩2,000 - ₩1,750) = ₩1,550
광케이블 사업부의 최소대체가격은 ₩1,550이므로 광대역선 사업부가 제시하는 ₩1,700의 대체가격으로 수락하지 않는다.

(물음 3)

(1) 내부대체하기 전 전부원가 이익

매출액: 40,000단위 × ₩3,500 =	₩140,000,000
매출원가: 40,000단위 × ₩4,000 =	160,000,000
매출총손실	₩(20,000,000)

(2) 전부원가이익이 감소하지 않기 위한 최대대체가격

매출액: 100,000단위 × ₩3,500 =		₩350,000,000
매출원가		
광케이블 대체가격: 100,000단위 × TP =	100,000TP	
변동가공원가: 100,000단위 × ₩1,300 =	130,000,000	
고정제조간접원가	50,000,000	
매출총손실		₩170,000,000 - 100,000TP

∴ ₩170,000,000 - 100,000TP > -₩20,000,000
　TP < ₩1,900

(물음 4)

① 최소대체가격: ₩1,550
② 최대대체가격: Min[₩1,450, ₩3,500 - ₩1,300] = ₩1,450
③ 회사전체입장: 광케이블 사업부의 최소대체가격이 광대역선 사업부의 최대대체가격보다 크므로 사내대체를 하지 않는 것이 유리하다.

컴퓨터회사의 사업부는 보드를 제작하는 사업부와 컴퓨터를 조립하는 사업부로 구성되어 있으며, 보드제작사업부와 컴퓨터조립사업부는 각각의 이익중심점으로 의사결정을 하는 성과평가제도를 쓰고 있다. 보드제작사업부의 생산능력은 5,000단위인데, 현재 80% 조업도인 4,000단위를 생산하여 전부 컴퓨터조립사업부로 대체하고 있다. 대체가격은 제시하지 않는다. 컴퓨터조립사업부는 보드를 외부시장에서도 구입가능한데 가격은 ₩800이다.

<보드제작사업부의 원가자료>

단위당 변동제조원가	재료원가	₩175
	노무원가	125
	제조간접원가	100
고정원가		750,000

최근에 보드제작사업부는 외부구매업체로부터 최대 생산능력의 50%에 해당하는 2,500단위를 단위당 ₩750에 공급해 달라는 주문을 받았다. 이 주문은 전량을 모두 수락하거나 거부해야 한다. 또한 주문된 보드는 기존의 보드와는 조금 다르나 동일한 작업시간이 소요된다. 주문된 보드의 직접재료원가는 단위당 ₩150이고 직접노무원가는 단위당 ₩105이며 변동제조간접원가는 단위당 ₩75이다.

(물음 1) 외부구매업체로부터 2,500단위 특별주문의 수락 여부를 회사전체 관점에서 결정하시오.

(물음 2) 컴퓨터조립사업부의 경영자는 대체가격을 보드제작사업부의 제조간접원가를 모두 배분한 후의 총원가로 결정하자고 제안하였다(보드제작사업부는 제조간접원가를 생산량에 기초하여 배부한다). 대체가격을 구하시오.

(물음 3) 대체가격으로 생산부문의 전부원가를 사용하는 방법의 장점과 단점을 각각 두 가지씩 제시하시오.

(물음 4) 컴퓨터조립사업부는 10%의 법인세가 부과되는 국가에 위치하고 있으며 보드부문은 법인세가 부과되지 않는 국가에 위치하고 있다고 가정한다. 컴퓨터조립사업부가 회사 전체 관점에서 법인세 지급액을 최소화하기 위한 대체가격을 구하시오.

(물음 1) 특별주문 수락 시

총 2,500단위 중 유휴설비를 통하여 1,000단위 생산하고 나머지 1,500단위는 컴퓨터조립사업부의 대체수량을 감소시킨다.

증분수익
  특별주문에 대한 공헌이익 증가분: @420 × 2,500단위 = ₩1,050,000
증분비용
  컴퓨터조립사업부의 외부구입에 대한 기회비용: @400 × 1,500단위 = 600,000
증분이익 ₩450,000

(물음 2)

TP = ₩400 + ₩750,000 ÷ 4,000단위 = ₩587.5

(물음 3) 대체가격으로서 전부원가의 장·단점

(1) 장점

　① 이해하기 쉽고 적용이 간편하다.
　② 사업부 간의 내부적인 마찰을 극소화할 수 있다.

(2) 단점

　① 공급사업부의 비능률 등이 타사업부에 전가되어 성과평가의 불안이 야기될 수 있다.
　② 조직의 최적자원배분의 어려움이 있다.

(물음 4)

(1) 제약조건

　₩400 ≤ TP ≤ ₩800

(2) 법인세 지급액을 최소화하기 위한 대체가격

　다국적기업은 전 세계적인 세금의 최소화(Global Tax Minimization)를 위하여 세율이 낮은 국가의 현지 법인에 많은 이익을 배분할 것이다. 따라서, 세금이 부과되지 않는 국가의 공급사업부인 보드제작사업부의 이익을 극대화하기 위해서는 상기 제약조건하에서 대체가격(TP)은 ₩800에 결정하여야 한다.

(주)오토는 엔진을 생산하는 엔진사업부와 엔진사업부가 생산한 엔진을 다른 부품들과 조립하여 완성품을 만드는 조립사업부로 구성되어 있다. 조립사업부는 엔진을 내부대체받을 수도 있지만 외부시장에서 구입할 수도 있다. 엔진사업부가 만드는 엔진에 대한 생산 및 판매 자료는 다음과 같다.

엔진사업부	
연간 엔진 최대생산 가능량	2,000단위
연간 엔진 외부 판매수량	1,700단위
엔진 외부 단위당 판매가격	₩10,000
엔진 단위당 변동제조원가	6,000
연간 총 고정제조간접원가	1,000,000
엔진 외부판매 시 단위당 변동판매비	1,800

조립사업부가 엔진 800단위를 엔진사업부로부터 내부대체받으려고 한다. 다음의 (물음)에 답하시오.

(물음 1) 조립사업부가 800단위의 엔진을 단위당 ₩7,200에 전량 내부대체해 줄 것을 엔진사업부에 요구하고 있다. 엔진사업부의 사업부장은 사업부 성과를 높이기 위해서 조립사업부의 내부대체 요구를 받아들일 것인지 의사결정을 내려야 한다. 구체적인 분석으로써 800단위 전량에 대한 내부대체 수락 혹은 거부 여부를 결정하시오. (내부대체할 경우 변동판매비는 발생하지 않는다)

(물음 2) (물음 1)에서처럼 만약 조립사업부가 엔진사업부로부터 800단위의 엔진 전량을 단위당 ₩7,200에 내부대체받지 못할 경우, 엔진을 외부시장에서 단위당 ₩8,300에 800단위 전량을 구입하려고 한다. 조립사업부가 외부에서 엔진을 구입하게 되면 단위당 구입 부대비용이 ₩200 발생한다. 그러나 내부대체가격이 적정 범위 내에 있다면 관련 사업부들이 서로 요구하는 대체가격이 상이하여도 최고경영자가 내부대체를 중재할 수 있다. (주)오토의 사장이 중재하여 엔진사업부와 조립사업부가 받아들일 수 있는 대체가격의 범위(최소 대체가격과 최대대체가격)는 어떻게 되는지 분석하여 제시하시오. (단, 각 사업부는 자신들의 성과를 최대한 높이려고 노력하는 것으로 가정한다)

※ (주)오토는 완성품 1,500단위를 생산하여 판매하고자 한다. 회사 전체 관점에서 총공헌이익을 극대화 시키는 엔진의 내부대체 수량과 외부구입 수량을 결정하여야 한다. 다음의 (물음 3)은 위의 (물음 1)과 (물음 2)와는 무관하다.

(물음 3) 조립사업부가 1,500단위의 엔진을 필요로 한다. 1,500단위의 엔진을 다른 부품들과 조립하여 완성품 1,500단위를 만든 다음 전량 외부판매한다. 조립사업부는 1,500단위 모두를 단위당 ₩7,200에 내부대체해 줄 것을 요구하고 있다. 조립사업부는 필요한 경우 1,500단위까지 단위당 ₩8,300에 외부시장에서 구입할 수 있다. 외부구입 시에는 단위당 구입부대비용이 ₩200 발생한다. 엔진을 내부대체할 경우 변동판매비는 발생하지 않는다. 다음은 조립사업부의 생산 및 판매 자료이다.

조립사업부	
완성품 단위당 외부판매가격	₩25,000
완성품 단위당 변동제조원가	9,500
연간 총 고정제조간접원가	8,500,000
완성품 판매 시 단위당 변동판매비	2,000

(1) (주)오토가 ① 엔진을 내부대체하여 완성품을 생산·판매하는 경우의 완성품 단위당 공헌이익, ② 외부시장에서 구입한 엔진으로 완성품을 생산·판매하는 경우의 완성품 단위당 공헌이익과 ③ 엔진만을 판매하는 경우의 엔진 단위당 공헌이익이 각각 얼마인지를 계산하여 제시하시오. 각각의 단위당 공헌이익은 회사전체 관점에서 계산하여야 한다.

(2) 엔진판매와 완성품 1,500단위 판매에 의해 (주)오토가 획득하는 총공헌이익을 CM으로 두고 엔진의 내부대체 수량을 Q로 둔 다음, CM을 Q의 함수식으로 표현해 제시하고, 총공헌이익을 극대화시키는 내부대체 수량(Q)을 구하시오.

| 정답 및 해설 |

(물음 1)

① 유휴생산능력 파악: 최대생산능력 - 현 생산능력 = 2,000단위 - 1,700단위 = 300단위
② 기존 판매 감소수량: 500단위
③ 내부대체 수락 혹은 거부 여부

증분수익	매출 증가	@7,200 × 800단위 =		₩5,760,000
증분비용	변동원가 증가	@6,000 × 800단위 =	₩4,800,000	5,900,000
	기회비용: 기존 판매 감소	@2,200 × 500단위 =	1,100,000	
증분이익(손실)				₩(140,000)

∴ 내부대체를 거부한다.

> **참고**
> 사업부 A의 최소대체가격
> = 대체 단위당 변동원가 + (대체 전 공헌이익 - 대체 후 공헌이익) ÷ 대체 수량
> = ₩6,000 + {1,700단위 × (₩10,000 - ₩7,800) - 1,200단위 × (₩10,000 - ₩7,800)} ÷ 800단위 = ₩7,375

(물음 2)

① 사업부 A의 최소대체가격: ₩7,375
② 사업부 B의 최대대체가격: ₩8,300 + ₩200 = ₩8,500
③ 대체가격의 범위: ₩7,375 ≤ TP ≤ ₩8,500

(물음 3)

(1) 단위당 공헌이익

① 엔진을 내부대체하여 완성품을 생산·판매하는 경우의 완성품 단위당 공헌이익
   ₩25,000 - ₩6,000 - ₩9,500 - ₩2,000 = ₩7,500
② 외부시장에서 구입한 엔진으로 완성품을 생산·판매하는 경우의 완성품 단위당 공헌이익
   ₩25,000 - ₩8,500 - ₩9,500 - ₩2,000 = ₩5,000
③ 엔진만을 판매하는 경우의 엔진 단위당 공헌이익
   ₩10,000 - ₩6,000 - ₩1,800 = ₩2,200

(2) 총공헌이익을 극대화시키는 내부대체 수량

₩7,500 × Q + (1,500단위 - Q) × ₩5,000 + (2,000단위 - Q) × ₩2,200
= 300Q + ₩11,900,000
따라서 1,500단위를 전량 대체하면 총공헌이익이 극대화된다.

실전문제 07 대체가격결정과 제한된 자원의 사용 II

(주)한국의 사업부 P에서는 제품 甲과 제품 乙을 생산하고 있다.

(1) 제품 甲과 제품 乙을 각각 단위당 ₩10,000과 ₩15,000에 외부시장에 판매하고 있다.

(2) 다음 그림은 사업부 P의 생산 흐름을 요약한 것이다.

(3) 제품 甲을 한 단위 생산하기 위해서는 1단위의 부품 X1과 1단위의 부품 X2가 필요하다. 조립부문 1에서는 이들을 조립하는데, 이에 소요되는 시간은 0.5노무시간이다. 부품 X1은 제조부문 1에서 재료 A(단위당 ₩1,500) 한 단위를 구입하여 만드는데, 이에 소요되는 시간은 0.2노무시간이다. 부품 X2는 제조부문 2에서 재료 B(단위당 ₩700) 한 단위를 구입하여 만드는데, 이에 소요되는 시간은 0.4노무시간이다.

(4) 한편, 제품 乙을 한 단위 생산하기 위해서는 2단위의 부품 X1과 1단위의 부품 X3가 필요하다. 조립부문 2에서는 이들을 조립하는데, 이에 소요되는 시간은 0.8노무시간이다. 부품 X1은 제조부문 1에서 생산되며, 부품 X3는 외부에서 단위당 ₩500에 구입하고 있다.

(5) 사업부 P의 생산 및 판매와 관련한 기타정보는 다음과 같다.

① 모든 조립부문과 제조부문의 직접노무시간당 임률은 ₩3,000이다. 작업 재배치를 통해 조립부문 1의 근로자는 조립부문 2에서 작업할 수 있으나, 다른 생산부문에서는 작업 재배치가 불가능하다. 각 부문은 재고가 쌓이지 않도록 서로 유기적인 협조를 하고 있다.

② 제조간접원가는 직접노무시간을 기준으로 배부하는데, 사업부 P의 변동제조간접원가 배부율은 직접노무시간당 ₩1,000이다.

③ 제품 甲의 단위당 변동판매비는 판매단가의 30%이며, 제품 乙의 단위당 변동판매비는 판매단가의 40%이다. 한편, 사내대체를 할 경우 변동판매비는 발생하지 않는다.

④ 주어진 가격하에서 제품 甲과 제품 乙에 대한 시장 수요는 무한하다.

(물음 1) 사업부 P에서 생산하는 제품 甲과 제품 乙의 단위당 변동제조원가를 각각 구하시오.

(물음 2) (물음 1)의 답과 관계없이 제품 甲과 제품 乙의 단위당 변동제조원가가 각각 ₩6,600, ₩8,500이라고 가정하자.

최근에 (주)한국의 연구부서에서는 제조부문 2에서 생산한 부품 X2를 이용하여 새로운 신제품을 개발하였다. 이 신제품을 생산하기 위하여 (주)한국에서는 사업부 Q를 신설하였다. 사업부 Q에서는 사업부 P에 대해 200단위의 부품 X2를 사내대체해 줄 것을 요구하고 있다. 현재 사업부 P는 최대조업도 수준에서 운영되고 있으며, 각 사업부는 이익 극대화를 추구하고 있다.

(1) 사내대체로 인해 제품 甲의 생산량이 감소할 경우, 이로 인해 제품 乙의 생산량은 몇 단위 증가하는가?

(2) 사업부 P가 사업부 Q에게 200단위의 부품 X2를 사내대체할 경우, 총기회원가는 얼마인가?

(3) 각 사업부가 자율적으로 합의하여 대체가격을 결정한다고 할 때, 사업부 P에서 요구하는 부품 X2의 단위당 최소대체가격은 얼마인가?

| 정답 및 해설 |

(물음 1) 甲, 乙의 단위당 변동제조원가

제품 甲	
재료 A	₩1,500
재료 B	700
직접노무원가: 1.1시간[*1] × @3,000 =	3,300
변동제조간접원가: 1.1시간 × @1,000 =	1,100
계	₩6,600

제품 乙	
재료 A	₩1,500
부품 X3	500
직접노무원가: 1.2시간[*2] × @3,000 =	3,600
변동제조간접원가: 1.2시간 × @1,000 =	1,200
계	₩6,800

*1 0.2시간(제조 1) + 0.4시간(제조 2) + 0.5시간(조립 1) = 1.1시간
*2 2단위 × 0.2시간(제조 1) + 0.8시간(조립 2) = 1.2시간

(물음 2)

(1) 사내대체로 인한 제품 乙의 생산량 증가

① 부품 X2 200단위를 사업부 Q에 사내대체할 경우 제품 甲의 생산량은 200단위 감소한다.

② 제품 甲의 생산량 감소로 조립부문 1의 절감된 노무시간(200단위 × 0.5시간 = 100시간)을 조립부문 2에 투입가능하고 부품 X1 200단위를 제품 乙 생산에 사용할 경우 제품 乙의 생산량은 100단위(소요 노무시간 80시간) 증가한다.

(2) 총기회원가

제품 甲의 감소량 × 단위당 공헌이익 - 제품 乙의 증가량 × 단위당 공헌이익

= 200단위 × (₩10,000 - ₩6,600 - ₩3,000) - 100단위 × (₩15,000 - ₩8,500 - ₩6,000) = ₩30,000

(3) 부품 X2의 단위당 최소대체가격

단위당 변동원가 + 단위당 기회비용

= ₩700 + 0.4시간 × (₩3,000 + ₩1,000) + (₩30,000 ÷ 200단위) = ₩2,450

다음 물음에 답하시오. 특별한 가정이 없는 한 각 물음은 상호 독립적이다.

<기본 자료>

(주)세무의 부품사업부는 두 종류의 부품 S와 D를 생산·판매하는 이익중심점이며, 각 부품의 단위당 판매가격과 단위당 변동제조원가에 대한 예상 자료는 다음과 같다.

	부품 S	부품 D
판매가격	₩500	₩800
직접재료원가	100	190
직접노무원가	80	160
변동제조간접원가	170	250

부품사업부의 연간 총 고정제조간접원가는 ₩6,200,000으로 예상되며, 판매비와관리비는 발생하지 않는 것으로 가정한다. 부품 종류에 관계없이 직접노무시간당 임률은 ₩400으로 일정하다. 해당 부품을 생산하기 위해서는 매우 숙련된 기술자가 필요하고, 관계 법률에 의하여 노무자 1인당 제공할 수 있는 노무시간이 제한되어 있어서 부품사업부가 부품 생산을 위해 최대 투입할 수 있는 연간 총 직접노무시간은 14,000시간이다. 한편, 부품사업부가 생산하는 부품 S와 D의 연간 예상시장수요는 각각 30,000단위, 25,000단위이며, 현재로서는 경쟁업체가 없는 상황이므로 부품사업부가 부품 S와 D를 생산하기만 한다면, 시장수요를 충족시킬 수 있을 것으로 예상된다 부품사업부는 재고자산을 보유하지 않는 정책을 적용하고 있다.

(물음 1) 부품사업부가 달성할 수 있는 연간 최대 총 공헌이익은 얼마인가?

(물음 2) <기본 자료>와 같이 예상한 직후에 새로 수집한 정보에 의하면, 기존 설비와 기존 인력을 이용하여 부품 S와 D 외에 부품 H를 생산하는 것도 가능하다는 것을 알았다. 부품 H의 연간 예상시장수요는 4,000단위이며, 부품 H 한 단위를 제조하기 위해서는 직접재료원가 ₩130, 직접노무원가 ₩200, 변동제조간접원가 ₩140이 소요될 것으로 예상된다. 현재 부품 H의 판매가격은 아직 미정이다. 부품사업부의 이익을 증가시키기 위해서는 부품 H의 단위당 판매가격은 최소한 얼마를 초과해야 하는가? (단, 부품 H의 직접노무시간당 임률도 ₩400이며, 부품 H를 생산하는 경우에도 부품 S와 D에 대한 기존 연간 예상시장 수요량은 동일하다)

(물음 3) (주)세무에는 부품사업부 외에 별도의 이익중심점인 완성사업부가 있다. 완성사업부에서는 그동안 부품사업부가 생산하는 부품 S와 유사한 부품 K를 외부에서 구입하여 완제품 생산에 사용하였다. <기본 자료>와 같은 상황에서 완성사업부가 부품사업부에 부품 K 8,000단위를 공급해줄 것을 제안하였다. 부품사업부가 부품 K를 생산하기 위해서는 단지 부품 S 생산에 사용하는 직접재료 하나만 변경하면 되며, 이 경우 단위당 직접재료원가 ₩10이 추가로 발생한다. 부품사업부가 자기 사업부의 이익을 감소시키지 않으면서 완성사업부의 제안을 수락하기 위한 최소대체가격은 얼마인가? (단, 내부대체하는 경우에도 부품 S와 D에 대한 기존 연간 예상시장수요량은 동일하다)

(물음 4) <기본 자료>와 같이 예상한 직후에 그동안 거래가 없던 (주)대한으로부터 부품 S를 단위당 ₩420에 10,000단위 구입하겠다는 특별주문을 받았다. 이 특별주문은 전량을 수락하든지 또는 거절해야 한다. 이 특별주문을 수락하는 경우에도 부품 S와 D에 대한 기존 연간 예상시장수요량은 동일하다. (주)대한의 특별주문을 전량 수락하는 경우 부품사업부의 영업이익은 얼마나 증가 또는 감소하는가? (단, <기본 자료>와 달리 부품사업부가 부품 생산에 최대 투입할 수 있는 연간 총 직접노무시간은 17,000시간이라고 가정한다)

| 정답 및 해설 |

(물음 1)

(1) 각 부품의 제한된 자원의 공헌이익

	부품 S	부품 D
판매가격	₩500	₩800
변동원가	350	600
공헌이익	₩150	₩200
직접노무시간	÷ 0.2h(= ₩80/₩400)	÷ 0.4h(= ₩160/₩400)
직접노무시간당 공헌이익	₩750	₩500
생산우선순위	1순위	2순위
필요시간	6,000h	10,000h

(2) 최적생산계획

① 부품 S: 30,000단위

② 부품 D: 20,000단위[*]

   [*] (14,000h - 6,000h) ÷ 0.4h = 20,000단위

(3) 최대 총 공헌이익

30,000단위 × ₩150 + 20,000단위 × ₩200 = ₩8,500,000

(물음 2)

여유조업도가 존재하지 않으므로 부품 H를 생산하기 위해서는 부품 H의 직접노무시간당 공헌이익이 최소한 부품 D의 공헌이익 이상이 되어야만 부품 H를 생산하는 것이 이익에 유리하다. 따라서 부품 H의 최소판매가격을 구하면 다음과 같다.

부품 H의 최소판매가격을 P라 하면,

$(P - ₩470) ÷ 0.5h^{*} ≥ ₩500$

$∴ P ≥ ₩720$

[*] ₩200 ÷ ₩400 = 0.5h

(물음 3)

(1) 대체 시 지출가능원가

₩350 + ₩10 = ₩360

(2) 대체 시 필요시간

8,000단위 × 0.2h = 1,600h

(3) 대체 시 단위당 기회비용

(1,600h × ₩500) ÷ 8,000단위 = ₩100

(4) 최소대체가격

₩360 + ₩100 = ₩460

(물음 4)

<특별주문 수락 시>

증분수익		
특별주문 매출액 증가	10,000단위 × ₩420 =	₩4,200,000(+)
증분비용		
특별주문 변동원가 증가	10,000단위 × ₩350 =	3,500,000(-)
기회비용	2,500단위* × ₩200 =	500,000(-)
증분이익		₩200,000(+)

∴ 특별주문을 수락 시 영업이익이 ₩200,000 증가한다.

* 필요시간은 2,000h이고 여유조업도가 1,000h(= 17,000h - 16,000h)이므로 충분한 여유조업도가 존재하지 않으므로 특별주문 수락을 위한 1,000h이 부족하므로 기존 부품 D의 생산량을 2,500단위(= 1,000h ÷ 0.4h)를 감소시켜야 하고 이로 인한 공헌이익 감소분이 특별주문 수락에 대한 기회비용이다.

> 🔖 **별해**
>
> 최소특별주문가격 = ₩350 + (2,500단위 × ₩200) ÷ 10,000단위 = ₩400
> ∴ (₩420 - ₩400) × 10,000단위 = ₩200,000(이익 증가)

기본문제 01 이산분포 I

(주)국세는 생산능력의 제약으로 갑과 을 두 제품 중에서 한 제품을 선택하여 생산하여야 한다. 각 제품의 생산에는 고정비용 ₩400,000,000이 발생하며 갑과 을 각 제품의 단위당 판매가격과 단위당 변동원가는 각각 ₩10,000과 ₩8,000이다. 경영진은 과거 유사제품의 판매실적에 근거하여 다음과 같이 판매수량을 예측하였다.

판매수량	확률	
	갑제품	을제품
50,000단위	0.0	0.1
100,000	0.1	0.1
200,000	0.2	0.1
300,000	0.4	0.2
400,000	0.2	0.4
500,000	0.1	0.1
계	1.0	1.0

(물음 1) 갑제품과 을제품의 손익분기점(매출수량)을 각각 계산하시오.

(물음 2) 기대영업이익을 극대화하는 것이 회사의 목적인 경우, 어느 제품을 선택하는 것이 합리적인지를 그 근거와 함께 제시하시오.

(물음 3) 갑제품은 위 확률에 따라 판매가 예상되고 을제품은 300,000단위가 확실하게 팔릴 것이라고 예측되는 경우, 회사는 어느 제품을 선택하여야 하는지를 그 이유와 함께 설명하시오.

(물음 4) 의사결정과 관련하여 회사가 판매수량(매출액)의 기댓값만을 알고 있는 경우에 비하여 판매수량에 대한 확률분포를 갖고 있는 경우 추가적인 장점에 대해서 논하시오.

| 정답 및 해설 |

(물음 1)

① 손익분기점수량(갑제품): ₩400,000,000 ÷ (₩10,000 - ₩8,000) = 200,000단위
② 손익분기점수량(을제품): ₩400,000,000 ÷ (₩10,000 - ₩8,000) = 200,000단위

(물음 2)

① 기대판매수량(갑제품): 50,000단위 × 0 + 100,000단위 × 0.1 + 200,000단위 × 0.2 + 300,000단위 × 0.4 +
400,000단위 × 0.2 + 500,000단위 × 0.1 = 300,000단위
② 기대판매수량(을제품): 50,000단위 × 0 + 100,000단위 × 0.1 + 200,000단위 × 0.2 + 300,000단위 × 0.2 +
400,000단위 × 0.4 + 500,000단위 × 0.1 = 320,000단위
③ 제품 갑과 을의 단위당 공헌이익이 ₩2,000(= ₩10,000 - ₩8,000)으로 동일하므로 기대판매량이 큰 제품인
을을 선택한다.

(물음 3)

갑제품의 기대판매량은 300,000단위이고 실제판매량은 알 수 없으며 이에 따라 실제로는 이익이 발생할 수도
있고 손실이 발생할 수도 있다. 을제품은 확실하게 판매되는 수량이 300,000단위이므로 ₩200,000,000의 확
실한 이익을 얻을 수 있다. 결국 위험에 대한 태도에 따라 제품의 선택이 달라질 수 있다.

(물음 4)

실제판매량이 기대판매량과 얼마나 차이가 발생할 것인지 표준편차나 분산을 이용하여 위험을 계산할 수 있으
므로 이에 따라 제품의 선택을 달리할 수 있다.

한국회사는 단일 제품을 생산·판매하고 있다. 지난해 제품의 원가자료는 다음과 같다.

단위당 변동원가	₩250
고정원가	1,000,000

제품은 주문에 의해서만 생산되기 때문에 재고는 발생하지 않는다. 이 회사의 마케팅관리자는 다음과 같은 제품의 가격분석 결과를 제시하고 있다.

(1) 제품의 단위당 판매가격을 ₩500으로 설정하면, 총매출액의 확률분포는 ₩1,500,000과 ₩3,000,000 사이에서 동일하다. 이러한 확률분포하에서 ₩2,250,000의 매출액을 달성하거나 초과할 확률은 50%이다.

(2) 제품의 단위당 판매가격을 ₩350으로 설정하면, 총매출액의 확률분포는 ₩3,000,000과 ₩4,500,000 사이에서 동일하다. 이러한 확률분포하에서 ₩3,750,000의 매출액을 달성하거나 초과할 확률은 50%이다.

(물음 1) 마케팅관리자가 위의 각 경우에 있어서 손익분기점 또는 양(+)의 영업이익을 달성할 확률을 극대화하는 전략을 선택한다고 가정한다.

　　(1) 단위당 ₩500의 가격으로 판매한다고 할 때, 손익분기점 이상일 확률을 구하시오.

　　(2) 단위당 ₩350의 가격으로 판매한다고 할 때, 손익분기점 이상일 확률을 구하시오.

(물음 2) 기대영업이익의 극대화가 더 나은 목표라고 가정할 경우, 어느 가격전략이 더 높은 기대영업이익수준을 달성할 수 있는가? (단, 기대영업이익을 계산할 때 각 가격전략하에서의 기대매출액을 이용하시오)

| 정답 및 해설 |

(물음 1)

(1) 단위당 ₩500의 가격으로 판매한다고 할 때, 손익분기점 이상일 확률

₩500의 판매가격에서 단위당 공헌이익은 ₩250(= ₩500 - ₩250)이며, 손익분기점 판매량과 매출액은 각각 4,000단위(= ₩1,000,000 ÷ ₩250)와 ₩2,000,000이다. 이 판매량(매출액) 이상일 확률은 2/3이다.

(2) 단위당 ₩350의 가격으로 판매한다고 할 때, 손익분기점 이상일 확률

₩350의 판매가격에서 단위당 공헌이익은 ₩100(= ₩350 - ₩250)이며, 손익분기점 판매량과 매출액은 각각 10,000단위(= ₩1,000,000 ÷ ₩100)와 ₩3,500,000이다. 이 판매량(매출액) 이상일 확률은 2/3이다.

∴ 영업이익을 보여주는 확률을 극대화하고자 한다면, 두 전략이 무차별하다.

(물음 2)

※ 기대영업이익 = (단위당 판매가격 - 단위당 변동원가) × 기대판매량 - 고정원가

(1) 판매가격이 ₩500인 경우

   ① 기대매출액: ₩500 × 4,500단위 = ₩2,250,000

   ② 기대영업이익: [(₩500 - ₩250) × 4,500단위] - ₩1,000,000 = ₩125,000

(2) 판매가격이 ₩350인 경우

   ① 기대매출액: ₩350 × 10,714단위 = ₩3,749,900

   ② 기대영업이익: [(₩350 - ₩250) × 10,714단위] - ₩1,000,000 = ₩71,400

∴ 판매가격이 ₩500인 전략이 기대영업이익을 극대화할 수 있다.

(주)강북은 A와 B제품을 생산·판매하고 있다. 원가부서와 판매부서에서 제시한 A와 B제품 생산 및 판매와 관련된 원가자료는 다음과 같다. 단위당 변동판매비에는 단위당 매출액의 10%에 해당되는 판매수수료가 포함되어 있으며, 판매수수료는 외부 판매전문 업체에 지급된다.

구분	A	B
단위당 직접재료원가	₩1,500	₩2,000
단위당 직접노무원가	1,000	3,000
단위당 변동제조간접원가	600	1,000
연간 고정제조간접원가	12,000,000	20,000,000
단위당 변동판매비	1,500	2,000
연간 고정판매비	16,000,000	23,000,000
단위당 판매가격	8,500	14,000

(주)강북의 생산설비의 연간 생산능력은 70,000 기계시간이다. A제품 1단위 생산에 소요되는 기계시간은 1시간이며, B제품 1단위 생산 시 소요되는 기계시간은 1.5시간이다. A제품의 연간 수요량은 21,500단위이며, B제품에 대한 연간 수요량은 36,500단위이다. A와 B제품 각각의 최대 생산량은 연간 수요량을 초과하지 않는다.

(물음 1) 최근에 (주)강북이 생산설비를 확장하여 기계시간을 20,000시간 늘렸다. 생산설비 확장으로 인해 고정제조간접원가가 ₩10,000,000 증가하였으나 제품별 단위당 변동제조간접원가는 변화가 없었다. 생산설비 확장 이후, (주)경성에서 (주)강북이 생산하는 B제품을 단위당 ₩10,000에 구입하겠다는 의사를 표시하여 왔다. 그러나 구입수량은 정해지지 않았으며 상당히 유동적이다. (주)경성의 특별주문에 따른 구입수량은 다음과 같은 확률분포를 갖는 것으로 추정된다.

구입수량	10,000개	20,000개	30,000개
구입수량별 확률	0.3	0.5	0.2

(주)경성의 특별주문에 의해 B제품을 판매하는 경우, 단위당 변동판매비에 포함되는 판매수수료는 단위당 매출액의 5%이다. 그리고 특별주문에 따른 판매로 인해 고정판매비가 ₩1,000,000 추가로 발생될 것이다. 특별주문을 수락하지 않을 경우에는 여유 기계시간인 20,000시간을 다른 제품 생산에 활용할 수 있다. 특별주문에 대한 수락여부를 분석하고 가부를 설명하시오(기회원가 개념을 이용).

(물음 2) (주)경성의 구입수량에 대해 확실히 알려주는 정보에 대해 수수료로 지급할 수 있는 최대금액을 구하시오.

(물음 3) (주)강북은 (주)경성의 구입수량을 예측하기 위하여 전문가를 고용할 것을 고려하고 있다. 전문가는 비관적 보고서(주문량: 10,000개), 중립적 보고서(주문량: 20,000개)와 낙관적 보고서(주문량: 30,000개)를 보고할 수 있다. 전문가의 예측이 적중할 확률은 70%, 완전히 어긋날 확률*은 10%이며 중립적 상황에서 낙관적 보고서와 비관적 보고서가 발행될 확률은 동일하다. (주)경성의 구입수량에 대해 예측하는 정보에 대해 수수료로 지급할 수 있는 최대금액을 구하시오.

* 실제 주문량이 10,000개일 때 낙관적 보고서를 발행하거나 실제 주문량이 30,000개일 때 비관적 보고서를 발행할 확률

| 정답 및 해설 |

(물음 1)

(1) 생산순위의 결정

구분	A	B
단위당 판매가격	₩8,500	₩14,000
단위당 변동원가		
단위당 직접재료원가	1,500	2,000
단위당 직접노무원가	1,000	3,000
단위당 변동제조간접원가	600	1,000
단위당 변동판매비	1,500	2,000
단위당 공헌이익	₩3,900	₩6,000
기계시간	÷1시간	÷1.5시간
기계시간당 공헌이익	₩3,900/시간	₩4,000/시간
생산순위	2순위	1순위
생산량	21,500개	36,500개
	(21,500시간)	(54,750시간)

(2) 특별주문 수락 시 포기시간

	필요시간	유휴시간	포기시간
10,000개 주문	10,000개 × 1.5시간 = 15,000시간	13,750시간*	A생산포기 1,250시간
20,000개 주문	20,000개 × 1.5시간 = 30,000	13,750	A생산포기 16,250
30,000개 주문	30,000개 × 1.5시간 = 45,000	13,750	A생산포기 21,500 / B생산포기 9,750

* 70,000시간 + 20,000시간 – (21,500시간 + 54,750시간) = 13,750시간

(3) 성과표

행동대안	상황		
	10,000개(0.3)	20,000개(0.5)	30,000개(0.2)
a_1: 주문수락	₩28,000,000*	₩57,000,000*	₩86,000,000*
a_2: 주문거부	1,250시간 × ₩3,900	16,250시간 × ₩3,900	21,500시간 × ₩3,900
(기회비용)	= ₩4,875,000	= ₩63,375,000	+ 9,750시간 × ₩4,000
			= ₩122,850,000

* 특별주문변동원가: ₩8,000 - ₩14,000 × 10% + ₩10,000 × 5% = ₩7,100
특별주문수량 × (₩10,000 - ₩7,100) - ₩1,000,000

$E(a_1) = ₩28,000,000 × 0.3 + ₩57,000,000 × 0.5 + ₩86,000,000 × 0.2 = ₩54,100,000$

$E(a_2) = ₩4,875,000 × 0.3 + ₩63,375,000 × 0.5 + ₩122,850,000 × 0.2 = ₩57,720,000$

∴ 특별주문 수락 시의 기대이익 $E(a_1)$보다 기회비용 $E(a_2)$가 더 크기 때문에 특별주문을 거부한다.

(물음 2)

완전정보하의 기대가치: ₩28,000,000 × 0.3 + ₩63,375,000 × 0.5 + ₩122,850,000 × 0.2 =	₩64,657,500
기존정보하의 기대가치	(57,720,000)
완전정보의 기대가치(EVPI)	₩6,937,500

(물음 3) EVSI

(1) 기호의 정의(사전확률)

추가적 정보	상황		
	x_1: 10,000개 주문 $P(x_1) = 0.3$	x_2: 20,000개 주문 $P(x_2) = 0.5$	x_3: 30,000개 주문 $P(x_3) = 0.2$
y_1: 10,000개 주문예측	$P(y_1|x_1) = 0.7$	$P(y_1|x_2) = 0.15$	$P(y_1|x_3) = 0.1$
y_2: 20,000개 주문예측	$P(y_2|x_1) = 0.2$	$P(y_2|x_2) = 0.7$	$P(y_2|x_3) = 0.2$
y_3: 30,000개 주문예측	$P(y_3|x_1) = 0.1$	$P(y_3|x_2) = 0.15$	$P(y_3|x_3) = 0.7$

(2) 추가적 정보가 주어질 확률

$P(y_1) = P(y_1|x_1) \times P(x_1) + P(y_1|x_2) \times P(x_2) + P(y_1|x_3) \times P(x_3)$

$\quad = 0.7 \times 0.3 + 0.15 \times 0.5 + 0.1 \times 0.2 = 0.305$

$P(y_2) = P(y_2|x_1) \times P(x_1) + P(y_2|x_2) \times P(x_2) + P(y_2|x_3) \times P(x_3)$

$\quad = 0.2 \times 0.3 + 0.7 \times 0.5 + 0.2 \times 0.2 = 0.450$

$P(y_3) = P(y_3|x_1) \times P(x_1) + P(y_3|x_2) \times P(x_2) + P(y_3|x_3) \times P(x_3)$

$\quad = 0.1 \times 0.3 + 0.15 \times 0.5 + 0.7 \times 0.2 = 0.245$

(3) 사후확률

$P(x_1|y_1) = \dfrac{P(y_1|x_1) \times P(x_1)}{P(y_1)} = \dfrac{0.7 \times 0.3}{0.305} = 0.688$

$P(x_2|y_1) = \dfrac{P(y_1|x_2) \times P(x_2)}{P(y_1)} = \dfrac{0.15 \times 0.5}{0.305} = 0.246$

$P(x_3|y_1) = \dfrac{P(y_1|x_3) \times P(x_3)}{P(y_1)} = \dfrac{0.1 \times 0.2}{0.305} = 0.066$

$P(x_1|y_2) = \dfrac{P(y_2|x_1) \times P(x_1)}{P(y_2)} = \dfrac{0.2 \times 0.3}{0.450} = 0.133$

$P(x_2|y_2) = \dfrac{P(y_2|x_2) \times P(x_2)}{P(y_2)} = \dfrac{0.7 \times 0.5}{0.450} = 0.778$

$P(x_3|y_2) = \dfrac{P(y_2|x_3) \times P(x_3)}{P(y_2)} = \dfrac{0.2 \times 0.2}{0.450} = 0.089$

$P(x_1|y_3) = \dfrac{P(y_3|x_1) \times P(x_1)}{P(y_3)} = \dfrac{0.1 \times 0.3}{0.245} = 0.122$

$$P(x_2|y_3) = \frac{P(y_3|x_2) \times P(x_2)}{P(y_3)} = \frac{0.15 \times 0.5}{0.245} = 0.306$$

$$P(x_3|y_3) = \frac{P(y_3|x_3) \times P(x_3)}{P(y_3)} = \frac{0.7 \times 0.2}{0.245} = 0.572$$

(4) 각각의 추가적 정보하에서 행동별 기대가치 및 최적행동결정

① 전문가로부터 비관적 보고서(y_1)를 받은 경우

$E(a_1) = ₩28,000,000 \times P(x_1|y_1) + ₩57,000,000 \times P(x_2|y_1) + ₩86,000,000 \times P(x_3|y_1)$

$\quad = ₩28,000,000 \times 0.688 + ₩57,000,000 \times 0.246 + ₩86,000,000 \times 0.066 = ₩38,962,000$

$E(a_2) = ₩4,875,000 \times P(x_1|y_1) + ₩63,375,000 \times P(x_2|y_1) + ₩122,850,000 \times P(x_3|y_1)$

$\quad = ₩4,875,000 \times 0.688 + ₩63,375,000 \times 0.246 + ₩122,850,000 \times 0.066 = ₩27,052,350$

→ 특별주문 수락 시의 기대이익 $E(a_1)$이 기회비용 $E(a_2)$보다 크기 때문에 특별주문을 수락한다.

② 전문가로부터 중립적 보고서(y_2)를 받은 경우

$E(a_1) = ₩28,000,000 \times P(x_1|y_2) + ₩57,000,000 \times P(x_2|y_2) + ₩86,000,000 \times P(x_3|y_2)$

$\quad = ₩28,000,000 \times 0.133 + ₩57,000,000 \times 0.778 + ₩86,000,000 \times 0.089 = ₩55,724,000$

$E(a_2) = ₩4,875,000 \times P(x_1|y_2) + ₩63,375,000 \times P(x_2|y_2) + ₩122,850,000 \times P(x_3|y_2)$

$\quad = ₩4,875,000 \times 0.133 + ₩63,375,000 \times 0.778 + ₩122,850,000 \times 0.089 = ₩60,887,775$

→ 특별주문 수락 시의 기대이익 $E(a_1)$보다 기회비용 $E(a_2)$가 더 크기 때문에 특별주문을 거부한다.

③ 전문가로부터 낙관적 보고서(y_3)를 받은 경우

$E(a_1) = ₩28,000,000 \times P(x_1|y_3) + ₩57,000,000 \times P(x_2|y_3) + ₩86,000,000 \times P(x_3|y_3)$

$\quad = ₩28,000,000 \times 0.122 + ₩57,000,000 \times 0.306 + ₩86,000,000 \times 0.572 = ₩70,050,000$

$E(a_2) = ₩4,875,000 \times P(x_1|y_3) + ₩63,375,000 \times P(x_2|y_3) + ₩122,850,000 \times P(x_3|y_3)$

$\quad = ₩4,875,000 \times 0.122 + ₩63,375,000 \times 0.306 + ₩122,850,000 \times 0.572 = ₩90,257,700$

→ 특별주문 수락 시의 기대이익 $E(a_1)$보다 기회비용 $E(a_2)$가 더 크기 때문에 특별주문을 거부한다.

(5) EVSI

불완전정보하의 기대가치

$\quad ₩38,962,000 \times P(y_1) + ₩60,887,775 \times P(y_2) + ₩90,257,700 \times P(y_3)$

$= ₩38,962,000 \times 0.305 + ₩60,887,775 \times 0.450 + ₩90,257,700 \times 0.245 =$	₩61,396,045
기존정보하의 기대가치	(57,720,000)
불완전정보의 기대가치(EVSI)	₩3,676,045

기본문제 04 정보의 기대가치

청룡(주)는 제품을 생산하는 데 반자동기계(A기계)와 완전자동기계(B기계)를 사용할 수 있다.

	A기계	B기계
단위당 변동제조원가	₩150	₩50
단위당 변동판관비	50	50
고정제조간접원가	100,000	350,000
고정판관비	50,000	50,000

이 회사는 판매량을 추정하고 있는데 호경기일 확률은 70%이고 이때는 3,000단위가 팔릴 것이다. 불경기일 확률은 30%이고 이때는 1,000단위가 팔릴 것이다. 단위당 판매가는 두 제품 다 ₩500으로 가정한다.

(물음 1) 미래의 상황이 위의 자료와 같을 경우 기대가치기준 최적 대안을 선택하시오.

(물음 2) 어딘가에서 확실한 정보를 제공한다고 하면 지불할 수 있는 최대수수료를 구하시오.

(물음 3) 어딘가에서 다음과 같은 정보를 제공할 경우 지불할 수 있는 최대수수료를 구하시오. (단, 호경기일 때는 정확도가 90%이고 불경기일 때는 정확도가 80%이다. 확률계산 시 소수점 아래 둘째 자리까지 계산하라)

| 정답 및 해설 |

(물음 1)

대안	상황		기대가치
	x_1: 수요량이 3,000개 $P(x_1) = 0.7$	x_2: 수요량이 1,000개 $P(x_2) = 0.3$	$= \Sigma$(이익 × 확률)
a_1(A기계구입)	₩750,000	₩150,000	₩570,000
a_2(B기계구입)	800,000	0	560,000

∴ A기계구입 시 기대가치가 더 크므로 A기계를 구입한다.

(물음 2)

완전정보하의 기대가치: ₩800,000 × 0.7 + ₩150,000 × 0.3 =	₩605,000
기존정보하의 기대가치	570,000
완전정보의 기대가치(EVPI)	₩35,000

∴ 완전정보를 구입하는 데 지불할 수 있는 최대수수료는 ₩35,000이다.

(물음 3)

(1) 결합확률

정보	x_1(0.7)	x_2(0.3)	합계
b_1(호경기예측)	0.9 × 0.7 = 0.63	0.2 × 0.3 = 0.06	0.69
b_2(불경기예측)	0.1 × 0.7 = 0.07	0.8 × 0.3 = 0.24	0.31

(2) 사후확률

정보	x_1(0.7)	x_2(0.3)	합계
b_1(호경기예측)	63/69 = 0.91	6/69 = 0.09	1
b_2(불경기예측)	7/31 = 0.23	24/31 = 0.77	1

(3) 정보별 최적대안

b_1
- a_1 ₩750,000 × 0.91 + ₩150,000 × 0.09 = ₩696,000
- a_2 ₩800,000 × 0.91 + ₩0 × 0.09 = 728,000(채택)

b_2
- a_1 ₩750,000 × 0.23 + ₩150,000 × 0.77 = 288,000(채택)
- a_2 ₩800,000 × 0.23 + ₩0 × 0.77 = 184,000

(4) EVSI

₩728,000 × 0.69 + ₩288,000 × 0.31 - ₩570,000 = ₩21,600

기본문제 05	CVP분석과 의사결정		회계사 07 수정

(주)영신기계는 3가지 제품 A, B, C를 생산·판매하고 있다. 3가지 제품들과 관련된 사항은 아래 표와 같다. 각 제품의 판매량은 확률변수이며, 정규분포를 이룬다고 가정한다.

항목	A	B	C
단위당 판매가격	₩15	₩20	₩17
단위당 변동원가	6	15	7
판매량	X_1개	X_2개	X_3개
총고정원가		₩270	

(물음 1) 각 제품의 단위당 공헌이익을 계산하시오.

(물음 2) 3가지 제품들을 생산·판매하여 획득하는 이익을 판매량의 함수식으로 나타내시오.

(물음 3) 3가지 제품들의 생산과 관련된 자료는 아래 표와 같다. 3가지 제품들의 판매량은 상호 연관되어 있으며, 따라서 어느 한두 가지 종류의 제품만 생산·판매할 수 없다. 이러한 상호관련성을 고려할 때, 두 번째로 많이 생산·판매하는 제품의 수량과 가장 적게 생산·판매하는 제품의 수량은 가장 많이 생산·판매하는 제품 수량의 70%와 30%가 각각 되어야 한다. 이와 같은 조건하에서 이익을 극대화시키는 A, B, C 각 제품의 생산·판매 수량과 이익을 구하시오. (단, 생산된 제품의 수요는 무한하다)

항목	A	B	C
1단위 생산 시 기계가동시간	3시간	2시간	5시간
기계가동 가능시간		236시간	

| 정답 및 해설 |

(물음 1) 단위당 공헌이익

	A	B	C
단위당 판매가격	₩15	₩20	₩17
단위당 변동원가	6	15	7
단위당 공헌이익	₩9	₩5	₩10

(물음 2) 이익함수

이익 = $9X_1 + 5X_2 + 10X_3 - ₩270$

(물음 3) 최적생산계획

	A	B	C
단위당 공헌이익	₩9	₩5	₩10
단위당 기계가동시간	÷ 3시간	÷ 2시간	÷ 5시간
기계가동시간당 공헌이익	₩3	₩2.5	₩2
생산순위	1순위	2순위	3순위

제품 A의 생산수량을 x라 하면,

	A	B	C
최적생산계획	x	$0.7x$	$0.3x$
사용할 기계가동시간	$3x$	$1.4x^{*1}$	$1.5x^{*2}$

*1 2시간 × $0.7x = 1.4x$

*2 5시간 × $0.3x = 1.5x$

$3x + 1.4x + 1.5x = 236$시간   ∴ $x = 40$개

∴ 이익을 극대화시키는 A, B, C의 생산 · 판매수량은 각각 40개, 28개, 12개이고, 이때 이익은 ₩350(= 40개 × ₩9 + 28개 × ₩5 + 12개 × ₩10 - ₩270)이다.

실전문제 01 EVPI, EVSI

한국회사는 단위당 ₩10의 가격으로 제품을 판매하고 있다. 회사의 최대생산 능력은 250,000단위이고, 지난해에는 200,000단위를 생산·판매하였다. 지난해의 제조원가는 다음과 같다.

직접재료원가	₩400,000
직접노무원가	600,000
변동제조간접원가	200,000
고정제조간접원가	300,000
계	₩1,500,000

한국회사는 올해에도 지난해와 동일한 가격과 원가로 동일한 수량을 판매할 수 있을 것으로 예상하고 있는데, 올해 초 일본의 동경회사로부터 이 제품을 단위당 ₩7에 구입하겠다는 특별주문을 받았다. 동경회사가 35,000단위를 구입할 확률은 40%이고 50,000단위를 구입할 확률은 60%로 예상된다. 동경회사에 제품을 판매한다 하더라도 국내시장에는 영향이 없다고 가정한다.

한국회사가 동경회사에 제품을 판매하지 않는다면 여유생산설비를 이용하여 순현금유입액이 ₩45,000인 다른 제품을 생산할 수 있다. 만약 다른 제품을 생산하는 경우 생산설비의 부족으로 인하여 동경회사에는 제품을 판매할 수 없다고 한다.

(물음 1) 성과표를 작성하여 특별주문의 수락여부를 결정하시오.

(물음 2) 조건부손실표를 작성하여 특별주문의 수락여부를 결정하시오.

(물음 3) 완전정보의 기대가치를 구하시오.

(물음 4) 한국회사는 동경회사에 대한 판매량을 예측하기 위하여 전문가를 고용할 것을 고려하고 있다. 전문가는 비관적보고서(판매량: 35,000단위)와 낙관적보고서(판매량: 50,000단위)를 보고할 수 있다. 전문가의 예측이 적중할 확률은 70%라고 한다. 전문가가 자문료로 ₩1,000을 요구하였다면, 한국회사는 ₩1,000을 주고 전문가를 고용할 것인가?

정답 및 해설

(물음 1)

	상황	
행동대안	x_1: 35,000단위 판매	x_2: 50,000단위 판매
	$P(x_1) = 0.4$	$P(x_2) = 0.6$
a_1: 주문수락	₩35,000[*]	₩50,000[*]
a_2: 주문거절	45,000	45,000

[*] 단위당 변동원가: (₩400,000 + ₩600,000 + ₩200,000) ÷ 200,000단위 = ₩6/단위

  동경회사에 대한 판매량 × (@7 − @6)

  <u>단위당 공헌이익</u>

행동대안 a_1과 a_2의 기대가치를 각각 $E(a_1)$, $E(a_2)$라 하면,

$E(a_1) = ₩35,000 × 0.4 + ₩50,000 × 0.6 = ₩44,000$

$E(a_2) = ₩45,000 × 0.4 + ₩45,000 × 0.6 = ₩45,000$

∴ 기대가치가 큰 행동대안 a_2를 선택, 즉 특별주문을 거절하여야 한다.

> **⚙️ 참고**
>
> 증분이익 성과표 작성
>
> | 행동대안 | $P(x_1) = 0.4$ | $P(x_2) = 0.6$ | 기대가치 |
> |---|---|---|---|
> | a_1: 주문수락 | ₩(10,000)[*] | ₩5,000[*] | ₩(1,000) |
> | a_2: 주문거절 | 0 | 0 | 0 |
>
> [*] 수락 시
>
> | | x_1 | x_2 |
> |---|---|---|
> | 증분이익: 단위당 공헌이익 @1 | ₩35,000 | ₩50,000 |
> | 증분비용: 기회비용 | 45,000 | 45,000 |
> | 증분이익(손실) | ₩(10,000) | ₩5,000 |

(물음 2)

	상황	
행동대안	x_1: 35,000단위 판매	x_2: 50,000단위 판매
	$P(x_1) = 0.4$	$P(x_2) = 0.6$
a_1: 주문수락	₩10,000	₩0
a_2: 주문거절	0	5,000

행동대안 a_1과 a_2에 대한 조건부손실의 기대가치를 각각 $E(a_1)$, $E(a_2)$라 하면,

$E(a_1) = ₩10,000 × 0.4 + ₩0 × 0.6 = ₩4,000$

$E(a_2) = ₩0 × 0.4 + ₩5,000 × 0.6 = ₩3,000$

∴ 조건부손실의 기대가치가 작은 행동대안 a_2를 선택, 즉 특별주문을 거절하여야 한다.

(물음 3)

(1) 성과표를 이용하는 방법

완전정보하의 기대가치: ₩45,000 × 0.4 + ₩50,000 × 0.6 =	₩48,000
기존정보하의 기대가치	(45,000)
완전정보의 기대가치(EVPI)	₩3,000

(2) 조건부손실표를 이용하는 방법

완전정보하의 조건부손실 기대가치	₩0
기존정보하의 조건부손실 기대가치	(3,000)
완전정보의 기대가치(EVPI)	₩3,000

(물음 4)

(1) 기호의 정의(사전확률)

추가적 정보	상황	
	x_1: 35,000단위 판매 $\text{P}(x_1) = 0.4$	x_2: 50,000단위 판매 $\text{P}(x_2) = 0.6$ → 사전확률
y_1: 35,000단위 판매예측	$\text{P}(y_1|x_1) = 0.7$	$\text{P}(y_1|x_2) = 0.3$
y_2: 50,000단위 판매예측	$\text{P}(y_2|x_1) = 0.3$	$\text{P}(y_2|x_2) = 0.7$

(2) 추가적 정보가 주어질 확률의 계산

$\text{P}(y_1) = \text{P}(y_1|x_1) \times \text{P}(x_1) + \text{P}(y_1|x_2) \times \text{P}(x_2) = 0.7 \times 0.4 + 0.3 \times 0.6 = 0.46$

$\text{P}(y_2) = \text{P}(y_2|x_1) \times \text{P}(x_1) + \text{P}(y_2|x_2) \times \text{P}(x_2) = 0.3 \times 0.4 + 0.7 \times 0.6 = 0.54$

(3) 사후확률의 계산

$$\text{P}(x_1|y_1) = \frac{\text{P}(y_1|x_1) \times \text{P}(x_1)}{\text{P}(y_1)} = \frac{0.7 \times 0.4}{0.46} = 0.609$$

$$\text{P}(x_2|y_1) = \frac{\text{P}(y_1|x_2) \times \text{P}(x_2)}{\text{P}(y_1)} = \frac{0.3 \times 0.6}{0.46} = 0.391$$

$$\text{P}(x_1|y_2) = \frac{\text{P}(y_2|x_1) \times \text{P}(x_1)}{\text{P}(y_2)} = \frac{0.3 \times 0.4}{0.54} = 0.222$$

$$\text{P}(x_2|y_2) = \frac{\text{P}(y_2|x_2) \times \text{P}(x_2)}{\text{P}(y_2)} = \frac{0.7 \times 0.6}{0.54} = 0.778$$

(4) 각각의 추가적 정보하에서 행동별 기대가치 및 최적행동결정

    ① 전문가로부터 35,000단위가 판매될 것이라는 정보(y_1)를 받을 경우

$$E(a_1) = ₩35,000 \times P(x_1|y_1) + ₩50,000 \times P(x_2|y_1)$$
$$= ₩35,000 \times 0.609 + ₩50,000 \times 0.391 = ₩40,865$$

$$E(a_2) = ₩45,000 \times P(x_1|y_1) + ₩45,000 \times P(x_2|y_1)$$
$$= ₩45,000 \times 0.609 + ₩45,000 \times 0.391 = ₩45,000$$

    따라서, 이 경우의 최적행동대안은 a_2이다.

    ② 전문가로부터 50,000단위가 판매될 것이라는 정보(y_2)를 받을 경우

$$E(a_1) = ₩35,000 \times P(x_1|y_2) + ₩50,000 \times P(x_2|y_2)$$
$$= ₩35,000 \times 0.222 + ₩50,000 \times 0.778 = ₩46,670$$
$$E(a_2) = ₩45,000 \times P(x_1|y_2) + ₩45,000 \times P(x_2|y_2)$$
$$= ₩45,000 \times 0.222 + ₩45,000 \times 0.778 = ₩45,000$$

    따라서, 이 경우의 최적행동대안은 a_1이다.

(5) EVSI

불완전정보하의 기대가치: ₩45,000 × P(y_1) + ₩46,670 × P(y_2)

= ₩45,000 × 0.46 + ₩46,670 × 0.54 =	₩45,902
기존정보하의 기대가치	45,000
불완전정보의 기대가치(EVSI)	₩902

즉, 한국회사가 70% 정확한 예측을 하는 선분가로부터 정보를 얻기 위해 지불할 수 있는 최대금액은 ₩902 이다.

∴ ₩1,000을 주고 전문가를 고용하지는 않을 것이다.

실전문제 02 완전정보 및 불완전정보하의 기대가치

회계사 96 수정

(주)한국은 두 가지 제품을 생산·판매하고 있다.

	제품 A	제품 B
단위당 판매가격	₩10,000	₩4,000
단위당 변동원가	1,000	1,500
총고정원가	3,200,000	1,000,000

(주)한국이 판매할 수 있는 판매량과 그 발생확률은 다음과 같다.

수요량 \ 상황	$x_1(0.5)$	$x_2(0.3)$	$x_3(0.2)$
제품 A	800	600	400
제품 B	1,000	1,200	1,500

(물음 1) 기대가치극대화기준을 사용하고 한 가지 제품만 생산한다면 생산하여야 할 제품을 구하시오(총고정원가는 제품별로 직접적인 추적이 가능하며, 생산중단 시 회피가능하다).

(물음 2) 다음의 사항을 구하시오.

(1) 완전정보의 기대가치(EVPI)를 구하시오.

(2) 이것이 의미하는 바를 쓰시오.

(물음 3) 회사의 경영자는 아래와 같이 경기를 예측하는 보고서를 받았으며, 각 보고서의 상황에 대한 확률이 아래와 같을 경우 각 보고서에 대한 회사의 최적 의사결정을 하시오.
내년도 경기를 예측하는 보고서가 3개(R_1, R_2, R_3) 있으며 확률은 다음과 같다.

$P(R_1 \mid x_1) = 0.7$	$P(R_1 \mid x_2) = 0.2$	$P(R_1 \mid x_3) = 0.1$
$P(R_2 \mid x_1) = 0.2$	$P(R_2 \mid x_2) = 0.5$	$P(R_2 \mid x_3) = 0.3$
$P(R_3 \mid x_1) = 0.1$	$P(R_3 \mid x_2) = 0.3$	$P(R_3 \mid x_3) = 0.6$

(물음 4) 이 경기예측 정보를 획득하기 위하여 최대로 지급할 수 있는 금액을 구하시오.

| 정답 및 해설 |

(물음 1)

> 🔍 **자료분석**
>
> | | 제품 A | 제품 B |
> |---|---|---|
> | 단위당 판매가격 | ₩10,000 | ₩4,000 |
> | 단위당 변동원가 | 1,000 | 1,500 |
> | 단위당 공헌이익 | ₩9,000 | ₩2,500 |
> | 총고정원가 | ₩3,200,000 | ₩1,000,000 |

상황별 영업이익을 계산하면,

대안	$x_1(0.5)$	$x_2(0.3)$	$x_3(0.2)$	기대가치 = Σ(이익 × 확률)
제품 A	₩4,000,000	₩2,200,000	₩400,000	₩2,740,000
제품 B	1,500,000	2,000,000	2,750,000	1,900,000

∴ 제품 A의 기대가치가 더 크므로 제품 A를 선택한다.

(물음 2)

(1) 완전정보의 기대가치(EVPI)

[방법 1]

EVPI = ₩4,000,000 × 0.5 + ₩2,200,000 × 0.3 + ₩2,750,000 × 0.2 - ₩2,740,000 = ₩470,000

[방법 2]

EVPI = x

대안	$x_1(0.5)$	$x_2(0.3)$	$x_3(0.2)$
제품 A	₩4,000,000 - x	₩2,200,000 - x	₩400,000
제품 B	1,500,000 - x	2,000,000 - x	2,750,000 - x

(₩4,000,000 - x) × 0.5 + (₩2,200,000 - x) × 0.3 + (₩2,750,000 - x) × 0.2 = ₩2,740,000

∴ x (= EVPI) = ₩470,000

[방법 3]

기회손실표 = 예측오차원가표 = 조건부손실표

대안	$x_1(0.5)$	$x_2(0.3)$	$x_3(0.2)$	기대가치
제품 A	₩0	₩0	₩2,350,000	₩470,000
제품 B	2,500,000	200,000	0	1,310,000

EVPI = 최적대안의 기대손실의 기대가치 = 최소기대기회손실 = ₩470,000

(2) EVPI의 의의

완전정보 취득 시 지불할 수 있는 최대금액을 의미한다.

(물음 3)

사전확률을 사후확률로 전환하는 과정(베이즈정리)을 포함하여 불완전정보의 기대가치를 구하는 과정을 단계별로 열거하면 다음과 같다.

	$x_1 (0.5)$	$x_2 (0.3)$	$x_3 (0.2)$
제품 A	₩4,000,000	₩2,200,000	₩400,000
제품 B	1,500,000	2,000,000	2,750,000

① 결합확률 = 조건부확률 × 사전확률

	$x_1 (0.5)$		$x_2 (0.3)$		$x_3 (0.2)$		합계
R_1	0.7 × 0.5 =	0.35	0.2 × 0.3 =	0.06	0.1 × 0.2 =	0.02	0.43
R_2	0.2 × 0.5 =	0.1	0.5 × 0.3 =	0.15	0.3 × 0.2 =	0.06	0.31
R_3	0.1 × 0.5 =	0.05	0.3 × 0.3 =	0.09	0.6 × 0.2 =	0.12	0.26

② 사후확률

	$x_1 (0.5)$	$x_2 (0.3)$	$x_3 (0.2)$	합계
R_1	35/43	6/43	2/43	1
R_2	10/31	15/31	6/31	1
R_3	5/26	9/26	12/26	1

③ 정보별 최적대안

R_1
- A ₩4,000,000 × 35/43 + ₩2,200,000 × 6/43 + ₩400,000 × 2/43 = ₩3,581,395(선택)
- B ₩1,500,000 × 35/43 + ₩2,000,000 × 6/43 + ₩2,750,000 × 2/43 = 1,627,907

R_2
- A ₩4,000,000 × 10/31 + ₩2,200,000 × 15/31 + ₩400,000 × 6/31 = 2,432,258(선택)
- B ₩1,500,000 × 10/31 + ₩2,000,000 × 15/31 + ₩2,750,000 × 6/31 = 1,983,871

R_3
- A ₩4,000,000 × 5/26 + ₩2,200,000 × 9/26 + ₩400,000 × 12/26 = 1,715,385
- B ₩1,500,000 × 5/26 + ₩2,000,000 × 9/26 + ₩2,750,000 × 12/26 = 2,250,000(선택)

(물음 4)

불완전정보의 기대가치(EVSI) = 불완전정보하의 기대성과 - 현재의 최적대안의 기대가치

EVSI = ₩3,581,395 × 0.43 + ₩2,432,258 × 0.31 + ₩2,250,000 × 0.26 - ₩2,740,000 = ₩139,000

회사가 개발 중인 신제품 A, B에 대한 자료는 다음과 같다.

	A제품	B제품
단위당 판매가격	₩15,000	₩12,000
단위당 변동원가	3,000	7,500
연간 고정원가	5,600,000	600,000

시장이 호황일 확률은 70%로서 이때는 1,200단위가 팔릴 것이며, 불황일 확률은 30%로서 이때는 500단위가 팔릴 것이다. 회사의 경영자는 기대효용에 의하여 의사결정을 하는데, 그의 효용함수는 다음과 같다.

$$U(X) = X(X = 이익)$$

(물음 1) 제품 A와 B 중 어느 제품을 생산할 것인가?

(물음 2) 시장상황에 대해 정확한 예측을 하는 (주)동교가 ₩350,000의 수수료를 요구한다면 정보를 제공받을 것인가?

(물음 3) 시장상황에 대해 90% 정확한 예측을 하는 (주)합정이 ₩150,000의 수수료를 요구한다면 정보를 제공받을 것인가? (확률계산 시 소수점 둘째 자리까지 계산하시오)

※ 회사 경영자의 효용함수가 $U(X) = \sqrt{X}$ (X = 이익)일 경우, (물음 4 ~ 6)에 답하라.

(물음 4) 제품 A와 B 중 어느 제품을 생산할 것인가?

(물음 5) 시장상황에 대해 정확한 예측을 하는 (주)동교가 ₩350,000의 수수료를 요구한다면 정보를 제공받을 것인가?

(물음 6) 시장상황에 대해 80% 정확한 예측을 하는 (주)합정이 ₩150,000의 수수료를 요구한다면 정보를 제공받을 것인가?

| 정답 및 해설 |

(물음 1) 성과표(영업이익 = 효용)

대안	상황		기대가치
	호황: 1,200개 $P(S_1) = 0.7$	불황: 500개 $P(S_2) = 0.3$	(= 기대효용)
A_1: A제품 생산	₩8,800,000[*1]	₩400,000	₩6,280,000
A_2: B제품 생산	4,800,000[*2]	1,650,000	3,855,000

*1 (₩15,000 - ₩3,000) × 1,200개 - ₩5,600,000 = ₩8,800,000
*2 (₩12,000 - ₩7,500) × 1,200개 - ₩600,000 = ₩4,800,000
∴ A제품 생산 시 기대가치가 더 크므로 A제품을 생산한다.

(물음 2) EVPI

완전정보하의 기대가치: ₩8,800,000 × 0.7 + ₩1,650,000 × 0.3 =	₩6,655,000
기존정보하의 기대가치	(6,280,000)
완전정보의 기대가치(EVPI)	₩375,000

∴ 정보제공자가 요구하는 수수료(₩350,000)가 EVPI(₩375,000)보다 작으므로 수수료를 지급하고 정보를 제공받는다.

(물음 3) EVSI

(1) 기호의 정의(사전확률)

대안	상황	
	S_1 = 호황 $P(S_1) = 0.7$	S_2 = 불황 $P(S_2) = 0.3$
I_1: 호황예측	$P(I_1|S_1) = 0.9$	$P(I_1|S_2) = 0.1$
I_2: 호황예측	$P(I_2|S_1) = 0.1$	$P(I_2|S_2) = 0.9$

(2) 추가적 정보가 주어질 확률

$P(I_1) = P(I_1|S_1) \times P(S_1) + P(I_1|S_2) \times P(S_2) = 0.9 \times 0.7 + 0.1 \times 0.3 = 0.66$

$P(I_2) = P(I_2|S_1) \times P(S_1) + P(I_2|S_2) \times P(S_2) = 0.1 \times 0.7 + 0.9 \times 0.3 = 0.34$

(3) 사후확률

$$P(S_1|I_1) = \frac{P(I_1|S_1) \times P(S_1)}{P(I_1)} = \frac{0.9 \times 0.7}{0.660} = 0.95$$

$$P(S_2|I_1) = \frac{P(I_1|S_2) \times P(S_2)}{P(I_1)} = \frac{0.1 \times 0.3}{0.660} = 0.05$$

$$P(S_1|I_2) = \frac{P(I_2|S_1) \times P(S_1)}{P(I_2)} = \frac{0.1 \times 0.7}{0.340} = 0.21$$

$$P(S_2|I_2) = \frac{P(S_2|I_2) \times P(I_2)}{P(I_2)} = \frac{0.9 \times 0.3}{0.340} = 0.79$$

(4) 각각의 추가적 정보하에서 대안별 기대가치 및 최적대안결정

① 전문가로부터 호황일 것이라는 예측(I_1)을 받은 경우
- $E(A_1)$ = ₩8,800,000 × $P(S_1|I_1)$ + ₩400,000 × $P(S_2|I_1)$
  = ₩8,800,000 × 0.95 + ₩400,000 × 0.05 = ₩8,380,000
- $E(A_2)$ = ₩4,800,000 × $P(S_1|I_1)$ + ₩1,650,000 × $P(S_2|I_1)$
  = ₩4,800,000 × 0.95 + ₩1,650,000 × 0.05 = ₩4,642,500

→ A제품 생산 시 기대가치 $E(A_1)$이 B제품 생산 시 기대가치 $E(A_2)$보다 더 크기 때문에 A제품을 생산한다.

② 전문가로부터 불황일 것이라는 예측(I_2)을 받은 경우
- $E(A_1)$ = ₩8,800,000 × $P(S_1|I_2)$ + ₩400,000 × $P(S_2|I_2)$
  = ₩8,800,000 × 0.21 + ₩400,000 × 0.79 = ₩2,164,000
- $E(A_2)$ = ₩4,800,000 × $P(S_1|I_2)$ + ₩1,650,000 × $P(S_2|I_2)$
  = ₩4,800,000 × 0.21 + ₩1,650,000 × 0.79 = ₩2,311,500

→ B제품 생산 시 기대가치 $E(A_2)$이 A제품 생산 시 기대가치 $E(A_1)$보다 더 크기 때문에 B제품을 생산한다.

(5) EVSI

불완전정보하의 기대가치

₩8,380,000 × $P(I_1)$ + ₩2,311,500 × $P(I_2)$= ₩8,380,000 × 0.66 + ₩2,311,500 × 0.34 =	₩6,316,710
기존정보하의 기대가치	(6,280,000)
불완전정보의 기대가치(EVSI)	₩36,710

∴ 정보제공자가 요구하는 수수료(₩150,000)가 EVSI(₩36,710)보다 크므로 정보를 구입하지 않는다.

(물음 4) 효용표(영업이익 ≠ 효용)

대안	상황		기대효용
	호황: 1,200개 $P(S_1) = 0.7$	불황: 500개 $P(S_2) = 0.3$	
A_1: A제품 생산	$2,966^{*1}$	632	2,266
A_2: B제품 생산	$2,191^{*2}$	1,285	1,919

*1 $\sqrt{₩8,800,000} = 2,966$
*2 $\sqrt{₩4,800,000} = 2,191$

∴ A제품 생산 시 기대효용이 더 크므로 A제품을 생산한다.

(물음 5) 기대효용기준 EVPI

완전정보하의 기대효용: $\sqrt{₩8,800,000 - ₩350,000} \times 0.7 + \sqrt{₩1,650,000 - ₩350,000} \times 0.3 =$	2,377
기존정보하의 기대효용	(2,266)
완전정보의 기대효용	111

∴ 완전정보에 대해 지급할 수수료를 고려한 완전정보하의 기대효용이 기존정보하의 기대효용보다 크므로 완전 정보를 구매한다.

(물음 6) 기대효용기준 EVSI

(1) 효용표

	상황		
대안	호황: 1,200개 $P(S_1) = 0.7$	불황: 500개 $P(S_2) = 0.3$	기대효용
A_1: A제품 생산	2,941[*1]	500	2,209
A_2: B제품 생산	2,156[*2]	1,225	1,877

*1 $\sqrt{₩8,800,000 - ₩150,000} = 2,941$
*2 $\sqrt{₩4,800,000 - ₩150,000} = 2,156$

(2) 사후확률

(물음 3)과 동일

(3) 각각의 추가적 정보하에서 대안별 기대가치 및 최적대안결정

① 전문가로부터 호황일 것이라는 예측(I_1)을 받은 경우

- $EU(A_1) = 2,941 \times P(S_1|I_1) + 500 \times P(S_2|I_1)$
  $= 2,941 \times 0.95 + 500 \times 0.05 = 2,819$
- $EU(A_2) = 2,156 \times P(S_1|I_1) + 1,225 \times P(S_2|I_1)$
  $= 2,156 \times 0.95 + 1,225 \times 0.05 = 2,109$

→ A제품 생산 시 기대효용 $EU(A_1)$이 B제품 생산 시 기대효용 $EU(A_2)$보다 더 크기 때문에 A제품을 생산한다.

② 전문가로부터 불황일 것이라는 예측(I_2)을 받은 경우

- $EU(A_1) = 2,941 \times P(S_1|I_2) + 500 \times P(S_2|I_2)$
  $= 2,941 \times 0.21 + 500 \times 0.79 = 1,013$
- $EU(A_2) = 2,156 \times P(S_1|I_2) + 1,225 \times P(S_2|I_2)$
  $= 2,156 \times 0.21 + 1,225 \times 0.79 = 1,421$

→ B제품 생산 시 기대효용 $EU(A_2)$이 A제품 생산 시 기대효용 $EU(A_1)$보다 더 크기 때문에 B제품을 생산한다.

(4) EVSI

불완전정보하의 기대효용

$2,819 \times P(I_1) + 1,421 \times P(I_2) = 2,819 \times 0.66 + 1,421 \times 0.34 =$	2,343
기존정보하의 기대효용	(2,266)
불완전정보의 기대효용(EVSI)	77

∴ 불완전정보에 대해 지급할 수수료를 고려한 불완전정보하의 기대효용이 기존정보하의 기대효용보다 크므로 불완전정보를 구매한다.

실전문제 04 불확실성하의 의사결정

세무사 23

<기본 자료>

(주)세무는 3가지 제품 A, B, C를 생산·판매하고 있다. 각 제품의 단위당 판매가격, 단위당 직접제조원가는 다음과 같다.

	제품 A	제품 B	제품 C
단위당 판매가격	₩100	₩150	₩200
단위당 직접재료원가	15	42	54
직접노무원가	25	15	30

(주)세무의 생산 및 판매와 관련한 기타정보는 다음과 같다.

1. 직접노무시간당 임률은 ₩10이다.

2. 변동제조간접원가는 직접노무시간을 기준으로 각 제품에 배부하는데, 변동제조간접원가 배부율은 직접노무시간당 ₩12이다.

3. 월간 총고정원가는 ₩560,000이다.

4. 변동판매관리비는 각 제품 매출액의 10%이다.

5. 제품 A, B, C를 생산하기 위하여 동일한 기계를 활용하고 있다. 기계시간당 각 제품의 생산량은 제품 A 100개, 제품 B 20개, 제품 C 15개이다. (주)세무가 이용가능한 총기계시간은 월간 500시간이다.

6. 제품 A, B, C의 월간 예상수요량은 각각 15,000개, 8,000개, 5,000개이다.

7. 당월에 생산된 제품은 모두 당월에 판매된다.

물음 1) (주)세무는 생산 및 판매와 관련한 모든 정보를 활용하여 기업의 이익을 최대화하고자 한다.

(1) 제품 A, B, C 각각에 대해 제품단위당 공헌이익을 계산하시오.

	제품 A	제품 B	제품 C
제품단위당 공헌이익			

(2) 제품 A, B, C 각각에 대해 월간 최적 생산량을 계산하시오.

	제품 A	제품 B	제품 C
최적 생산량			

물음 2) (주)세무는 이익을 최대화하는 생산량을 결정한 이후에 외국의 거래처로부터 제품 B 8,000개를 구입하겠다는 특별주문을 받았다. 이 특별주문은 부분적으로 수락할 수 없으며, 전량을 수락 또는 거절하여야 한다. 이 특별주문을 수락할 경우 특별주문에 따른 변동판매관리비는 발생하지 않고 대신에 고정판매관리비 ₩40,000이 추가로 발생하며, 이 외에 기존 제품의 단가나 원가구조는 달라지지 않는다.

(1) 특별주문을 수락하는 경우, 이로 인해 발생하는 기회원가(opportunity cost)를 계산하시오.

(2) 특별주문을 수락하기 위한 제품 B의 단위당 최소판매가격을 계산하시오.

(물음 3) <기본 자료>와 같은 상황에서 (주)세무는 제품 A에 대한 월간 수요가 불확실하여 이에 합리적으로 대처하고자 한다. (주)세무는 제품 A의 월간 수요량이 5,000개(불황) 또는 15,000개(호황)이며, 그 가능성이 각각 40%, 60%라고 생각하고 있다. (주)세무는 제품 A를 자동화 생산방식으로 생산할 수 있으며, 반자동화 생산방식, 수작업 생산방식으로도 생산할 수 있다. 제품 A에 대한 생산방식과 월간 수요에 따른 기업전체의 이익은 다음과 같다.

	월간 수요 5,000개(불황)	월간 수요 15,000개(호황)
자동화 생산방식	₩65,000	₩160,000
반자동화 생산방식	90,000	100,000
수작업 생산방식	75,000	80,000

(주)세무는 미래의 불확실성을 줄이고자 외부의 마케팅 전문컨설팅사에 의뢰하여 제품 A에 대한 수요를 파악하고자 한다. 외부 전문컨설팅사에서는 마케팅 전문지식을 활용하여 불황(R1) 또는 호황(R2)이라는 예측자료를 제공한다.

(1) (주)세무가 선택할 수 있는 제품 A의 생산방식 중 고려대상에서 제외해도 되는 생산방식은 무엇인가? 그리고 그 판단의 근거를 서술하시오.

(2) 외부의 전문컨설팅사에서 제공하는 정보가 완전정보라면, 완전정보의 기대가치를 계산하시오.

(3) 과거의 자료에 의하면 이 외부 전문컨설팅사에서 불황(R1)이라고 예측을 하였는데 실제로 불황일 가능성은 80%이고, 예측과는 달리 호황일 가능성은 20%였다. 또한 과거의 자료에 의하면 이 외부 전문컨설팅사에서 호황(R2)이라고 예측하였는데 실제로 호황일 가능성은 80%이고, 예측과는 달리 불황일 가능성은 20%였다. (주)세무가 외부 전문컨설팅사로부터 불황(R1) 예측자료를 받을 경우 제품 A의 최적생산방식은 반자동화 생산방식이며, 이때의 기대이익은 ₩92,727인 것으로 분석되었다. 다음 물음 ①과 ②에 답하시오.

① (주)세무가 외부 전문컨설팅사로부터 호황(R2) 예측자료를 받을 경우 제품 A의 최적생산방식을 기술하고, 기대이익을 계산하시오.

② (주)세무가 외부 전문컨설팅사로부터 이 정보를 구입하기 위해 지불할 수 있는 최대금액, 즉 불완전정보의 기대가치를 계산하시오.

정답 및 해설

(물음 1)

🔍 **자료분석**

<각 제품별 최적 생산계획수립>

	제품 A	제품 B	제품 C
단위당 판매가격	₩100	₩150	₩200
단위당 변동원가	80[*1]	90[*2]	140[*3]
단위당 공헌이익	₩20	₩60	₩60
단위당 기계시간	÷ 1/100	÷ 1/20	÷ 1/15
기계시간당 공헌이익	₩2,000	₩1,200	₩900
최적생산순위	1순위	2순위	3순위
필요기계시간	150시간	400시간	1,000/3시간

*1 ₩15 + ₩25 + 2.5h × ₩12 + ₩100 × 0.1 = ₩80
*2 ₩42 + ₩15 + 1.5h × ₩12 + ₩150 × 0.1 = ₩90
*3 ₩54 + ₩30 + 3h × ₩12 + ₩200 × 0.1 = ₩140

(1) 제품 A, B, C 각각에 대한 제품단위당 공헌이익

	제품 A	제품 B	제품 C
제품단위당 공헌이익	₩20	₩60	₩60

(2) 제품 A, B, C 각각에 대한 월간 최적 생산량

	제품 A	제품 B	제품 C
최적 생산량	15,000개	7,000개[*]	0개

* (500h - 150h) × 20개 = 7,000개

(물음 2)

(1) 기회원가

① 특별주문 시 필요시간: 8,000개 × 1/20 = 400시간

② 기존제품 생산 · 판매 감소량: 제품 B 7,000개, 제품 A 5,000개[*]

  * (400시간 - 350시간) × 100개 = 5,000개

③ 공헌이익 감소액(기회원가): 7,000개 × ₩60 + 5,000개 × ₩20 = ₩520,000

(2) 최소판매가격

₩42 + ₩15 + 1.5h × ₩12 + (₩520,000 + ₩40,000) ÷ 8,000개 = ₩145

(물음 3)

(1) 수작업 생산방식

이유: 수작업 생산방식은 반자동 생산방식에 비하여 불황이든 호황이든 어떤 상황에서도 이익이 적어 불리하므로 고려대상에서 제외해도 무방하다.

(2) 완전정보의 기대가치

① 기존정보하의 기대가치

생산방식	상황	
	x_1: 월간수요 5,000개 $P(x_1) = 0.4$	x_2: 월간수요 15,000개 $P(x_2) = 0.6$
a_1: 자동화	₩65,000	₩160,000
a_2: 반자동화	₩90,000	₩100,000

생산방식 a_1과 a_2의 기대이익을 각각 $E(a_1)$, $E(a_2)$라 하면,

$E(a_1)$ = ₩65,000 × 0.4 + ₩160,000 × 0.6 = ₩122,000

$E(a_2)$ = ₩90,000 × 0.4 + ₩100,000 × 0.6 = ₩96,000

따라서, 기대이익이 큰 자동화 생산방식을 선택한다.

② 완전정보하의 기대가치: ₩90,000 × 0.4 + ₩160,000 × 0.6 = ₩132,000

③ 완전정보의 기대가치: ₩132,000 - ₩122,000 = ₩10,000

(3) 불완전정보하의 기대가치

① 월간수요 5,000개의 정보를 받을 확률: 0.4 × 0.8 + 0.6 × 0.2 = 0.44

② 월간수요 5,000개의 정보를 받을 경우 기대가치

생산방식	상황	
	x_1: 월간수요 5,000개 $P(x_1) = 0.32/0.44$	x_2: 월간수요 15,000개 $P(x_2) = 0.12/0.44$
a_1: 자동화	₩65,000	₩160,000
a_2: 반자동화	₩90,000	₩100,000

생산방식 a_1과 a_2의 기대이익을 각각 $E(a_1)$, $E(a_2)$라 하면,

$E(a_1)$ = ₩65,000 × 0.32/0.44 + ₩160,000 × 0.12/0.44 = ₩90,909

$E(a_2)$ = ₩90,000 × 0.32/0.44 + ₩100,000 × 0.12/0.44 = ₩92,727

따라서, 기대이익이 큰 반자동화 생산방식을 선택한다.

③ 월간수요 15,000개의 정보를 받을 확률: 0.4 × 0.2 + 0.6 × 0.8 = 0.56
④ 월간수요 15,000개의 정보를 받을 경우 기대가치

<table>
<tr><td rowspan="2">생산방식</td><td colspan="2" align="center">상황</td></tr>
<tr><td align="center">x_1: 월간수요 5,000개
$P(x_1) = 0.08/0.56$</td><td align="center">x_2: 월간수요 15,000개
$P(x_2) = 0.48/0.56$</td></tr>
<tr><td align="center">a_1: 자동화</td><td align="center">₩65,000</td><td align="center">₩160,000</td></tr>
<tr><td align="center">a_2: 반자동화</td><td align="center">₩90,000</td><td align="center">₩100,000</td></tr>
</table>

생산방식 a_1과 a_2의 기대이익을 각각 $E(a_1)$, $E(a_2)$라 하면,

$E(a_1)$ = ₩65,000 × 0.08/0.56 + ₩160,000 × 0.48/0.56 = ₩146,429

$E(a_2)$ = ₩90,000 × 0.08/0.56 + ₩100,000 × 0.48/0.56 = ₩98,571

따라서, 기대이익이 큰 자동화 생산방식을 선택한다.

⑤ 불완전정보하의 기대가치: ₩92,727 × 0.44 + ₩146,429 × 0.56 = ₩122,800
⑥ 불완전정보의 기대가치: ₩122,800 - ₩122,000 = ₩800

안젤라 브래디는 권투선수 마이크 포먼의 세계선수권대회 프로모터이다. 브래디는 케이블TV 가입 가구당 ₩16의 수수료를 받게 된다. 브래디는 이 수수료 ₩16의 25%와 고정금액 ₩2,000,000를 포먼에게 지급할 것이다. 그 외에도 브래디에게는 고정원가 ₩1,000,000와 케이블TV 가입 가구당 ₩2의 변동원가가 발생된다.

유료시청 케이블TV 가입 가구수는 불확실하지만, 브래디는 다음과 같은 확률분표를 추정하고 있다.

유료시청가구수	확률
100,000	0.05
200,000	0.10
300,000	0.30
400,000	0.35
500,000	0.15
1,000,000	0.05

(물음 1) 브래디가 포먼에게 지불할 금액의 기대가치를 구하시오.

(물음 2) 유일한 불확실성이 유료시청가구수라고 할 때, 브래디의 손익분기점을 구하시오.

(물음 3) 기대되는 가구수에 근거하여 브래디의 프로모션 계획에 대하여 조언하시오.

정답 및 해설

(물음 1)

유료시청가구수(a)	확률(b)	기대유료시청가구수(c = a × b)
100,000	0.05	5,000
200,000	0.10	20,000
300,000	0.30	90,000
400,000	0.35	140,000
500,000	0.15	75,000
1,000,000	0.05	50,000
계		380,000

포면에 대한 지불대가 기대치: 380,000가구 × ₩16 × 25% = ₩1,520,000

고정금액 2,000,000

포면에 대한 지불대가 총 기대치 ₩3,520,000

(물음 2)

① 단위당 공헌이익: ₩16 - (₩16 × 25% + ₩2) = ₩10

② 고정원가: ₩2,000,000 + ₩1,000,000 = ₩3,000,000

③ 손익분기가구수: $\dfrac{₩3,000,000}{₩10}$ = 300,000가구

(물음 3)

유료시청가구수 기대치는 380,000가구로 손익분기가구수의 $\dfrac{80,000가구}{300,000가구}$ = 26.67% 이상이며, 브래디가 손실을 보고하게 될 300,000가구 미만일 확률은 0.15이므로 문제의 확률분포를 자신한다면 권투시합을 진행시켜야 한다.

> **참고**
> $P(\pi \geq 0) = P(X \geq 300,000) = 0.85$
> 손익분기를 달성할 확률이 85%이므로 주어진 확률분포를 자신한다면 권투시합을 진행시켜야 한다.

(주)풍성이 생산하고 있는 제품 A와 제품 B에 관련된 자료는 다음과 같다.

	제품 A	제품 B
단위당 판매가격	₩15,000	₩30,000
단위당 변동제조원가	4,000	10,000
단위당 변동판매관리비	1,000	5,000
고정제조간접원가		40,000,000
고정판매관리비		10,000,000

다음의 (물음)은 각각 독립적이다.

(물음 1) 제품 A와 제품 B의 매출수량비율이 1 : 2일 때 이익이 매출액의 20%가 될 수 있도록 하기 위해서는 제품 A와 제품 B를 각각 몇 단위 판매해야 하는가?

(물음 2) 제품 A와 제품 B를 생산하기 위해서는 갑공정과 을공정을 거쳐야 한다. 제품 A와 제품 B를 생산하기 위한 각 공정별 소요시간은 다음과 같다.

	세품 A	제품 B
갑공정	2시간	4시간
을공정	2	1

갑공정의 총사용가능시간은 30,000시간이며, 을공정의 총사용가능시간은 15,000시간이다. 이익을 극대화시키는 제품 A와 제품 B의 매출배합은 무엇이며 그때의 이익은 얼마인가?

(물음 3) 제품 B의 가격이 변동될 가능성이 큰 경우 (물음 2)에서 제품 B의 가격이 얼마나 변화해야 최적매출배합이 달라지게 되는지 설명하시오.

(물음 4) (물음 2)에서 제품 B의 단위당 판매가격이 다음과 같은 확률분포를 가지고 있다.

제품 B의 판매가격	확률
₩17,500	30%
30,000	40
45,000	30

(주)미래컨설팅은 (주)풍성에게 제품 B의 판매가격에 대한 완전한 정보를 제공할 수 있다. (주)풍성이 완전정보에 대해 (주)미래컨설팅에 지급할 수 있는 최대금액은 얼마인가?

(물음 5) 최근 환경문제로 인하여 회사는 더 이상 제품 B를 생산할 수 없게 되었다. 따라서 제품 A의 새로운 판매처를 찾고 있던 중 (주)선진과 새로운 판매계약을 체결할 수 있는 가능성을 발견하였다. 현재 제품 A의 판매량은 9,000단위이나 (주)선진과의 계약이 성공할 경우 21,000단위를 추가로 판매할 수 있으며 계약에 성공할 확률은 30%이다. 이러한 상황에서 기술담당이사는 주력제품이 된 제품 A의 생산을 위해서 설비대체를 주장하고 있다. 설비를 대체할 경우 단위당 변동제조간접원가는 ₩1,000이 감소하는 반면, 고정제조간접원가는 ₩10,000,000 증가할 것이다. 설비대체를 주장하는 기술이사의 의견에 대하여 논평하시오.

(물음 6) (주)미래컨설팅은 (주)풍성에게 (물음 5)의 상황에서 (주)선진과의 계약체결 성공여부에 대한 완전한 정보를 제공할 수 있다고 한다. (주)풍성이 완전한 정보에 대해 (주)미래컨설팅에 지급할 수 있는 최대금액은 얼마인가?

(물음 1) 목표이익 달성 판매량

제품 A의 단위당 공헌이익: ₩15,000 - (₩4,000 + ₩1,000) = ₩10,000

제품 B의 단위당 공헌이익: ₩30,000 - (₩10,000 + ₩5,000) = ₩15,000

제품 A의 판매량을 x, 제품 B의 판매량을 $2x$라 하면,

$$\underbrace{₩10,000x + ₩15,000 \times 2x}_{\text{공헌이익}} = \underbrace{(₩40,000,000 + ₩10,000,000)}_{\text{고정원가}} + \underbrace{(₩15,000x + ₩30,000 \times 2x) \times 0.2}_{\text{목표이익}}$$

→ x = 2,000개

∴ 목표판매량은 제품 A 2,000개(x), 제품 B 4,000개($2x$)이다.

(물음 2) 이익극대화 판매량

제품 A와 제품 B의 판매량을 각각 A, B라 하면 제약조건하에서 이익을 극대화하는 매출배합을 구하기 위한 산식은 다음과 같다.

목적함수: Max Z = ₩10,000A + ₩15,000B

제약조건: 2A + 4B ≤ 30,000시간 ············ ①

2A + B ≤ 15,000시간 ············· ②

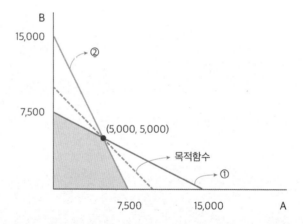

선택가능영역 내의 점들 중에서 A = 5,000개, B = 5,000개일 때 목적함수가 극대화된다.

그리고 이때의 영업이익은 ₩10,000 × 5,000개 + ₩15,000 × 5,000개 - ₩50,000,000 = ₩75,000,000이다.

(물음 3) 제품 B 가격변동의 범위

제품 B의 판매가격을 P라 하면 목적함수 $Z = ₩10,000 × A + (P - ₩15,000) × B$가 된다. 이때 목적함수의 기울기의 절댓값이 ①번 제약식의 기울기의 절댓값보다 작거나 ②번 제약식의 기울기의 절댓값보다 클 때 최적해가 달라지게 된다.

즉, $\dfrac{₩10,000}{P - ₩15,000} < \dfrac{1}{2}$ 또는 $\dfrac{₩10,000}{P - ₩15,000} > 2$이어야 한다.

그러므로 $P > ₩35,000$ 또는 $P < ₩20,000$이어야 한다. 제품 B의 현재가격이 ₩30,000이므로 현재보다 ₩5,000 이상 상승하거나 ₩10,000 이상 하락하면 최적매출배합이 달라지게 된다.

(물음 4) 판매가격에 대한 완전정보의 기대가치

(1) 성과표(영업이익)

행동대안 (생산량 결정)	상황(제품별 단위당 공헌이익)		
	B가격 = ₩17,500(0.3) A = ₩10,000 B = ₩2,500	B가격 = ₩30,000(0.4) A = ₩10,000 B = ₩15,000	B가격 = ₩45,000(0.3) A = ₩10,000 B = ₩30,000
a_1 { A = 7,500개 B = 0개	₩25,000,000*	₩25,000,000	₩25,000,000
a_2 { A = 5,000개 B = 5,000개	12,500,000	75,000,000	150,000,000
a_3 { A = 0개 B = 7,500개	(31,250,000)	62,500,000	175,000,000

* ₩10,000 × 7,500개 + ₩2,500 × 0개 - ₩50,000,000 = ₩25,000,000

(2) 기존정보하의 기대가치

$E(a_1) = ₩25,000,000 × 0.3 + ₩25,000,000 × 0.4 + ₩25,000,000 × 0.3 = ₩25,000,000$

$E(a_2) = ₩12,500,000 × 0.3 + ₩75,000,000 × 0.4 + ₩150,000,000 × 0.3 = ₩78,750,000$

$E(a_3) = ₩(31,250,000) × 0.3 + ₩62,500,000 × 0.4 + ₩175,000,000 × 0.3 = ₩68,125,000$

(3) 완전정보의 기대가치(EVPI)

완전정보하의 기대가치: ₩25,000,000 × 0.3 + ₩75,000,000 × 0.4 + ₩175,000,000 × 0.3 =	₩90,000,000
기존정보하의 기대가치	(78,750,000)
완전정보의 기대가치(EVPI)	₩11,250,000

(물음 5) 불확실성하에서의 의사결정

(1) 성과표

	상황	
대안	x_1: 9,000개 판매(0.7)	x_2: 30,000개 판매(0.3)
a_1: 설비유지[*1]	₩40,000,000	₩250,000,000
a_2: 설비대체[*2]	39,000,000	270,000,000

*1 (₩15,000 - ₩5,000) × 판매량 - ₩50,000,000
*2 (₩15,000 - ₩4,000) × 판매량 - ₩60,000,000

(2) 각 대안의 기대가치

$E(a_1)$ = ₩40,000,000 × 0.7 + ₩250,000,000 × 0.3 = ₩103,000,000

$E(a_2)$ = ₩39,000,000 × 0.7 + ₩270,000,000 × 0.3 = ₩108,300,000

∴ $E(a_1) < E(a_2)$이므로 설비를 대체하는 방안을 선택하는 것이 유리하다.

(물음 6) 완전정보의 기대가치(EVPI)

완전정보하의 기대가치: ₩40,000,000 × 0.7 + ₩270,000,000 × 0.3 =	₩109,000,000
기존정보하의 기대가치	(108,300,000)
완전정보의 기대가치(EVPI)	₩700,000

∴ (주)미래컨설팅에 완전정보의 대가로 지불할 수 있는 최대금액은 ₩700,000이다.

불확실성하의 CVP분석과 경영자 보상

다음 신촌공업(주)은 제약회사이며 단위당 판매가격 및 원가자료는 다음과 같다.

판매가격	₩100
변동제조원가	50
변동판매비	10
총고정제조간접원가	10,000
총고정판매비	5,000
법인세율	40%

※ 각 (물음)은 서로 독립적이다.

(물음 1) 다음을 계산하시오.

① 세후목표순이익 ₩1,200을 달성하기 위한 판매량

② 세후순이익 ₩1,200에서의 영업레버리지도

(물음 2) 변동제조원가가 20% 상승할 확률이 40%이고 50% 상승할 확률이 60%일 때 세후목표 순이익 ₩12,000을 달성하기 위한 기대판매량을 구하시오.

(물음 3) 신촌공업(주)의 전문경영자는 TV광고 시 판매량이 증가할 것으로 기대하고 있다. TV광고 를 하지 않을 경우 판매량은 300단위와 400단위 사이에서 균등확률분포(uniform distribution)를 이루고 TV광고를 하는 경우에는 판매량이 370단위와 610단위 사이에서 균등확률분포를 이룬다. 이때 각각의 세전영업이익(손실)을 구하고 광고에 대한 의사결정 을 하시오. (단, TV광고비는 ₩7,000이다)

(물음 4) 신촌공업(주)의 전문경영자는 기본급 없이 성과급으로만 연봉을 지급받는다고 한다. 성과 급은 영업이익의 1%이며 영업손실이 발생하는 경우에는 전혀 지급되지 않는다. 전문경영 자 입장에서 증분이익을 구하고 TV광고에 대한 의사결정을 하시오.

(물음 5) 위의 성과급 제도의 문제점을 지적하고 개선책을 제시하시오.

(물음 6) 소품종 대량생산과 다품종 소량생산의 환경하에서 조업도만을 원가동인으로 할 때 문제점 이 어느 쪽에서 더 큰가? 그 이유를 설명하시오.

| 정답 및 해설 |

(물음 1)

(1) 세후목표순이익 ₩1,200을 달성하기 위한 판매량(Q_{TI})

$$Q_{TI}: \frac{₩15,000 + ₩1,200/(1 - 0.4)}{₩100 - ₩60} = 425단위$$

(2) 세후순이익 ₩1,200에서의 영업레버리지도(DOL)

$$DOL: \frac{₩1,200/(1 - 0.4) + ₩15,000}{₩1,200/(1 - 0.4)} = 8.5$$

(물음 2)

세후목표순이익 ₩12,000을 달성하기 위한 판매량(Q_{TI})

기대변동제조원가: ₩50 × 1.2 × 0.4 + ₩50 × 1.5 × 0.6 = ₩69

새로운 변동원가: ₩69 + ₩10 = ₩79

$$Q_{TI}: \frac{₩15,000 + ₩12,000/(1 - 0.4)}{₩100 - ₩79} = 1,667단위$$

(물음 3) 판매량이 균등확률분포일 경우 광고여부 의사결정

(1) TV광고를 하시 않을 경우

$$₩40 × \frac{300단위 + 400단위}{2} - ₩15,000 = ₩(1,000)$$

(2) TV광고를 할 경우

$$₩40 × \frac{370단위 + 610단위}{2} - (₩15,000 + ₩7,000) = ₩(2,400)$$

∴ TV광고를 하지 않는 것이 ₩1,400만큼 유리하다.

(물음 4) 전문경영자 입장에서의 의사결정

(1) TV광고를 하지 않을 경우(판매량 300단위 ~ 400단위에서 균등확률 분포)

① 손익분기점(Q_{BEP}): $\dfrac{\text{₩}15,000}{\text{₩}40}$ = 375단위

② 손익분기점을 초과할 확률

$P(\pi \geq 0) = (400단위 - 375단위) \times \dfrac{1}{400단위 - 300단위} = 25\%$

③ 기대순이익

판매량이 375단위인 경우: ₩40 × 375단위 - ₩15,000 = ₩0

판매량이 400단위인 경우: ₩40 × 400단위 - ₩15,000 = ₩1,000

기대순이익: (₩0 + ₩1,000) ÷ 2 = ₩500

④ 전문경영자의 기대성과급: ₩500 × 25% × 1% = ₩1.25

(2) TV광고를 할 경우(판매량 370단위 ~ 610단위에서 균등확률 분포)

① 손익분기점(Q_{BEP}): $\dfrac{\text{₩}15,000 + \text{₩}7,000}{\text{₩}40}$ = 550단위

② 손익분기점을 초과할 확률

$P(\pi \geq 0) = (610단위 - 550단위) \times \dfrac{1}{610단위 - 370단위} = 25\%$

③ 기대순이익

판매량이 550단위인 경우: ₩40 × 550단위 - ₩22,000 = ₩0

판매량이 610단위인 경우: ₩40 × 610단위 - ₩22,000 = ₩2,400

기대순이익: (₩0 + ₩2,400) ÷ 2 = ₩1,200

④ 전문경영자의 기대성과급: ₩1,200 × 25% × 1% = ₩3

∴ 전문경영자 입장에서는 TV광고를 하는 것이 ₩1.75만큼 유리하다.

(물음 5) 현행 성과급 제도의 문제점

회사의 전문경영자는 기본급 없이 성과급으로 영업이익의 1%를 지급받기 때문에 결국 영업손실은 모두 주주가 부담하게 된다. 따라서, 회사의 성과급이 효과적인 인센티브 보상을 할 수 있으려면 영업손실이 발생한 경우에도 적절한 책임을 부여하는 것이어야 한다.

(물음 6) 다품종 소량생산

다품종 소량생산의 경우에는 소품종 대량생산에 비하여 조업도 이외의 원가동인에 따라 발생하는 원가들의 비중이 크다. 따라서, 조업도만을 원가동인으로 하여 제품원가를 계산하는 경우에는 다품종 소량생산의 경우가 소품종 대량생산의 경우보다 더 큰 제품원가의 왜곡을 초래할 수 있다.

(주)한국은 전자 부품을 생산·판매하는 회사이다. (주)한국은 소유지분이 분산되어 지배주주는 없으며 전문경영인을 고용하여 운영되고 있다. 전문경영인이 경영활동에 투입하는 노력은 높은 수준의 노력 H와 낮은 수준의 노력 L 두 가지만 가능하다.

(주)한국의 최종 성과(outcome)는 전문경영인의 노력 여하에 따라 ₩300 혹은 ₩1,000 둘 중 하나로만 나타난다. 전문경영인이 높은 수준의 노력 H를 기울일 경우 최종 성과가 ₩300이 될 확률은 0.1, ₩1,000이 될 확률은 0.9이다. 그리고, 전문경영인이 낮은 수준의 노력 L을 기울일 경우 최종 성과가 ₩300이 될 확률은 0.8, ₩1,000이 될 확률은 0.2이다.

(주)한국의 위험형태는 위험중립적이며, 전문경영인은 위험회피적이다. 전문경영인의 효용은 급여와 노력의 함수이다. 그 구체적인 내용은 아래의 효용함수 u(w, e)와 같다. 효용함수의 첫째 항은 급여에 대한 효용, 둘째 항은 노력으로 인한 비효용을 나타낸다.

> u(w, e)= $\sqrt{w}-v(e)$
>
> 여기에서, w = 회사가 전문경영인에게 지급하는 급여
>
> e = 전문경영인의 노력 H 혹은 L
>
> $v(\cdot)$ = 노력으로 인한 비효용함수로서 v(L) = 10, v(H) = 20이라고 가정한다.

※ 전문경영인이 외부 노동시장에서 받을 수 있는 기회 임금의 효용은 10이라고 가정한다.

(물음 1) 전문경영인의 노력 수준 H 또는 L이 객관적으로 관찰 가능하다고 가정하자.

    (1) (주)한국은 전문경영인의 도덕적 해이를 완화하는 데 있어 '전문경영인의 노력' 또는 '최종 성과' 중 어느 변수를 기초로 전문경영인과 고용계약을 체결하는 것이 보다 효과적인가?

    (2) 전문경영인이 높은 수준의 노력(H)을 투입했을 때 회사가 일정액의 고정급을 지급하기로 하는 고용계약을 체결하고자 한다면, (주)한국은 최소 얼마 이상의 고정급을 지급해야 하는가? ((주)한국은 최소한 전문경영인이 외부 노동시장에서 받을 수 있는 기회 임금의 효용 이상을 보장하는 금액을 지급해야 한다)

(물음 2) 전문경영인의 노력 수준에 대해서는 객관적인 관찰이 불가능하지만, 최종 성과는 객관적으로 관찰 가능하다고 가정하자. (주)한국은 최종 성과에 기초해 성과급을 지급하는 고용계약을 전문경영인과 체결하려고 한다. 전문경영인으로 하여금 높은 수준의 노력(H)을 투입하도록 동기부여하기 위해서는 최종 성과가 ₩300일 경우에는 성과급 ₩20을, 그리고 최종 성과가 ₩1,000일 경우에는 성과급 ₩500을 지급하는 것이 최적으로 분석되었다고 하자.

(1) 이때 전문경영인이 높은 수준의 노력(H)을 투입했을 때의 기대 급여가 (물음 1)의 (2)에서 계산한 고정급보다 큰 이유를 4줄 이내로 간략히 설명하시오.

(2) 회사가 전문경영인으로 하여금 높은 수준의 노력(H)을 투입하도록 성과급을 지급하는 것이 최소 고정급을 지급함으로써 전문경영인이 낮은 수준의 노력(L)을 투입했을 경우에 비해 기대이익(최종 성과 - 급여)이 증가하는가? 그렇다면, 그 증가 금액은 얼마인가?

| 정답 및 해설 |

> **참고**
> 주주와 전문경영자와의 관계는 주주는 주인이고, 전문경영자는 대리인이다. 대리인인 경영자가 자신의 효용극
> 대화를 위해 주주의 이익에 반하는 행동(도덕적 해이)을 하게 되는데 이를 대리인문제라 한다.
> 도덕적 해이로 인한 대리인문제를 해결하는 방법은 경영자에 대한 적절한 보상제도를 통해서 가능하다.

(물음 1)

(1) 전문경영인의 도덕적 해이를 완화하기 위한 효과적인 방법

대리인인 경영자의 노력을 객관적으로 파악할 수 있는 경우에는 대리인의 도덕적 해이문제를 염려할 필요
가 없다. 정보 비대칭의 문제가 발생하지 않기 때문에 대리인이 높은 수준의 노력 H를 투입할 때 높은 보
수를 지급하는 계약을 체결하였다면 대리인이 이를 이행하지 않는 경우에 이를 사후에 관찰해서 여기에 벌
칙을 줄 수 있도록 조항을 포함시키면 된다. 따라서 '전문경영인의 노력'을 기초로 고용계약을 하는 것이
효과적이다. 반면에 최종성과는 전문경영인의 노력에도 불구하고 낮은 성과와 높은 성과가 각각 나타날 수
있으므로 최종성과로 고용계약을 체결하면 대리인 입장에서는 어느 노력정도에서도 성과가 불확실해져서
위험을 부담하게 된다.

(2) (주)한국이 지급해야 하는 최소 고정급

$\sqrt{w} - 20 \geq 10, \; w \geq 900$

(물음 2)

(1) 전문경영인이 높은 수준의 노력(H)을 투입했을 때 기대급여가 (물음 1)의 (2) 고정급보다 큰 이유

대리인의 임금이 고정급이 아니라 최종 성과에 기초한 성과급이 되면 대리인은 일부 위험을 부담하게 된
다. 대리인은 위험회피적인 성향을 가지므로 이와 같은 위험 부담에 따른 위험프리미엄을 받아야만 고정급과
동일한 효용을 얻을 수 있다.

(2) 성과급 지급에 따른 주주의 이익 증가 금액

① 성과급 지급 시 기대이익
- 높은 수준 노력 시 기대성과급: ₩20 × 0.1 + ₩500 × 0.9 = ₩452
- 성과급에서 주주의 기대이익: ₩300 × 0.1 + ₩1,000 × 0.9 - ₩452 = ₩478

② 최소 고정급 지급 시 고정급
- 최소 고정급 지급 시 고정급: $\sqrt{w} - 10 = 10$ ∴ $w \geq 400$
- 고정급 지급에서 주주의 기대이익: ₩300 × 0.8 + ₩1,000 × 0.2 - ₩400 = ₩40

③ 주주의 이익 증가 금액
  ₩478 - ₩40 = ₩438

실전문제 09 CVP분석과 불확실성하의 의사결정

회계사 02 수정

한강영화사가 조선시대의 예술가의 삶을 조명한 영화로 제작한 첫 작품 '예술가 1-장승엽'이 국제 영화제에서 최고의 작품상을 받았고, 동시에 흥행에도 성공한 데 힘입어 후속작품으로 '예술가 2-김정희'를 제작하기로 하였다. 이 영화사는 새 영화에서 감독과 주연배우자에게 지급할 금액은 제외하고 고정원가로 ₩15,000,000의 예산을 편성하였다.

그런데 감독과 주연배우를 대신하여 교섭을 진행하고 있는 대리인은 다음과 같은 두 가지 방안을 제시하였다.

[제1방안] 영화의 흥행 성공에 따른 추가보상을 전혀 하지 않는 조건으로 감독과 주연배우에게 고정급으로 총 ₩6,000,000을 지급한다.

[제2방안] 감독과 주연배우에게 고정급 총 ₩1,200,000을 지급하고, 영화흥행에서 얻게 되는 영화사 총수익의 15%를 추가로 지급한다.

한강영화사는 조은마케팅사에 '예술가 2-김정희'의 배급권을 위임하였다. 한강영화사는 이 영화로부터 벌어들이는 총관람료 수입 중 60%를 수익으로 받을 예정이고, 조은마케팅사에 한강영화사 수익의 30%를 흥행료로 지급할 것이다(여기서 1인당 관람료는 조조할인에 관계없이 항상 ₩5,000이고, 모든 계산에서 소수점 이하는 반올림할 것).

(물음 1) '예술가 2-김정희'의 [제1방안]과 [제2방안]이 손익분기점을 달성하기 위한 관객수를 산출하시오.

(물음 2) '예술가 2-김정희'가 영화 출시기간 동안에 총 10,000명의 관객을 동원하였다고 가정하자. 이때 한강영화사가 본 영화로부터 얻게 되는 영업이익을 [제1방안], [제2방안]에 대하여 각각 구하시오.

(물음 3) '예술가 2-김정희'에서 [제1방안]이 [제2방안]보다 더 많은 영업이익을 영화사측에 제공하는 관객수의 범위를 산출하시오.

(물음 4) 한강영화사는 '예술가 2-김정희'에 대하여 관객수가 10,000명일 가능성이 80%, 또한 20,000명일 가능성이 20%라고 예측하고 있다. 다음 각 경우에 대한 문제를 해결하시오.

(1) [제1방안]과 [제2방안] 중 어느 방안의 기대영업이익이 얼마나 더 큰지 산출하시오.

(2) 이 회사의 효용함수가 $U(x) = \sqrt{x}$ 라면, [제1방안]과 [제2방안] 중 어떠한 방안의 기대효용이 얼마나 더 큰지 산출하시오(여기서 x는 영업이익을 나타낸다).

(3) 위의 (1)과 (2)에서의 최적 선택방안이 다르다면, 그 이유를 설명하시오.

| 정답 및 해설 |

(물음 1)

	제1방안		제2방안	
단위당 판매가격	₩5,000 × 60% =	₩3,000	₩5,000 × 60% =	₩3,000
단위당 변동원가	₩3,000 × 30% =	900	₩900 + ₩3,000 × 15% =	1,350
단위당 공헌이익		₩2,100		₩1,650
총고정원가	₩15,000,000 + ₩6,000,000 =	₩21,000,000	₩15,000,000 + ₩1,200,000 =	₩16,200,000
손익분기점수량(BEP Q)	$\dfrac{₩21,000,000}{₩2,100}=$	10,000명	$\dfrac{₩16,200,000}{₩1,650}=$	9,818명

(물음 2)

[제1방안] 손익분기점이 10,000명이므로 영업이익은 0이다.
[제2방안] 10,000명 × ₩1,650 - ₩16,200,000 = ₩300,000

(물음 3)

관람객 수를 x라 하면
[제1방안] 영업이익 = 2,100x - ₩21,000,000
[제2방안] 영업이익 = 1,650x - ₩16,200,000
2,100x - ₩21,000,000 ≥ 1,650x - ₩16,200,000
∴ x ≥ 10,667명
즉, 관객이 10,667명 이상일 때 [제1방안]의 영업이익이 더 크다.

(물음 4)

(1) 기대영업이익

	10,000명(80%)	20,000명(20%)	E(X)
제1방안	₩0	₩21,000,000	₩4,200,000
제2방안	300,000	16,800,000	3,600,000

∴ 제1방안의 기대영업이익이 ₩600,000 더 크다.

(2) 기대효용

	10,000명(80%)	20,000명(20%)	E(U)
제1방안	0	4,583	917
제2방안	548	4,099	1,258

∴ 제2방안의 기대효용이 341 더 크다. (위험회피형)

(3) 최적 선택방안이 다른 이유

회사의 효용함수가 위험회피형의 효용함수를 나타내고 있으므로, 회사는 기대효용 기준에 의할 경우 위험이 더 작은 [제2방안]을 선호할 것이다. 따라서 위 (1)과 (2)의 최적 선택방안은 달라지게 된다.

제13장 | 최신관리회계

최근 우리나라는 2002년 7월 1일부터 본격 시행되는 제조물책임(product liabilities)법에 대하여 국내기업들은 제품결함관련 손해배상의 부담을 안게 되었다. 그 결과 경영자들은 품질경쟁력을 높이기 위한 방안을 신중히 검토하고, 품질관리와 신제품개발에 총력을 기울여야 하는 상황에 직면하게 되었다. 두 가지 형태의 냉장고를 생산·판매하고 있는 (주)신바람전자도 이러한 상황을 고려하여 품질관리에 대한 전면적인 검토를 하게 되었다. 즉, 경영자는 두 가지 냉장고의 품질을 믿을 수 없어 품질관리를 위하여 원가를 계산하여 전사적 품질관리를 시도하게 되었다. 품질원가에 대한 전반적인 자료를 수집한 결과 일반적으로 품질원가는 네 가지 범주로 구분된다는 것을 파악하고, 품질원가를 요약하여 품질원가보고서를 작성하기로 하였다.

(주)신바람전자의 각 냉장고와 관련된 품질관리 자료를 요약하면 다음과 같다.

구분	A형	B형
생산 및 판매수량	10,000단위	5,000단위
단위당 판매가격	₩200,000	₩150,000
단위당 변동원가	120,000	80,000
설계개선에 소요된 시간	6,000시간	1,000시간
단위당 품질검사시간	1시간	0.5시간
재작업수량비율	4%	10%
냉장고당 재작업원가	₩50,000	₩40,000
고객의 요구에 따른 수선비율	3%	8%
단위당 수선원가	₩30,000	₩20,000
불량품으로 인하여 상실된 추정매출수량	-	300단위
손해배상추정액	₩10,000,000	₩5,000,000

품질관리와 관련하여 설계개선에 참가한 직원과 품질검사원의 임률은 각각 다음과 같다.

(1) 설계개선에 참가한 직원: 시간당 ₩7,500

(2) 품질검사원: 시간당 ₩4,000

(물음 1) (주)신바람전자의 품질원가를 네 가지 범주로 구분하여 A형과 B형 냉장고에 대한 품질원가와 매출액 대비 범주별 원가비율을 나타내는 품질원가보고서를 작성하시오. (비율은 %로 나타내고, 소수점 셋째 자리에서 반올림하시오)

(물음 2) (주)신바람전자의 매출액 대비 각 범주별 품질원가의 비율에 기초하여 냉장고 A형과 B형에 대한 품질원가를 비교 설명하시오.

(물음 3) 무결점(Zero defects)을 추구하는 현대기업의 품질원가형태를 품질원가와 품질수준(quality level)의 관계를 이용하여 도표로 나타내시오.

| 정답 및 해설 |

(물음 1) 품질원가보고서의 작성

구분	A형			B형		
매출액	10,000단위 × @200,000 =	₩2,000,000,000(100%)		5,000단위 × @150,000 =	₩750,000,000(100%)	
예방원가						
설계개선	6,000시간 × @7,500 =	45,000,000(2.25%)		1,000시간 × @7,500 =	7,500,000(1.00%)	
평가원가						
품질검사	10,000단위 × 1시간 × @4,000 =	40,000,000(2.00%)		5,000단위 × 0.5시간 × @4,000 =	10,000,000(1.33%)	
내부실패원가						
재작업	10,000단위 × 4% × @50,000 =	20,000,000(1.00%)		5,000단위 × 10% × @40,000 =	20,000,000(2.67%)	
외부실패원가						
수선	10,000단위 × 3% × @30,000 =	9,000,000(0.45%)		5,000단위 × 8% × @20,000 =	8,000,000(1.07%)	
판매상실		0(0.00%)		300단위 × (@150,000 - @80,000) =	21,000,000(2.80%)	
손해배상		10,000,000(0.50%)			5,000,000(0.67%)	
품질원가 계		₩124,000,000(6.20%)			₩71,500,000(9.54%)	

(물음 2) 제품의 품질원가 비교

A형은 예방원가와 평가원가를 상대적으로 많이 지출하여 실패원가 지출이 적으나, B형은 그 반대이다.

(물음 3) 무결점수준 관점의 품질원가 도표

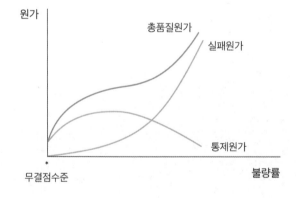

최근 (주)한국은 경쟁우위를 확보하는 범위 안에서 원가절감방안을 모색하고 있다. 주문처리원가의 증가와 중대성 때문에 경영진은 이 원가의 원가동인을 조사하기로 결정했다. 조사결과 주문처리원가는 주문처리횟수에 따라 발생하는 것으로 파악되었으며 다음과 같은 원가 행태를 나타내는 것으로 분석되었다.

(1) 준고정원가: 2,000회의 주문을 관련범위로 하여 매 관련범위마다 ₩2,000,000씩 증가하는데 (주)한국은 최근 50,000회의 주문을 처리할 수 있는 준고정원가가 발생하고 있다.

(2) 변동원가: 주문횟수당 ₩500이 발생한다.

일년 동안의 예상 주문횟수는 총 50,000회이고 제품군별로 주문처리활동과 주문 1회당 주문량의 예상치는 다음과 같다.

	A제품군	B제품군	C제품군
예상주문횟수	25,000회	15,000회	10,000회
주문 1회당 예상주문량	50개	100개	125개

원가행태의 분석결과를 토대로 마케팅부장은 다음과 같은 제안을 하였다.

"주문처리원가는 고객의 주문횟수가 감소되어야만 절감되므로 주문 1회당 주문량을 증가시켜서 주문횟수를 감소시켜야만 합니다. 주문 1회당 주문량을 증가시키기 위해 고객들의 주문가격에 해당 주문과 관련되는 주문처리원가를 추가적으로 부담(예측치 사용)시켰다가 주문 1회당 주문량이 200개로 증가하면 주문처리원가를 부담시키지 않는 방법을 제안합니다. 제가 1회 목표주문량을 200개로 정한 이유는 1회 주문량을 200개 이상으로 결정하게 되면 연간 주문량이 소규모인 고객들이 주문을 중단할 수 있기 때문입니다."

(주)한국의 경영진들은 마케팅부장의 제안에 동의하여 새로운 가격책정을 시행하였고 그 결과 짧은 시간에 평균 주문규모가 200개까지 증가하였다.

(물음 1) (주)한국의 새로운 가격책정에 따라 각 제품군별로 고객에게 추가적으로 부과되는 주문처리원가는 얼마인지 계산하시오. (단, 전부원가계산을 적용하시오)

(물음 2) 판매가격에 주문처리원가를 부과하여 주문량을 증가시킨 정책의 효과와 관련해서 다음을 계산하시오. (단, 소비되는 자원은 절감이 가능하며 총판매수량은 변동되지 않는 것으로 가정한다)

(1) 제품군별 새로운 주문횟수

(2) 새로운 주문처리원가총액

(3) 제품군별 원가절감액

(물음 3) 일부 고객이 이러한 새로운 가격정책에 대해 불평을 하였다. 이 구매회사는 JIT를 적용하는 회사로 소규모로 자주 주문을 해야 하는 회사인데 이 고객은 A제품군의 40% 수요를 차지하는 중요한 고객이다. 이 고객의 요구는 어떻게 수용해야 하는가?

| 정답 및 해설 |

> **참고**
>
> 공급사슬이란 공급, 제조, 유통업체 등 기업 간 가치사슬을 통해서 최종고객의 가치를 창조하는 프로세스로서 물량의 흐름을 최적화하여 경쟁우위를 확보하는 것을 말한다.
> 가치사슬이 기업 내의 시각에서 경쟁우위를 분석하기 위한 도구라면, 공급사슬관리란 경쟁우위의 창출단위를 기업사이의 연계까지 확장한 것이다.

(물음 1)

A제품군: 25,000회 × ₩1,500* =	₩37,500,000
B제품군: 15,000회 × ₩1,500* =	22,500,000
C제품군: 10,000회 × ₩1,500* =	15,000,000
	₩75,000,000

* 주문 1회당 전부원가

변동원가	₩500
준고정원가: ₩2,000,000 ÷ 2,000회 =	1,000
주문 1회당 전부원가	₩1,500

(물음 2)

(1) 제품군별 새로운 주문횟수

제품군	필요한 제품의 총수량		1회 주문량		주문횟수
A제품군	25,000회 × 50개 =	1,250,000개 ÷	200개 =		6,250회
B제품군	15,000회 × 100개 =	1,500,000 ÷	200 =		7,500
C제품군	10,000회 × 125개 =	1,250,000 ÷	200 =		6,250
계		4,000,000개			20,000회

(2) 새로운 주문처리원가총액

변동원가: 20,000회 × ₩500 =	₩10,000,000
준고정원가: 20,000회 ÷ 2,000회 × ₩2,000,000 =	20,000,000
	₩30,000,000

(3) 제품군별 원가절감액

제품군	변동원가		준고정원가	
A제품군	18,750회* × ₩500 =	₩9,375,000	10 × ₩2,000,000 =	₩20,000,000
B제품군	7,500회* × ₩500 =	3,750,000	4 × ₩2,000,000 =	8,000,000
C제품군	3,750회* × ₩500 =	1,875,000	2 × ₩2,000,000 =	4,000,000
계		₩15,000,000		₩32,000,000

*

제품군	주문처리 감소횟수
A제품군	25,000회 - 6,250회 = 18,750회
B제품군	15,000회 - 7,500회 = 7,500회
C제품군	10,000회 - 6,250회 = 3,750회

제품군	제품군별 원가절감액
A제품군	₩29,375,000
B제품군	11,750,000
C제품군	5,875,000
계	₩47,000,000

(물음 3)

(주)한국의 가치사슬관점에서 분석하면 이와 같은 고객의 요구를 수용하기 어렵지만 공급사슬관점에서 보면 이와 같은 고객을 위해 부분적으로 조건을 조정할 수 있다. 공급사슬 전체의 관점에서는 소규모로 주문하는 것이 공급사슬전체원가를 감소시킬 수도 있기 때문이다. 다만, (주)한국은 이와 같은 고객의 주문처리원가를 감소시킬 수 있는 방안을 고객과 함께 모색해서 공급사슬 전체의 원가를 최소화해야 할 것이다.

기본문제 03 균형 잡힌 성과평가표의 성과지표

20×1년 말 한국전자는 경쟁적인 시장상황을 개선하기 위하여 원가절감 전략을 수립하였다. 전략의 목적은 시장에서 원가경쟁력을 갖춘 제조업체가 되고 수익성을 개선하는 데 있었다. 원가경쟁력을 갖추기 위해 미래전자는 JIT 제조, TQM 및 ABM과 같은 많은 방법을 시도해 왔다. 또한 한국전자는 전략적인 활동 관리 시스템을 위하여 균형 잡힌 성과평과표도 도입했었다. 2년이 지난 지금, 한국전자의 회장은 회사가 도입한 시스템의 결과를 평가하고 싶어 한다. 평가를 위해 다음의 한 제품에 대한 정보가 추가되었다.

	20×1년도	20×2년도
이론적인 연간 가동능력[1]	3,000,000개	3,000,000개
실제 생산량 및 판매량[2]	2,600,000	2,750,000
이용가능한 생산시간(100명 기준)	100,000시간	100,000시간
개당 구매 후 비용	₩5,000	₩1,000
작업폐물	100,000	50,000
작업물량	2,800,000	2,800,000
단위당 실제원가	₩300,000	₩270,000
재고일수	16일	8일
하자품의 수량	156,000개	55,000개
근로자당 제안건수	2건	6건
교육훈련시간	400시간	1,200시간
단위당 판매가격	₩19,000	₩18,000
신규고객의 수[3]	12,000명	25,000명
시장점유율[4]	25%	?

[1] 이용가능한 생산시간하에서 생산가능한 총수량

[2] 이용가능한 생산시간하에서 실제 생산된 수량

[3] 20×1년에 비해 증가된 20×2년도의 판매량은 신규고객들에 의한 것임. 20×1년도 판매량 중 신규고객에 의한 부분은 12,000단위임

[4] 20×2년도의 시장규모는 20×1년도에 비해 300,000단위가 증가됨

(물음 1) 20×1년과 20×2년도의 다음 해당 수치를 계산하시오.

    (1) 이론적인 생산속도와 생산주기

    (2) 실제 생산속도와 생산주기

    (3) 구매 후 비용의 변화율(20×2년도분만 구하시오)

    (4) 노동생산성(결과물/투입시간)

    (5) 총작업량 대비 작업폐물

    (6) 실제 생산비용의 변화율(20×2년도분만 구하시오)

    (7) 재고기간의 변화율(20×2년도분만 구하시오)

    (8) 총생산량 대비 하자품의 비율

    (9) 완성품당 신규고객 수

    (10) 교육시간

    (11) 단위당 판매가격(주어진 자료)

    (12) 총종업원제안수

    (13) 신규고객으로부터의 수익이 차지하는 비율

    (14) 시장점유율

    (15) 매출액의 증감률(20×2년도분만 구하시오)

(물음 2) (물음 1)에서 나열된 지표들을 네 가지의 균형 잡인 성과평가표 관점과 관련된 전략적 목표에 따라 나열하시오. 이 평가를 위해 추가적인 정보가 필요한가? 필요하다면 그 이유를 설명하시오.

(물음 3) (물음 2)의 결과를 바탕으로, 한국전자의 전략을 "만약 ~이면 ~했을 것이다"(if~then)라는 식으로 표현해 보시오. 이것은 균형 잡힌 성과평가표의 무엇을 의미하는가. 위 지표들 중 선도지표이면서 부속지표역할을 갖는 지표를 찾아내시오. 다음으로 선도지표역할을 갖는 지표를 찾아내시오. 마지막으로 후속지표역할을 갖는 지표를 찾아내시오. 이는 무엇을 의미하는가?

| 정답 및 해설 |

🔍 **자료분석**

균형성과표의 네 가지 관점과 성과측정지표

구분		성과측정지표
재무적관점		영업이익, 투자수익률, 잔여이익, 경제적 부가가치
고객관점		고객만족도, 시장점유율(기존고객유지율, 신규고객확보율), 고객수익성
내부프로세스관점	혁신	신제품의 수, 신제품 수익률, 신제품 개발기간
	운영	① 시간: 고객대응시간, 정시납품성과, 제조주기효율성 ② 품질: 불량률, 수율, 반품률 ③ 원가: 활동기준원가계산을 이용하여 계산
	판매후서비스	현장도달시간, 수선요청건수, 불량건수, 하자보증원가
학습과 성장관점		① 인적자원: 종업원의 교육수준, 이직률, 만족도 ② 정보시스템: 정보시스템 활용도, 종업원당 PC수 ③ 조직의 절차: 종업원당 제안채택률, 보상정도

(물음 1)

		20×1년	20×2년
(1)	이론적 생산속도	$\dfrac{3,000,000개}{100,000시간} = 30개/시간$	$\dfrac{3,000,000개}{100,000시간} = 30개/시간$
	생산주기	60분 ÷ 30개 = 2분	60분 ÷ 30개 = 2분
(2)	실제 생산속도	$\dfrac{2,600,000개}{100,000시간} = 26개/시간$	$\dfrac{2,750,000개}{100,000시간} = 27.5개/시간$
	생산주기	60분 ÷ 26개 = 2.3분	60분 ÷ 27.5개 = 2.2분
(3)	구매 후 비용변화율	N/A	(₩5,000 - ₩1,000)/₩5,000 = 80%
(4)	시간당 산출 (노동생산성)	$\dfrac{2,600,000개}{100,000시간} = 26개/시간$	$\dfrac{2,750,000개}{100,000시간} = 27.5개/시간$
(5)	작업폐물비율	100,000개 ÷ 2,800,000개 = 3.6%	50,000개 ÷ 2,800,000개 = 1.8%
(6)	생산비용변화율	N/A	(₩270,000 - ₩300,000)/₩300,000 = (10%)
(7)	재고기간변화율	N/A	(8 - 16)/16 = (50%)
(8)	하자품비율	156,000개 ÷ 2,600,000개 = 6%	55,000개 ÷ 2,750,000개 = 2%
(9)	신규고객비율	$\dfrac{12,000명}{2,600,000개} = 단위당\ 0.0046$	$\dfrac{25,000명}{2,750,000개} = 단위당\ 0.009$
(10)	교육시간	400시간	1,200시간
(11)	판매가격	₩19,000	₩18,000
(12)	총종업원제안수	2 × 100 = 200	6 × 100 = 600
(13)	신규고객 수익비율	$\dfrac{₩19,000 \times 12,000개}{₩19,000 \times 2,600,000개} = 0.46\%$	$\dfrac{₩18,000 \times 150,000개}{₩18,000 \times 2,750,000개} = 5.45\%$
(14)	시장점유율	25%	2,750,000개/10,700,000개[*] = 25.7%
(15)	매출액증감률	N/A	$\dfrac{₩18,000 \times 2,750,000개 - ₩19,000 \times 2,600,000개}{₩19,000 \times 2,600,000개} = 0.2\%$

* $\dfrac{2,600,000개}{25\%} + 300,000개 = 10,700,000개$

(물음 2)

(1) **재무적관점**   성과측정지표

단위당 원가의 절감	생산비용 변화율
총수익증가	매출액 변화율

(2) **고객관점**

고객상실률의 감소	판매가격, 구매 후 비용
총신규고객의 획득	신규고객비율, 신규고객수익비율
시장점유율 증가	시장점유율

(3) **내부프로세스관점**

공정시간의 감소	생산속도, 생산주기, 시간당 산출
불량품의 감소	작업폐물비율, 하자품비율
재고의 감소	재고기간 변화율

(4) **학습과 성장관점**

직원능력의 증가	교육시간, 총종업원제안수

두 해에 걸쳐 모든 지표가 개선됨을 보였다. 이는 지표들이 전략과 관련성이 있다는 전제하에 전략들이 유효하다는 것을 보여준다. 그러나 다양한 지표들에 대한 목표수준이 빠져있다. 두 해에 걸친 목표를 안다는 것은 피드백의 가치를 높여줄 것이다. 성공의 달성과 전략의 유효성을 평가하기 위한 목표치와 실제수치를 비교하는 것은 매우 중요하다.

(물음 3)

하나의 원인이 여러 결과를 초래하며 하나의 결과는 여러 원인을 가지고 있다는 것을 알아야 한다. 왜냐하면 전략은 다양한 원인-결과 작용으로 구성되어 있을 수 있기 때문이다. 우리는 이용가능한 정보로 다음과 같이 전략을 표현할 수 있다.

만일 종업원 훈련이 증가된다면, 종업원 생산성과 참여도가 증가될 것이다.

→ 만일 종업원 생산성과 참여도가 증가된다면, 품질과 공정시간이 개선될 것이다.

→ 만일 공정시간이 감소되고 품질이 개선된다면, 재고는 줄어들 것이고 비용이 감소될 것이다.

→ 비용이 감소된다면, 고객상실이 줄어들 것이다(판매가와 구매 후 비용이 줄어들 것이므로).

→ 만일 판매가와 구매 후 비용이 줄어든다면, 신규고객의 수가 증가될 것이다.

→ 만일 신규고객수가 증가된다면, 시장점유율이 증가될 것이다.

→ 만일 시장점유율이 증가된다면, 수익이 증가될 것이다.

지표들은 전략에 관하여 많은 것을 보여준다. 실제로 지표가 적절히 기술된다면, 아마도 전략에 관한 모든 것을 보여줄 것이다. 지표들은 전략적 목표가 어떤 것인지 알려주고 있으며 이 목표와 지표 사이의 숨겨진 관계들을 보여준다.

시장점유율은 선도 및 후속지표의 한 예이다. 시장점유율은 다양한 변수의 결과물이다. 왜냐하면 판매가격이나 구매 후 비용과 같은 다른 행동요소들에 의한 결과물이기 때문이다. 하지만 이익에 대한 선도지표이기도 하다. 훈련시간은(이 문제에 대해서) 선도지표로만 가능하며, 이익은 후속지표만 될 수 있다.

탄현전자는 PDA를 생산하는 회사로 새로운 PDA를 개발하려고 한다. 새로운 PDA는 5년의 수명주기를 가질 것으로 예상하고 있으며 새로운 PDA와 관련된 예상자료는 다음과 같다.

5년간 예상판매량	90,000단위
단위당 판매가격	₩1,000
<수명주기원가>	
연구개발 및 설계원가	₩10,000,000
제조주기원가	
단위당 변동원가	₩20
제조묶음당 변동원가	₩500
제조묶음크기	5,000단위
고정원가	₩8,000,000
마케팅원가	
단위당 변동원가	₩230
고정원가	₩4,000,000
유통원가	
유통묶음당 변동원가	₩10,000
유통묶음크기	3,000단위
고정원가	₩4,500,000
고객서비스원가	
단위당 변동원가	₩250

(물음 1) 새로운 PDA의 수명주기예산의 영업이익을 계산하시오.

(물음 2) 수명주기원가 중에서 연구개발 및 설계단계에서 발생할 것으로 예상되는 원가의 비중은 몇 %인가?

(물음 3) 수명주기원가를 검토한 결과 수명주기총원가의 80%가 연구개발 및 설계단계에서 결정되는 것으로 분석되었다. 이 내용은 새로운 PDA의 원가를 관리하는 데 어떠한 의미를 가지는가?

(물음 4) 탄현전자의 마케팅부서에서 새로운 PDA의 가격을 ₩100 인하하면 매출수량이 5% 증가할 것으로 시장상황을 분석하였다. 만약 매출수량이 5%가 증가하면 제조 및 유통묶음크기는 10% 증가시킬 계획이고 다른 항목들은 동일한 경우에 탄현전자는 새로운 PDA의 가격을 ₩100 인하해야 하는가?

| 정답 및 해설 |

(물음 1)

수명주기 수익: 90,000단위 × ₩1,000 =		₩90,000,000
수명주기원가		
연구개발 및 설계원가	₩10,000,000	
제조주기원가		
변동원가: 90,000단위 × ₩20 =	1,800,000	
묶음수준원가: 18묶음*1 × ₩500 =	9,000	
고정원가	8,000,000	
마케팅원가		
변동원가: 90,000단위 × ₩230 =	20,700,000	
고정원가	4,000,000	
유통원가		
묶음수준원가: 30묶음*2 × ₩10,000 =	300,000	
고정원가	4,500,000	
고객서비스원가		
변동원가: 90,000단위 × ₩250 =	22,500,000	71,809,000
수명주기 영업이익		₩18,191,000

*1 제조묶음의 수: 90,000단위 ÷ 5,000단위 = 18묶음
*2 유통묶음의 수: 90,000단위 ÷ 3,000단위 = 30묶음

(물음 2)

₩10,000,000 ÷ ₩71,809,000 = 13.93%

(물음 3)

연구개발 및 설계주기에서 실제로 발생하는 원가의 비중은 13.93%로 크지 않지만 수명주기총원가의 80%가 이 단계에서 결정되므로 제조과정에서 원가를 절감하는 것은 매우 어렵다. 따라서 원가관리는 원가가 결정되는 연구개발 및 설계단계에서 이루어져야 한다.

(물음 4)

수명주기 수익: 94,500단위 × ₩900 =		₩85,050,000
수명주기원가		
연구개발 및 설계원가	₩10,000,000	
제조주기원가		
변동원가: 94,500단위 × ₩20 =	1,890,000	
묶음수준원가: 18묶음[*1] × ₩500 =	9,000	
고정원가	8,000,000	
마케팅원가		
변동원가: 94,500단위 × ₩230 =	21,735,000	
고정원가	4,000,000	
유통원가		
묶음수준원가: 29묶음[*2] × ₩10,000 =	290,000	
고정원가	4,500,000	
고객서비스원가		
변동원가: 94,500단위 × ₩250 =	23,625,000	74,049,000
수명주기 영업이익		₩11,001,000

[*1] 제조묶음의 수: 94,500단위 ÷ 5,500단위 = 18묶음

[*2] 유통묶음의 수: 94,500단위 ÷ 3,300단위 = 29묶음

∴ 영업이익이 기존보다 ₩7,190,000(= ₩18,191,000 - ₩11,001,000)만큼 감소하므로 판매가격을 인하해선 안된다.

기본문제 05 품질원가관리의 동기부여

(주)한국은 매출액이 ₩10,000,000이고 품질원가는 ₩10,000,000이다. 회사는 품질개선 프로그램에 착수했다. 향후 4년 동안 예방원가와 평가원가를 증가시킴으로써 실패원가를 대폭적으로 감소시킬 예정이다. 또한, 적절한 예방활동을 선택하여 목표를 달성한다면 평가원가도 감소가 가능할 것으로 보고 있다. 다음 연도에 경영자는 품질교육, 공정통제, 제품검사, 공급업체평가, 신재료시험, 두 가지 주요 제품에 대한 재설계와 같은 6가지 특별한 활동을 고려 중이다. 관리자가 비부가가치 품질원가를 절감시키는 데 초점을 맞추고 적절한 활동을 선택할 수 있도록 하기 위해서 품질원가 감소액에 기초하여 상여금을 지급할 예정이다. 상여금은 총 품질원가 감소액의 10%로 지급될 것이다. 현재 품질원가와 6가지 활동에 대한 원가는 다음과 같다. 다음 자료에서 각 활동원가는 누적적으로 합해진 것이다. 예를 들어 품질교육이 추가되면 통제원가는 ₩400,000 수준으로 증가되고, 실패원가는 ₩1,300,000 수준으로 감소된다. 비록 아래에서는 활동들이 연속되는 것으로 표현되어 있지만 각 활동들은 서로서로 완전히 독립적이므로 오직 유용한 활동들만 선택되어질 수 있다.

구분	통제원가	실패원가
현재 품질원가	₩3,000,000	₩7,000,000
품질교육	3,500,000	6,800,000
공정통제	3,900,000	6,550,000
제품검사	3,980,000	6,450,000
공급업체평가	4,500,000	5,800,000
신재료시험	4,600,000	5,750,000
재설계 엔지니어링	5,100,000	5,500,000

(물음 1) 상여금을 증가시키는 경우에만 활동이 선택되어진다고 가정하고 다음 답하시오.

(1) 실행해야 할 통제활동들을 선택하시오.

(2) 선택된 활동들을 실행할 경우 총품질원가와 총품질원가의 감소액을 계산하시오.

(3) 가장 효과적인 통제활동이 무엇인지 답하시오.

(4) 선택된 활동들을 실행할 경우의 상여금을 계산하시오.

(물음 2) (물음 1)에서 선택한 활동들을 실행한다고 가정하고 통제원가와 실패원가의 비율을 계산하여 현재와 비교하시오.

(물음 3) 품질엔지니어가 성과보상시스템에 불만을 토로하고 있다고 가정하자. 품질엔지니어는 평가원가와 실패원가의 절감액을 기준으로 상여금이 지급되어야지만 예방활동에 대한 투자를 적극적으로 실행하여 평가원가와 실패원가가 제거될 수 있다고 한다. 즉, 비부가가치원가를 제거한 후에 비로소 예방원가의 수준에 대한 검토에 초점을 둘 수 있다는 것이다. 만약 이러한 제안을 채택한다면 무슨 활동이 선택되어질 수 있을 것인가? 이러한 제안에 동의하는가? 설명하시오.

정답 및 해설

🔍 자료분석

(1) 품질원가: 제품의 품질과 관련하여 발생하는 원가
(2) 품질원가의 분류
　① 통제원가: 불량 방지원가(예방원가, 평가원가)
　② 실패원가: 불량으로 인한 손실(내부실패원가, 외부실패원가)

구분		해당 원가의 예
통제원가	예방원가	제품설계비용, 공급업자선정, 작업자 교육비용, 생산설비 유지보수비용
	평가원가	원재료 검사비용, 재공품 및 제품 검사비용, 생산공정의 검사비용
실패원가	내부실패원가	불량품 재작업원가, 불량품 폐기원가, 공손원가, 불량으로 인한 공정중단 비용
	외부실패원가	보증수리비용, 고객서비스센터 운영비용, 불량품 교환비용, 손해배상비용, 기업이미지 훼손에 의한 기회비용

《물음 1》

(1) 실행해야 할 통제활동

활동실행 시 감소하는 실패원가가 증가하는 통제원가보다 크면 선택해야 한다.

	총품질원가 감소(증가)
품질교육	₩200,000*1 - ₩500,000*2 = ₩(300,000)
공정통제	₩250,000 - ₩400,000 = (150,000)
제품검사	₩100,000 - ₩80,000 = 20,000
공급업체평가	₩650,000 - ₩520,000 = 130,000
신재료시험	₩50,000 - ₩100,000 = (50,000)
재설계 엔지니어링	₩250,000 - ₩500,000 = (250,000)

*1 ₩7,000,000 - ₩6,800,000 = ₩200,000
*2 ₩3,500,000 - ₩3,000,000 = ₩500,000

∴ 제품검사, 공급업체평가를 선택한다.

(2) 총품질원가와 총품질원가 감소액

① 통제원가: ₩3,000,000 + ₩80,000 + ₩520,000 = ₩3,600,000
　실패원가: ₩7,000,000 - ₩100,000 - ₩650,000 = 6,250,000
　총품질원가 ₩9,850,000

② 총품질원가 감소액: ₩10,000,000 - ₩9,850,000 = ₩150,000

(3) 가장 효과적인 통제활동

공급업체평가

(4) 상여금

총품질원가 감소액 × 10% = ₩150,000 × 10% = ₩15,000

(물음 2)

(1) 통제활동 실행 후 비율
- 통제원가 비율: ₩3,600,000 ÷ ₩9,850,000 = 36.5%
- 실패원가 비율: ₩6,250,000 ÷ ₩9,850,000 = 63.5%

(2) 통제활동 실행 전 비율
- 통제원가 비율: ₩3,000,000 ÷ ₩10,000,000 = 30.0%
- 실패원가 비율: ₩7,000,000 ÷ ₩10,000,000 = 70.0%

∴ 통제활동을 실행하면 통제원가의 비율은 높아지고 실패원가의 비율은 낮아질 것이다.

(물음 3)

예방활동에 해당하는 품질교육, 신재료시험, 재설계 엔지니어링을 추가로 선택한다. 그리고, 이러한 제안에 동의한다. 그 이유는 품질문제는 단기적으로 극복되어질 수 없는 것이므로 장기적 관점에서 접근할 필요가 있는데 예방원가를 배제함으로 관리자로 하여금 장기적 관점에서 품질관리를 하도록 유도할 수 있기 때문이다.

(주)서희는 80개의 부품을 이용하여 MP3 플레이어인 POD를 만들어 단위당 ₩70으로 매월 7,000단위를 판매한다. POD의 제조원가는 단위당 ₩45이며, 매월 ₩315,000이다. 월간 제조원가는 다음과 같다.

직접재료원가	₩182,000
직접노무원가	28,000
기계가공원가(고정)	31,500
검사원가	35,000
재작업원가	14,000
주문원가	3,360
엔지니어링원가(고정)	21,140
총제조원가	₩315,000

(주)서희의 경영자는 활동원가집합, 각 활동에 대한 원가동인, 각 간접원가집합에 대한 원가동인의 단위당 원가를 다음과 같이 확인하였다.

제조활동	활동에 대한 설명	원가동인	원가동인의 단위당 원가	
1. 기계가공원가	부품을 기계가공, 부품과 제품의 검사	기계시간	기계시간당	₩4.5
2. 검사원가	POD의 각 단위는 개별적으로 검사됨	검사시간	검사시간당	2
3. 재작업원가	오류와 결합의 정정 및 수리	재작업된 POD의 단위	단위당	20
4. 주문원가	부품주문	주문횟수	주문횟수당	21
5. 엔지니어링원가	제품과 공정의 설계 및 관리	엔지니어링시간	엔지니어링시간당	35

장기적인 관점으로 볼 때, (주)서희의 경영자는 직접재료원가와 직접노무원가를 POD의 제조수량에 대한 변동원가로 보고 있다.

다음의 추가적인 정보는 기존의 설계를 설명해 준다.

(1) 단위당 검사와 조사시간은 2.5시간이다.

(2) 제조된 POD의 10%는 재작업된다.

(3) (주)서희는 매월 각 부품공급자에게 두 번 주문을 한다. 각 부품은 다른 공급자들에 의해 공급된다.

(4) 제조에 투입되는 단위당 기계가공시간은 1시간이다.

경쟁에 대응하기 위하여 (주)서희는 POD의 가격을 단위당 ₩62으로 인하하여야 하고, 단위당 ₩8의 원가를 절감해야 한다. 이러한 가격인하에도 불구하고 추가적인 판매는 없을 것이다. 그러나 (주)서희가 가격을 인하하지 않는다면, 판매가 상당히 감소할 것이다. 제조부문은 단위당 ₩6의 원가까지 감소시킬 것을 요구받아 왔다. 제조효율성을 개선하면 MP3 플레이어당 ₩1.50의 순절감을 이룰 것이나 충분한 것은 아니다. 기술부장은 부품을 50단위로 줄여 검사를 단순화시킨 새로운 형식의 설계를 제안하고 있다. POD는 "NEW POD"라 불리는 새로운 설계의 MP3 플레이어로 대체될 것이다.

새로운 설계의 기대효과는 다음과 같다.

(1) NEW POD의 직접재료원가는 단위당 ₩2.2만큼 낮아질 것으로 기대된다.

(2) NEW POD의 직접노무원가는 단위당 ₩0.5만큼 낮아질 것으로 기대된다.

(3) NEW POD의 제조에 소요되는 기계가공시간은 20%가 줄어들 것으로 기대된다.

(4) NEW POD의 검사소요시간은 20% 절감될 것으로 기대된다.

(5) 재작업은 NEW POD에 대하여 4%로 낮아질 것으로 기대된다.

POD의 원가동인에 단위당 원가는 여전히 NEW POD에도 적용되는 것으로 가정한다.

(물음 1) NEW POD의 단위당 제조원가를 계산하시오.

(물음 2) 새로운 설계는 제조원가에 대하여 세워진 단위당 원가절감목표를 달성할 것인지에 대하여 설명하시오.

(물음 3) 문제는 원가를 절감하기 위한 두 가지 전략을 서술하고 있다. 즉, (1) 제조효율성의 개선과 (2) 설계의 수정이다. 이들 중에서 원가에 더 큰 영향을 주는 것은 어느 전략이며 왜 그런지 설명하시오.

| 정답 및 해설 |

(물음 1) NEW POD의 단위당 제조원가

직접재료원가: ₩182,000 - 7,000단위 × @2.2 =	₩166,600
직접노무원가: ₩28,000 - 7,000단위 × @0.5 =	24,500
기계가공원가	31,500
검사원가: ₩35,000 × (1 - 20%) =	28,000
재작업원가: ₩14,000 × 4%/10% =	5,600
주문원가: 50단위 × 2회 × @21 =	2,100
엔지니어링원가	21,140
	₩279,440

$\therefore$ NEW POD의 단위당 제조원가: $\dfrac{₩279,440}{7,000단위}$ = ₩39.92

📓 **별해**

	POD	+	원가증감액	=	NEW POD
직접재료원가	₩182,000		7,000단위 × @(2.2)		₩166,600
직접노무원가	28,000		7,000단위 × @(0.5)		24,500
기계가공원가	31,500		-		31,500
검사원가	35,000		(-)(7,000단위 × 2.5시간 × 20%) × @2		28,000
재작업원가	14,000		₩(8,400)		5,600*1
주문원가	3,360		₩(1,260)		2,100*2
엔지니어링원가	21,140		-		21,140
계	₩315,000				₩279,440

*1 (7,000단위 × 4%) × @20 = ₩5,600

*2 POD의 1회 주문량을 Q라고 하면 $\dfrac{7,000단위 \times 80단위}{Q}$ × @21 = ₩3,360(주문원가)이므로 Q = 3,500단위/회이다.

NEW POD의 주문원가: $\dfrac{7,000단위 \times 50단위}{3,500단위/회}$ × @21 = ₩2,100

(물음 2) 원가절감목표 달성여부

단위당 원가절감액: ₩45 - ₩39.92 = ₩5.08

$\therefore$ 단위당 ₩6의 원가절감목표를 달성하지 못했다.

(물음 3)

설계의 수정이 원가에 더 큰 영향을 미친다. 왜냐하면 대부분의 원가가 설계단계에서 결정되기 때문이다 (locked-in Cost).

(주)청송의 경영자는 공장을 기존의 기능별 배치에서 적시생산시스템하의 셀생산방식으로 재배치할 것을 고려하고 있다. 이 경우 다음과 같은 변화가 예상되고 있다.

	재배치 전	재배치 후
제조주기	34일	16일
재공품의 연평균재고액	₩320,000	₩210,000
매출액	2,520,000	3,380,000
매출액 대비 원가비율		
직접재료원가	32%	28%
직접노무원가	20	19
변동제조간접원가	26	20
고정제조간접원가	14	10

재고자산에 투자되는 자금은 연 12%의 이자로 조달된다. 적시생산시스템하의 셀생산방식으로 재배치함으로써 발생하는 예상총이익의 증가분을 구하시오.

| 정답 및 해설 |

	재배치 전	재배치 후	차이
매출액	₩2,520,000	₩3,380,000	₩860,000
매출원가			
직접재료원가	806,400	946,400	(140,000)
직접노무원가	504,000	642,200	(138,200)
변동제조간접원가	655,200	676,000	(20,800)
고정제조간접원가	352,800	338,000	14,800
재고관리비용	38,400*	25,200	13,200
총이익	₩163,200	₩752,200	₩589,000

* ₩320,000 × 0.12 = ₩38,400

📋 **별해**

증분수익: 매출액 증분 ₩3,380,000 - ₩2,520,000 =   ₩860,000

증분비용   271,000

　　제조원가: ₩3,380,000 × 77% - ₩2,520,000 × 92% =   ₩284,200

　　이자비용: (₩210,000 - ₩320,000) × 12% =   (13,200)

증분이익   ₩589,000

태영산업의 사장인 조준범 씨는 새로운 성과급제 도입을 고려하고 있다. 이에 새빛회계법인에 의뢰해 4가지 평가항목과 연계한 새로운 성과급제도를 수립하였다. 사장은 회사의 10개의 사업부가 각 평가 항목마다 업계의 90% 수준을 달성하기를 바라고 있다. 현재 회사의 성과는 다음과 같다.

평가항목	평가지표	태영산업의 성과	업계 90% 수준
종업원 생산성	종업원당 매출액	₩100,000,000	₩75,000,000
제품의 품질	제품불량률	0.5%	1%
고객만족	고객만족지수	87점	94점
수익성	ROI	25%	20%

회사의 사업부들은 다음과 같이 세 가지 그룹으로 나눌 수 있다.

평가지표	낮은 성과	보통의 성과	높은 성과
사업부수	2개	2개	6개
종업원당 매출액	₩10,000,000	₩75,000,000	₩110,000,000
제품불량률	2.5%	1%	0.01%
고객만족지수	65점	87점	93점
ROI	10%	20%	30%

(물음 1) 각 사업부장들은 ₩200,000,000의 연봉을 받고 있다. 만약 업계의 90% 수준을 초과하는 평가항목당 연봉의 0.1%를 성과급으로 지급한다면, 현재 성과수준에서 지급할 성과급의 총액은 얼마인가?

(물음 2) 만약 모든 사업부가 높은 성과를 달성한다면 지급할 성과급의 총액은 얼마인가?

(물음 3) 위와 같은 성과급제도가 좋은 제도인가? 절대적인 목표보다 개선율에 의거한 성과급제도는 좋은 방법인가? 설명하시오.

(물음 4) 절대적인 목표와 상대적인 개선율에 의한 성과급제도의 대안을 제시해 보시오.

※ (물음 5) ~ (물음 7)은 (물음 1) ~ (물음 4)와 관련없는 독립적인 질문이다.

(물음 5) A은행과 경쟁관계에 있는 B은행 또한 수익성장률 목표를 초과하여 달성한 지점장들에게 초과하는 매 1%마다 연봉의 10%를 성과급으로 지급하기로 하였다. 현재 B은행에는 20명의 지점장들이 있으며 평균연봉은 ₩50,000,000이다. 또한 전년도 은행의 수익성장률은 10%였다. 수익성장률 목표를 7%로 설정한 경우 지점장들이 받게 될 것으로 기대되는 성과급의 총액은 얼마인가? 또 은행의 평균 이익률이 10%라면 이러한 성과급을 지급하기 위해 증가되어야 하는 수익은 얼마인가? 성장률이 1% 상승할 때 수익은 ₩600,000,000씩 증가한다면 위의 성과급 총액을 지급하기 위해 성장률을 몇 % 향상시켜야 하는가?

(물음 6) 스포츠용품을 판매하는 대형 소매상인 지원산업은 온라인 데이터베이스를 개선하고 고객서비스직원들을 훈련함으로써 고객지원활동을 강화시킬 것을 고려하고 있다. 관련 자료는 다음과 같다. 고객지원활동을 강화한 후의 1차 연도의 수익성을 분석하시오.

현재		고객지원활동 강화 후 연간예상자료	
매출액	₩100,000,000	고객만족도 증가율	10%
매출원가율	70%	지원활동 강화로 인한 훈련비용 및 소프트웨어비용	₩1,200,000
매출성장률	8	지원활동 강화로 인한 연간 운영비용	1,000,000
		e-mail답변 감소로 인한 비용절감액	500,000
		추가적인 매출성장액	5%

(물음 7) (물음 6)의 교육훈련이 2차 연도와 3차 연도의 수익성에 미치는 효과를 분석하고 고객지원활동을 강화할 것인지 판단하시오.

| 정답 및 해설 |

> **참고**
>
> 균형성과표를 구축하기 위해서는 균형성과표에 의한 성과평가가 보상으로 이어지도록 하여야 한다. 전략은 기업의 종업원들에 의해 구체적으로 수행되므로 균형성과표의 성과들이 보상으로 연결되어야만 종업원들이 동기부여가 되어 목표일치성이 달성될 수 있다.

(물음 1)

업계의 90% 수준을 초과한 평가항목은 종업원당 매출액, 제품불량률, ROI 3가지 항목이다.
현재 성과수준에서 지급할 성과급의 총액: 3가지 × 0.1% × ₩200,000,000 × 6개 = ₩3,600,000

(물음 2)

4가지 × 0.1% × ₩200,000,000 × 10명 = ₩8,000,000

(물음 3)

현재의 성과급제도는 성과의 달성수준에 비해 보너스율이 낮은 편이다. 따라서 보너스율을 올리는 것이 좋은 방법일 것이다. 어떤 사업부들은 이러한 목표를 달성할 수 없으므로 성과급을 받지 못할 수도 있다. 회사는 이러한 사업부에게 개선에 따른 성과급을 지급하는 것이 더욱 동기부여를 하는 방법일 것이다.

(물음 4)

업계의 방법을 벤치마킹하는 방법이 있으며, 업계의 90% 수준을 초과 시 성과급을 지급하지만 동시에 지속적인 개선측면도 동시에 고려하는 방법도 있다. 하지만 절대적으로 높은 성과를 달성한 사업부에게는 다른 사업부에 비해 높은 성과급을 보장해야 한다.

(물음 5)

① 성과급의 총액: (10 - 7) × 10% × ₩50,000,000 × 20명 = ₩300,000,000
② 수익의 증가분: ₩300,000,000 ÷ 10% = ₩3,000,000,000
③ 성장률 1% 상승 시 수익은 ₩600,000,000씩 증가한다면 이익은 다음과 같다.
   ₩600,000,000 × 10% = ₩60,000,000
   ₩300,000,000 ÷ ₩60,000,000 = 5
∴ 성장률을 5% 향상시켜야 한다.

(물음 6)

서비스 도입 전	
매출액: ₩100,000,000 × (1 + 0.08) =	₩108,000,000
매출원가: ₩108,000,000 × 70% =	75,600,000
매출총이익	₩32,400,000
서비스 도입 후	
매출액: ₩100,000,000 × (1 + 0.08 + 0.05) =	₩113,000,000
매출원가: ₩113,000,000 × 70% =	79,100,000
매출총이익	₩33,900,000
매출총이익의 변화	₩1,500,000
고객지원활동비용의 변화	
훈련비용 및 소프트웨어비용	1,200,000
연간 운영비용	1,000,000
E-mail답변 감소로 인한 비용절감액	(500,000)
고객지원활동비용의 증가액	₩1,700,000
새로운 서비스 도입 후 이익의 차이	₩(200,000)

(물음 7)

2차 연도 매출액 증가: $₩100,000,000 × 1.13^2 - ₩100,000,000 × 1.08^2 = ₩11,050,000$

3차 연도 매출액 증가: $₩100,000,000 × 1.13^3 - ₩100,000,000 × 1.08^3 = ₩18,318,500$

	1차 연도	2차 연도	3차 연도
매출총이익의 변화	₩1,500,000	₩3,315,000[*1]	₩5,495,550[*2]
훈련비용	(1,200,000)	(1,200,000)	(1,200,000)
운영비용	(1,000,000)	(1,000,000)	(1,000,000)
e-mail답변비용감소	500,000	500,000	500,000
이익차이	₩(200,000)	₩1,615,000	₩3,795,550

교육훈련활동은 단기적으로 재무적 성과가 나빠질 수 있지만 장기적으로 크게 개선할 수 있으므로 도입해야 한다.

[*1] ₩11,050,000 × 30% = ₩3,315,000
[*2] ₩18,318,500 × 30% = ₩5,495,550

(주)한국리스의 제주사업부에서는 부품 X를 생산·판매하고 있다. 이 부품의 연간 수요량은 60,000개이며, 단위당 변동제조원가는 ₩50이다. 이 부품을 생산하기 위해서는 작업준비가 필요하며, 작업준비 1회당 소요되는 작업준비비는 ₩900이다. 연간 재고유지비용은 단위당 ₩12인데, 이는 연간 재고투자에 대한 요구수익률 14%에 해당하는 ₩7(= ₩50 × 14%)과 보험료, 보관료 등 ₩5을 합한 것이다.

제주사업부의 관리자인 김 씨는 최근 재고비용을 줄이기 위하여 적시재고시스템(JIT)의 도입을 고려하고 있다. 이 회사는 분권화된 사업부제로 운영되기 때문에 적시재고시스템의 도입에 관한 의사결정은 김 씨에 의해 이루어진다. 그러나 구체적인 생산계획은 보다 전문적인 지식을 보유하고 있는 본사의 생산스탭에 의해 수립된다.

제주사업부에서 적시재고시스템(JIT)을 도입할 경우의 효과는 다음과 같이 파악되었다.

(1) JIT를 도입할 경우 이와 관련된 조정업무를 담당할 직원을 고용해야 하므로 이 직원의 연간 급여 ₩55,000이 지출되지만 작업준비 및 작업준비비는 발생하지 않게 된다.

(2) 1회 생산규모는 JIT도입 이전 생산규모의 1/5로 축소되고 생산횟수는 이전의 5배로 증가될 것이다.

(3) JIT로 인하여 품질이 향상되면 부품 X의 단위당 판매가격을 ₩0.5만큼 높일 수 있다.

사업부의 성과평가는 영업이익에 기초하여 행하여지며, 사업부 영업이익을 계산할 때에는 사업부 투자액에 대한 자본비용이 고려되지 않는다.

(물음 1) 적시재고시스템(JIT) 도입 이전의 EPQ를 계산하고, 그때의 연간 작업준비비와 재고유지비용을 구하시오.

(물음 2) 적시재고시스템(JIT)의 도입여부를 결정하시오.

(물음 3) 제주사업부의 관리자인 김 씨의 적시재고시스템(JIT)의 도입여부를 결정하시오.

(물음 4) 회사의 최고경영자는 각 사업부의 성과평가와 관련하여 개선할 점을 제시하시오.

정답 및 해설

(물음 1)

(1) 재고관련비용(TC)

Q를 1회 생산규모(EPQ)라고 하면,

TC = 작업준비비 + 재고유지비용

= 작업준비횟수 × 1회 작업준비비 + 평균재고량 × 단위당 유지비용

$$= \frac{A}{Q} \times P + \frac{Q}{2} \times H$$

$$\frac{60,000개}{Q} \times @900 = \frac{Q}{2} \times @12$$

$$\frac{54,000,000개}{Q} = 6Q$$

∴ Q(EPQ) = 3,000개

(2) 작업준비비 = 재고유지비용

$$\frac{Q}{2} \times H = \frac{3,000개}{2} \times @12 = ₩18,000$$

∴ 작업준비비 = 재고유지비용 = ₩18,000

(물음 2)

(1) 작업준비비와 작업유지비용

① $EPQ = \sqrt{\dfrac{2 \times 60,000개 \times ₩900}{₩12}} = 3,000개$

② $TC = \dfrac{A}{Q} \times P + \dfrac{Q}{2} \times H$

∴ 작업준비비: $\dfrac{60,000개}{3,000개} \times ₩900 = ₩18,000$

작업유지비용: $\dfrac{3,000개}{2} \times ₩12 = ₩18,000$

(2) 회사전체의 관점에서 적시재고시스템(JIT)을 도입할 경우 증분이익

증분수익	매출액 증가	60,000개 × @0.5 =		₩30,000
증분비용				22,600
증가	조정직원급여		₩55,000	
감소	작업준비비		(18,000)	
	재고유지비용	$\frac{3,000개}{2} \times ₩12 \times 80\% =$	(14,400)	
증분이익				₩7,400

∴ (주)한국리스는 적시재고시스템을 도입해야 한다.

(물음 3) 제주사업부의 관점에서 적시재고시스템(JIT)을 도입할 경우

증분수익		60,000개 × @0.5 =	₩30,000
증분비용			31,000
증가	조정직원급여	₩55,000	
감소	작업준비비	(18,000)	
	재고유지비용	$\dfrac{3,000개}{2} \times ₩5^* \times 80\% =$ (6,000)	
증분이익(손실)			₩(1,000)

* 사업부의 성과평가는 영업이익에 기초하여 행해지므로 제주사업부의 관리자인 김 씨는 재고투자에 대한 자본비용 ₩7(= ₩50 × 14%)을 무시하고 단위당 연간 재고유지비용을 ₩12 - ₩7 = ₩5으로 간주할 것이다.

∴ 제주사업부의 관리자인 김 씨는 적시재고시스템을 도입하지 않을 것이다.

(물음 4)

준최적화(sub-optimization)현상을 방지하고 각 사업부의 의사결정이 회사전체의 관점에서 최적의사결정이 되도록 하기 위해서는 재고투자에 대한 자본비용을 성과평가에 포함시켜야 한다.

실전문제 05   경영자 보상

회계사 03 수정

(주)한국전자는 핸드폰을 생산·판매하고 있다. (주)한국전자는 신제품 개발담당 경영자인 김 이사의 주도하에 디지털카메라의 기능이 부가된 카메라폰에 새로운 통역기능이 추가된 통역카메라폰 (일명 A제품)의 개발을 고려하고 있다. 김 이사는 2001년도에 연구개발을 시작하여 2005년도에 시장에서 쇠퇴하는 A제품의 수명주기예산자료를 다음과 같이 작성하였다.

A제품의 수명주기예산자료

	2001년	2002년	2003년	2004년	2005년
생산판매량		5,000단위	15,000단위	25,000단위	10,000단위
단위당 판매가격		₩100	₩80	₩60	₩50
연구개발설계원가	₩170,000				
단위당 제조원가		40	30	20	16
단위당 마케팅고객 서비스원가		45	41	34	29

모든 현금유입과 유출은 연중 계속하여 발생하지만 계산의 편의를 위해 매년 기말시점에 발생하는 것으로 가정한다. 또한 위의 모든 수익과 비용은 현금수익과 현금비용이며, 화폐의 시간가치, 세금 및 인플레이션효과는 무시한다.

(물음 1)   (주)한국전자의 A제품에 대한 2005년까지 연도별 예산누적현금흐름을 보이시오.

(물음 2)   신제품 개발팀에서는 A제품 이외에 또 다른 방안으로 B제품의 개발도 함께 고려하고 있다. B제품의 요약된 수명주기예산자료가 다음과 같다고 하자.

B제품의 수명주기예산자료

	2001년	2002년	2003년	2004년	2005년
현금수입		₩773,000	₩1,570,000	₩947,000	₩570,000
현금비용	₩187,000	703,000	1,450,000	730,000	490,000

(1)   한편 (주)한국전자와 김 이사의 고용계약만기는 2003년 말이며, 2000년 말 현재로서는 계약연장계획이 없다. 김 이사의 성과보상은 매년 순현금흐름(= 현금수입 - 현금비용)의 일정비율에 의해 결정된다고 하자. 이러한 상황하에서 자신의 성과보상을 극대화하려는 김 이사는 두 가지 대안 중에서 어떤 제품을 개발해야 한다고 주장하겠는가? 간략하게 서술하시오.

(2) 2000년도에 CPA자격증을 취득하고 입사한 정 회계사는 회사입장에서 보다 유리한 투자안을 선택하려고 한다. 정 회계사의 선택이 김 이사의 선택과 일치하는지의 여부를 보이시오.

(3) 만일 두 사람의 의견이 일치한다면 그 원인은 무엇이며, 서로 의견이 다르다면 그 원인에 대해서 논하시오.

| 정답 및 해설 |

(물음 1) A제품의 연도별 예산누적현금흐름

	2001년	2002년	2003년	2004년	2005년
현금유입	-	₩500,000	₩1,200,000	₩1,500,000	₩500,000
현금유출	₩170,000	425,000	1,065,000	1,350,000	450,000
연간 순현금흐름	₩(170,000)	₩75,000	₩135,000	₩150,000	₩50,000
누적 순현금흐름	₩(170,000)	₩(95,000)	₩40,000	₩190,000	₩240,000

(물음 2)

(1) 김 이사가 개발해야 한다고 주장하는 제품

　① B제품의 예산누적현금흐름

	2001년	2002년	2003년	2004년	2005년
현금수입	-	₩773,000	₩1,570,000	₩947,000	₩570,000
현금비용	₩187,000	703,000	1,450,000	730,000	490,000
순현금흐름	₩(187,000)	₩70,000	₩120,000	₩217,000	₩80,000
누적 순현금흐름	₩(187,000)	₩(117,000)	₩3,000	₩220,000	₩300,000

　② 김 이사의 선택

　　김 이사는 자신의 성과보상을 극대화하기 위해서는 두 가지 대안 중에서 2003년까지의 예산누적 순현금흐름이 큰 제품이 유리하기 때문에 2003년까지의 누적현금흐름이 ₩3,000인 B제품보다는 누적현금흐름이 ₩40,000인 A제품을 개발해야 된다고 주장할 것이다.

(2) 정 회계사와 김 이사의 선택의 일치 여부

　회사의 입장에서 유리한 투자안은 투자기간 전체의 누적순현금흐름이 큰 투자안이 유리하기 때문에 정 회계사는 2005년까지의 누적현금흐름이 ₩300,000인 B제품을 선택할 것이다. 그렇기 때문에 정 회계사의 선택과 김 이사의 선택은 일치하지 않는다.

(3) 정 회계사와 김 이사의 의견이 다른 원인

　두 사람의 의견이 서로 다른 원인은 김 이사에 대한 성과보상체계가 투자안의 전체의 성과에 대한 보상이 되지 않기 때문이다. 김 이사는 고용기간인 2003년까지의 투자성과만으로 성과보상이 되므로 김 이사의 목표(성과보상 극대화)와 회사 전체의 목표(투자성과 극대화)가 일치하지 않는다. 따라서 김 이사는 전체 최적화에 반대하는 의사결정으로 자신의 목표극대화를 추구하게 된다.

골드렛 공장은 제품 P와 제품 Q를 생산·판매하고 있다. 다음 그림은 이 공장의 생산흐름을 요약한 것이다.

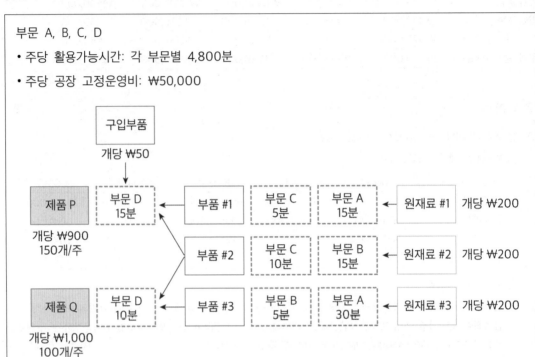

부문 A, B, C, D

• 주당 활용가능시간: 각 부문별 4,800분

• 주당 공장 고정운영비: ₩50,000

구입부품
개당 ₩50

제품 P   부문 D   부품 #1   부문 C   부문 A   원재료 #1 개당 ₩200
개당 ₩900   15분   5분   15분
150개/주

부품 #2   부문 C   부문 B   원재료 #2 개당 ₩200
                10분   15분

제품 Q   부문 D   부품 #3   부문 B   부문 A   원재료 #3 개당 ₩200
개당 ₩1,000   10분   5분   30분
100개/주

제품 P의 판매가격은 개당 ₩900이고, 1주일 수요량은 150개이다. 제품 P는 최종적으로 부문 D에서 조립된다. 1개의 제품 P를 조립하는 데는 외부에서 개당 ₩50에 구입한 부품 1개와 공장에서 생산한 부품 #1과 부품 #2가 각 1개씩 사용된다.

부품 #1은 부문 A에서 생산을 시작한다. 부품 #1을 한 개 생산하는 데 원가 ₩200의 원재료 #1 한 개가 사용된다. 부품 #1에 대한 부문 A의 가공시간은 개당 15분이다. 부문 C는 부문 A의 중간부품을 받아서 계속 가공하는데, 개당 소요시간은 5분이다. 부품 #2는 원가가 ₩200인 원재료 #2 한 개를 부문 B에 투입하여 생산을 시작한다. 부문 B에서의 개당 소요시간은 15분이다. 이 중간부품을 부문 C가 이어 받아서 개당 10분을 들여서 완성한다. 부문 D는 부품 #1, 부품 #2, 그리고 외부구입 부품을 각 1개씩 조립하여 최종적으로 1개의 완제품 P를 생산한다. 부문 D에서 제품 P 한 개를 조립하는 데 소요되는 시간은 15분이다.

제품 Q의 개당 판매가격은 ₩1,000이다. 판매가격이 높아서 주당 수요량은 100개에 불과하다. 이 제품도 역시 부문 D가 조립하여 완성한다. 제품 Q는 부품 #2와 부품 #3 각 한 개씩을 조립하여 완성된다. 부품 #3은 부문 A가 원가 ₩200의 원재료 #3 한 개를 가공하여 중간부품을 만든 다음, 부문 B가 받아서 최종적으로 생산한다. 부품 #3에 대한 부문 A와 B의 개당 소요시간은 각각 30분, 5분이다. 제품 Q에 대한 부문 D의 조립소요시간은 개당 10분이다. 부품 #2는 제품 P를 만들 때도 공통적으로 사용된다. 부품 #1, #2, #3은 각각 원재료 #1, #2, #3을 한 개씩 투입하여 가공한 것이다. 각 부문의 총작업가능시간(순수한 조립시간)은 1주일에 4,800분, 즉 80시간이다. 1주일 동안 공장을 운영하는 데 직접재료원가를 제외한 ₩50,000의 고정운영비가 소요된다. 고정운영비는 기간비용이다.

※ 각 (물음)은 서로 독립적이다.

(물음 1) 골드렛 공장의 영업이익을 극대화시키기 위한 1주일 간 제품 P와 제품 Q의 최적 제품 생산량을 결정하고, 이때의 영업이익을 계산하시오.

※ 이하에서는 제품 P의 주당 수요량이 150개가 아니라 120개라고 가정한다. 이때 최적 제품 생산량은 P = 120, Q = 100이 된다. 이를 토대로 (물음 2), (물음 3), (물음 4)를 답하시오.

(물음 2) 부문 D의 평균 공손율은 투입량을 기준으로 제품 P와 제품 Q가 각각 20%였고, 이 비율에 따라 매주 공손품이 발생하고 있다고 가정하자. 공손품은 공정의 마지막 종료시점에서 발견된다. 골드렛 공장의 엔지니어는 제품 P와 제품 Q에 대한 부문 D의 평균 공손율을 각각 10%로 낮추는 데 매주 ₩15,000의 비용이 소요되는 새로운 품질관리 프로그램을 제시하였다. 이 공장은 소수점 이하의 제품에 대해서는 판매하지 않는다. 이 새로운 품질관리 프로그램을 실행해야 하는가?

(물음 3) 골드렛 공장은 제품 Q의 수요량을 확대하기 위한 새로운 마케팅 프로그램을 검토하고 있다. 이 프로그램을 실행함으로 인해 1주일의 제품 Q 수요량이 150개로 늘어날 경우, 골드렛 공장이 이 프로그램을 실행하기 위해 매주 지출할 의사가 있는 최대금액은 얼마인가?

(물음 4) 골드렛 공장의 외부 협력업체가 추가로 부품 #2의 부문 B에서 생산하는 중간부품 15개를 개당 ₩5의 외주가공원가로 가공하겠다는 제안을 했다. 골드렛 공장은 외부 협력업체에게 부품 #2의 생산에 필요한 원재료 #2를 공급해야 한다. 골드렛 공장은 영업이익을 극대화하기 위하여 협력업체의 외주가공 제안을 수락해야 하는가?

| 정답 및 해설 |

(물음 1)

(1) 주간 생산요구량을 생산할 경우 제약공정

	제품 P(150개)	제품 Q(100개)	요구시간	가능시간
A공정	15분 × 150개	30분 × 100개	5,250분	4,800분
B공정	15분 × 150개	20분 × 100개	4,250	4,800
C공정	15분 × 150개	10분 × 100개	3,250	4,800
D공정	15분 × 150개	10분 × 100개	3,250	4,800

따라서, A공정이 현재 제약공정이 된다.

(2) 제약자원당 재료처리량 공헌이익(throughput)

	제품 P	제품 Q
단위당 판매가격	₩900	₩1,000
직접재료원가	450	400
throughput	₩450	₩600
A공정 소요시간	÷ 15분	÷ 30분
제약자원당 throughput	₩30/분	₩20/분

(3) 최적 제품생산배합과 영업이익

제약자원당 쓰루풋이 큰 제품 P에 우선적으로 생산량을 할당하고, A공정의 남는 시간에 제품 Q를 생산한다.
① 제품 P: 150개
② 제품 Q: (4,800분 - 150개 × 15분) ÷ 30분 = 85개
③ 영업이익: 150개 × ₩450 + 85개 × ₩600 - ₩50,000 = ₩68,500

(물음 2)

(1) 평균 공손율이 20%일 때 최적 생산량 및 영업이익

최종 생산량을 120개, 100개를 얻기 위해서는 부문 D에 제품 P, Q 조립을 위하여 150개(= 120개 ÷ 0.8)와 125개(= 100개 ÷ 0.8)가 투입되어야 하고 이때의 제약공정은 다음과 같이 A공정이 된다.

	제품 P(150개)	제품 Q(125개)	요구시간	가능시간
A공정	15분 × 150개	30분 × 125개	6,000분	4,800분
B공정	15분 × 150개	20분 × 125개	4,750	4,800
C공정	15분 × 150개	10분 × 125개	3,500	4,800
D공정	15분 × 150개	10분 × 125개	3,500	4,800

따라서, A공정에서의 시간당 쓰루풋이 큰 제품 P를 우선 생산투입하고 A공정의 남는 시간에 제품 Q를 생산투입한다.

① 제품 P: 150개분 투입 → 120개 산출
② 제품 Q: 85개분{= (4,800분 - 150개 × 15분) ÷ 30분} 투입 → 68개 산출
③ 영업이익

수익: 120개 × ₩900 + 68개 × ₩1,000 =	₩176,000
직접재료원가: 150개 × ₩450 + 85개 × ₩400 =	101,500
운영비용	50,000
영업이익	₩24,500

(2) 평균 공손율이 10%일 때 최적 생산량 및 영업이익

최종 생산량을 120개, 100개를 얻기 위해서는 부문 D에 제품 P, Q 조립을 위하여 134개(= 120개 ÷ 0.9), 112개(= 100개 ÷ 0.9)가 투입되어야 하고 이때의 제약공정은 다음과 같이 A공정이 된다.

따라서, A공정에서의 시간당 쓰루풋이 큰 제품 P를 우선 생산투입하고 A공정의 남는 시간에 제품 Q를 생산투입한다.

① 제품 P: 134개분 투입 → 120개 산출
② 제품 Q: 93개분{= (4,800분 - 134개 × 15분) ÷ 30분} 투입 → 83개 산출
③ 영업이익

수익: 120개 × ₩900 + 83개 × ₩1,000 =	₩191,000
직접재료원가: 134개 × ₩450 + 93개 × ₩400 =	97,500
운영비용: ₩50,000 + ₩15,000 =	65,000
영업이익	₩28,500

(3) 품질관리 프로그램의 채택여부와 의사결정

품질관리를 통해 영업이익이 ₩4,000(= ₩28,500 - ₩24,500) 증가하므로 품질관리 프로그램을 채택하는 것이 유리하다.

(물음 3)

현재 마케팅 프로그램을 실행하여 제품 Q의 수요량을 늘리더라도 A공정의 제약으로 쓰루풋을 늘릴 수 없으므로 마케팅 프로그램이 회사의 영업이익 증대에는 도움이 되지 않는다. 따라서 지출할 의사가 있는 최대금액은 ₩0이다.

(물음 4)

A공정이 제약공정이므로 부문 B의 생산능력을 외주가공을 통해 증가시킨다고 하더라도 회사의 쓰루풋 증대에는 기여하지 않는다. 따라서 외주가공 제안을 수락하지 아니한다.

(주)밸리는 200여 가지의 제품을 생산하는 회사로서 최근 경쟁업체와의 가격경쟁에 시달리고 있다. 경쟁업체는 (주)밸리의 매출액에서 가장 큰 비중을 차지하는 제품 Y만 생산하는 단일제품 생산업체로서 비교적 소규모 기업이다. (주)밸리는 전통적인 원가계산제도를 택하고 있으며 이에 의하면 최근 수년간 제품 Y에 있어서 순손실을 기록하고 있으며, 이에 반해 경쟁업체는 순이익을 기록하고 있다. 이에 따라 (주)밸리는 외부 컨설팅업체에 자사 제품의 수익성에 관한 분석을 의뢰하였으며, 컨설팅업체는 활동기준원가계산(ABC)을 이용하여 분석한 결과 다음 그림과 같은 형태의 수익구조와 이익구조를 보고했다. 또한, 그림에서 매출액이 큰 제품이 이익도 비교적 큰 것으로 보고되었다(각 그림에서 100%는 (주)밸리의 현재의 총매출액 및 총이익 수준을 각각 나타냄).

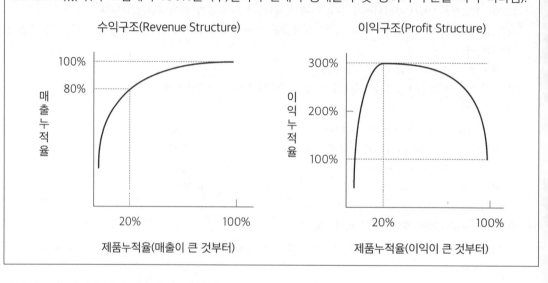

컨설턴트의 입장에서 수익구조와 이익구조에 관한 두 그림의 의미를 설명하고, 제품 Y의 수익성에 있어서, 단품종 소량생산 기업인 경쟁업체가 순이익을 기록하는 반면, 오히려 다품종 대량생산 회사인 (주)밸리는 제품 Y에 대해 경쟁업체와 유사한 가격하에서도 최근 수년간 순손실을 나타내는 것으로 보이는 이유가 무엇인지를 ABC의 원가계층(cost hierarchy)측면에서 설명하시오. (주의: 반드시 5줄 이내로 쓸 것)

| 정답 및 해설 |

[원가구성에 따른 전통적 원가계산과 ABC의 비교]

① 두 그림은 제품의 20%가 총매출액의 80%를 차지하고, 제품의 20%만이 이익을 창출하며 나머지 제품은 손실을 발생시킨다는 것을 의미한다.

② ABC에서는 이익이 비교적 큰 것으로 보고된 제품 Y가 전통적 원가계산제도에서는 순손실을 나타내는 것으로 보이는 이유는 뱃치수준활동, 제품유지활동, 설비유지활동의 원가가 차지하는 비중이 낮고 단위수준활동 원가가 차지하는 비중이 높은 제품이기 때문이다.

(주)오크는 자사가 생산·판매하는 제품들의 위험을 분석하기 위해 영업레버리지도(Degree of Operating Leverage: DOL)를 적극적으로 활용하고 있다. 다음 (물음)에 답하시오.

(물음 1) 제품 A는 내년에 4,000개가 판매될 것으로 예상되며, 제품 A의 원가구조와 예상판매가격 분석 결과 이 제품의 손익분기점(BEP) 물량은 3,000단위로 추정된다. 원가구조와 판매가격이 동일한 상태에서 만약 판매량이 4,400개로 증가한다면 영업이익은 판매량이 4,000개일 때의 영업이익에 비해 몇 퍼센트 증가하게 될 것인가? 반드시 먼저 제품 A의 DOL을 계산하고, 이를 이용하여 답하시오.

(물음 2) (주)오크는 내년 출시를 목표로 신제품 한 종류를 개발할 것을 검토 중에 있는데, 제품 M과 N 두 가지가 검토대상으로 임원전략회의에 상정되었다.

다음 그림은 제품 M, N의 이익 - 판매량(Profit - Volume)의 관계를 분석하여 나타낸 그래프로서 Q(M)과 Q(N)은 각각 제품 M과 N의 예상판매량이다[Q(M) > Q(N)].

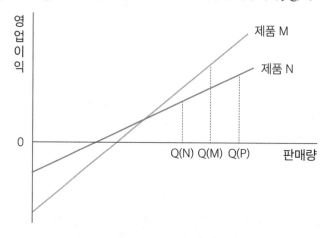

회의에서 마케팅담당 이사는 "제품 M은 제품 N보다 예상 영업이익이 높긴 하지만, 고정원가 부담이 더 많고 BEP가 더 크며, 이로 인해 DOL이 더 크게 되는 문제점이 있다"고 주장했다.

당신은 재무담당 이사로서 마케팅담당 이사의 주장의 논리적 잘못을 구체적으로 지적하시오. 또, 만약 위에서 제품 N의 예상판매량이 Q(N)이 아니라 Q(P)이었다면[Q(M) < Q(P)], 당신의 반응은 어떻게 달라질 것인지 설명하시오. (주의: 반드시 5줄 이내로 쓸 것)

│ 정답 및 해설 │

(물음 1) 영업이익 증가율

① 안전한계율: $\dfrac{4,000개 - 3,000개}{4,000개} = 0.25$

② DOL: $\dfrac{1}{0.25} = 4$

③ 영업이익 증가율: $10\% \times 4 = 40\%$

(물음 2) 마케팅담당 이사 주장의 타당성

DOL이 크다는 것은 판매량의 증감에 따라 영업이익이 매우 민감하게 변동한다는 것을 의미하며, 항상 나쁜 것만은 아니다. 또한 DOL은 항상 일정한 것은 아니며 판매량이 증가할수록 작아지게 된다. 현재 예상판매량 수준에서는 제품 N의 DOL이 제품 M의 DOL보다 클지 작을지는 알 수 없다. 그러나 만약 제품 N의 예상판매량이 Q(P)일 경우에는 예상판매량 수준에서 제품 M의 DOL이 제품 N보다 더 클 것이다. 따라서 호황이 예상되면 제품 M을 출시하는 것이 유리하고, 불황이 예상되면 제품 N을 출시하는 것이 유리하다.

(주)지예는 최근 JIT(just-in-time) 구매 및 제조 환경을 구축하기로 결정하였다. 새로운 구매 및 제조 환경은 원가회계 환경에도 많은 영향을 미칠 것으로 생각된다. JIT(just-in-time)와 관련하여 다음 (물음)에 답하시오.

(물음 1) JIT가 전통적인 제품원가계산에 어떤 영향을 미치는지를 나열하되, 그 이유를 함께 기술하시오. (주의: 반드시 5줄 이내로 쓸 것)

(물음 2) 현재 전부원가계산제도를 사용하고 있는 (주)지예의 성과관리담당자인 당신은 균형성과표 (BSC)를 통하여 JIT의 효과를 극대화하고자 한다. 재무적 성과지표로서 영업이익(operating income)과 재고자산회전율(inventory turnover ratio = 매출원가 ÷ 평균재고자산) 중에서 하나를 택하게 될 때 어떤 지표를 택할 것인가?
그 이유를 설명하되, 택하지 않은 지표의 문제점이 무엇인지를 함께 기술하시오. (주의: 반드시 3줄 이내로 쓸 것)

| 정답 및 해설 |

(물음 1) JIT가 전통적인 제품원가계산에 미치는 영향

① 제품원가의 추적성이 향상됨으로써 제품원가계산의 정확성이 커진다.
② 재고가 거의 없기 때문에 원가흐름의 가정이 필요 없다.
③ 재고의 보유를 최소화함으로써 제품원가계산에 대한 회계처리의 단순화를 촉진시킨다.

(물음 2) JIT에서의 재무적 성과지표

JIT의 주요 목적 중 하나인 재고의 보유를 최소화하도록 동기부여하기 위해서 재고자산회전율을 선택한다. 전부원가계산하에서의 영업이익을 선택하는 것은 불필요한 재고를 보유하고자 하는 문제점이 있기 때문이다.

다음은 R제품을 생산하는 (주)백양의 품질활동에 대한 재무적 정보이다. 아래의 자료를 이용하여 (물음)에 답하시오.

매출	₩1,000,000	재작업	₩12,500
작업폐물	35,000	공급업체평가	5,000
고객지원	4,000	제품시험	10,000
반품제품원가	6,000	보증수리	50,000
품질교육	5,000	입고재료검사	5,000
설계엔지니어링	10,000	작업중단 복구	2,500
제품검사설비 보수	25,000		

(물음 1) 품질원가보고서를 작성하시오. (단, 원가항목들을 예방원가, 평가원가, 내부실패원가, 외부실패원가로 분류하여 각 범주별로 소계를 표시하고 각 소계 옆에는 매출액에 대한 비율을 표시한다)

(물음 2) R제품과 같은 종류의 제품을 생산하는 경쟁업체인 (주)낙동의 매출액에 대한 각 품질원가 범주의 비율이 다음과 같다. (주)백양의 품질원가보고서를 이와 비교하고 시사점을 제시하시오.

예방원가	평가원가	내부실패원가	외부실패원가	합계
4.0%	2.0%	3.0%	4.0%	13.0%

| 정답 및 해설 |

(물음 1)

품질원가보고서

	발생원가	매출액에 대한 비율
예방원가		
공급업체평가	₩5,000	
품질교육	5,000	
설계엔지니어링	10,000	
계	₩20,000	2.0%
평가원가		
제품시험	₩10,000	
입고재료검사	5,000	
제품검사설비보수	25,000	
계	₩40,000	4.0%
내부실패원가		
재작업	₩12,500	
작업폐물	35,000	
작업중단복구	2,500	
계	₩50,000	5.0%
외부실패원가		
고객지원	₩4,000	
반품제품원가	6,000	
보증수리	50,000	
계	₩60,000	6.0%
품질원가총계	₩170,000	17.0%

(물음 2)

(1) (주)백양의 품질원가보고서

예방원가	평가원가	내부실패원가	외부실패원가	합계
2.0%	4.0%	5.0%	6.0%	17.0%

(2) 시사점

품질예방조치가 철저할수록 품질검사 및 평가의 필요성은 낮아지고, 품질예방조치가 불충분하면 품질검사 및 평가를 철저히 해야 소비자가 느끼는 품질을 높은 수준으로 유지할 수 있다. 따라서 예방원가와 평가원가는 상호 보완적이며, 예방과 검사 등의 불량품 통제노력을 많이 할수록 품질수준이 높아지므로 이러한 통제원가와 품질수준은 정(+)의 관계를 가지나, 품질수준이 높아지면 실패원가가 낮아지므로 실패원가는 품질수준과 부(-)의 관계를 가진다. 즉, 통제원가과 실패원가는 서로 상충관계를 가지고 있어 매출액 대비 품질원가비율에서 (주)낙동의 통제원가비율이 (주)백양의 통제원가비율보다 1.0% 더 많이 지출되었기 때문에 상대적으로 실패원가비율은 5.0% 더 적게 발생되었다.

(주)품위는 명동에 있는 정장제조업체로서 세 종류의 고객 할인점, 백화점, 노점이 있다.

회사의 최고경영자인 럭셔리 장은 다음과 같은 활동기준원가회계시스템을 개발하려고 한다. 고객과 관련된 원가자료는 다음과 같다.

활동	원가동인	20×1년 배부율
주문처리	구매주문횟수	주문횟수당 ₩490
고객방문	고객방문횟수	방문횟수당 2,860
정기배달	정기배달횟수	배달횟수당 150
긴급배달	긴급배달횟수	배달횟수당 425
반품처리	반품횟수	반품횟수당 370

각 고객별로 정가에서 일부를 깎아 주는 가격할인을 실시하고 있으며 반품된 정장은 한 벌당 ₩2.5의 재고관리비용이 발생한다. 회사는 20×1년의 수익성을 증진시키기 위해 고객 각각에 대한 수익성을 평가하고자 한다. 관련 자료는 다음과 같다.

	할인점	백화점	노점
1벌당 정가	₩100	₩100	₩100
1벌당 실제판매가격	70	80	85
총주문횟수	22회	31회	106회
주문당 정장수량	1,600벌	800벌	120벌
총고객방문횟수	4회	6회	11회
정기배달횟수	82	96	332
긴급배달횟수	6	28	92
반품횟수	2	3	8
반품된 정장 총수량	1,760벌	1,920벌	2,560벌
정장 1벌당 원가	₩55	₩55	₩55

(물음 1) 고객별 영업이익을 계산하시오.

(물음 2) 영업이익의 절대적 크기, 매출총이익률(= 매출총이익 ÷ 순매출액), 매출액이익률(= 영업이익 ÷ 순매출액)을 계산하여 누가 가장 수익성이 높고 누가 가장 수익성이 낮은지 답하시오. 개별 고객의 어떤 특성이 수익성을 감소시키는가?

(물음 3) 회사가 20×1년 기업의 수익성을 증가시키기 위해 귀하가 할 수 있는 권고사항을 나타내시오.

정답 및 해설

(물음 1)

반품된 매출액은 가격할인 후 매출액이다.

	할인점	백화점	노점
정가매출액[1]	₩3,520,000	₩2,480,000	₩1,272,000
가격할인[2]	1,056,000	496,000	190,800
가격할인 후 매출액[3]	₩2,464,000	₩1,984,000	₩1,081,200
반품[4]	123,200	153,600	217,600
순매출액	₩2,340,800	₩1,830,400	₩863,600
매출원가[5]	1,839,200	1,258,400	558,800
매출총이익	₩501,600	₩572,000	₩304,800
고객관련원가			
주문처리비용[6]	10,780	15,190	51,940
고객방문비용[7]	11,440	17,160	31,460
정시배달비용[8]	12,300	14,400	49,800
긴급배달비용[9]	2,550	11,900	39,100
반품처리비용[10]	740	1,110	2,960
재고관리비용[11]	4,400	4,800	6,400
소계	₩42,210	₩64,560	₩181,660
영업이익	₩459,390	₩507,440	₩123,140

[1] 22회 × 1,600벌 × ₩100, 31회 × 800벌 × ₩100, 106회 × 120벌 × ₩100

[2] 22회 × 1,600벌 × (₩100 - ₩70), 31회 × 800벌 × (₩100 - ₩80), 106회 × 120벌 × (₩100 - ₩85)

[3] 정가매출액 - 가격할인

[4] 1,760벌 × ₩70, 1,920벌 × ₩80, 2,560벌 × ₩85

[5] (22회 × 1,600벌 - 1,760벌) × ₩55, (31회 × 800벌 - 1,920벌) × ₩55, (106회 × 120벌 - 2,560벌) × ₩55

[6] 22회 × ₩490, 31회 × ₩490, 106회 × ₩490

[7] 4회 × ₩2,860, 6회 × ₩2,860, 11회 × ₩2,860

[8] 82회 × ₩150, 96회 × ₩150, 332회 × ₩150

[9] 6회 × ₩425, 28회 × ₩425, 92회 × ₩425

[10] 2회 × ₩370, 3회 × ₩370, 8회 × ₩370

[11] 1,760벌 × ₩2.5, 1,920벌 × ₩2.5, 2,560벌 × ₩2.5

(물음 2)

	할인점	백화점	노점
영업이익(①)	₩459,390	₩507,440	₩123,140
매출총이익(②)	501,600	572,000	304,800
순매출액(③)	2,340,800	1,830,400	863,600
매출총이익률(② ÷ ③)	21.43%	31.25%	35.29%
매출액이익률(① ÷ ③)	19.63	27.72	14.26

① 영업이익의 절대적 크기: 백화점 > 할인점 > 노점
② 매출총이익률(= 매출총이익 ÷ 순매출액): 노점 > 백화점 > 할인점
③ 매출액이익률(= 영업이익 ÷ 순매출액): 백화점 > 할인점 > 노점
④ 매출액 대비 각종 원가의 비율을 계산하면 다음과 같다.

	할인점	백화점	노점
정가매출액	100%	100%	100%
가격할인	30	20	15
반품	3.5	6.2	17.11
매출원가	52.25	50.74	43.93
매출총이익	14.25%	23.06%	23.96%
고객관련원가	1.2	2.6	14.28
영업이익	13.05%	20.46%	9.68%

⑤ 개별 고객의 수익성을 감소시키는 특성은 다음과 같다.
  • 할인점은 높은 가격할인을 사용하고 있다.
  • 백화점의 가격할인은 할인점보다 적고 반품은 노점보다 적다.
  • 노점은 반품이 많고 고객관련원가가 크다.

(물음 3)

• 할인점: 높은 가격할인을 감소시킨다.
• 노점: 반품과 고객관련원가를 감소시킨다.
특히나 노점의 경우 총주문횟수, 총고객방문횟수, 정기배달횟수, 긴급배달횟수, 반품횟수, 반품된 정장 총수량 등이 다른 고객에 비해 크다. 따라서 매출액의 감소 없이 이러한 항목들을 감소시킬 수 있는가 검토해야 한다.

실전문제 12 활동기준변동예산과 차이분석

다음은 구정(주)가 사용하고 있는 변동예산제도와 20×1년의 제조작업에서 실제 발생한 원가를 요약한 것이다. 이를 바탕으로 (물음)에 답하라.

(1) 원가동인: 직접노무시간

활동	실제원가	변동예산 50,000시간	변동예산 100,000시간
직접재료투입	₩17,600,000	₩12,000,000	₩24,000,000
직접노무작업	14,200,000	8,000,000	16,000,000
감가상각	4,000,000	4,000,000	4,000,000

(2) 원가동인: 기계작업시간

활동	실제원가	변동예산 200,000시간	변동예산 300,000시간
수선유지활동	₩17,000,000	₩14,400,000	₩20,400,000
전력사용	5,680,000	4,480,000	6,480,000

(3) 원가동인: 생산준비시간

활동	실제원가	변동예산 20,000시간	변동예산 40,000시간
생산준비작업	₩5,300,000	₩4,800,000	₩4,800,000

(4) 원가동인: 생산묶음단위

활동	실제원가	변동예산 100시간	변동예산 200시간
검사작업	₩6,400,000	₩5,000,000	₩9,000,000

20×1년도에 회사의 실제직접노무시간은 80,000시간, 기계작업시간은 250,000시간, 생산준비작업에 투입한 시간은 32,000시간이었으며 120단위의 생산묶음에 대한 검사가 이루어졌다.

제품의 원가계산을 위하여 회사는 활동을 동종의 집단으로 구분하고 이들 각 집단에 대하여 제조간접원가배부율을 사용한다. 원가의 배부는 직접노무시간, 기계작업시간 및 생산준비작업횟수를 원가동인으로 사용하여 이루어지는데, 제조간접원가의 배부율은 위에 주어진 최대조업도를 기준으로 하여 결정한다고 한다.

(물음 1) 활동기준변동예산을 사용하여 구정(주)의 20×1년도의 제조작업에 대한 성과보고서를 다음의 양식으로 작성하시오.

활동	실제원가	변동예산	예산차이
×××	×××	×××	×××

(물음 2) 검사작업의 부가가치 표준수량은 0이라고 가정하고 검사작업관련원가 중 변동활동원가에 대한 차이분석을 실시하시오. (단, 검사작업과 관련하여 실제 발생한 변동활동원가는 ₩5,400,000이다)

| 정답 및 해설 |

(물음 1)

(1) 변동예산금액

※ 고저점법을 사용하여 고정원가와 변동원가로 구분함

① 직접재료투입: 80,000시간 × ₩240 = ₩19,200,000

② 직접노무작업: 80,000시간 × ₩160 = ₩12,800,000

③ 감가상각: ₩4,000,000

④ 수선유지: ₩2,400,000 + 250,000시간 × ₩60 = ₩17,400,000

⑤ 전력사용: ₩480,000 + 250,000시간 × ₩20 = ₩5,480,000

⑥ 생산준비: ₩4,800,000

⑦ 검사작업: ₩1,000,000 + 120단위 × ₩40,000 = ₩5,800,000

(2) 성과보고서

활동	실제원가	변동예산	예산차이
직접재료투입	₩17,600,000	₩19,200,000	₩1,600,000 F
직접노무작업	14,200,000	12,800,000	1,400,000 U
감가상각	4,000,000	4,000,000	-
수선유지	17,000,000	17,400,000	400,000 F
전력사용	5,680,000	5,480,000	200,000 U
생산준비	5,300,000	4,800,000	500,000 U
검사작업	6,400,000	5,800,000	600,000 U
	₩70,180,000	₩69,480,000	₩700,000 U

(물음 2)

(1) 소비차이

₩5,400,000 - 120단위 × ₩40,000 = ₩600,000 U

(2) 능률차이

120단위 × ₩40,000 - 0 × ₩40,000 = ₩4,800,000 U

열공(주)는 수도권 지역에서 자사제품을 판매하고 있다. 최근 자사제품을 판매하지 않던 지역인 강원 지역에서 2,000단위의 제품을 단위당 ₩9,500에 구입하겠다는 특별주문을 받았다. 이 제품의 정상 판매가격은 ₩13,500이다. 다음 자료를 이용하여 (물음)에 답하라.

	원가동인	정상판매분을 고려한 미사용활동량	활동별 배부율	
			변동원가	고정원가
직접재료원가	생산량	-	₩3,000	-
직접노무원가	직접노무시간	-	7,000	-
작업준비원가	작업준비시간	10	8,000	₩50,000
기계처리	기계시간	6,000	1,000	4,000

특별주문을 수락하기 위해서는 작업준비시간 25시간과 기계시간 4,000시간이 소요된다. 작업준비에 투입되는 기술자는 1인당 100시간을 수행할 수 있다. 작업준비원가 중 고정원가는 기술자 인건비만 포함하고 있다. 특별주문품 생산을 위한 직접노무시간은 400시간이며, 기계시간은 4,000시간이다.

(물음 1) 회사는 특별주문을 수락여부를 결정하시오.

(물음 2) 회사의 작업준비활동의 미사용활동량이 50시간이라면 (물음 1)의 답은 어떻게 달라지는가? 그 근거를 제시하시오.

| 정답 및 해설 |

(물음 1)

작업준비 미사용활동량이 10시간인데 필요시간이 25시간이므로 기술자 1인을 추가 고용하여야 한다. 1인의 인건비는 100시간 × ₩50,000 = ₩5,000,000이다.

기계처리는 미사용활동량 6,000시간이 소요시간 4,000시간을 초과하므로 고정원가의 증가는 없다.

<특별주문의 수락 시>

매출증가: 2,000단위 × ₩9,500 =	₩19,000,000
직접재료원가 증가: 2,000단위 × ₩3,000 =	(6,000,000)
직접노무원가 증가: 400시간 × ₩7,000 =	(2,800,000)
작업준비원가 증가	
고정원가 증가: 100시간 × ₩50,000 =	(5,000,000)
변동원가 증가: 25시간 × ₩8,000 =	(200,000)
기계처리원가 증가	
변동원가 증가: 4,000시간 × ₩1,000 =	(4,000,000)
증분이익	₩1,000,000

∴ 이익이 증가하므로 특별주문을 수락한다.

(물음 2)

작업준비 미사용활동량이 소요시간을 초과하므로 별도의 고정원가 증가는 없다.

(물음 1)의 증분이익	₩1,000,000
작업준비활동 고정원가 증가 제외	5,000,000
증분이익	₩6,000,000

∴ 이익이 증가하므로 특별주문을 수락한다.

(주)남극전자는 한 가지 종류의 컴퓨터를 구매하여 개인이나 기업체 등에 판매하는 컴퓨터 유통업체이다.

(1) 이 회사의 과거 10년간 매출액은 150% 증가하였으나, 매출총이익률은 연평균 20%대를, 매출액 대비 판매비와관리비는 연평균 10%대를 유지하였다.

(2) 회사의 사장은 매출액이 크게 증가하였고, 작년에는 차별화 전략의 일환으로 직접배송 옵션과 인터넷 주문방식을 도입하였음에도 이익이 오히려 감소한 이유가 몹시 궁금하여 원가담당자에게 분석을 지시하였다.

(3) 원가담당자는 작년 한 해 동안의 손익계산서를 면밀히 검토하였다. 그 결과, 판매비와관리비 중 배송센터 운영비, 택배 수수료, 직접배송비, 주문처리비가 매출원가의 13.3%에 해당함을 발견하였다.

<작년 한 해 동안의 손익계산서>

계정과목	금액	비율(%)
매출액	₩60,150,000	120.3
매출원가(구입원가)	50,000,000	100.0
매출총이익	10,150,000	20.3
배송센터 운영비	5,000,000	10.0
택배 수수료	450,000	0.9
직접배송비	360,000	0.7
주문처리비	840,000	1.7
기타판매비와관리비	1,800,000	3.6
세전이익	1,700,000	3.4

(4) 배송센터에서는 입고된 상품을 검수·보관하고, 판매주문이 접수되면 고객에게 상품을 배송한다. 고객은 주로 전화나 팩스를 이용하여 주문하며, 회사의 인터넷 홈페이지에서 직접 주문할 수도 있다.

(5) 상품 배송은 외부의 택배회사를 이용해 왔으며, 작년부터 수익성과 고객만족도를 향상시킬 목적으로 동사의 직원이 직접 배송하는 옵션을 추가하였다.

(6) 회사는 직접배송 서비스를 제공하기 위해 트럭 4대를 임차하였고 4명의 트럭운전사를 고용하였다. 상품 판매가격은 상품 구입원가의 20%에 해당하는 이익(markup)을 구입원가에 가산하여 결정된다. 고객이 직접배송 옵션을 선택하는 경우에는 구입원가의 23%에 해당하는 이익을 구입원가에 가산하여 판매가격을 결정한다. 이익률은 직전년도에 발생한 실제원가와 동종업계 경쟁상황 등을 감안하여 연초에 결정된다.

(7) 배송방식과는 달리, 판매주문 접수방식은 가격에 영향을 미치지 않는다. 원가담당자는 수익성 검토를 위해 다음과 같은 자료를 수집하였다.

① 배송센터에서는 작년에 총 100,000상자의 상품을 배송처리(택배운송 90,000상자, 직접 배송 10,000상자)하였다. 배송센터가 보유하고 있는 인력과 공간으로 배송처리할 수 있는 상품은 연간 100,000상자이다.

② 직접배송비 ₩360,000에는 트럭운전사 4명의 인건비와 트럭 임차료가 포함되어 있다. 트럭운전사 1명당 배송시간은 연간 1,500시간이었으며, 이는 각 트럭의 이용 가능한 최대 시간이다.

③ 15명의 직원이 전화나 팩스로 접수된 주문을 배송시스템에 입력하거나 인터넷 주문정보를 확인한다. 주문처리비 ₩840,000에는 담당 직원의 인건비, 복리후생비, 집기비품과 사용 공간에 대한 감가상각비가 포함되어 있다. 판매주문 처리를 담당하는 직원 1명당 실제작업 시간은 연간 1,600시간이었으며, 이는 휴식시간과 교육시간 등을 감안한 실행가능 최대작 업시간이다.

④ 주문처리 담당자가 전화나 팩스로 접수된 주문을 배송시스템에 입력하는 데 12분(0.2시 간), 인터넷으로 입력된 주문정보를 확인하는 데는 6분(0.1시간)이 소요되었다.

(8) 원가담당자는 작년에 접수된 주문 중 대표적인 4개를 선택하여 수익성을 분석해 보기로 하였다.

항목	주문 1	주문 2	주문 3	주문 4
가격	?	?	?	?
매출원가(구입원가)	₩500	₩500	₩500	₩500
주문당 상자 수	1	1	1	1
택배회사를 이용하여 배송된 상자 수	1	0	1	0
직접배송시간	0	4	0	4
전화나 팩스주문	해당 없음	해당됨	해당됨	해당 없음
인터넷 주문	해당됨	해당 없음	해당 없음	해당됨

《물음 1》 주어진 자료를 토대로 다음을 구하시오.

(1) 상품 1상자당 배송센터 운영비

(2) 전화나 팩스 주문과 인터넷주문을 각각 1건씩 처리(입력 및 확인)하는 데 소요되는 비용

(3) 상품 1상자당 택배 수수료

(4) 직접배송 시간당 비용

《물음 2》 (물음 1)의 결과를 이용하여 주문 1 ~ 주문 4의 수익성(세전이익과 매출액이익률)을 평가하 시오. 가장 수익성이 높은 주문과 가장 수익성이 낮은 주문은 각각 어느 것인가? (단, 기 타판매비와관리비는 고려하지 마시오)

(물음 3) (물음 2)의 결과에 기초하여 원가담당자는 수익성 향상을 위해 어떤 제안을 할 수 있는가? 직접배송 옵션을 제공하는 차별화 전략은 성공적인 것으로 볼 수 있는가?

(물음 4) 올해 초에 직접배송비의 시간당 표준배부율을 ₩55로 설정하였으며, 올해의 실제 직접배송시간은 1,350시간이 발생하였다고 가정하자.

(1) 직접배송에 대한 미사용조업도원가(cost of unused capacity)를 구하시오. (단, 트럭운전사의 인원수 및 이용가능최대조업도는 작년과 동일하다)

(2) 일반적으로 미사용조업도원가(cost of unused capacity)가 발생하는 원인을 3가지 이상 설명하시오.

정답 및 해설

(물음 1) 활동중심점별 원가배부율

(1) 상품 1상자당 배송센터 운영비

$$\frac{W5,000,000}{100,000상자} = W50/상자$$

(2) 작업시간당 주문처리비

$$\frac{W840,000}{15명 \times 1,600시간} = W35/시간$$

① 전화나 팩스 주문 1건당 처리비용: 0.2시간 × @35 = W7/건

② 인터넷주문 1건당 처리비용: 0.1시간 × @35 = W3.5/건

(3) 상품 1상자당 택배 수수료

$$\frac{W450,000}{90,000상자} = W5/상자$$

(4) 직접배송 시간당 비용

$$\frac{W360,000}{4명 \times 1,500시간} = W60/시간$$

(물음 2) 주문의 수익성 분석

	주문 1	주문 2	주문 3	주문 4
매출액[*1]	W600	W615	W600	W615
매출원가(구입원가)	(500)	(500)	(500)	(500)
매출총이익	W100	W115	W100	W115
배송센터 운영비[*2]	(50)	(50)	(50)	(50)
택배 수수료[*3]	(5)	-	(5)	-
직접배송비[*4]	-	(240)	-	(240)
주문처리비[*5]	(3.5)	(7)	(7)	(3.5)
세전이익	W41.5	W(182)	W38	W(178.5)
매출액이익률	6.92%	(29.59)%	6.33%	(29.02)%

[*1] 주문 1, 3: 구입원가 × 120%, 주문 2, 4: 구입원가 × 123%

[*2] 상자 수 × @50

[*3] 택배회사를 이용하여 배송된 상자 수 × @5

[*4] 직접배송시간 × @60

[*5] 전화나 팩스 주문: W7, 인터넷주문: W3.5

따라서, 가장 수익성이 높은 주문은 주문 1이고, 가장 수익성이 낮은 주문은 주문 2이다.

(물음 3) 수익성 향상을 위한 제안 및 전략의 성공 여부

(1) 수익성 향상을 위한 제안

　① 배송센터 운영과 관련하여 미사용된 자원이 있는지 검토하여 이를 감소시키는 방안을 강구한다.

　② 직접배송 옵션을 선택할 경우 더 높은 판매가격을 책정하거나 직접배송 서비스 제공 중단을 고려한다.

　③ 직접배송과 관련하여 미사용된 자원이 있는지 검토하여 이를 감소시키는 방안을 강구한다.

　④ 배송센터 운영 및 직접배송과 관련하여 획득된 활동능력 단위당 원가를 감소시키는 방안을 강구한다.

　⑤ 인터넷주문을 할 수 있는 유인을 제공한다.

(2) 직접배송 옵션 제공의 차별화 전략 성공 여부

　주문 2와 4의 수익성이 낮으므로 직접배송 옵션을 제공하는 차별화 전략은 성공적인 것으로 볼 수 없다.

(물음 4) 미사용조업도원가

(1) 직접배송에 대한 미사용조업도원가

　(획득된 직접배송시간 - 실제 직접배송시간) × 시간당 표준배부율

　= (4명 × 1,500시간 - 1,350시간) × @55 = ₩255,750

(2) 미사용조업도원가의 발생 원인

　① 고정활동자원은 미리 일정한 규모로 획득하게 되는데 이에 대한 사용량 예측 오류로 과다한 자원을 보유하게 되면 미사용조업도원가가 발생할 수 있다.

　② 고정활동자원은 미사용량만큼 즉시 감소시킬 수 없고 필요한 만큼 즉시 증가시킬 수 없으므로, 미래의 사용량 증가에 대비하기 위해 미사용 활동자원을 어느 정도 확보하고 있어야 한다. 이에 따라 미사용조업도원가가 발생할 수 있다.

　③ 실제활동이 효율적으로 이루어져 예상보다 적은 활동이 소비되면 미사용조업도원가가 발생할 수 있다.

실전문제 15 활동원가, 목표원가

백호회사는 컴퓨터관련 컨설팅서비스를 전화상담을 통해서만 제공하는 회사이다.

(1) 회사의 고객은 A, B, C 세 곳이다. 회사는 전화상담 시 상담시간 분당 ₩80을 고객에게 부과한다. 회사의 비용 중에서 가장 큰 비중을 차지하는 것은 장비임차료, 전화상담사 수수료 및 상담처리원가 세 가지이다.

(2) 장비임차료는 상담시간 분당 ₩50을 지불한다. 전화상담사 수수료는 전화상담 건수에 따라 건당 ₩40을 지불한다. 이런 이유로 전화상담사는 상담을 짧은 시간이 소요되는 여러 건의 상담으로 나누는 경향이 있다. 따라서 실제 상담건수는 짧은 시간의 상담으로 나누기 전의 정상적인 상담건수보다 많이 발생한다.

(3) 회사는 상담이 정상적으로 이루어지는 경우를 가정하여 상담건당 상담처리(call handling) 원가를 ₩50으로 예상하지만, 전화상담사가 상담을 짧은 시간이 소요되는 여러 건의 상담으로 나누는 경우 실제 상담처리원가는 상담건당 ₩20이 발생한다.

(4) 한편 정상적인 상담이 이루어질 경우의 총상담시간과 총실제상담시간은 동일한 것으로 가정한다. 그러나 회사는 전화상담사의 상담 나누기 행태를 인지하지 못하고 있다. 회사는 매월 전화상담사의 예상에 기초한 상담건수, 상담시간을 사용하여 고객별 예상영업이익을 구하고 이를 실제 결과와 비교하여 영업성과를 평가하고 있다. 전화상담사는 본인들이 수령하는 수수료의 월초 예상금액과 월말 실제금액과의 급격한 차이를 숨기기 위해서 월초 예산편성 시 정상적인 상담건수 예측치가 아닌 짧은 시간으로 나누어진 실제 상담건수를 예상치로 회사에 제공하고 있다.

(5) 회사에는 장비임차료, 전화상담사 수수료, 상담처리원가 이외에 다음의 비용이 발생한다.

비용	원가동인	단위당 원가
고객DB관리원가	DB관리시간	₩20/분
대금청구원가	청구회수	400/회

따라서 회사의 비용은 장비임차료, 전화상담사 수수료, 상담처리원가, 고객DB관리원가, 대금청구원가 모두 다섯 가지 항목으로 구성된다.

(6) 다음은 2012년도 6월 고객별 예상 및 실제 거래내역이다.

내역	고객 A	고객 B	고객 C
예상(실제) 상담시간	2,880분	7,200분	4,320분
정상적인 상담건수	200회	1,200회	200회
예상(실제) 상담건수	400회	2,000회	600회
예상(실제) DB관리시간	100분	150분	120분
예상(실제) 대금청구회수	1회	4회	2회

(물음 1) 2012년도 6월 고객별 예상영업이익을 구하시오.

(물음 2) 다음 (물음)에 답하시오.

(1) 2012년도 6월 고객별 실제영업이익을 구하시오.

(2) 회사는 고객별 영업이익 성과를 어떻게 평가하겠는가?

(물음 3) 다음 (물음)에 답하시오.

(1) 전화상담사가 원래의 상담을 여러 개의 짧은 시간의 상담으로 나누지 않았을 경우 2012년도 6월의 고객별 예상영업이익을 구하시오.

(2) 이러한 상담사의 행동이 회사의 영업이익에 미친 영향을 구체적인 금액으로 계산하고, 이에 대해 간단히 설명하시오.

| 정답 및 해설 |

(물음 1) 고객별 예상영업이익(≠ 실제영업이익)

	고객 A	고객 B	고객 C	합계
수익(₩80/분)	₩230,400	₩576,000	₩345,600	₩1,152,000
장비임차료(₩50/분)	(144,000)	(360,000)	(216,000)	(720,000)
전화상담사 수수료(₩40/건)	(16,000)	(80,000)	(24,000)	(120,000)
상담처리원가(₩50/건)	(20,000)	(100,000)	(30,000)	(150,000)
고객DB관리원가(₩20/분)	(2,000)	(3,000)	(2,400)	(7,400)
대금청구원가(₩400/회)	(400)	(1,600)	(800)	(2,800)
영업이익	₩48,000	₩31,400	₩72,400	₩151,800

* 고객별 예상시간, 예상건수

	고객 A	고객 B	고객 C	합계
예상 상담시간	2,880분	7,200분	4,320분	14,400분
예상 상담건수	400회	2,000회	600회	3,000회
예상 DB관리시간	100분	150분	120분	370분
예상 대금청구회수	1회	4회	2회	7회

(물음 2) 성과평가

(1) 고객별 실제영업이익

	고객 A	고객 B	고객 C	합계
수익(₩80/분)	₩230,400	₩576,000	₩345,600	₩1,152,000
장비임차료(₩50/분)	(144,000)	(360,000)	(216,000)	(720,000)
전화상담사 수수료(₩40/건)	(16,000)	(80,000)	(24,000)	(120,000)
상담처리원가(₩20/건)	(8,000)	(40,000)	(12,000)	(60,000)
고객DB관리원가(₩20/분)	(2,000)	(3,000)	(2,400)	(7,400)
대금청구원가(₩400/회)	(400)	(1,600)	(800)	(2,800)
영업이익	₩60,000	₩91,400	₩90,400	₩241,800

* 고객별 예상시간, 예상건수

	고객 A	고객 B	고객 C	합계
예상 상담시간	2,880분	7,200분	4,320분	14,400분
예상 상담건수	400회	2,000회	600회	3,000회
예상 DB관리시간	100분	150분	120분	370분
예상 대금청구회수	1회	4회	2회	7회

(2) 고객별 영업이익 성과평가

① 고객별 영업이익 비교표(예상 vs 실제)

	고객 A	고객 B	고객 C	합계
예상영업이익(A)	₩48,000	₩31,400	₩72,400	₩151,800
실제영업이익(B)	60,000	91,400	90,400	241,800
차이(C = B - A)	₩12,000	₩60,000	₩18,000	₩90,000
차이율(D = C/A)	25%	191%	25%	59%

② 성과평가

세 고객 모두 예상영업이익보다 실제영업이익이 더 크게 나타났으며 이는 상담처리원가의 절감에 기인한다. 따라서 예상원가보다 적은 비용으로 상담을 처리한 상담처리부서의 성과에 대한 보상을 지급할 것을 고려할 것이다.

(물음 3) 상담을 짧게 나누지 않았을 경우

(1) 고객별 예상영업이익(= 실제영업이익)

	고객 A	고객 B	고객 C	합계
수익(₩80/분)	₩230,400	₩576,000	₩345,600	₩1,152,000
장비임차료(₩50/분)	(144,000)	(360,000)	(216,000)	(720,000)
전화상담사 수수료(₩40/건)	(8,000)	(48,000)	(8,000)	(64,000)
상담처리원가(₩50/건)	(10,000)	(60,000)	(10,000)	(80,000)
고객DB관리원가(₩20/분)	(2,000)	(3,000)	(2,400)	(7,400)
대금청구원가(₩400/회)	(400)	(1,600)	(800)	(2,800)
영업이익	₩66,000	₩103,400	₩108,400	₩277,800

* 고객별 예상시간, 예상건수

	고객 A	고객 B	고객 C	합계
예상 상담시간	2,880분	7,200분	4,320분	14,400분
예상 상담건수	200회	1,200회	200회	1,600회
예상 DB관리시간	100분	150분	120분	370분
예상 대금청구회수	1회	4회	2회	7회

(2) 상담사의 행동이 영업이익에 미친 영향

① 금액적 효과(실제영업이익의 감소액)

	고객 A	고객 B	고객 C	합계
상담건수를 늘렸을 때(A)	₩60,000	₩91,400	₩90,400	₩241,800
상담건수를 늘리지 않았을 때(B)	66,000	103,400	108,400	277,800
차이(A - B)	₩(6,000)	₩(12,000)	₩(18,000)	₩(36,000)

② 상담사가 본인의 보수를 늘리기 위해 상담건수를 늘렸고 이에 따라 총상담처리원가가 증가하여 회사전체의 영업이익이 ₩36,000 감소하였다.

이는 회사(주체)의 영업이익은 상담시간에 비례하여 발생하나 상담사(대리인)의 보수는 상담건수에 비례하여 발생하는 보상구조로 인하여 발생하는 대리인문제이다. 상담사의 보수를 상담시간에 비례하여 발생하는 보상구조로 수정한다면 상담사가 상담건수를 늘리려는(건당 상담시간을 줄이려는) 유인(incentive)이 제거되어 회사의 영업이익의 감소(대리인비용)가 발생하지 않을 것이다.

해커스
세무사
眞원가관리회계
연습

초판 1쇄 발행 2023년 12월 15일

지은이	현진환
펴낸곳	해커스패스
펴낸이	해커스 경영아카데미 출판팀

주소	서울특별시 강남구 강남대로 428 해커스 경영아카데미
고객센터	02-537-5000
교재 관련 문의	publishing@hackers.com
학원 강의 및 동영상강의	cpa.Hackers.com

ISBN	979-11-6999-614-3 (13320)
Serial Number	01-01-01

회계사 · 세무사 · 경영지도사 단번에 합격,
해커스 경영아카데미 cpa.Hackers.com

ⅲ 해커스 경영아카데미

• 현진환 교수님의 **본 교재 인강**(교재 내 할인쿠폰 수록)

• **세무사 기출문제, 시험정보/뉴스** 등 추가 학습 콘텐츠

• 선배들의 성공 비법을 확인하는 **시험 합격후기**